경제법제60년사

경제법제60년사

2011년 11월 4일 초판1쇄 인쇄
2011년 11월 10일 초판1쇄 발행

편저자 김 두 얼
발행인 노 현 철
발행처 도서출판 해남
서울특별시 서대문구 충정로 3가 227-1 우리타워 6층
전화 739-4822 팩스 720-4823
e-mail haenam30@dreamwiz.com
homepage www.hpub.co.kr
등록 1995. 5. 10 제 1-1885호

정 가 30,000원

ISBN 978-89-6238-037-8 93360

경제법제60년사

편집 총괄
한국개발연구원
김두얼

도서출판 해남

편집 총괄

김두얼 한국개발연구원(KDI) 연구위원

법제사 개관 집필

이익현 법제처 경제법제국장

김계홍 법제처 법제심의관

권태웅 법제처 법제관

윤재웅 법제처 법제관

법제사 개관 번역

(주)팬트랜스넷

법제사 개관 번역 감수

애이브러햄 쉬라그(Abraham Shragge) KDI 국제정책대학원 교수

법령 번역

한국법제연구원

법령 번역 감수 총괄

송옥렬 서울대학교 법학전문대학원 교수

편집실무

최준혁 한국개발연구원 (KDI) 전문연구원

이영호 법제처 서기관

발간사

2011년은 한국개발연구원(KDI)이 문을 연 지 40주년이 되는 해이다. 경제 발전을 위해 온 국민이 힘을 모으던 시기에 국책연구기관으로 설립된 KDI는 지난 40년 동안 우리 경제의 발전에 요구되는 다양한 정책들을 개발하고 지원하는 업무를 수행함으로써 한국 경제의 성장에 기여해 왔다. 이러한 본원의 역사를 되새기고 보다 발전적인 방향을 정립하기 위해 올해에는 다양한 사업들을 수행해 왔는데, 이런 가운데 『경제법제60년사』를 발간하게 된 것은 매우 뜻 깊은 일이다.

경제주체들은 경제활동을 영위함에 있어 법을 통해 규정되는 다양한 유인들의 영향을 받는데, 어떤 유인이 주어지는가에 따라 경제주체들의 활동의 총합인 국가경제는 보다 원활하게 성장할 수도 있고 혹은 혼란에 빠질 수도 있다. 과연 우리 경제의 성장에 있어 어떤 법제도적 기반이 마련되었고, 개별 제도들이 어떤 경로를 통해서 얼마만큼 경제성장에 기여하였는지를 파악하는 것은 과거를 평가한다는 점에서는 물론이고 미래를 기획함에 있어서도 필수불가결한 과제이다. 이런 맥락에서 경제법제의 변화 과정을 개괄한 『경제법제60년사』 발간은 지금과 같은 전환기에 매우 시의적절한 작업이라고 자부한다.

2000년대 들어 KDI는 우리의 경제개발 경험을 개발도상국가들과 공유하고 전파하는 사업에 있어 중요한 역할을 담당하고 있다. 경제 법제의 변천을 개괄함은 물론, 당시에 제정되었던 주요 법령들까지를 영어로 번역하여 소개하는 본서는 개발경험 공유사업을 보다 성공적으로 수행하는 데 있어서도 밑거름이 될 것이다. 앞으로 본서가 세계 각국의 경제정책 수립은 물론 학술연구에도 기여하게 되기를 기대한다.

본서의 작업은 법제처의 전폭적인 협력과 공동작업을 통해 이루어졌다. 본 사업이 가능하도록 관심을 기울여 주시고 지원을 해 주신 정선태 법제처장님,

그리고 여러 법제처 직원 여러분께 감사드린다. 아울러 본 사업을 총괄한 본원의 김두얼 박사를 비롯, 해제 집필과 번역, 그리고 법령 번역 등을 맡아 준 모든 분들의 노고에 깊은 감사의 마음을 전한다.

2011. 11

한국개발연구원(KDI)

원장 현 오 석

축사

우리는 1950년대 1인당 국민소득(GNI)이 67달러로 세계에서 제일 낮은 최빈국 중 하나였습니다. 6.25전쟁을 치르면서 잿더미밖에 남지 않았지만, 반 세기만에 "한강의 기적"이라 일컬어지는 전 세계적으로 유례가 없는 경제성장을 이룩하였습니다.

단기간에 최빈국에서 선진국의 문턱으로 도약할 수 있었던 으뜸가는 공로자로 흔히 경제개발 5개년계획이 꼽힙니다. 자원이 빈약한 우리나라는 중화학공업 육성 및 수출진흥정책에 초점을 둔 경제개발계획을 적극 추진하였습니다. 이는 산업생산과 수출의 급신장, 사회간접자본 구축 등으로 이어졌습니다.

하지만 경제개발 5개년계획의 이면에는 그 계획을 뒷받침한 "법령"이라는 숨은 공신이 있었습니다. 훌륭한 정책이 올바르게 집행되도록 제도화한 것은 바로 법령이었습니다.

국민과 기업이 불편 없이 경제활동을 하고 경제적 자유와 창의성을 마음껏 펼칠 수 있도록 국가가 여건을 조성해 주어야 한다는 것이 헌법의 기본정신입니다. 이런 기조에서 우리 경제 법제는 재정 · 금융 · 산업 · 국토 · 물류에 이르기까지 경제활동의 불확실성과 거래비용을 줄이고 자생적 성장기반 조성과 삶의 질 향상의 일등 공신 역할을 하였습니다.

이제는 이처럼 자랑스러운 법제를 외국으로 수출하기에 이르렀습니다. 우리의 발전경험이 세계적인 모범사례로 부상하고, 우리의 법제를 공유하고자 하는 국제사회의 요청이 쇄도하고 있습니다. 경제발전 경험 공유사업(KSP)을 통해 가나, 우즈베키스탄, 인도네시아, UAE, 도미니카 등 수많은 나라들이 우리의 법제를 배우고 있습니다.

이러한 시점에 우리의 경제법제사를 발전단계별로 정리한 『경제법제60년사』 발간은 참으로 시의적절합니다. 해외에 자랑스럽게 소개할 수 있고 후손에게 떳떳하게 물려줄 수 있는 또 하나의 소중한 지적 자산을 더해 주신 한국개발연구원과 법제처에 깊이 감사드립니다.

앞으로도 국민 경제에 도움이 되는 법령의 제정 · 정비에 힘써 주실 것을 기대합니다.

2011. 11

기획재정부 장관

축사

『경제법제60년사』의 발간을 진심으로 축하합니다. 특히, 아시아 · 태평양 30여 개 국가의 법제관계 장관 등을 비롯하여 주요 인사들을 초청한 가운데 법제처가 주최하는 최초의 국제회의인 아시아법제포럼에 즈음하여 이 책이 발간된 것을 매우 뜻 깊게 생각합니다.

대한민국은 경제개발을 시작한 지 불과 50년이 지난 지금 세계 10대 경제대국으로 성장하고, 원조를 받던 나라에서 원조를 주는 나라로 탈바꿈하였습니다. 많은 국가들이 대한민국의 초단기 경제성장을 이끈 원동력이 무엇인지 궁금해 합니다. 대한민국의 경제정책을 본받으려고 합니다.

대한민국의 경제성장이 안정적이고 지속적으로 이루어진 것은 상황에 적합한 경제정책을 수립하면 이를 법제도로 공고히 하였기 때문입니다. 산업의 주체를 지원하거나 규제를 설계하는 어떠한 경우라도 법제도 안에 담으면 기업과 국민들은 미래에 대한 예측 가능성 아래 경제활동을 힘껏 할 수 있습니다. 법제처는 대한민국 법제의 총괄기관으로서 경제정책을 헌법을 위시한 법령체계 내에 수용하여 법제화하는 과정에서 중추적인 역할을 하여 왔습니다.

올해로 개원 40주년을 맞이한 한국개발연구원(KDI)은 그간 세계적인 석학들과 더불어 치열한 토론을 통하여 대한민국에 가장 적합한 경제개발정책을 제공함으로써 오늘의 대한민국을 있게 한 일등공신입니다. 이런 경험과 지식을 바탕으로 대한민국 경제성장의 역사를 집대성한 「한국경제 60년사」라는 대작의 발간을 주관하였습니다.

이런 대한민국 경제개발정책의 산실인 KDI와 대한민국 법제의 총괄기관인 법제처가 손잡고 대한민국의 경제발전 60년을 법제도의 관점에서 정리하여 이 책을 발간하게 된 것은 큰 의미가 있다 하겠습니다.

이 책은 1960년대부터 80년대까지의 고도성장기와 1990년대 말의 외환위기 등의 과정에서 대한민국이 경제성장과 위기극복을 위해서 어떤 법제도적 접근을 하였는지를 잘 요약해 주고 있습니다. 이 책을 통하여 대한민국과 유사한 상황에 처해 있는 많은 국가들이 시행착오를 최소화하고 빠른 시간 안에 경제성장을 이룩할 수 있는 노하우를 축적하는 계기가 될 것입니다.

『경제법제60년사』의 발간은 KSP사업과 더불어 대한민국의 대외협력사업이 하드웨어 중심에서 소프트웨어 중심으로 전환하는 계기가 될 것입니다. 지난 60년간의 경제정책의 근간이 된 법제를 필요로 하는 국가에 소개하고 알려주는 것은 단순히 제품의 수출 차원을 넘어서 대한민국과 해당 국가 간의 무형의 인프라를 구축하는 것이고, 이는 앞으로 우리 대외협력사업의 중점이 되어야 할 것입니다.

법제처는 헌법에서 지방자치단체의 자치법규에 이르기까지 정부수립 이후 공포한 모든 법령정보를 대한민국의 IT기술을 바탕으로 국가법령정보센터에 수록하여 온라인상으로 제공하고 있습니다. 대한민국의 법과 제도의 공유에 관심이 있는 국가에서는 이 책과 국가법령정보센터를 연계해서 활용한다면 경제법령의 연혁을 비롯하여 보다 상세한 정보를 얻을 수 있을 것입니다.

끝으로 『경제법제60년사』 발간의 필요성을 인식하시고 큰 예산을 투여해 발간해 주신 KDI의 현오석 원장님과 김주훈 부원장님, 김두열 연구위원 및 KSP사업의 주관부서로서 이 책의 발간에 격려와 협조를 아끼지 않으신 기획재정부 박재완 장관님, 윤태용 대외경제국장님 등 관계자 모든 분들께 감사의 말씀을 올립니다.

2011. 11

법제처장

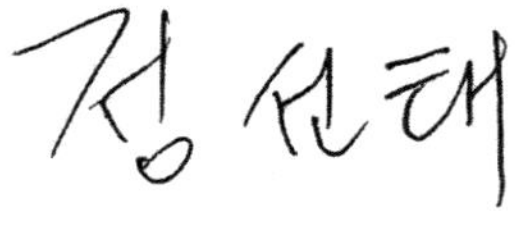

편집자 서문

지난 60년 간 우리 경제의 발전 과정에서 제정되고 집행된 중요 경제 관련 법령들을 개괄하는 작업을 한 뒤 이를 영문판과 함께 발간한다는 기획안은 올초에 구체화되기 시작하였다. 건국 60주년에 즈음하여 『한국경제60년사』가 편찬된 뒤, 이에 대한 후속작업으로 경제성장의 바탕이 되었던 법제도들의 역사를 정리한다는 것은 여러 가지 측면에서 시의적절하다고 판단되었기 때문이다. 영어로 번역된 이 발간물의 성과가 다른 나라들, 특히 개발도상국들과 공유한다면 세계경제 발전에 미약하나마 기여할 수 있다는 점도 고려되었다.

본서의 작업은 크게 세 부분으로 이루어져 있다. 첫째, 경제법령들의 도입과 변천 과정을 개관하였다. 둘째, 개관을 영어로 번역하였다. 셋째, 대부분 영어로 번역되어 있는 최근 법령들과는 달리, 현존 법령들의 개정 이전 모습, 혹은 폐기된 주요 법령들은 외국인들이 쉽게 접근할 수 없다는 점을 감안하여 과거에 제정되었던 주요 경제 관련 법령들을 영어로 번역하였다. 국문 법령도 책으로 묶어 발간할 것을 고려하였지만 국문 법령은 법제처 국가법령정보센터 웹사이트(http://www.law.go.kr)를 이용하여 손쉽게 검색이 가능하다는 점에서 빼기로 하였다. 해외의 정책 관련 업무 종사자들은 물론이고, 국내외의 연구자들, 그리고 우리 경제 관련 법령의 역사에 관심을 갖고 계신 많은 독자분들께 이 책이 도움이 될 수 있기를 기대한다.

여러 가지 사정으로 인해 본 사업은 일 년이 채 안 되는 시간 동안 기획되고 완료되어야 하였다. 많은 예산과 인력을 들여 진행하는 뜻깊은 대형 과제를 이처럼 짧은 시간 내에 진행할 수밖에 없었다는 것은 너무도 큰 부담이었다. 소개할 법령의 선정과 번역, 그리고 이에 대한 충실한 개관을 담당해 줄 인력을 확보한다는 것은 결코 쉬운 작업이 아니었기 때문이다. 이런 난관에도 불구하고 본서는 많은 분들의 도움에 힘입어 이렇게 빛을 보게 되었다.

아마도 본 사업을 기획하고 진행하는 과정에서 가장 많은 관심과 노력을 기울여 주신 분은 정선태 법제처장님이실 것이다. 처장님께서는 우리 법제 발전의 정리와 소개가 중요하다는 신념을 가지시고 어려운 여건하에서도 이 사업이 진행될 수 있도록 다방면으로 노력을 아끼지 않으셨다. 처장님께 이 자리를 빌어 감사를 드린다.

아울러 이러한 구상을 실제로 실현해 가는 데에는 한국개발연구원(KDI) 현오석 원장님, 김주훈 부원장님, 경영지원본부장이신 조병구 박사님의 뒷받침이 중요하였다. 이 분들의 전폭적인 지원은 이 작업이 짧은 시간 안에 완료될 수 있었던 실제적 기반이었다.

집필과 번역, 책 편집작업 역시 정말 많은 분들의 헌신적 노력이 필요하였다. 본서에 수록될 법령을 선정하는 것과 이 법령들의 의미를 소개하는 개관을 작성하는 작업은 본서 제작에 있어 가장 핵심적인 두 축이었다. 법제처의 이익현 국장님, 김계홍 법제심의관님, 권태웅 법제관님, 윤재웅 법제관님, 그리고 많은 법제처 관계자께서는 이 고된 작업을 맡아 훌륭하게 수행해 주셨다. 개관 및 법령을 영어로 번역하는 작업은 매우 고되고 까다로운 업무이다. 법령은 법제연구원이 번역하였고 서울대학교 법학전문대학원 송옥렬 교수께서 감수를 총괄해 주셨다. 법제사의 개관은 (주)팬트랜스넷이 번역을, KDI 국제정책대학원의 애이브러햄 쉬라그(Abraham Shragge) 교수가 감수를 맡아 주셨다. 여러 가지 업무로 바쁘신 와중에도 휴일을 반납해 가면서 이 업무를 수행해 주신 여러분들께 진심으로 감사의 마음을 전해 드리고자 한다.

본서 출간과 같은 대형 사업에는 수많은 행정업무가 수반된다. 법제처의 이영호 서기관님, 그리고 KDI 최준혁 전문연구원께서는 묵묵히 많은 궂은 일들을 도맡아 주셨다. 이 분들의 도움이 없었다면 본서는 온전하게 빛을 보지 못했을지 모른다.

이 책은 KDI 발간물이지만 도서출판 해남을 통해 발간하였다. 해외에서의 수요를 고려할 때 책을 맵시 있게 제작하고 판매를 전문적으로 관리해 줄 수 있는 출판사가 담당하는 것이 적절하리라는 판단에서였다. 매우 짧은 시간밖에 드리지 못하였음에도 불구하고 좋은 책이 될 수 있도록 혼신의 노력을 기울여 주신 노현철 사장님과 직원 여러분들께 감사드린다.

이처럼 많은 분들의 헌신과 노력에도 불구하고 본서에 미진한 부분들이 남아 있다면 그것은 온전히 편집책임을 맡고 있는 본인의 부족함 때문일 것이다. 모자란 부분은 질정해 주시되 새로운 길을 헤쳐 나가는 데 따른 어려움을 동시에 보아 주시기를 부탁드릴 뿐이다. 이후 지속적인 개정작업을 통해 본서가 보다 훌륭한 책으로 거듭나기를, 그리고 각국의 제도발전과 경제성장에 이바지하기를 기대한다.

2011. 11

편집 총괄

한국개발연구원(KDI) 김 두 얼

차례

제2장 금융 법제

제4장 산업 법제

제6장 교통 · 물류 법제

제1장 총론

Chapter

1 총론

제1절 머리말

지난 60년 간 우리나라는 성공적으로 경제성장과 민주화를 이룩하였다. 오랜 식민지와 전쟁을 겪으면서 폐허가 된 국가를 60년 만에 세계 10위권의 경제대국, 민주국가로 발전시킨 저력은 세계인의 주목을 받을 만하다. 제2차 세계대전 후 독립한 많은 신생국가들이 경제성장과 민주주의 발전을 목표로 노력해 왔지만 초기단계에서 좌절하거나 선진국과의 격차를 줄이지 못하고 있다. 공산주의 몰락 후 동구권 국가들은 시장경제의 도입을 위해 노력하였지만 변변한 성공을 거두지 못하였다. 이들 국가와 비교해 볼 때 열악한 조건에도 불구하고 지속적 경제성장과 민주발전을 이룩하고 이제 선진국 문턱에 진입한 우리의 발전은 "기적"이라 불릴 만하다.

그러면 우리 경제의 발전에 있어서 법제는 어떤 역할을 담당하였는가? 이 질문에 대한 정확한 답을 위해서는 체계적이고 종합적인 분석이 필요하다. 하지만 법제의 변천 과정을 일별해 보고, 그 배경과 효과를 분석해 보는 것만으로도 의미 있는 시사점은 발견할 수 있을 것이다. 이 글은 우리나라의 경제 법제가 지난 60년 간 어떻게 변해 왔는지를 통시적으로 살펴보려는 시도이다. 경제 법제의 의미와 범위에 대해서는 이견이 있을 것으로 생각되나 편의상 경제부처 소관 법률을 지칭하는 개념으로 사용하였다. 또한 그 전부를 다 포함할 수는 없어, 금융 법제, 재정 법제, 산업분야 법제, 국토해양 법제, 교통물류 법제로 대별하고, 그 중 주요 법제를 중심으로 정리하였으며, 조세 법제는 편의상 재정 법제의 한 절에서 다루었다.

제2절 경제성장과 법제

원시사회를 제외하고 법이 없는 사회를 상정하기는 쉽지 않다. 법제가 사회의 한 부분을 형성하므로 사회변화가 법제도의 변화를 동반한다는 점은 당연해 보인다. 역으로 법제도를 통해 사회변화를 도모할 수 있는가의 문제는 일의적으로 말하기는 어려운 면이 있다. 법은 질서를 유지함으로써 현행 제도를 안정화시키는 기능을 하는 한편, 의식적 규범정립 작용인 입법을 통해 기존의 제도를 변경하기도 하기 때문이다.

일부 학자들은 법의 변화가 사회변화를 가져오지 않는다거나 사회습속에 반하는 법제는 실패하고 만다고 주장한다. 동서양의 법제사를 살펴보면 법을 통해 사회변화를 도모하였으나 실패한 예를 찾기는 어렵지 않다. 제2차 세계대전 전후 많은 신생국들이 근대 법제를 도입, 경제성장과 민주발전을 도모하였으나 실패한 경험들이 있다. 제도와 정책의 잘못이 아니라 제도와 현실과의 괴리가 있었기 때문이었다. 법제가 현실변화에 부응하지 못할 경우 의도한 변화를 달성하기는커녕, 오히려 저해하는 경우도 있었다. 법제만 정비되었다고 성장과 발전이 자동적으로 수반되는 것은 아니었던 것이다.

그러나 입법과 함께 정부의 조직적 노력이 동반된다면 법제도는 다른 수단보다 효과적인 변화의 도구가 될 수 있다. 법은 일단 정립되고 나면, 위반자에 대한 처벌과 준수자에 대한 보상이라는 규범력과 강제력을 동원할 수 있기 때문이다. 경제질서는 사회질서의 한 부분질서로서 법과 경제성장의 관계도 같은 맥락에서 이해할 수 있을 것이다. 경제성장과 법제에 관한 경험적 연구에 의하면, 경제성장은 보상체계에 의존하고 보상체계는 어느 정도 법제에 영향을 받는다고 한다. 따라서 법제 정비를 통해 경제성장의 조건형성에 기여할 수 있을 것이다.

우리나라의 경우 근대 법제는 전통과 단절된 서구 제도가 대부분이다. 계수 당시 법제는 현실과 괴리되어 있었고, 근대 법제를 운용할 능력도 없었다. 하지만 법제의 개선을 통해 경제성장과 민주발전을 도모할 수 있다는 인식만은 확고하였다. 건국 초기에는 계획을 통한 시장개입이 사회주의적이라 생각하고 꺼렸다. 그러나 국가의 최우선 정책과제로 경제우선정책을 채택한 이후에는 본격적으로 정부가 개입하게 된다. 자원의 배분과 동원, 수입의 통제와 수출장려, 가격통제 등 계획이 일정 부분 시장기능을 대신하였다. 정부의 강력한 주도 아래 세운 경제성장정책에 따라 각종 산업 촉진법, 육성법이 제정되었고, 자원과 은행의 국 · 공유화, 시장진입의 규제에 관한 법제들이 마련되었다. 이런 법제는 정부 개입에 대한 규범력과 강제력을 제공하였다. 한편으로는 합리적 경제생활을 저해하는 비합리적 관행, 부정부패, 미신 철폐, 허례허식 등 전통과 습속, 도덕감정과 결부된 관행들도 법제를 통해 정리하려고 노력하였다.

우리나라의 경제는 이 같은 정부개입으로 세계에서 유례없는 초고속 압축성장을 할 수 있었다는 점에서 성공적이었다. 하지만 산업구조가 고도화되면서, 초기 성공의 법제적 조건들이 오히려 성장의 발목을 잡는 일이 생기기 시작하였다. 정부개입을 정당화하였던 법제는 정비대상이 되었고, 성장을 주도하였던 정부조직은 폐지되는 변화를 겪게 된다. 시장의 자율성을 높이고 규제철폐를 단행하는 등 사회변화에 걸맞게 법제 정비를 함으로써 경제성장과 민주발전을 한 단계 진전시킬 수 있었다. 사회변화의 흐름에 발맞추어 법제를 정비하고 현실을 개선하려고 노력한 결과 경제성장과 민주발전을 할 수 있었던 것이다. 이와 같은 우리의 경험에 비추어 보면, 법제와 경제성장 및 민주발전은 상호보완관계가 있고, 올바른 방향의 법제 정비는 경제성장과 민주발전에 긍정적으로 기여할 수 있다고 판단된다.

제3절 한국 법제의 특징

법제도는 헌법을 정점으로 체계를 이루고 있다. 최고규범인 헌법은 법제의 방침과 한계를 제시한다. 경제조항, 정부의 법률안 제안권 등 헌법 규범은 우리 경제법제의 형성에 중요한 역할을 하였다. 60년 간의 우리나라 법제를 살펴보면 정부 주도의 법제, 위기극복을 위한 비상입법의 활용, 지속적인 법제 정비, 법제처라는 독특한 조직을 통한 사전사후의 입법통제 등 몇 가지 특징을 발견할 수 있다. 이러한 특징은 법제사적 의미뿐 아니라 경제성장과 민주발전에도 기여한 바가 크다.

1. 헌법과 경제질서

우리나라 헌법은 대부분 국가와 달리 경제에 관한 별도의 장을 두고 있다. 현행 헌법 제119조 제1항은 대한민국의 경제질서는 개인과 기업의 경제상 자유와 창의를 존중함을 기본으로 한다고 규정하면서 제2항은 국가는 균형 있는 국민경제의 성장 및 안정과 적정한 소득의 분배를 유지하고, 시장의 지배와 경제력의 남용을 방지하며, 경제주체 간의 조화를 통한 경제의 민주화를 위하여 경제에 관한 규제와 조정을 할 수 있다고 명시하였다. 이 조항은 경제입법에 관한 규범적 기준이 된다. 따라서 제119조의 정확한 의미 파악은 경제 법제를 이해함에 있어 중요하다. 동조의 연혁은 의미파악에 도움이 될 것이다.

제헌헌법은 총강편인 제5조에서 자유와 평등에 비해 공공복리에 우선적 지위를 부여하였다. 제84조는 생활의 기본적 수요를 충족할 수 있게 하는 사회정의의 실현과 국민경제의 발전을 경제질서의 목표로 제시하고 개인의 경제상의 자유는 이러한 한계 내에서 보장된다고 하여 자유보다 사회적 배려와 사회통합을 우선시하였다. 제87조에서는 운수, 통신, 금융, 보험, 전기, 수리, 수도, 가스 및 공공성을 가진 기업을 국영 또는 공영으로 한다고 규정하고, 대외무역도 국가가 통제하도록 하였다. 제18조는 사영기업 근로자에게 이익분배균점권을 보장하고 있다. 이처럼 제헌헌법의 경제질서는 사회주의적 성격을 강하게 지니고 있었다. 이는 좌우가 극한대립을 이루는 상황에서 국가형성이 우선적 과제인 당시 상황을 반영한 것이라 생각된다. 제헌헌법의 통제경제적 조항에 대한 비판이 있자, 1954년 1월 23일 제2차 개정헌법은 국영 및 공영에 관한 제87조 제1항을 삭제하여 국유국영의 원칙을 사유사영의 원칙으로 전환하였다.

1960년 6월 15일 제2공화국 헌법의 경제질서도 제1공화국 헌법과 별다른 차이가 없다. 경제질서의 중요한 변화는 1962년 12월 26일 제3공화국 헌법에서 볼 수 있다. 제3공화국 헌법은 자본주의 시장경제체제를 선언하고, 공공복리를 강조하던 제헌헌법의 제5조를 삭제하였으며, 현행 헌법 제119조에 해당하는 제111조를 두어 대한민국의 경제질서는 개인의 경제상의 자유와 창의를 존중함을 기본으로 한다고 규정하면서도, 제2항은 경제에 관한 규제와 조정을 할 수 있다고 규정하여 국가의 개입여지를 두었다. 이 조항은 정부 주도의 고도성장정책에 대한 헌법적 근거가 된다고 할 것이다.

1972년 12월 27일 제4공화국 헌법은 제3공화국 헌법과 변화가 없었다. 1980년 10월 27일 제5공화국 헌법은 제120조 제3항의 독과점 폐단의 규제 · 조정, 제125조의 소비자 보호에 관한 조항을 신설하고, 제122조 제1항에서는 농지의 임대차 및 위탁경영을 예외적으로 인정하였으며, 현행 제119조에 해당되는 제120조 제1항에서 개인과 기업의 경제상의 자유와 창의를 존중함을 기본으로 하되, 같은 조 제2항은 국민에게 생활이 기본적 수요를 충족시키는 사회정의의 실현과 균형 있는 국민경제의 발전을 위해 필요한 범위 안에서 국가의 개입을 인정하였다.

연혁과 제119조의 규정을 종합해 보면, 한국의 경제질서는 자본주의 시장경제를 기본으로 하되 국가의 경제개입을 큰 폭으로 허용한 것이라 할 수 있다. 개인의 자유와 창의존중, 계약의 자유, 직업선택의 자유, 재산권의 보장 등을 보장하고 있으므로 자본주의 시장경제라 할 수 있다. 그러나 경제에 관한 규제와 조정을 할 수 있는 여지를 두고 있는 점에서 개입주의적 요소를 혼합하고 있다. 헌법재판소는 한국의 경제질서를 사회적 시장경제질서라고 하였고, 다수 학자도 여기에 동의하고 있다. 그러나 사회적 시장경제질서는 특정한 경제이념의 산물로서 한국의 경제질서를 특정한 이념틀에서부터 접근하는 것은 적절하지 않다고 할 것이다. 따라서 한국의 경제질서는 시장경제질서를 바탕으로 하되, 국가의 조정여지를 두고 있는 혼합경제질서라는 주장이 타당하다.

제119조의 성격에 대한 논란은 여전이 존재하지만 현행 헌법이 제정된 후 20년이 지나는 동안 헌법 개정 없이 다양한 스펙트럼의 경제입법을 추진해 왔다. 성장과 분배 및 복지라는 상반될 수 있는 법제를 포섭하고 사회변화에 대한 적응력을 높일 수 있는 기능을 수행할 수 있을 것이다.

2. 정부 주도의 법제

입법의 중심은 국회이지만 사실상 정부가 지난 60년 간의 법제를 주도해 왔다. 우리나라 헌법은 미국식의 대통령중심제를 채택하면서도 의원내각제적 요소를 가미하여 원래의 대통령제에 변형을 주고 있다. 제헌헌법에서부터 정부에 법률안 제안권을 부여한 이래 정부는 사실상 입법의 핵심적 역할을 담당하였다.

건국 후 현재까지 의원제안 법률안과 정부제안 법률안의 처리 건수를 보면, 제헌국회의 경우 51건 대 97건, 제2대 국회는 80건 대 135건, 제3대 국회는 71건 대 83건, 제4대 국회는 32건 대 43건, 제5대 국회의 경우 25건 대 39건으로 의원제안과 정부제안이 비교적 균형을 이루고 있다. 제6대 국회에서는 178건 대 154건으로 의원제안이 정부제안을 앞섰지만, 그 후 제7대 국회에서 제14대 국회에 이르기까지는 정부제안 법률이 훨씬 많은 것을 볼 수 있다. 즉, 제7대

국회 123건 대 234건, 제9대 국회 84건 대 460건, 제10대 국회 3건 대 98건, 제11대 국회 84건 대 257건, 제12대 국회 66건 대 156건, 제13대 국회 171건 대 321건, 제14대 국회 119건 대 537건으로 정부제안 법률안이 압도적으로 우위에 있다. 1990년대 정치적 민주화와 함께 국회가 기능을 회복하면서 제15대 국회에서는 의원제안과 정부제안이 균형을 이루게 되고, 제16대 국회에서부터는 의원제안 건수가 정부제안을 앞서게 되었다. 정부 주도 입법은 1960년대에서 1980년대 중반까지의 고도성장정책을 추진하던 권위주의 정부시절에 특히 두드러진 것을 알 수 있다.

정부는 법률의 건수뿐 아니라 법제도의 실질에 있어서도 주도적 역할을 수행해 왔다. 이는 집행을 담당하는 정부가 법제정보 및 관련 분야의 전문성을 가지고 있기 때문이라 할 것이다. 현대행정국가의 입법수요가 전문화 · 복잡화됨에 따라 이와 같은 현상은 정부에 법률안 제안권이 없는 미국에서도 나타나는 현상으로서 우리나라에 국한된 것은 아니다. 정부 주도의 입법과 함께 대통령령, 총리령 및 부령 등 하위법령으로 실체적 내용을 위임하는 경향도 증가하였다. 법률에서는 대강의 방향만 정하고 실질적 내용은 하위법령으로 위임하는 것이다. 이러한 현상은 행정의 전문화, 급격한 사회변화에 신속하게 대응하기 위해 불가피한 측면도 있지만 국회의 심사 과정에서 정치적 논쟁으로 법안의 추진이 지연되는 것을 피하기 위한 의도도 배제할 수 없다. 포괄위임 및 백지위임현상도 증가하였는데, 입법기술상 불가피한 경우도 있지만 지양되어야 할 관행이다. 1987년 헌법재판소의 출범으로 입법에 대한 규범통제기능이 강화되면서 포괄위임을 이유로 한 위헌 결정이 많았던 것은 우연이 아니다. 정부 주도 입법의 또 다른 양상은 행정규칙으로의 도피현상을 들 수 있다. 법규적 사항을 헌법이 인정하는 법규형식이 아닌 훈령, 예규와 같은 행정규칙으로 규정하는 현상을 지칭하는데, 법원도 법률보충적 행정규칙이라고 하여 법규성을 인정하였다. 행정규칙으로의 도피현상도 현대행정국가의 불가피한 측면이라 할 수 있다.

3. 위기극복과 비상입법의 활용

1) 국가위기와 법치주의

신생국가나 개발도상국가가 정치적 안정을 확보하는 것은 쉽지 않다. 우리나라도 여느 신생국과 마찬가지로 6.25, 4.19, 5.16 등 전쟁, 혁명, 쿠데타 및 이와 유사한 위기를 수차례 경험하였다. 우리나라는 그와 같은 위기에서 단순히 물리적 힘에 의존하기보다는 외형적이지만 비상입법의 형식을 통하여 법치주의의 틀은 유지하려고 노력하였다. 이렇게 비정상적으로 만들어진 법규범은 나중에 사회가 정상화되었을 때 재검토되어 발전적 방향으로 재정립되었다. 정상적인 정치 과정을 통하여 정책수행에 꼭 필요한 입법이 가능하지 않을 때에는 비상입법을 발령해서라도 발전을 지향하였고 이러한 비상입법들은 시간이 흐름에 따라 정상적인 법규범으로 자리잡았다. 1995년의 「금융실명제 도입을 위한 긴급재정경제명령」 등을 나중에 법률로 전환한 것을 예로 들 수 있을 것이다.

비상입법이나 비대의기관의 입법을 현재의 시각에서 평가할 경우 문제점이 많지만, 국가위기 상황에서 외형적이나마 법치주의를 유지하기 위한 노력을 하였다는 점은 평가받을 만하고, 그러한 노력이 결국에는 위기를 극복하고 현재의 경제성장과 민주발전을 이룩하는 데 기여하였다고 할 것이다. 또한 문제를 해결하기 위하여 임기응변에 의지하더라도 최소한의 제도적 접근을 유지하는 것이 성장의 지속성을 위하여도 필요한 것이었다.

2) 비상입법

전쟁, 내란, 천재지변 등에 직면하여 국민의 안위를 책임지기 위해 대응할 법적 수단을 확보하는 것이 필요하다. 따라서 많은 국가들이 계엄제도라는 전통적 국가긴급권 외에 행정부에 비상입법권을 부여하되 이에 대한 통제수단을 마련하고 있다. 우리 헌법도 제헌헌법에서부터 대통령에게 계엄선포권 외에 법률적 효력을 갖는 긴급명령권과 긴급재정경제명령, 처분권을 부여하였고, 제4공화국 헌법에서는 헌법의 효력을 일부 정지시킬 수 있는 긴급조치권까지 인정하였다. 제5공화국 헌법에서도 완화되었지만 헌법적 효력을 갖는 비상조치권을 규정하고 있었으나, 1987년에 개정된 현행 헌법은 헌법적 효력을 갖는 비상입법권은 폐지하고 입법적 효력을 갖는 비상입법만 인정하여 종전의 원형으로 환원되었다.

지난 60년 간 발령된 비상입법을 보면, 제1공화국의 경우 전쟁수행이라는 상황에서 수차례 긴급명령을 발령하였다. 1950년 6월 25일 「비상사태하의 범죄처벌에 관한 특별조치령」(대통령긴급명령 제1호), 1950년 6월 28일 「금융기관예금 등 지불에 관한 특별조치령」(대통령긴급명령 제2호) 등 대통령긴급명령 14건, 1950년 7월 7일 「재정긴급처분」(대통령긴급재정처분 제1호) 1건을 발령하였다. 제2공화국은 워낙 단명한 탓에 사회적 혼란이 있었지만 비상입법은 발령되지 않았다. 제3공화국에서는 1972년 8월 2일 「경제의 안정과 성장에 관한 대통령긴급명령」(대통령긴급명령 제15호) 1건을 발령하였다. 제4공화국에서는 주로 긴급조치가 빈번하게 발령되었는데, 제4공화국 헌법 개정운동을 금지하기 위한 정치적 목적이 주된 것이었다. 이 기간 중에 발령된 긴급조치는 제1호 및 제2호, 1974년 1월 14일 「국민생활 안정을 위한 대통령긴급조치」(제3호) 등 9건이 있다. 제5공화국에서는 비상입법권이 발동되지 않았으나, 제6공화국의 문민정부에서는 대통령긴급재정경제명령을 발령하여 금융실명제를 실시하였다.

3) 비대의기관에 의한 입법

우리나라 법제사에는 헌법이 정상적 기능을 상실한 시기가 수차례 있었다. 군사적 행동에 의해 헌법이 일시 정지되고 국민의 대표기관인 국회가 해산 내지 무력화된 상태에서 오히려 입법활동은 활발히 전개된 기현상이 나타났다.

새로운 정치세력이 구성한 비상입법기관이 국회의 기능을 대신하고 그 후 개정된 헌법이 이러한 입법활동의 결과를 추인하는 형식을 취하였다. 이와 같은 비정상적인 입법활동은 그 양과 내용에 있어 우리 법제사에 상당한 영향을 끼쳤다.

5.16으로 집권한 군부는 군사혁명위원회를 국가재건최고회의로 명칭을 변경하고, 국회의 기능을 대행하도록 국가재건최고회의의 의결로 국가재건비상조치법을 제정 · 시행하였다. 동법은 과업의 수행에 지장이 없는 범위 안에서 기본권을 보장하고 국가권력을 국가재건최고회의에 통합한 회의제정부를 채택한 비상입법으로서 초헌법적 효력을 지닌 것이었다. 국가재건최고회의는 1961년 6월 10일 「국가재건최고회의법」을 제정한 이래 1963년 12월 16일 법률 제1625호 「산업재해 보상보험업무 및 심사에 관한 법률」을 제정하기까지 총 1,008건의 입법을 추진하였다. 국가재건최고회의는 일제시대의 법률을 사용하던 의용시대의 막을 내리게 함으로써 독자적인 법률체계를 갖도록 하는 데 기여하기도 하였다. 그러나 비대의기관에서 입법된 법률은 절차뿐 아니라 그 내용 또한 비민주적 요소가 있어 이후 이를 제거하기 위한 정비작업이 추진되기도 하였다.

제3공화국 말기에 다시 비대의기관에 의한 입법을 경험하게 된다. 1971년 12월 27일 남북회담 등을 이유로 「국가보위에 관한 임시조치법」이 공포되고, 1972년 10월 17일 대통령의 초헌법적 비상조치 선언에 따라 비상국무회의가 국회의 기능을 대행하게 된다. 비상국무회의는 약 5개월 간 「비상국무회의법」, 「철도기금법」 등 270건의 법률을 제정 · 개정하였다. 1979년 10월 26일 대통령의 시해로 유신시대가 종언을 고하고 새로운 헌정질서가 회복되는 과정에 또 다시 비대의기관에 의한 입법이 있게 된다. 10.26 후 설치된 국가보위입법회의는 국회의 권한을 대행하였고, 「국가보위입법회의법」, 「지방공무원법」 등 189건의 법률을 제정 · 개정하였다. 국가보위입법회의에서 제정 · 개정된 법률은 1980년 제5공화국 헌법의 부칙에 의하여 추인되었다.

4. 지속적 법제 정비

법제도는 도입만으로 충분한 것이 아니다. 법제도가 현실 규범력을 갖기 위해서는 늘 평가해 보고 부족한 점을 보완하는 노력을 해야 한다. 법제도는 미래를 예측하고 규정을 해야 하지만 현실적으로 긴급히 제정 · 개정하거나 당면과제의 해결을 위한 단기적 조치를 하는 경우도 많다. 이러한 이유로 인해 얼마 지나지 않아 비현실적 제도가 되어 버리는 경우가 허다하다. 현실과 괴리된 법은 신속하게 정비하는 것이 바람직하나 일단 법제도가 완성되고 나면 그냥 내버려 두는 경향이 있다. 당장 문제가 발생하지 않을 수도 있고, 입법 절차의 번거로움 때문에 정비에 소홀하게 된다. 한국은 주기적으로 모든 법제도를 지속적으로 평가해 정비해 왔고 이것이 법제도와 현실과의 간극을 메우고 살아 있는 제도로 유지하게 하는 기반이 되었다.

우리나라는 정부수립 직후부터 범정부 차원의 법령정비사업을 추진한 바 있고, 이러한 법령정비는 이후에도 주기적으로 추진되어 현재에 이르고 있다. 정부수립 직후부터 법령정비사업을 추진하게 된 경위는 식민지, 미군정, 관습법 등으로 인한 법적 복잡성을 정리해야 하는 특수사정이 있었다. 1951년 5월 12일 법령정리간행위원회 규정에 따라 법령정리간행위원회를 설치하여 식민지 법령, 미군정 법령 등이 혼재되어 있던 구법령정비사업을 추진하였으며 5.16 이후까지 계속되어 국가재건최고회의에서 완성된다.

1960년대 및 1970년대는 기존 법령에 대한 일제정비 형식의 법령정비작업보다 경제정책을 뒷받침하기 위한 법제 정비에 중점을 두게 된다. 이 기간 중에 제정 · 개정된 법령들은 경제의 양적 성장과 산업구조의 고도화에 따라 상호간에 모순과 저촉, 현실과 괴리되는 현상이 발생하게 되었다. 이에 1977년 현행 법령정비사업을 추진하여 2년간에 걸쳐 2,790건의 현행 법령을 검토하고 288건을 정비한 바 있다.

1975년에는 국무총리 소속의 행정개혁위원회를 설치, 법령의 내용을 현실에 부합되게 정비하는 노력을 시작하였다. 비현실적인 처분요건 · 기준을 정한 법령, 행정편의 위주의 법령, 관계 공무원의 재량권 남용의 우려가 있는 법령, 법령의 위임근거가 없는 행정규칙 등에 걸쳐 정비가 이루어졌다. 행정개혁위원회는 1,551건의 법령을 정비하였고, 법제처에서 223건의 법령을 정비하였다.

1981년에는 성장발전 저해요인 개선작업을 추진한 바 있고, 문민정부에서는 대통령 소속 기관으로 행정쇄신위원회를 설치하여 규제 완화 등 불합리한 법령과 제도의 개선, 중앙과 지방 및 정부와 민간부문 간의 기능과 역할의 재정립 등에 관하여 604건의 법령을 정비하였다. 국민의 정부에서도 규제개혁위원회를 설치, 규제개혁법률 312건을 정비한 바 있다.

법령정비사업은 법제처의 일상기능으로 정착되어 이명박 정부에서도 국민불편법령 개폐, 하위법령 특별정비, 법제도 선진화 등의 사업을 통해 꾸준히 정비작업을 하고 있다.

5. 법제에 대한 사전 · 사후적 통제

법제도는 최고규범인 헌법을 정점으로 체계를 이루고 있으므로 헌법에 위반되는 법령을 방지하는 일은 입법의 핵심이다. 헌법은 독립기관인 헌법재판소를 두어 법률의 위헌 여부를 심사하여 위헌적 법률은 정비할 수 있도록 하였다. 법률이 헌법에 저촉되지 않도록 주의를 하여야 하는 것은 국회에 대한 헌법적 요청이다. 우리나라는 건국 초기부터 입법에 있어 정부가 주도적 역할을 함에 따라 행정부 내에 자체 입법통제기관인 법제처를 설치 · 운영하였다. 법제처는 정부에서 제안하는 법률안에 대한 총괄조정 및 심사기능을 통해 사전통제를 하고, 의원제안 법률에 대하여도 대통령 재가 전 위헌 여부와 거부권의 행사 필요성을 심사함으로써 사전통제를 할 수 있다. 입법이 완료된 후에는 법령정비기능을 통해 위헌적 법령, 정부정책과 배치되는 법령 등을 정비함으로써 법제도의 현실 규범력을 높여 왔다.

법제처의 통제기능은 시대별로 차이가 있었다. 과거 헌법의 규범력이 약하고, 위헌법률심사제도가 활성화되지 않았던 시기에는 위헌성 여부에 대한 관심이 저조하였고, 법제처 또한 위헌적 입법을 저지하는 데 어려움이 있었다. 1987년 개정된 현행 헌법에서 헌법재판소가 설치되고, 위헌심사를 적극적으로 함에 법률의 위헌성 여부는 입법자의 중요한 관심사가 되었고, 법제처도 엄격한 기준을 적용할 수 있게 되었다. 헌법재판소와 대법원의 위헌심사는 사후적 입법통제수단임에 비해 법제처는 사전적 통제를 한다는 점에서 특징이 있다. 법령이 시행된 후 효력을 부정할 경우 사회혼란이 야기될 수 있고, 사법기능의 속성상 번잡성과 높은 비용으로 인해 누구나 활용할 수 없다는 점을 감안하면 법제처는 사전통제기능을 통해 합헌적 제도발전에 기여한 바가 크다.

법제처의 사전적 통제기능은 입법 과정, 내용, 체계 등에 걸쳐 이루어진다. 법령에 대한 부처안이 확정되면 먼저 관련 부처와 협의하여야 하고, 관련 부처간에 협의가 완료되면 일반국민들에게 공표하여 의견을 듣도록 한다. 이를 입법예고라 하는데, 입법예고기간은 통상 20일 이상을 하도록 하고 있다. 입법예고기간 중에 제시된 국민들의 의견은 그 반영 여부를 표시한 후 법제처에 제출하여야 한다. 입법예고가 완료된 법령안은 규제심사를 거쳐 법제처에 심사의뢰를 하게 된다. 법제처는 법령안이 헌법에 부합되는지 여부, 국정지표와 부합하는지 여부, 상위법령에 위배되는지 여부, 체계정당성이 있는지 여부 등을 심사함으로써 합헌성, 위법성, 기존 법체계와의 정합성 여부를 심사하여 통제한다.

입법에 대한 사전 및 사후 통제기능은 법률의 합헌성을 보장하여, 헌법의 규범력을 회복하고 법제도 선진화에 기여한 바가 크다. 또한 국정지표와 배치되는 법령을 통제하고 국가정책의 우선순위를 고려 입법지원을 함으로써 성장과 발전에 긍정적으로 기여할 수 있었다.

제4절 시대별 주요 입법활동

60년 간 우리나라의 법제도를 살펴보면, 발전단계별, 시기별로 의미 있는 차이를 발견할 수 있다. 건국 초와 1950년대는 국가형성기로서 국가의 기틀을 마련하기 위한 법제, 1960~1970년대의 절대빈곤의 극복을 위한 고도성장정책을 지원하기 위한 법제, 1980년대는 정치적 민주화 · 개방화 시대에서 시장기능 및 민간 주도의 경제질서로 전환을 위한 법제, 외환위기 이후에는 법제도 선진화가 법제의 중점 과제가 되었다. 시대별 법제 과제와 주요 내용을 살펴본다.

1. 건국 초기와 1950년대

건국 초기 및 1950년대는 국가형성, 식민잔재의 청산, 전쟁수행 및 전후복구, 국가기본질서의 확립이 시급한 과제였다. 독립과 동시에 분단과 전쟁이라는 위기를 맞았고, 극한의 좌우 이념대립 속에서 근대 법제도의 정착을 위한 진통의 시기였다고 할 수 있다.

신생 독립국 한국에게 우선 시급한 것은 국가운영에 필요한 정부조직의 기틀을 마련하는 것이었다. 정부수립 직전인 1948년 7월 17일 제헌국회는 헌법의 제정과 함께 대통령을 수반으로 국무총리 및 11부 4처를 골자로 하는 「정부조직법」을 법률 제1호로 공포 · 시행함으로써 입법활동을 시작하였다. 정부수립과 동시에 법률 제5호로 「국회법」, 법률 제17호로 「국회의원선거법」, 법률 제51호로 「법원조직법」 등을 공포함으로써 국가권력의 기본조직을 마련하였다. 한편, 대통령령 제1호인 공포식령이 제정되고, 각 부처의 직제를 제정하여 정부의 조직과 작용에 관하여 필요한 법제가 마련되었다. 국가의 기본틀을 위한 법제를 마련하는 한편, 일본 법령의 잔재 청산을 위해 형법, 형사소송법, 민법 등 기본법을 정비하였고, 일본법, 미군정법령, 관습법 등이 혼재되어 되어 있던 구법령정비사업을 추진하였다.

경제질서는 국가성격을 좌우하는 기본질서로서 좌우파가 극한적으로 대립된 상황에서 자본주의 시장경제질서의 확립이 핵심과제였다. 제헌헌법은 모든 국민의 기본적 생활수요의 충족, 사회정의의 실현과 균형 있는 국민경제의 발전을 경제질서의 기본으로 천명하고, 경제상의 자유는 이 한계 내에서만 보장하였다. 기업체와 주요 자원의 국 · 공유를 원칙으로 하고, 농지는 농민에게 분배하도록 하였으며, 사기업 근로자들에게 이익분배균점권을 주는 등 사회주의 계획경제에 가까운 내용을 포함하고 있었다. 이러한 제헌헌법의 규정은 사회주의 계획경제를 도입하기 위한 것이 아니라 공산주의의 도전으로부터 자본주의 시장경제에 기초한 국가를 형성하기 위한 조치였다. 제헌헌법의 통제경제적 성격에 대한 비판에 따라 1954년 헌법을 개정하여 국 · 공유의 범위를 좁히고 자유주의적 요소를 높이게 되었다.

토지 법제의 정비는 국가형성 및 경제의 기본질서 확립과 직결되는 문제였다. 농지소유의 불평등, 북한의 토지개혁으로 농민들의 개혁에 대한 기대 수준이 상승하였고, 국민의 다수를 점하는 농민의 안정 없이 국가형성이 어려웠다. 이에 「농지개혁법」을 제정, 토지개혁을 단행하였다. 강제적 농지매수, 소작 및 위탁경영의 금지 등 법치주의 관점에서 무리가 있었지만 소득재분배, 소작제도의 타파 등 국가형성에 도움이 되었고 경제발전에도 긍정적으로 기여하였다.

재정 및 조세 법제는 식민지의 수탈수단으로 이용되던 조세제도를 근대산업국가의 구성요소로 자리매김할 수 있도록 정비할 필요가 있었고, 전쟁수행과 전후복구를 위한 세제개편도 필요하였다. 「소득세법」, 「조세특례법」, 「법인세법」 등이 제정 · 개정되었다. 식민지 수탈을 위한 도구로서 기형적으로 발전한 금융 법제는 미국의 영향을 받아 독립한 중앙은행을 갖는 근대적 금융제도를 구축하고자 노력하였으며, 「한국은행법」, 「은행법」 등을 제정하였다.

기본법제를 마련하는 등 독립국가의 면모를 갖추어 가고 있던 중 6.25전쟁이 발발하게 되고, 전쟁수행을 위해 법령을 마련하는 한편, 헌법 제57조에 근거하여 14건의 대통령긴급명령과 1건의 대통령긴급재정처분을 하게 된다. 대통령긴급명령은 이후 대체입법이라는 방식으로 법률에 흡수되거나 폐지된다.

이와 같은 국가의 기본구조와 근본질서에 관한 법제 외에도 이 기간 중에는 산업 법제, 국토해양 법제 등 제1공화국이 막을 내리기까지 총 592건을 제정 · 개정하였고, 두 번에 걸친 헌법 개정도 있었다.

건국 초와 1950년대는 국가형성과 식민잔재를 청산하기 위한 국가의 권력구조와 기본질서를 확립하기 위한 법제를 마련하는 기간이었다. 국토분단과 전쟁, 공산주의의 도전이라는 위기가 있었지만 민주법치국가, 시장경제질서에 바탕을 둔 법제의 기초를 확립함으로써 오늘날의 경제성장과 민주발전을 위한 토대를 마련하였다고 할 것이다. 다만, 절대빈곤의 극복과 민주발전이라는 과제는 다음 정부에 남겨 두게 된다.

2. 1960~1970년대

국민들의 민주화 열망은 4.19를 통해 제1공화국을 종식시키고, 내각책임제를 내용으로 하는 제2공화국 헌법을 탄생시켰다. 그러나 독재정권의 붕괴로 분출된 민주화 욕구를 제2공화국 정부는 효과적으로 관리하지 못하였고, 민주화 욕구는 데모와 사회적 혼란으로 이어져 5.16을 통해 군부가 집권하는 빌미를 제공하였다. 권력을 잡은 군부는 절대빈곤 극복을 과제로 삼고 경제성장에 전념하게 되었고, 경제정책에 대한 법적 지원이 이 시기 법제의 과제가 되었다.

5.16으로 권력을 잡은 군부는 헌법을 개정하여 내각책임제를 대통령중심제로 환원하고 자유주의 시장경제로 전환을 명확히 하였다. 다만, 정부의 개입여지를 두어 정부 주도 정제정책에 대한 헌법적 근거를 마련해 두었다. 취약한 민주적 정통성을 경제성장을 통해 만회하려는 군부는 곧바로 강력한 정부 주도의 경제성장정책을 추진한다. 1950년대 사회주의 계획경제라는 이유로 미온

적이었던 경제개발계획을 적극적으로 수립하여 시행하였다. 제1차 경제개발 5개년계획(1962~1966)에 이어 제2차 경제개발 5개년계획(1967~1971)에 따라, 에너지 자원 확충, 기간산업 확충, 사회간접자본 확충, 식량자급자족과 산림녹화, 공업화 추진, 과학기술의 진흥을 중점사업으로 추진하게 된다. 1960년대의 경제개발 5개년계획이 경공업 중심의 공업화 정책에 중점을 두었다면, 1970년대의 제3차 경제개발 5개년계획(1972~1976)과 제4차 경제개발 5개년계획(1977~1981)은 중화학공업 육성과 자력성장구조의 확립에 역점을 두었다. 국내 산업을 육성하기 위해 수출이 장려되고 수입은 강하게 억제되었고, 수출진흥을 위해 수출입링크제, 수출보조금, 수출우대금융 및 세제상의 혜택을 주는 각종 정책이 실시되었다.

한편, 정부 주도의 경제정책을 일사분란하게 추진하기 위해 경제기획원 등 정부조직을 신설하였다. 1961년 5월 26일 「정부조직법」을 개정하여 1955년 설치된 부흥부를 건설부로 개칭하였지만 동년 7월 22일 경제기획원을 신설하면서 건설부를 폐지하고, 경제기획원 소속의 국토건설청으로 하였으나, 1962년 6월에 건설부로 승격하였다. 1966년 2월에는 국세청을 신설하고, 1967년 3월에는 과학기술처를 국무총리 소속하에 신설하였으며, 1975년 12월에는 항만청, 1977년 12월에는 동력자원부를 신설하였다. 정부 주도 경제정책은 경제기획원이 중심이 되어 추진하였다. 경제기획원은 경제성장을 위한 계획수립, 정책조정, 예산, 외자조달 및 배분, 통계관리 등 계획과 관련된 업무를 총괄함으로써 일관된 정책추진을 할 수 있었다. 예산을 통해 정부 부처를 통제하고, 외자배분을 통해 민간기업에 영향력을 행사하였다. 경제기획원은 정부경제정책의 기조가 민간 주도로 변화된 후에도 존속되었으나 그 기능과 역할이 감소되다 1994년 12월 재무부가 합하여 재정경제원으로 되면서 폐지되었다.

1960년대 및 1970년대 경제성장정책을 추진하기 위해 정부는 조세와 금융을 중요한 수단으로 활용하였다. 이에 조세 법제는 세수 확보의 수단으로만이 아니라 경제개발을 위한 정책수단으로 사용되었고, 조세정책 또한 세수지상주의에서 벗어나게 된다. 경제개발 5개년계획에 필요한 투자재원을 조성하기 위해 세제 전반에 대한 개혁을 단행하게 되고 그 방향은 수세의 간소화 및 자동화, 재정수요 확충을 위한 탄력세제의 운용 강화, 저축과 투자촉진을 통한 경제개발 지원이 되었다. 조세감면규제 법제도 이 시기에 정비된다. 1970년대 중반 유류파동 등에 따른 위기를 극복하고 국민생활의 안정을 도모하기 위해 종합소득세제를 도입하고, 「국세기본법」도 제정하였으며, 「부가가치세법」도 제정하게 된다. 재정정책 또한 경제개발을 지원하는 개발재정으로서의 기능을 담당하게 된다. 경제개발 5개년계획에 따른 공업화 정책을 지원하기 위해 전력, 교통, 통신 등 사회간접자본을 중점적으로 개발하되 총투자의 절반 이상을 직접투자 또는 재정융자를 통해 정부가 담당하여 정부 주도의 개발계획을 추진하였다.

또한 정부는 산업화를 위한 자원의 동원과 배분을 직접 주도하기 위해 금융 법제를 정비하여 금융부문에 대한 정부의 지배를 강화한다. 시중은행을 국유화하고, 개발투자 소요재원의 동원 및 배분에 대한 재량권을 높이기 위해 중앙은행에 대한 통제를 강화하였다. 1961년 「부정축재처리법」을 제정, 은행 주식을 정부에 귀속시켰고, 1962년 5월 24일 「한국은행법」을 개정하여 통화신용정책의 권한을 재무부로 이관, 경제개발에 소요되는 자금을 중앙은행의 발권력에 의존할 수 있는 장치를 마련한다. 특정 부문의 정책자금을 지원하기 위해 「중소기업은행법」, 「국민은행법」, 「한국주택은행법」, 「한국외환은행법」 등이 제정되었다. 수출지원을 위해 선별금융제도를 정비하고, 경제개발에 필요한 자원동원을 위해 국내 금리를 인상시키고 「외자도입법」도 마련하였다. 1970년대에는 정부의 역할이 강화되었는데, 특히 금리규제 및 자금배분 등 금융부문에 대한 정부통제는 보다 강화되고 선별적이 되었다. 1970년대 대기업들의 자금난이 악화되어 부도사태가 발생하고 사채에 의존하게 되자 정부는 사채의 동결, 은행단기대출금의 장기저리대출로의 전환, 중소기업 신용보증 확충 등을 내용으로 하는 「경제안정과 성장에 관한 긴급명령」을 발령하였다. 외자도입과 공식 금융시장 통제에서 더 나아가 비공식 금융시장까지도 정부 통제하에 두려는 시도라 할 것이다.

산업분야 법제의 두드러진 특징으로는 각종 육성법과 진흥법의 제정을 들 수 있다. 공업화를 위해 「기계공업진흥법」, 「조선공업진흥법」, 「섬유공업시설에 관한 임시조치법」, 「섬유공업근대화촉진법」, 「전자공업진흥법」, 「철강공업육성법」, 「석유화학공업육성법」, 「비철금속제철사업법」 등을 제정하였고, 중화학공업 육성시책에 따른 공업화 기반 마련과 배후도시 건설에 초점을 두고, 「산업기지개발촉진법」, 「공업배치법」, 「도시재개발법」, 「주택건설촉진법」 등을 제정 · 개정하였다. 부족한 기술인력의 공급을 위한 전문학교 및 직업교육기관 확대, 기술개발에 부응하기 위한 정부출연 연구소의 신설을 위한 입법도 마련되었다. 국토해양 법제 및 물류 법제분야에서는 「국토건설종합계획법」, 「수출산업공업단지개발조성법」, 「수출자유지역설치법」, 「도시계획법」, 「토지개량사업법」, 「농어촌전화촉진법」, 「특정다목적댐법」, 「도로법」, 「철도법」, 「도로정비촉진법」, 「자동차운수사업법」, 「해상운송사업법」, 「항공법」 등을 제정 · 개정하였다.

이 밖에도 국가재건최고회의에서는 제1공화국에서 시작한 구법령정비사업을 완료하고, 그때까지 의용되던 일본법을 대신하여 「상법」 등 기본법에 대한 입법을 완료함으로써 자주적 법률을 갖게 되었다. 또한 경제성장에 따라 변화된 사회여건을 반영하기 위해 「민법」, 「상법」, 「소송법」 등 기본법 분야의 대폭적인 개정도 있었다. 이 기간 중에 제정 · 개정 · 폐지된 법률은 비대의기관에서 정비된 것을 제외하고 총 1,438건에 이른다. 정부제안 법률안이 전체 1,438건 중 1,048건에 달하여 의원제안보다 압도적으로 많은 것을 볼 수 있다. 국가재건최고회의(1,008건), 비상국무회의(271), 국가보위입법회의(189) 등 비대의기관에서 정비한 법률도 상당수를 차지하고, 긴급조치 9건, 대통령긴급명령도 1건을 발령하였다.

이 시기의 법제는 정부정책을 지원하는 수단적 역할로 전락하였다. 공권력의 행사에 대한 정당성과 규범력을 부여함으로써 효과적인 정책집행을 담보하기 위한 것이 법제의 역할이었다. 법제는 정부정책을 지원하기 위한 기능도 하지만, 정책의 방향과 한계설정을 하는 역할도 해야 한다. 이 시기는 법제의 규범적 방향설정기능은 소홀하게 취급되었다. 입법 과정의 민주성, 법제에 대한 사전 및 사후 통제기능도 약화된 시기였다. 민주주의, 법치주의, 균형발전이라는 헌법적 가치는 경제성장정책의 뒷전으로 밀려났고, 법에 대한 불신을 초래하는 원인이 되기도 하였다. 금융 법제, 재정 법제, 조세 법제 등 분야별 법제는 해당 산업의 합리화, 건전성을 위한 제도개선보다는 경제정책을 지원하기 위해 변질되었다. 금융 법제는 정책금융 조달을 위해, 조세 법제는 조세지원수단으로 이용되었다. 국토해양 법제 및 물류 법제는 균형발전보다는 특정 산업 및 거점 육성, 사회간접자본의 확충에 중점을 두었다.

기술력, 내수시장, 자본, 부존자원, 경영인, 효과적 관료조직 등 어느 하나 변변한 것이 없는 현실에서 정부 주도의 성장정책, 대기업을 중심으로 발전 가능성이 있는 산업을 육성함으로써 일자리를 창출하는 것은 불가피한 선택이었을 수도 있다. 부작용이 있었지만 이 기간 동안 비약적 발전은 정책이 성공적이었다고 할 수 있다.

3. 1980년대에서 1997년 말 외환위기까지

1980년대는 정치적 민주화를 이룩한 시기였다. 권위주의적 정부는 국민들의 민주화 열망 앞에 굴복하고 대통령의 직선제를 골자로 하는 헌법 개정을 단행하였다. 1990년대에는 문민정부가 집권하면서 군사정권은 막을 내린다. 경제정책의 기조에도 많은 변화가 있었다. 정부는 정부 주도의 고도성장정책을 포기하고, 시장기능과 민간 주도의 안정과 자율을 지향하는 방향으로 정책기조를 변경하였다. 경제개발 5개년계획의 명칭도 경제사회개발 5개년계획으로 변경되었다. 정치적 민주화, 경제정책 기조의 변화에 따라 정부주도형에서 민간 주도의 시장경제질서 전환, 산업의 합리화, 금융자율화, 자율경쟁, 대외개방 및 이에 대한 대비가 법제의 중점 과제가 되었다.

10.26 후 권력을 잡은 신군부는 물가안정과 개방화, 시장경제 활성화에 주

력하였다. 1980년대 중반에 접어들면서 민주화 요구가 거세어지고, 정국은 혼란을 거듭하였다. 국민들의 민주주의에 대한 열망에 따라 건국 후 최초로 여야 합의에 의해 대통령직선제, 기본권의 신장 등을 주요 내용으로 하는 헌법 개정을 단행하였다.

정치, 경제 전반에 걸친 변화에 따라 법제의 내용과 방식에서도 변화가 있었다. 「대통령선거법」 및 「국회의원선거법」의 개정, 「언론기본법」의 폐지, 「노동관계법」, 지방자치 관련 법제를 정비하였다. 이와 같은 정치적 민주화를 위한 법제 정비와 함께 경제정의의 실현, 경제의 활성화 및 개방화를 위한 대폭적인 법제 정비도 추진되었다. 발전의 뒷전으로 밀려나 있었던 농어촌을 위해 농어촌 저소득계층의 생활향상을 위한 법제, 중소기업의 보호 · 육성을 위한 법제, 세제개혁을 통한 소득계층 간 갈등해소를 위한 조세 법제를 개편하였다. 또한 경제의 자율성 제고, 국제화 및 개방화를 위해 공기업의 민영화를 도모하고, 경제의 개방에 따른 법제도를 정비하게 되었다. 고도산업사회를 위한 경제 활성화를 위해 공업입지 확보와 관련된 제도를 개선하고 기술개발 진흥 법제를 정비하였다.

1990년대 초 김영삼 정부에서는 법치주의 실현의 구호 아래 민주성, 도덕성, 능률성, 형평성을 이념으로 입법 과정의 투명성과 국민의 참여, 법적 안정성과 예측 가능성 등이 강조되었다. 또한 비민주적, 권위주의적 요소를 제거하기 위해 행정편의주의적 규제를 국민편의 위주로 정비하고 불필요하고 불합리한 규제를 폐지 · 완화하게 되었다. 입법예고 및 공청회제도를 도입하여 입법 과정의 민주성을 도모하기도 하였다. 농정개혁, 노사개혁, 교육개혁, 사법개혁 등 각 분야에 걸친 법제 개선작업이 있었고, WTO체제에 따라 대외개방, 개방에 따른 피해구제 등의 법제를 마련하였다. 헌법 제76조에 따른 금융실명제 도입을 위한 대통령긴급재정경제명령도 이 시기에 발령되었다.

조세 법제와 관련하여서는 정책기조의 변화에 따라 안정적 세제정책을 운영할 수 있었다. 1980년대 후반 부동산투기에 대응하기 위해 토지공개념이 확대 · 도입되었고, 「종합토지세법」과 「토지초과이득세법」이 신설되는 등 큰 개편이 있었으며, 지방자치의 부활과 함께 담배소비세가 신설되어 지방재정 확충에 획기적 전기를 마련하였다. 1990년대 문민정부에서는 조세 법제를 경제정의 실현을 위한 수단으로 활용하였는데, 금융실명제, 부동산실명제가 실시되자 이러한 정책을 뒷받침하기 위해 이용하였다. 재정 법제와 관련해서는 1980년대 이후 재정의 건실한 운영을 위하여 재정수요의 팽창을 억제하고 적정 수입을 확보하는 한편 재정지출의 효율화, 공기업 운영의 개선을 위해 노력한 것이 특징이었다.

1980년대에는 금융 법제의 근본적 개선 필요성이 제기되었고 정부는 통화신용배분에 대한 정부개입을 줄이려 노력하였다. 그러나 조선, 건설, 해운산업의 부실이 심화되고, 기업의 재무 상황이 악화되자 기업의 합병, 폐쇄 및 이에 따른 은행대출의 재조정 등 금융개입을 계속하게 되었다. 1980년 후반에 접어들어 정치민주화와 함께 경제력 집중의 완화에 대한 사회적 요구가 강해졌고, 이러한 요구에 부응하기 위해 대기업에 대한 여신관리 강화와 중소기업 지원금융의 확대 등 산업정책적 차원의 정책금융은 크게 감소하였지만 금융규제가 강화되기도 하였다. 1990년대 김영삼 정부에서는 금융개혁을 과제로 삼고 금융자율화정책을 추진하였다. 금융실명제, 금리자율화, 정책금융의 축소, 금융규제의 완화, 외환자유화 및 금융시장의 개방 등을 추진하게 되었다.

국토해양 법제에서는 국토의 균형발전, 세계화 및 지방화에 대비한 분산형 토지개발을 위한 지역균형개발이 강조되었다. 「특정지역 종합개발 촉진에 관한 특별조치법」, 「택지개발촉진법」, 「수도권정비계획법」, 「농어촌지역개발기금법」, 부동산을 이용한 투기방지를 위한 토지공개념 법제, 「지역균형개발 및 지방중소기업 육성에 관한 법률」, 「산업입지 및 개발에 관한 법률」 등을 정비하였고, 산업 법제분야에서는 WTO 출범과 농산물 개방압력에 따른 어려운 현실에 처한 농어촌의 경쟁력 강화를 도모하기 위해 「농어촌발전특별조치법」, 「농어촌특별세법」, 「농어가 부채 경감에 관한 특별조치법」 등을 마련하였으며, 「공업발전법」을 제정하고 「기계공업진흥법」 등 다수 법률을 폐지하였다.

이 기간은 정치적 민주화 및 경제정책의 기조변화에 따라 사회 전반에 걸친 개혁이 있었고 법제수요가 급격하게 증가하였다. 총입법건수는 1,709건에 달하였고, 대통령긴급재정경제명령도 1건 발령되었다.

1980년대 법제는 정책의 수단적 역할만 하던 수준에서 벗어나 적극적 · 능동적 역할을 회복해 가는 시기였다. 법치주의가 국정지표가 되었고, 법제의 내용과 절차에 있어서도 참여, 정의, 투명성 등 헌법적 가치가 강조되었다. 금융 법제 및 조세 법제는 자율성과 건정성 회복을 도모하였다. 국토해양 법제 및 산업 법제면에서도 산업 간 · 지역 간 불균형의 시정과 균형발전을 위해 법제 개선을 노력하였다. 헌법재판소의 설립과 법률에 대한 사후적 통제가 강화되면서 합헌성과 체계정당성에 대한 심사도 엄격하였다.

정부 주도의 고도성장정책, 대기업 위주의 정책, 불균형전략의 모순을 극복하기 위해 시장경제의 활성화, 자율 및 개방을 위한 법제 정비에 주력하였지만, 이러한 노력이 정부 주도로 추진되었고 오랜 정부의존 관행 때문에 시장경제, 민간 주도로의 전환에는 한계가 있었다. 상당한 성과가 있었음에도 외환위기를 맞이하게 되었고, 한국경제와 법제는 외부적 요인에 의해 구조개혁을 강요당하게 되었다.

4. 1997년 외환위기부터 현재까지

이 시기에는 최초의 여 · 야 간 평화적 정권교체, 탈권위주적 정부를 거치면서 정치적 민주화가 성숙되었다. 경제적으로는 외환위기를 극복하는 과정에서 경제의 체질개선과 국가경영 시스템의 개혁이 단행되었고, 정부혁신, 시장경제질서의 확립, 취약계층 등 수요자 중심의 민생입법, 지방분권과 균형발전 등이 법제에 있어서 중요한 과제가 되었다.

외환위기와 함께 집권한 김대중 정부는 시스템의 붕괴에 직면한 경제의 체질을 개선하고 국가경영 시스템의 개혁을 위해 대폭적인 법제 정비를 단행하였다. 금융 시스템의 정상적 회복을 위해 금융구조조정을 추진하고, 재무상태가 불건전한 금융기관에 대하여 금융위원회가 합병, 계약이전 등을 권고 · 요구 또는 명령할 수 있도록 하는 등 금융기관이 부실화 예방을 위해 「금융감독기구의 설치 등에 관한 법률」의 제정, 「금융산업구조 개선에 관한 법률」의 개정, 「공적자금관리특별법」 제정, 「예금자보호법」, 「기업구조조정촉진법」 등 금융 법제를 정비하였다. 기업부문의 개혁에 있어서는 외환위기의 원인이었던 기업의 부실을 일소하고 시장의 힘에 의하여 상시적 구조조정이 이루어질 수 있는 제도와 환경을 구축하는 데 중점을 두고 「대외무역법」, 「산업발전법」, 「전력산업구조 개편 촉진에 관한 법률」, 「전기사업법」 등을 정비하였다. 공공부문에서는 효율성, 책임성, 전문성을 강화하고, 민영화를 통해 공공부문에도 경쟁의 원리를 도입하는 데 중점을 두었는데, 이를 위해 「정부조직법」, 「국가공무원법」, 「지방공무원법」 등을 개정하여 조직을 축소하고, 공공부문의 인력을 감축하였다. 조세 법제와 관련해서는 국고제도의 개편을 통한 국가재정의 건실화, 지식경제강국의 구축, 국민대화합, 중산층과 서민보호를 위해 「국세기본법」, 「국세징수법」, 「국세와 지방세의 조정 등에 관한 법률」, 「조세특례제한법」, 「부가가치세법」 등이 정비되었다. 그 외 신지식경제강국의 기반 조성을 위한 법제, 정보화 사회로의 도약을 위한 법제도 개선하여 IT강국이 될 수 있는 기반을 마련하였다. 김대중 정부는 총 894건의 법률을 제정 · 개정 · 폐지하였다.

노무현 정부의 법제 정비는 행정개혁, 지방분권, 국가재정 운용의 투명성 제고 등에 역점을 두는 한편, 사법개혁, 시장개혁 등 각종 제도개혁법을 마련하였다는 특징이 있다. 국가경쟁력 강화를 위한 정부혁신의 일환으로 지방분권을 촉진하기 위해 「제주특별자치도 설치 및 국제자유시 조성을 위한 특별법」을 제정하고 49건의 지방이양 관련 법률의 일괄개정을 추진하였다. 재정개혁을 통해 재정의 효율성, 투명성, 건전성을 제고하고자 「국가재정법」 등을 정비하였으며, 지역경제 활성화를 통해 국가균형발전을 도모하기 위해 「국가균형발전특별법」, 「지방재정법」 등을 제정 · 개정하였다. 또한 부실기업 구조조정을 지원하여 내실 있는 경제성장의 기반을 구축하고 자유롭고 공정한 시장경제질서를 확립하여 시장이 신뢰하는 투명한 경제 시스템을 정착하려고 노력하였다. 이를 위해 「산업발전법」, 「기업도시개발특별법」, 「주식회사의 외부감사에 관한 법률」, 「중소기업과 소상공인을 위한 소기업 및 소상공인 지원을 위한 특별법」, 「중소기업인력지원특별법」을 정비하고, 양성평등, 장애인, 비정규직 근로자에 대한 차별 시정, 사회안전망 확충과 경제양극화 해소를 위한 법제도 정비하였다. 노무현 정부는 총 1,019건의 법률을 제정 · 개정 · 폐지하였다.

시장경제 활성화에 대한 국민의 기대를 받고 출범한 이명박 정부는 집권 초기부터 정부조직을 축소 · 개편하는 것을 시작으로 공공부문 혁신을 시작하였고, 저탄소 녹색성장을 신성장동력으로 삼으며 법제 정비를 단행하였다. 이를 위해 「지능형 전력망의 구축 및 이용 촉진에 관한 법률」, 및 「환경친화적 산업구조로의 전환 촉진에 관한 법률」을 제정하고 「지방세법」을 개정하여 에너지 효율 주택에 대해서는 취득세와 등록세를 경감하도록 하였다. 국격의 향상에 따라 국제적 기준에 미흡한 국내 제도나 관행은 글로벌 스탠더드에 맞게 법제 개선을 하였는바, 「동물보호법」, 「낚시 관리 및 육성법」을 제정하여 유기동물에 대한 처분 기준을 개선하고 실험동물복지제도를 개선하였다. 또한 미래사회에 미리 대비함으로써 기술발전, 사회변화에도 지속적으로 성장할 수 있는 기반을 마련하기 위해 「산업융합촉진법」을 제정하고 「전자서명법」을 개정하였다. 이를 통해 개별 업종 중심에서 산업 간 융합 중심으로의 패러다임 전환에 따른 산업융합 촉진을 체계적으로 지원하고 유비쿼터스 사회의 진전에 대비한 IT기기 인증체계를 도입하게 되었다. 한편, 양극화의 해소, 서민생활의 안정을 위해 「중소기업창업지원법」을 제정하여 폐기물부담금의 면제기간을 연장하고 「중소기업기본법」을 개정하여 취약 낙후지역 소재의 중소기업에 대한 지원을 강화하였다. 투자활성화 및 일자리의 창출을 통해 활기찬 시장경제 체제를 확립하기 위해 「관광진흥법」, 「중소기업창업지원법」, 「자산유동화에 관한 법률」도 정비하였다. 공정사회 구현을 위해서는 「외무공무원법」 등을 개정하였다. 이명박 정부는 출범 후 4년이 지나는 동안 역대 어느 정부보다 많은 법제를 정비하였는데, 2011년 8월 29일 현재, 1,509건의 법률안을 국회에 제출하였고, 이 중 1,113건이 입법화되었다.

우리나라는 6.25전쟁 이후 최대의 위기인 외환위기를 기회로 활용하였다. IMF의 요구조건에 따라 각 분야의 구조개혁과 법제를 정비하였으나 우리 현실에 맞게 변형하여 적용하였고, 위기를 계기로 사회 전반의 체질개선을 위해 대폭적 법제 정비를 단행하였다. 평시 상황에서는 정치적 이견으로 정비하기 힘들었던 내용도 위기 상황에서는 양보와 타협을 통해 성과를 낼 수 있었다.

이명박 정부는 60년 간의 위기극복을 통해 다져진 우리 법제의 특징을 바탕으로 최근의 금융위기를 비교적 쉽게 극복할 수 있었다. G20정상회담의 개최 등 향상된 국격에 걸맞게 새로운 성장동력으로서 저탄소 녹색 법제에서는 선도적 역할을 하고 있다. 글로벌 스탠더드를 추구하는 법제에서 이제는 특정 분야에서이지만 우리 법제가 선도하기 시작하였다는 점에서 의의를 찾을 수 있다. 특히, 최근의 상생발전을 위한 법제는 경제성장과 민주화를 이룩한 우리나라가 분배와 복지라는 또 다른 도전에 대한 법제적 대응을 하고 있다고 볼 수 있다.

제5절 맺음말

우리나라는 선택과 집중을 통해 한정된 자원을 효과적으로 관리함으로써 선진국이 오랜 기간에 걸쳐 이룩한 경제성장과 민주발전이라는 두 가지 목표를 단기간에 달성할 수 있었다. 전통과 단절된 서구식 법제를 계수하여 건국 초기에는 일본 · 미국 등 선진국의 법제를 많이 참고하였다. 현실과 맞지 않은 선진국 법제를 그대로 도입하여 시행착오를 겪었지만 끊임없는 평가와 법제 정비를 통해 우리 현실에 적합한 법제를 마련하고자 힘썼다. 건국 초기와 1950

년대에는 서구 법제를 답습하는 수준이었지만 나름대로 한국 현실을 반영하기 위해 노력하였다. 시장질서를 추구하면서도 남북분단과 이념대립이라는 현실을 감안하여 사회주의적 통제경제의 요소를 대폭 수용하기도 하였다. 1960년대 및 1970년대에는 성장을 위한 조건이 거의 갖추어져 있지 않는 현실을 감안하여, 정부가 주도하는 대기업 위주의 불균형 성장전략을 채택하여 경제성장에 주력하였다. 권위주의적 법제하의 비민주적 정책으로 노동 및 인권 분야가 소홀히 취급되고, 산업 간 불균형과 건전성이 저해하는 부작용도 많았지만 비약적 성장이라는 목표는 달성할 수 있었다. 경제의 규모 확대 및 질적 성장, 사회의 민주화 수준에 따라 균형발전이 요구되는 1980년대를 지나면서 불균형 성장전략을 더 이상 유지할 수 없게 되자 안정 및 균형성장을 도모하게 되었는데, 특히 이를 통해 우리나라의 독특한 법제가 발전하게 되었다. WTO체제에 따른 개방화와 무한경쟁, 외환위기라는 난관을 맞아 외부적 요인에 따른 법제 정비를 강요받게 되지만 한국 현실에 맞게 변형하여 적응함으로써 위기를 기회로 활용하였다. 반성과 성찰, 희생과 양보를 통한 위기극복 과정을 통해 이제까지 국지적 수준에 머물러 있던 우리나라의 법제를 글로벌 스탠더드에 근접한 선진 법제도로 개선시키게 되었다. 2008년의 글로벌 금융위기를 비교적 쉽게 극복할 수 있었던 것은 이와 같은 독자적 법제 발전의 결과라 할 것이다.

우리나라는 그 동안 서구 법제를 우리의 실정에 맞게 적절히 소화해 왔을 뿐 아니라 선진 법제와 대등하게 발전시키는 것은 물론이고, 더 나아가 녹색성장 법제를 선도하는 위치에까지 이르렀다. 이 같은 우리의 과거와 현재 상황을 살피고 유사한 현실에 처한 국가들과 법제교류 같은 협력을 하는 것은 향후 해당 국가들이 법제 도입과 관련해서 불필요한 시행착오를 겪지 않도록 하는 데 큰 기여를 할 것이다. 본서를 발간하는 것은 바로 이런 취지에서이다. 물론 경제 법제에 대한 검토만으로는 우리나라의 법제 전반을 이해하기 어려울 뿐 아니라 경제 법제 자체에 대한 이해도 단편적일 수 밖에 없다. 향후에는 사회·문화, 정치·행정 등 우리나라 각 분야의 법제에 대한 체계적인 정리작업도 진행될 필요가 있다. 이러한 작업이 법제교류와 병행함으로써 국가 간 상호 이해 증진은 물론 법제 선진화와 사회발전에 기여할 수 있기를 기대한다.

제2장 금융 법제

Chapter

2 금융 법제

금융 법제는 금융산업의 발전뿐만 아니라 금융 시스템을 기반으로 실물산업의 발전을 이끈다는 측면에서 한국경제 발전에 있어서 핵심적인 수단이라고 할 수 있다. 이러한 금융 법제는 예금자보호, 지급결제제도, 신용평가제도, 주식시장, 선물시장 등과 같이 금융거래가 원활하게 이루어질 수 있도록 지원하는 각종 제도적 장치와 관련이 있는 금융 하부구조 관련 법제와 금융거래를 중개하는 금융기관 관련 법제로 나누어 살펴볼 수 있다. 전자에는 「금융감독기구의 설치 등에 관한 법률」, 「예금자보호법」, 「한국은행법」, 「금융산업의 구조개선에 관한 법률」, 「신용정보의 이용 및 보호에 관한 법률」 등이 해당되고, 후자에는 「은행법」, 「자본시장과 금융투자업에 관한 법률」, 「보험업법」 등이 해당된다.

이하에서는 대한민국 정부수립 후부터 최근까지 약 60년 동안의 금융 법제를 통시적으로 살펴볼 것이다. 우선 금융 하부구조 관련 법제를 금융감독기구, 예금자보호, 신용정보, 공적자금, 금융기관 부실채권 정리, 금융실명제, 금융산업구조 개선, 기업구조조정, 전자금융거래, 자금세탁 방지 및 테러자금 조달방지로 나누고, 다음으로 금융기관 관련 법제를 은행, 증권, 보험, 비은행으로 나누어 각 분야별 법률의 제정 및 주요 개정사항에 대해 기술해 보기로 한다.

제1절 금융 하부구조

1. 금융감독기구

1) 금융감독기능의 통합 · 일원화

정부수립 후 이승만 정부는 금융회사의 감독 및 검사 권한을 한국은행 은행감독부로 일원화하고, 한국은행의 최고정책결정기관인 금융통화운영위원회에 통화신용 및 외환정책에 관한 광범위하고 독립적인 권한을 부여하였다. 박정희 정부로부터 김영삼 정부 말 외환위기가 일어나기까지 은행감독은 의결기구인 금융통화운영위원회와 집행기구인 은행감독원이 있는 한국은행과 재무부로 분산된 이원구조의 금융감독체계를 유지해 왔다. 한편, 비은행금융회사에 대한 감독은 재무부와 증권관리위원회, 증권감독원, 보험감독원 등 금융권역별 집행기구에 의해 행해졌다. 그러나 이러한 이원화된 감독기관과 다원화된 검사기관으로 구성된 금융감독체계하에서는 감독의 범위와 책임소재가 불분명하고 각 감독 및 검사기관 간의 유기적인 협조가 미흡하다는 문제점이 있었다. 더욱이 1990년대 이후 금융겸업화와 금융혁신이 활발하게 이루어지면서 금융회사들이 다양한 형태의 종합금융 서비스를 제공하게 됨에 따라 감독의 사각지대와 규제차익이 발생하여 기존의 금융감독체계는 한계를 드러내게 되었다. 이러한 문제점들은 외환위기 이후 통합감독기구를 출범시키고 감독제도를 대대적으로 개편하는 배경이 되었다.

김대중 정부는 김영삼 정부 시절에 설치한 금융개혁위원회의 『금융개혁종합보고서』 등을 기초로 하여 은행감독원, 증권감독원, 보험감독원 및 재정경제원 등으로 분산되어 있는 금융감독기능을 금융감독위원회 및 금융감독원으로 통합 · 일원화하는 내용으로 1997년 12월 31일 「금융감독기구의 설치 등에 관한 법률」을 제정하였다. 주요 내용을 살펴보면, 금융감독에 대한 최고의결기관으로 국무총리 소속의 합의제 행정기관인 금융감독위원회를 설치하였다. 그리고 집행기관으로 은행감독원, 증권감독원, 보험감독원, 신용관리기금 등 4개 검사 · 감독 기관을 통합하여 무자본특수법인인 금융감독원을 설립, 은행 · 증권 · 보험 기타 제2금융권에 대한 금융감독 업무를 담당하도록 하였다. 특이한 것은 금융감독위원회 위원장이 금융감독원 원장을 겸임하도록 한 것이다. 한편, 금융감독원에 금융분쟁조정위원회를 설치하여 금융기관과 예금자 등 금융수요자 및 기타 이해관계인 사이에 발생하는 분쟁의 조정에 관한 사항을 심의 · 의결하도록 하였다.

이러한 금융감독기능의 통합 · 일원화 노력에도 불구하고 금융감독원은 기존의 업권별 감독기관을 물리적으로 합친 것에 불과하여 여전히 감독의 범위와 책임소재가 불분명하다는 비판이 있었다. 이에 따라 노무현 정부는 정부혁신위원회를 통해 2004년 8월 '금융감독체제 개편방안'을 마련하였고, 금융감독위원회는 정책 및 법령 관련 판단 등 공권력적 업무를 담당하고, 금융감독원은 상시 감시 및 검사 과정에서 파악된 사실관계를 중심으로 한 감독업무를 하도록 하였다.

2) 금융위원회의 설치

2000년대 후반에 들어서 금융정책과 감독집행사항을 명확히 구분하여 금융행정의 책임성을 강화하자는 논의가 활발해졌다. 이에 따라 새로 출범한 이명박 정부는 2008년 2월 29일 「금융감독기구의 설치 등에 관한 법률」을 개정하여 제명을 「금융위원회의 설치 등에 관한 법률」로 하고, 재정경제부, 금융감독위원회, 금융감독원의 3단계 구조로 되어 있는 금융감독체계를 금융위원회와 금융감독원의 2단계 구조로 축소하였다. 그리하여 재정경제부의 금융정책기능과 금융감독위원회의 감독정책기능을 통합하여 수행하는 금융위원회를 설치하여 금융시장 안정에 관한 사항, 금융에 관한 법령 및 금융기관 감독과 관련된 규정의 제 · 개정, 금융기관의 설립 · 합병 등의 인허가, 금융감독원에 대한 감독 등의 업무를 수행하도록 하였다. 나아가 금융위원회 위원장이 금융감독원의 원장을 겸임하던 것을 대통령이 금융감독원의 원장을 임명하도록 함으로써 금융정책기능과 감독집행기능을 명확히 구분하고 상호 견제와 균형을 확보하도록 하였다.

2. 예금자 보호

1) 예금보험제도의 도입

우리나라의 예금보험제도는 1972년 8월 2일 「상호신용금고법」이 제정되면서 공식적으로 제도화되었다. 당시에는 사설무진 · 서민금융 · 계 등이 소상공인 및 영세서민을 주 대상으로 하여 사금융시장에서 번창하고 있어서 이를 질적으로 개선하여 소규모 · 소지역 단위의 민간금융기관인 상호신용금고로 육성함으로써 신용질서 확립과 거래자를 보호할 필요가 있었다. 이에 따라 「상호신용금고법」 제정을 통해 비은행권인 상호신용금고에서 예금보험제도를 도입하게 되었는데 이는 비공식적인 예금자보호제도밖에 가지고 있지 않던 은행권보다 빠른 것이었다. 동법에 따라, 상호신용금고의 계원 및 부금자를 보호하고 이들 상호간의 원활한 자금운용 등을 위해 상호신용보장기금을 설치하도록 하였는데 이것이 우리나라 최초의 예금보험기금이라고 볼 수 있다. 상호신용보장기금은 상호신용금고가 납입하는 출연금과 기금의 운용에 의하여 생기는 수익금으로 충당하게 하고, 대통령령에 따라 지정된 자인 국민은행이 운용 · 관리하도록 하였다. 또한 상호신용보장기금의 운용 · 관리에 관한 중요사항을 심의 결정하게 하기 위해 상호신용보장기금관리위원회를 두었는데, 구성원 중 정부측 인사가 실질적으로 과반수를 차지하도록 해 정부 정책방향과 연계될 수 있도록 하였다.

2) 예금보험제도의 확대

신용관리기금을 설립하는 내용의 「신용관리기금법」이 1982년 12월 31일 제정되면서 예금보험제도가 확대되어 적용되게 되었다. 주요 내용은 상호신용금고뿐만 아니라 단기금융회사와 종합금융회사의 예금지급을 보장하고, 부칙 제7조에 의하여 신용관리기금이 기존의 「상호신용금고법」에 따라 설치된 상호신용보장기금의 권리 · 의무를 포괄승계하도록 한 것이었다. 그 밖에도 1983년 7월 「새마을금고법」에 따른 새마을금고연합회 안전기금, 1984년 1월 신용협동조합중앙회 규약에 따른 신용협동조합중앙회 안전기금, 1989년 4월 「보험업법」에 따른 보험보증기금, 1997년 4월 「증권거래법」에 따른 증권투자자보호기금 등이 설치되어 예금보험제도가 점차 확대되었다.

3) 은행의 예금보험제도 도입

1990년대 중반까지 정부는 은행의 신규 진입 및 자금운용 등에 대한 규제를 강화하는 대신 은행의 도산을 방지하겠다는 암묵적 안전망을 제공하는 보호정책을 사용하였다. 그러나 금융자율화와 개방화의 확대로 금융기관 간의 경쟁이 심화됨에 따라 은행이 경영악화로 예금을 지급할 수 없는 경우에 대비해야 할 현실적인 필요가 생기게 되었다. 이러한 배경에서 1995년 12월 29일 「예금자보호법」이 제정되었다. 그 주요 내용을 살펴보면, 우선 예금보험의 대상을 예금자로부터 부보은행이 받은 예금, 적금, 부금과 손실의 보전계약이 체결된 금전신탁 등을 통하여 조달한 금전으로 하였다. 여기의 부보은행에는 동법에 따른 예금보험의 적용대상 기관으로서 은행, 한국산업은행, 중소기업은행, 한국주택은행, 농업협동조합중앙회, 수산업협동조합중앙회 및 수산업협동조합, 축산업협동조합중앙회, 장기신용은행 및 「은행법」에 따라 인가를 받은 외국 금융기관이 해당되었다. 또한 보험사고가 발생하였을 때 예금자에게 보험금을 지급하도록 하였는데 이러한 보험사고는 부보은행의 예금 등의 지급정지에 해당하는 제1종 보험사고와 부보은행의 은행업 인가의 취소, 해산결의 또는 파산선고에 해당하는 제2종 보험사고로 구분하였다. 이와 더불어 보험료의 수납, 보험금의 지급 및 부실은행을 합병 · 인수하는 은행에 대한 자금지원 등의 업무를 담당하는 기구로서 예금보험공사를 설립하고 예금보험공사에 예금보험기금을 설치하였다.

4) 외환위기로 인한 예금보험제도의 특례 규정

1997년 4월 예금보험 업무가 시작된 후 같은 해 말 외환위기가 발발함에 따라 금융산업의 구조조정이 예상되었고, 일부 금융기관에서 뱅크런이 일어나는 등 금융시장이 불안정해졌다. 정부는 예금자를 보호하고 금융산업의 안정을 도모하기 위해 1997년 12월 5일 「예금자보호법 시행령」을 개정하였다. 그리하여 1997년 11월 19일부터 2000년 12월 31일까지 한시적으로 종전에 보호대상 예금에서 제외되었던 외화예금, 채권, 양도성예금, 개발신탁과 정부, 지방자치단체, 한국은행, 예금보험공사 및 다른 은행의 예금 등을 보호대상 예금의 범위에 포함시키도록 하였다. 그리고 보험사고가 발생할 경우 지급하는 1인당 2,000만 원의 보험금 지급한도를 폐지하고 전액을 지급하도록 하는 특례를 부칙에 두었다. 또한 예금보험공사가 정부 또는 한국은행으로부터 차입할 수 있는 자금의 최고한도를 5,000억 원에서 3조 원으로 인상하고, 은행이 예금보험공사에 납부하는 예금보험료의 요율을 예금 등 잔액의 0.02%에서 0.03%로 인상하였다. 이러한 조치는 예금자들의 불안심리를 감소시키고 금융기관으로부터의 대량 예금인출과 그에 따른 유동성 위기의 확산을 막는 데 상당한 역할을 하였다고 평가된다.

그런데 유동성 부족에 직면한 일부 금융기관들이 이러한 예금의 전액 보호에 의존하여 예금을 유치하는 등의 도덕적 해이가 발생하게 되었다. 이러한 사태를 방지하기 위하여 1998년 7월 25일 「예금자보호법 시행령」의 전부개정에서는 보험금의 지급한도를 2,000만 원으로 축소하였다가, 이러한 보호금의 지급한도의 축소가 금융시장에 미치는 영향을 최소화하기 위하여 2000년 10월 31일 개정시에는 그 한도를 5,000만 원으로 상향조정하였다.

5) 금융업종별 예금보험제도의 통합 등

금융산업의 자율화 및 개방화에 따른 경쟁의 심화와 각종 위험의 증대로 금융기관이 부실화될 가능성이 높아졌다. 그에 따라 1997년 12월 31일 「예금자보호법」 개정에서는 금융업종별로 설치 · 운영하고 있는 예금보험기구를 예금보험공사로 통합하여 일원화하고 예금보험공사의 부실금융기관 정리기능을 확충하였다. 또한 예금보험공사 · 증권감독원 · 보험감독원 · 신용관리기금 등 금융업종별로 설치 · 운영하고 있는 예금보험기구를 예금보험공사로 일원화하고, 동법의 적용을 받는 금융기관의 범위에 은행 외에 증권회사 · 보험사업자 · 종합금융회사 · 상호신용금고 및 신용협동조합을 추가하였다. 대신에 예금보험기금은 금융업종별로 구분계리하도록 하고 금융업종별 특성을 고려하여 보험요율도 차별화하였다. 한편, 새마을금고, 상호금융, 우체국 예금 및 보험은 이들에 대한 감독의 주체가 당시 행정자치부, 정보통신부 등 정부 부처이고 통합으로 인하여 기금에 부담을 줄 수 있음을 고려하여 제외되었다. 그래서 새마을금고와 상호금융은 개별법상의 예금자보호기금을 통한 독자적 예금보험제도를 운영하게 되었고, 우체국 예금 및 보험은 정부가 전액 지급을 보장하게 되었다.

6) 공적자금 상환을 위한 기금 설치

2002년 12월 26일 개정된 「예금자보호법」은 부보금융기관의 구조조정을 지원하는 과정에서 발생한 예금보험기금의 채무를 정리하기 위하여 예금보험공사에 예금보험기금채권상환기금을 설치하도록 하였다. 예금보험기금채권상환기금은 기존의 예금보험기금이 전환된 것으로 2003년 1월 1일부터 2027년

12월 31일까지 25년간 공적자금의 회수 및 상환 관련 업무를 수행하게 되었다. 또한 공적자금 상환을 위한 재원을 조달하기 위하여 부보금융기관들이 예금잔액 등에 0.3%를 초과하지 아니하는 범위 내에서 대통령령이 정하는 비율을 곱한 금액을 예금보험기금채권상환특별기여금으로 납부하도록 하였다. 이와 동시에 부보금융기관들이 납부하는 예금보험료를 주요 재원으로 조성되는 예금보험기금을 신설하여 2003년 1월 이후 발생하는 보험사고에 대한 보험금 지급 업무를 담당하게 하였다.

또한 예금보험공사가 예금보험위원회의 의결을 거쳐 공동검사를 요청하는 경우 금융감독원장은 이에 응하도록 하고, 예금보험공사가 부실금융기관 및 부실금융기관에 대하여 채무를 이행하지 아니한 법인뿐만 아니라 해당 기관 및 법인의 전 · 현직 임 · 직원 등에 대해서도 조사를 할 수 있도록 하였다.

7) 목표기금제도의 도입 및 차등보험료율제의 시행

목표기금제도란 시스템 위기를 제외한 예금보험기금의 최대 손실을 감당할 수 있는 수준의 적정 목표적립규모를 사전에 설정하고 보험료를 부과하는 제도이다. 2007년 12월 21일 「예금자보호법」 개정시 선진 예금보호제도인 목표기금제도를 도입하여 예금보험공사는 예금보험기금 적립액 목표규모를 설정하도록 하되, 그 상한 및 하한을 두어 일정 범위로 정할 수 있게 하였다.

한편, 「예금자보호법」 제정 당시에도 부보금융기관별로 경영 및 재무 상황, 계정별 적립금액 등을 고려하여 그 비율을 다르게 할 수 있다는 규정은 있었지만 외환위기 발생 등 여러 가지 사정으로 인하여 그 동안 고정보험료율제가 시행되고 있었다. 2009년 2월 3일 개정에서는 2014년 이후 최초로 납부의무가 발생하는 보험료분부터 차등보험료율제를 의무적으로 시행하도록 하였다. 따라서 이러한 부보금융기관의 위험에 상응하는 보험료 부과를 통해 위험선호행위를 억제하고 도덕적 해이를 방지하는 등 금융기관의 건전성 제고에 기여할 수 있게 되었다.

8) 상호저축은행 구조조정 특별계정의 설치

「예금자보호법」이 2011년 3월 29일 개정되면서 예금보험기금 내에 상호저축은행 구조조정 특별계정을 설치하고, 사용목적을 상호저축은행 구조조정으로 한정하였다. 이러한 개정이 있기 수년 전부터 시장에서는 부동산PF 대출 등으로 인한 상호저축은행들의 부실화 가능성을 국내 금융시장의 주요 잠재 리스크로 인식하고 있었다. 하지만 부실 상호저축은행 처리는 2008년의 국제금융위기와 그 이후의 지방선거, G20정상회의 개최 등 여러 가지 사정으로 미루어져 오다가 2011년 1월 14일 삼화저축은행의 영업정지를 시작으로 본격화되었다.

부실 상호저축은행의 구조조정과 건전화를 지원하기 위하여 당초 금융위원회는 예금보험기금에 공동계정을 두고 기존의 예금보험기금의 50%를 포함하여 부보금융기관이 납부하는 연간 예금보험료의 50%를 가져오는 방안을 추진하였다. 그러나 은행 및 보험업계의 반발이 거세지자 기존 예금보험기금은 손대지 않고 앞으로 쌓을 예금보험기금으로 공동계정을 마련하자는 수정안이 나왔다. 여기에 공적자금을 투입하자는 야당의 요구도 일정 부분 받아들여지게 되었다. 결국 명칭도 공동계정에서 상호저축은행 구조조정 특별계정으로 변경되었고, 금융기관들이 금융권역별 계정에서 특별계정에 납부하는 보험료 비율도 45%로 줄어들게 되었으며, 정부의 출연금을 투입할 수 있는 근거도 마련하였다. 또한 부칙 제2조를 통해 특별계정은 2026년 12월 31일까지 효력을 가지도록 하였다.

3. 신용정보

1) 「신용조사업법」의 폐지 및 「신용정보의 이용 및 보호에 관한 법률」의 제정

1990년대 중반에 들어서 「신용조사업법」제도의 개선이 행정쇄신 과제로 대두되었다. 정부는 신용정보업을 건전하게 육성하고 신용정보의 효율적 이용과 체계적 관리를 기하는 한편, 신용정보의 오용 · 남용으로부터 사생활의 비밀 등을 적절히 보호함으로써 건전한 신용질서를 확립하기 위하여 「신용조사업법」을 폐지하였다. 그리고 그 내용을 보완하여 1995년 1월 5일 새로이 「신용정보의 이용 및 보호에 관한 법률」을 제정하였다. 그 주요 내용을 살펴본다. 우선 신용정보업자는 100억 원 이상의 자본금 또는 기본재산을 가지고 재무부장관의 허가를 받도록 하고, 신용정보업자의 업무는 타인의 의뢰를 받아서 신용정보를 조사하고 이를 제공하는 업무, 신용정보를 수집 · 정리 · 처리하고 의뢰인의 조회에 따라 제공하는 업무 및 채권추심 업무 등으로 하였다. 또한 신용정보업자 또는 신용정보집중기관은 공공기관에 대하여 관계 법령의 규정에 의하여 공개가 허용되는 신용정보의 열람 또는 제공을 요청할 수 있도록 하고, 국가의 안보 및 기밀에 관한 정보, 기업의 경영비밀, 개인의 정치적 사상이나 종교적 신념 그 밖에 신용정보와 무관한 사생활에 관한 정보 등의 수집 · 조사는 할 수 없도록 그 권한을 제한하였다. 이와 함께 금융기관 · 백화점 · 할부판매회사 등 신용정보 제공 · 이용자가 비밀보장의 대상이 되는 금융거래정보 · 개인질병정보 등을 신용정보업자 등에게 제공하고자 할 경우에는 당사자인 개인으로부터 사전에 서면으로 개인신용정보의 제공 · 활용에 대한 동의를 얻도록 하였다.

1997년 8월 28일 개정시에는 공공성을 지닌 신용보증기금 등 5개 기관으로 제한되어 있는 신용정보업의 허가요건을 완화하여 금융기관이 50% 이상 출자한 법인도 허가를 받을 수 있도록 하였다. 이렇게 함으로써 신용정보업자 간의 경쟁을 촉진하고, 채권추심 전문회사의 설립을 허용하여 금융기관이 부실채권의 회수에 이용할 수 있도록 하여 소비자신용과 관련된 금융기관 업무의 효율성을 높였다.

2) 신용정보업에 대한 규제 완화

1999년 1월 29일 개정에서는 신용정보업의 최저자본금을 100억 원에서 50억 원으로 낮추고, 신용정보업자가 허가사항을 변경하거나 일부 사업을 양도 · 양수하는 경우에 거쳐야 하는 절차를 간소화하는 등 관련 규제를 폐지 또는 완화하였다. 구체적으로는 신용정보업자가 경미한 사항을 변경하는 경우에 신고제도 자체를 폐지하고, 신용정보업자가 사업의 일부를 양도 · 양수하는 경우에는 신고만으로 양도 · 양수할 수 있도록 하였다. 또한 신용정보를 보유한 사업자가 금융기관인지 여부에 상관없이 그 신용정보를 수집 · 관리하는 신용정보집중기관은 모두 재정경제부 장관에게 등록하도록 하였다.

3) 채권추심 관련 규제 강화 및 신용정보 수집 · 조사 업무의 효율성 제고

2000년대 들어서는 신용정보업에 대한 규제가 강화되었다. 먼저 2000년 1월 21일 개정시에는 신용정보업의 허가요건 등을 법률에서 직접 규정하고, 신용정보업의 건전한 경영을 도모하기 위하여 신용정보업에 종사할 수 있는 자의 범위를 제한하였다. 또한 2001년 3월 28일 개정에서는 당시 법령상의 근거 없이 행하여지고 있던 유가증권에 대한 신용평가 업무가 보다 객관적이고 공정하게 행하여질 수 있도록 신용평가 업무에 대한 법적 근거를 마련하고, 신용정보업자의 불법적인 채권추심행위를 방지하기 위하여 채권추심행위시의 금지행위를 구체화하였다. 2001년 12월 31일 개정에서는 개인정보의 불법유출행위를 방지하기 위하여 개인의 성명, 주소, 주민등록번호 등 개인식별정보의 제공시 해당 개인의 서면동의를 받도록 하는 한편, 신용정보업자 등이 개인에게 신용불량자 등록 등 불리한 조치를 취할 때에는 미리 해당 개인에게 통보하도록 하였다.

4) 신용불량자제도의 폐지 등

신용불량자 등록제도는 「신용정보의 이용 및 보호에 관한 법률」이 제정될 때부터 운영되어 왔다. 일단 신용불량자로 등록되면 사실상 모든 금융거래가 중단되고, 그 정보를 고용하고자 하는 기업에 제공할 수 있도록 함으로써 취업을 불가능하게 하는 등 정상적인 경제활동을 영위하기 어렵게 하는 부작용이 있었다. 이에 따라 정부는 2005년 1월 27일 개정을 통해 획일적인 신용불량자제도를 폐지하여 개인별 신용도에 상응한 선진적인 금융거래 관행이 정착될 수 있도록 하고, 개인신용정보의 제공범위에서 고용을 삭제함으로써 신용불량자의 취업을 지원하였다. 또한 채권추심 관련 규제가 「대부업의 등록 및 금융이용자 보호에 관한 법률」과 달라 일관성이 확보되지 않는 문제점이 있었는바, 2006년 3월 24일 개정시 「신용정보의 이용 및 보호에 관한 법률」에 따른 채권추심 관련 규제를 「대부업의 등록 및 금융이용자 보호에 관한 법률」의 채권추심 관련 규제와 부합하도록 하였다.

5) 신용정보 보호 강화

정보화 사회의 도래로 각종 정보가 디지털 체계로 바뀜에 따라 신용정보는 복제와 전송이 쉬워져 감독당국이 규제를 통해 보호하는 데 한계가 있었다. 또한 그 동안 신용정보회사의 업무범위가 지나치게 제한되어 있어 금융시장 발전에 따른 시장의 수요에 효율적으로 대응하기 어려운 문제점이 있었다. 정부는 이에 대처하기 위해 2009년 4월 1일 개정에서 신용정보 주체의 자기정보통제권을 보강하여 개인의 사생활 보호를 강화하는 동시에 신용조회회사 등에 신용정보를 보호하기 위한 엄격한 내부통제 절차를 마련하는 한편, 신용정보회사의 겸업을 원칙적으로 허용하고, 신용평가회사의 평가대상을 확대하는 등 업무범위를 확대하였다. 2011년 5월 19일 개정시에는 신용정보의 종류를 명확하게 법률에 규정하고, 신용정보 주체에게 불이익을 줄 수 있는 신용정보의 보존 및 활용기한은 5년을 넘지 않도록 하였다. 또한 금융거래 및 상거래 관계의 설정 · 유지시 정보주체의 권익보호를 위한 절차와 방법 등을 명확히 함으로써 신용정보 주체의 보호를 강화하였다.

4. 공적자금

1) 「공적자금관리특별법」

정부는 2000년 12월 20일 「공적자금관리특별법」을 제정하여 공적자금의 조성 · 운용 · 관리 등에 있어 객관성과 공정성 및 투명성을 높여 공적자금의 효율적 사용을 도모하고 국민부담을 최소화하기 위하여 필요한 사항을 규정하였다. 동법에 따라서 공적자금의 대상에는 예금보험기금과 부실채권정리기금 외에도 공공자금관리기금, 국유재산, 한국은행의 출자, 공공차관 등 금융기관의 구조조정에 지원되는 자금이 모두 포함되었고, 공적자금의 지원시에는 최소비용의 원칙, 공평한 손실분담의 원칙, 자구노력 선행 원칙 등을 명문화하여 공적자금이 보다 효율적으로 지원될 수 있게 되었다. 또한 공적자금의 운용에 관한 사항을 종합적으로 심의 · 조정할 수 있도록 공적자금관리위원회를 재정경제부에 설치하였다. 아울러 재정경제부 장관은 공적자금의 운용에 관한 보고서를, 감사원은 공적자금과 관련한 감사보고서를 국회에 제출하도록 하여 국회의 사후통제를 강화하였다.

한편, 정부는 2008년 글로벌 금융위기의 파급에 선제적으로 대응하는 차원에서 구조조정기금과 금융안정기금을 설치 · 운영하기로 하였다. 이에 따라 공적자금의 범위를 명확히 규정할 필요가 생기게 되었다. 이에 2009년 5월 27일 「공적자금관리특별법」을 개정하여 공적자금의 범위에 기존의 공적자금 이외에 한국자산관리공사에 설치되는 구조조정기금과 한국정책금융공사에 설치되는 금융안정기금 등을 포함시켰다. 또한 동법의 목적에 공적자금의 조성 · 운용 · 관리 등의 전문성 확보에 관한 내용을 추가시키고, 아울러 공적자금관리위원회는 금융위원회 산하에 설치하였다.

2)「공적자금상환기금법」

정부의 공적자금 상환대책에 따라 공적자금 손실액 중 일부를 재정에서 부담하기 위하여 국채발행 등으로 조달한 자금을 예금보험기금채권상환기금과 부실채권정리기금에 출연할 필요성이 생겼다. 이에 따라 공적자금상환기금을 설치하기 위해 2002년 12월 26일 유효기간이 2027년 12월 31일까지인「공적자금상환기금법」이 제정되었다. 주요 내용을 살펴보면, 공적자금상환기금의 재원은 공공자금관리기금으로부터의 예수금, 세계잉여금, 정부회계로부터의 출연금, 통신사업특별회계 및 우체국보험특별회계로부터의 출연금 등으로 조성하고, 공적자금상환기금의 부채 상환 등을 위하여 세계잉여금의 30% 이상을 매년 공적자금상환기금에 출연하도록 하였다. 재정경제부 장관은 매년 공적자금의 상환내역과 상환계획을 작성하여 국회에 제출하도록 하였다.

5. 금융기관 부실채권 정리

1) 부실채권정리기금의 설치 및 업무범위의 확대

정부는 금융기관의 재무구조 개선과 경쟁력 강화를 도모하기 위하여 1997년 8월 22일「금융기관 부실자산 등의 효율적 처리 및 성업공사의 설립에 관한 법률」을 제정하였다. 이를 통하여 금융기관의 자금운용 및 금융개혁 추진 과정에서 불가피하게 발생할 수 있는 부실채권을 조기에 정리하고, 일시적으로 자금난을 겪고 있는 여신거래 기업이 자구노력을 실행하는 경우에 소유 부동산 및 계열기업 등의 원활한 매각을 지원할 수 있도록 하였다. 동법의 적용대상은 은행 등 제1금융권으로 하되, 대통령령으로 종합금융회사 등 제2금융권을 추가할 수 있도록 하고, 금융기관의 부실자산 정리 촉진과 부실징후 기업의 경영정상화를 효율적으로 지원하기 위하여 성업공사를 설립하도록 하였다. 또한 성업공사의 자본금은 2,000억 원으로 하고 금융기관이 출자하되, 필요에 따라 정부도 출자할 수 있도록 하고, 금융기관이 보유하고 있는 부실채권 등의 효율적인 정리를 위하여 성업공사에 부실채권정리기금을 설치하였다.

한국산업은행의 전액 출자회사로 설립된 이후 종합 부동산 처분 전담기관으로 입지를 확립하게 된 성업공사는 외환위기를 계기로 기업구조조정의 중추적 역할을 수행하는 부실채권 정리 전담기관으로 새롭게 태어나게 되었다. 1999년 4월 30일 개정시에는 기업구조조정을 효율적으로 지원할 수 있도록 성업공사의 기능이 확대되었다. 즉, 성업공사의 업무범위에 유동화 전문회사 등으로부터 위탁받은 유동화 자산의 관리, 매입채권의 출자전환에 따른 주식인수, 구조조정 또는 재무구조 개선을 도모하는 법인의 자산관리 · 매각, 금융기관의 건전성 제고를 위한 인수업무 등이 추가되었고, 자본금이 2,000억 원에서 1조 원으로 증액되었다.

2) 한국자산관리공사로의 변경 및 제도 개선

1999년 12월 31일 개정에서 정부는 성업공사의 명칭을 한국자산관리공사로 변경하면서 제명도 「금융기관 부실자산 등의 효율적 처리 및 한국자산관리공사의 설립에 관한 법률」로 변경하고, 한국자산관리공사가 매입할 수 있는 부실채권 및 한국자산관리공사의 지급보증 범위를 확대하였다. 2005년 7월 29일 개정시에는 동북아 금융허브 구축전략의 일환으로 한국자산관리공사의 업무범위 확대를 위해 한국자산관리공사의 업무범위에 국외 부실자산에 대한 투자를 목적으로 대통령령이 정하는 회사 등에 대한 출자 및 투자를 포함하였다. 또한 2006년 12월 30일 개정에서는 부실채권정리기금에서 공적자금상환기금으로 출연금 반환 등을 할 수 있도록 하고, 운용기간이 명확하게 규정되어 있지 않아 논란의 소지가 있던 부실채권정리기금의 운용기간을 2012년 11월 22일까지로 명시하였다.

한편, 부실채권정리기금의 재원조성 과정에서 금융기관뿐만 아니라 공적자금상환기금도 출연을 하였고, 부실채권정리기금을 통하여 금융기관의 부실채권 정리가 이루어짐으로써 금융기관이 수혜를 받은 점을 감안할 때, 부실채권정리기금의 운용기간이 종료되는 때에 잔여재산을 전액 금융기관에 반환하는 것은 불합리하다는 지적이 있었다. 이에 따라 2007년 12월 21일 개정시 출연비율 등을 감안한 처리 기준에 따라 출연 등을 한 자에게 반환하게 함으로써 공적자금상환기금도 잔여재산을 반환받을 수 있게 하였다.

3) 금융위기에 대한 대응

2009년 5월 13일 개정에서는 금융위기에 선제적으로 대응하기 위해 부실채권정리기금과 별도로 한국자산관리공사에 구조조정기금을 설치하였다. 구조조정기금은 금융기관의 출연금, 정부의 출연금 및 구조조정기금채권의 발행으로 조성된 자금 등을 재원으로 하고, 재원을 조성한 날부터 2014년 12월 31일까지 운용하며, 운용기간이 종료되는 날까지 차입금의 원리금 상환 및 인수자산의 정리 등을 완료하도록 하였다.

6. 금융실명제

1) 금융실명제의 도입

금융실명제의 도입은 우리나라 금융거래의 투명성을 높이는 데 있어서 획기적인 사건이었다. 그 동안 저축장려정책으로 가명, 차명 또는 무기명에 의한 금융거래를 허용하여 왔는데 1980년대에 들어서 각종 금융비리사건이 터지면서 금융실명제의 필요성이 대두되었다. 정부는 사채 양성화를 위한 실명거래와 금융소득 종합과세를 두 축으로 하는 금융실명제를 1982년 7월 3일 발표하였으나 정치권의 논의 과정에서 금융소득 종합과세가 빠지게 되는 등 수정안이 마련되었다. 우여곡절 끝에 「금융실명거래에 관한 법률」이 1982년 12월 31일 제정되었으나 실명거래의 실시는 전산화 등 행정준비 상황과 경제여건을 감안하여 1986년 1월 1일 이후 대통령령이 정하는 날로부터 시행하기로 하였다. 이후 10년 동안 시행이 미루어지다가 김영삼 대통령이 1993년 8월 12일 「금융실명거래 및 비밀보장에 관한 긴급재정경제명령」을 발동하여 그날 저녁 8시부터 금융실명제가 마침내 실시되었다. 동 명령은 「금융실명거래에 관한 법률」과는 달리 기존의 비실명예금도 소급하여 실명으로 전환하도록 하고, 비실명에 의한 인출을 금지시키며, 5,000만 원 이하의 소액자금을 제외하고는 자금출처조사를 하도록 하였다. 그 결과 많은 가명 · 차명 · 무기명 금융자산들이 실명화되었고, 각종 부정부패사건의 자금추적이 용이해졌다. 그에 따라 수많은 과거의 비리가 드러나게 되어 정치인과 고위공직자들에 대한 사정으로 이어졌다.

2) 「금융실명거래 및 비밀보장에 관한 법률」로 대체입법화

대통령긴급재정경제명령을 제정하여 실시해 오고 있던 금융실명제는 그 동안의 실시 과정에서 실명확인에 따른 금융거래시의 불편과 세무조사에 대한 불안감 등 일부 문제점을 드러냈다. 정부는 이를 해소하는 동시에 중소기업 출자금 등에 대한 자금출처실명제를 항구적인 제도로 정착시키기 위하여 대통령긴급재정경제명령을 법률로 대체입법하는 취지에서 「금융실명거래 및 비밀보장에 관한 법률」을 1997년 12월 31일 제정하였다. 우선 「보험업법」의 관련 규정에 따라 실명이 확인되고 있는 보험계약이나 이미 실명확인된 은행계좌에 의한 계속거래, 대통령령이 정하는 100만 원 이하의 송금, 외국 통화의 매입 등 실명확인을 의무화할 실익이 없는 금융거래에 대하여는 실명확인 대상에서 제외하도록 하였다. 또한 실명전환 의무기간 만료일인 1993년 10월 12일 후에 실명전환한 경우에 매년 10%씩 과징금의 부과율이 높아져 최고 60%까지 과징금을 부과하도록 되어 있는 것을 50%로 단일화하였다. 또한 비실명금융자산의 실명전환을 촉진하기 위하여 이 법 시행 후 실명으로 전환하는 자금에 대하여는 자금출처를 조사하지 아니하도록 하되, 3,000만 원을 초과하는 금액을 30세 미만인 자의 명의로 실명전환하는 경우와 다른 과세자료에 의하여 탈세혐의가 드러난 경우에는 예외로 하도록 하였다. 그리고 중소기업에 대한 출자를 촉진하기 위하여 한시적으로 중소기업에 대한 창업출자 및 증자와 창업투자조합 등에 대한 출자에 대하여는 자금출처조사를 면제하며, 중소기업을 지원하는 금융기관에 대하여 출자하는 경우에는 일정 수준의 출자부담금을 부과한 후 자금출처조사를 면제하도록 하였다.

3) 국제협력의 강화

2000년대 중반에 들어서 금융의 국제화 추세로 국내 주식시장에 대한 외국인 투자 비중이 증가하고 외국 금융기관의 국내 진출 등이 확대되면서 외국 자본에 의한 국경 간 불공정거래 및 위법행위에 대한 조사와 국내 진출 외국 금융기관에 대한 효과적인 감독이 필요하게 되었다. 이에 정부는 국제협력을 강화하기 위해 금융감독기관이 국제금융감독기구를 포함한 외국 금융감독기관과 금융거래 정보를 교환할 수 있도록 하는 등의 내용으로 2006년 3월 24일 「금융실명거래 및 비밀보장에 관한 법률」을 개정하였다.

7. 금융산업 구조개선

1) 「금융기관의 합병 및 전환에 관한 법률」의 제정

1990년대에 들어서 경제규모가 확대되고 금융의 국제화로 금융환경과 금융구조가 크게 변화되는 한편, 우루과이라운드 협상의 진전과 자본시장 개방 등 금융산업의 대외개방에 따라 금융산업의 체질을 강화할 필요가 있었다. 특히, 과당경쟁에 휘말린 투자금융회사의 활로를 마련해야 했는데, 정부는 이에 능동적으로 대처할 수 있도록 1991년 3월 8일 「금융기관의 합병 및 전환에 관한 법률」을 제정하였다. 그 주요 내용은 단기금융회사가 은행으로 합병이나 전환된 경우 대주주 소유제한(8%)에 대한 예외를 인정하고, 등록세와 청산소득에 대한 법인세를 면제해 주며, 합병과 전환의 인가로 개별법상의 인가를 갈음하는 것이었다. 동법이 제정되자 새로운 영업모델을 찾고 있던 많은 투자금융회사들이 타 금융업종으로 전환하였는데 일부는 증권회사로, 다른 일부는 단독 또는 합병의 형태로서 은행으로, 또 다른 일부는 종합금융회사로 전환하였다.

2) 「금융산업의 구조개선에 관한 법률」로의 제명 변경 등

정부는 금융산업의 개방에 대비하여 우리 금융산업의 경쟁력을 제고하기 위하여 금융기관의 합병 · 인수 등 구조개선 노력을 지원하는 한편, 금융기관의 부실화를 사전에 예방하고 부실 금융기관 발생시 이를 원활히 수습할 수 있는 제도적 장치를 마련하기 위하여 1997년 1월 13일 「금융기관의 합병 및 전환에 관한 법률」을 대폭 개정하였다. 우선 동법의 제명을 「금융산업의 구조개선에 관한 법률」로 바꾸고, 이 법의 적용대상 금융기관의 범위에 장기신용은행 등을 추가하였다. 다음으로 금융기관의 합병과 관련된 「증권거래법」 및 상법상의 절차의 이행에 소요되는 기간을 단축하는 등 합병절차를 간소화하고, 합병 후의 금융기관에 대하여 관계 법률이 허용하는 범위 안에서 지원사항을 사전에 정하여 고시하도록 하였다. 또한 합병 · 전환 후의 금융기관이 승계한 장기계약에 대하여는 계약기간이 종료될 때까지 계약이행을 위하여 필요한 업무를 계속할 수 있도록 하였다. 그리고 금융기관의 부실화를 사전에 예방할 수 있도록 재무상태가 불건전하다고 인정되는 때에는 해당 금융기관에 대한 주의 · 경고 또는 경영개선계획의 제출요구 등의 조치를 할 수 있도록 하였다.

한편, 「금융감독기구의 설치 등에 관한 법률」의 제정으로 금융감독기능이 통합 · 일원화됨에 따라 1998년 1월 8일 개정에서는 금융기관의 합병 및 전환, 부실금융기관의 정비, 금융기관의 청산 및 파산 등에 관한 재정경제원 장관의 권한의 일부를 금융감독위원회 또는 금융감독원으로 이관하고 금융통화운영위원회 또는 증권관리위원회의 권한을 재정경제원 장관, 금융감독위원회, 금융감독원 또는 예금보험공사가 행사하도록 조정하였다.

3) 건전경영 강화 등 제도개선

1998년 9월 14일 개정시에는 금융기관의 합병 · 감자 등의 절차를 대폭 간소화하고, 금융감독위원회로 하여금 자본의 감소 또는 증가, 자산의 처분, 주식의 소각, 영업정지, 합병, 계약의 이전 등의 시정조치를 명할 수 있도록 하였다. 이렇게 함으로써 금융기관의 건전경영을 유도하고 금융기관의 부실을 사전에 방지하며, 신탁회사도 동법에 따른 구조조정을 할 수 있도록 하는 한편, 국제통화기금과의 합의사항을 반영하여 금융기관의 자본금을 법정자본금 미만으로 감자할 수 있도록 하였다.

2000년 1월 21일 개정에서는 부실 금융기관에 대한 정부 등의 자금지원방법을 출자와 함께 유가증권의 매입으로 확대하여 부실금융기관의 정리를 원활하게 할 수 있도록 하는 등 부실금융기관 등에 대한 지원방식을 현실에 맞게 다양화하는 방안이 마련되었다. 또한 금융구조조정 과정에서 투입된 공적자금을 효율적으로 회수하기 위해 예금보험공사의 임직원이 부실 금융기관의 관리인으로 참여할 수 있도록 하는 등 공적자금의 회수와 관련된 제도가 보강되었다.

2007년 1월 26일 개정시에는 금융기관이 다른 주주의 감자(減資)로 인하여 일정 한도 이상의 다른 회사 주식을 소유하게 되는 경우 등 부득이한 사유가 있는 경우에는 사후에 금융감독위원회의 승인을 얻도록 하였다. 그러나 승인을 얻지 아니하고 일정 한도 이상의 다른 회사 주식을 취득한 금융기관에 대하여 금융감독위원회가 시정조치 및 이행강제금을 부과할 수 있도록 하였다.

4) 금융안정기금의 설치

2008년에 발생한 글로벌 금융위기에 효과적으로 대응하기 위하여 금융기관의 부실화 이전에 선제적으로 지원할 수 있는 방법을 강구할 필요가 있었다. 이러한 선제적 지원을 위해 2009년 5월 27일 개정에서는 금융안정기금을 한국정책금융공사에 설치 · 운영하여 금융기관의 자본확충 등을 위한 자금을 지원함으로써 금융시장의 안정에 기여하도록 하였다. 그리고 금융안정기금은 금융안정기금채권의 발행, 금융기관의 출연금, 정부 · 한국은행 등으로부터의 차입금 등으로 재원을 조성하여, 금융기관에 대한 자금지원 등의 용도로 사용하도록 하였다.

8. 기업구조조정

1) 「기업구조조정촉진법」의 최초 제정

「기업구조조정촉진법」은 채권금융기관에 대한 신용공여액이 500억 원 이상인 개별 대기업의 신속하고 원활한 구조조정을 법적으로 뒷받침하기 위해 2001년 8월 14일 최초로 제정되었다. 1997년의 외환위기를 전후하여 대기업의 연쇄도산 등 기업부문의 부실이 심각한 수준으로 진행되는 상황에서 채권금융기관 주도의 신속한 구조조정을 추진하기 위해 1998년 6월 기업구조조정 촉진을 위한 금융기관 협약(기업구조조정협약)을 체결하여 구조조정 대상 기업과 채권금융기관 사이의 사적 계약에 의하여 자율적으로 워크아웃을 수행하도록 하였다. 그런데 워크아웃 추진 과정에서 자율적인 기업구조조정에 대한 시장관행의 미성숙으로 인해 일부 채권금융기관들이 구조조정 과정에 참여하여 손실을 분담하기보다는 무임승차하려는 행태가 나타나고, 채권금융기관들의 이해조정을 위한 자율적인 합의도출에 현실적인 어려움을 겪게 되었다. 이에 따라 정부는 채권금융기관에 대한 신용공여액이 500억 원 이상인 개별 대기업의 신속하고 원활한 구조조정을 법적으로 뒷받침하는 등 금융기관 간 공조체제를 유도하고 구조조정의 실효성을 제고하기 위한 취지에서 「기업구조조정촉진법」을 제정하였다. 동법에 따르면 신용공여액 기준 75% 이상의 채권단의 동의만으로 워크아웃 개시 여부를 결정하고 부실징후 기업의 경영정상화 계획을 확정할 수 있고, 시장자율에 의한 구조조정 관행이 정착될 때까지만 한시적으로 효력을 가지며 그 시한은 2005년 말까지로 정해졌다.

2) 두 번째 「기업구조조정촉진법」의 제정

「기업구조조정촉진법」의 효력 만료 시점인 2005년 12월에 그 효력을 5년간 연장하는 개정안이 발의되었으나, 위헌법률 심판 문제로 국회의 법안심사가 지체되는 사이에 2005년 12월 31일이 도과하여 실효되었다. 그런데 그 이후 채권금융기관 간 협의 부족과 이해관계 대립 등으로 인해 워크아웃이 무산되거나 지연되는 사례가 빈번히 발생함에 따라 금융기관들의 공조체제 구축과 보다 실효성 있는 구조조정을 위한 기업구조조정 촉진에 관한 재입법의 공감대가 형성되었다. 2007년 4월 국회 재정경제위원회는 여전히 채권금융기관의 자율적인 합의를 통한 기업구조조정의 관행이 시장에 정착되어 있지 못한 현실을 감안하여 2010년 12월 31일까지 한시적으로 효력을 갖는 기업구조조정촉진법안을 위원회안으로 제안하였고, 결국 본회의를 통과하여 2007년 8월 3일 다시 제정되어 2007년 11월 4일부터 시행되게 되었다.

3) 세 번째 「기업구조조정촉진법」의 제정

정부는 두 번째로 제정된 「기업구조조정촉진법」의 효력 만료 시한이 2010

년 말로 다가옴에 따라 그 효력시한을 2013년 말까지로 다시 연장하려고 하였다. 왜냐하면, 2010년 말에도 시장 자율의 기업구조조정 관행이 정착되어 있지 못한 상태였고, 건설업의 회복 지연과 유럽의 재정위기 등 대내외적으로 경제의 불안요인이 남아 있는 상황이어서 향후 경기둔화 우려에 대비하고 우리 경제의 체질을 강화해 나가려면 기업구조조정제도를 착실히 추진해 나갈 필요가 있었기 때문이다. 하지만 여야 간 정쟁 속에 제대로 된 심의조차 이루어지지 못하고 결국 기간이 경과하여 실효되고 말았다.

정부는 개별 금융기관의 재산권을 침해하는 등 위헌요소가 있다는 점을 들어 반대하는 법조계를 설득하여 마침내 2010년 12월 31일, 「기업구조조정촉진법」을 또다시 제정하였다. 이 법은 유효기간의 경과로 효력이 상실된 「기업구조조정촉진법」을 보완한 것으로서 워크아웃 추진 과정에서 기업의 자율성을 강화하고, 채권금융기관협의회의 의결에 반대한 채권금융기관 및 소액채권금융기관의 권리보호를 강화하였으며, 2013년 12월 31일까지 한시적으로 적용되는 것이었다. 또한 이전의 「기업구조조정촉진법」과는 달리, 신용위험평가 결과를 통보받은 기업이 주채권은행에 관리절차의 개시를 신청할 수 있도록 하였다. 그리고 채권금융기관협의회의 의결에 반대한 채권금융기관은 협의회의 의결일로부터 7일 이내에 협의회의 의결에 찬성한 채권금융기관에 대하여 자기의 채권을 매수하도록 청구할 수 있게 하며, 찬성채권자는 청구를 받은 날부터 6개월 이내에 연대하여 해당 채권을 매수하도록 하였다.

9. 전자금융거래

2000년대 중반에 들어서 인터넷뱅킹 등 전자금융거래가 확산되고 전자화폐 등 새로운 전자지급수단이 출현함에 따라 비대면성(非對面性) 등과 같은 전자금융거래의 특성을 반영하여 거래당사자의 권리 · 의무 등 법률관계를 명확히 할 필요가 있었다. 정부는 2006년 4월 28일 「전자금융거래법」을 제정하여 전자금융 업무를 영위하는 자에 대한 허가 · 등록 및 감독에 관한 사항을 체계적으로 정비함으로써 전자금융거래의 안전성과 신뢰성을 확보하려고 하였다. 우선 전자지급거래의 효력발생 시기, 오류의 정정절차 등 전자금융거래 법률관계를 명확화하였다. 다음으로 전자금융 사고시 이용자와 금융기관 등의 책임부담 원칙을 정립하였다. 접근매체의 위조 또는 변조로 발생한 사고, 계약체결 또는 거래지시의 전자적 전송이나 처리 과정에서 발생한 사고로 인하여 이용자에게 손해가 발생한 경우에는 금융기관 또는 전자금융업자가 손해배상책임을 지도록 하였다. 그러나 사고발생에 있어서 이용자의 고의나 중대한 과실이 있는 경우로서 일정한 약정을 체결한 경우 등에는 그 책임의 전부 또는 일부를 이용자가 부담하게 할 수 있도록 하였다.

한편, 2000년도 후반에는 빈번히 발생하는 전자금융거래의 오류로 인한 금융이용자의 불안이 사회적으로 문제가 되었다. 이에 대처하기 위해 2008년 12월 31일 개정에서는 금융기관 또는 전자금융업자가 스스로 또는 이용자의 요구에 의해 전자금융거래의 오류를 인지한 경우에는 그 원인과 처리 결과를 이용자에게 통지하도록 하였다. 또한 타인 명의의 통장을 절취 또는 대여 · 양수하여 사용하는 이른바 대포통장을 활용한 범죄에 적극 대처하기 위하여 전자식 카드 등의 접근매체를 양도, 양수, 부정대여 또는 질권 설정행위를 하거나 이런 행위들을 알선하는 행위를 금지하고, 이를 위반한 자에 대한 처벌을 강화하였다.

10. 자금세탁 방지 및 테러자금 조달 방지

1) 「특정금융거래 정보의 보고 및 이용 등에 관한 법률」

「특정금융거래 정보의 보고 및 이용 등에 관한 법률」은 외환자유화 조치의 시행에 따라 증가할 것으로 예상되는 불법자금의 국내외 유출입에 효율적으로 대비하고, 금융거래를 이용한 자금세탁행위를 규제하는 데 필요한 특정금융거래 정보의 보고 및 이용 등에 관한 사항을 규정함으로써 범죄행위를 사전에 예방하고 건전하고 투명한 금융거래질서를 확립하려는 취지에서 2001년 9월 27일 제정되었다. 주요 내용을 살펴본다. 불법재산 또는 자금세탁행위와 관련된 금융거래 정보를 수집하고 분석하는 업무 등을 효율적으로 수행하기 위하여 재정경제부 장관 소속하에 금융정보분석원을 설치, 금융거래사항에 대하여 매년 정기국회에 보고하도록 하였다. 또한 금융기관 등은 해당 금융기관 등이 금융거래와 관련하여 수수한 재산이 불법재산이라고 의심되는 합당한 근거가 있거나 금융거래의 상대방이 자금세탁행위를 하고 있다고 의심되는 합당한 근거가 있는 경우로서 해당 금융거래 금액이 대통령령이 정하는 금액 이상인 경우에는 지체 없이 금융정보분석원의 장에게 보고하도록 하였다.

2005년 1월 17일 개정시에는 금융거래를 이용한 불법자금거래를 효과적으로 차단하고 자금세탁방지제도를 자금세탁방지기구(FATF) 등의 국제 기준에 부합하도록 하여 우리나라와 국내 금융기관의 국제신인도를 높이기 위하여 고액현금거래보고제도를 도입하고, 금융기관의 고객주의의무를 강화하였다.

2000년대 후반에 들어서 금융거래의 규제완화 등으로 금융기관이 공중협박자금의 조달경로로 활용될 가능성이 커졌다. 이와 관련하여 「공중 등 협박목적을 위한 자금조달행위의 금지에 관한 법률」이 제정됨에 따라 동법의 실효성을 높이기 위하여 공중협박자금 조달행위와 관련된 금융거래 정보를 신속하게 파악하여 이를 수사기관에 제공하게 할 필요가 있었다. 또한 카지노사업의 성격상 일반금융기관에 비해 자금세탁에 이용될 가능성이 높은 점을 고려할 때 특정금융거래 정보 보고대상으로 추가할 필요가 있었다. 이에 따라 2007년 12월 21일 개정에서는 금융기관을 이용한 공중협박자금 조달행위를 효율적으로 규제하기 위하여 금융거래 보고대상에 공중협박자금 조달행위를 추가하는 한편, 카지노 사업자에 대하여 자금세탁행위 등과 관련된 거래의 보고의무를 부과하였다.

2) 「공중 등 협박목적을 위한 자금조달행위의 금지에 관한 법률」

2000년대 후반에 들어서 세계적으로 테러에 의한 위험이 증대되고 금융거래의 규제완화 등으로 국내 금융기관이 공중협박자금의 조달경로로 활용될 가능성이 증가하였다. 이에 따라 테러를 효율적으로 예방하고, 우리나라가 비준한 「테러자금 조달의 억제를 위한 국제협약」을 이행하기 위해 2007년 12월 21일 「공중 등 협박목적을 위한 자금조달행위의 금지에 관한 법률」이 제정되었다. 동법에 따르면 공중협박자금이란 국가 · 지방자치단체 또는 외국 정부의 권한행사를 방해하거나 의무 없는 일을 하게 할 목적으로 또는 공중을 협박할 목적으로 행하는 살인 · 중상해 · 납치, 항공기 또는 선박의 강탈 등의 행위에 사용하기 위하여 모집 · 제공되거나 운반 · 보관된 자금이나 재산을 말한다. 이러한 공중협박자금의 조달과 관련 있는 것으로 판단되는 개인, 법인 또는 단체를 금융거래 제한 대상자로 지정하여 고시할 수 있도록 하고, 공중협박자금을 모집 · 제공한 자 등에 대한 벌칙규정을 두었다.

제2절 은행

1. 「은행법」

1) 법률의 제정

1945년 해방 이후 일반은행에는 조선총독부가 제정한 은행령이 적용되고 있었고, 사실상 은행업무를 취급하던 비은행금융기관에는 다른 금융관계법이 적용되고 있는 등 은행업무에 관한 법령체계가 제대로 마련되지 못하였다. 이에 조선은행은 일본식 금융제도의 틀을 유지하면서 독립국의 신용경색 상황 등을 고려한 발전방안을 제출하였고, 당시 미국 연방준비은행에서 온 2명의 전문가들은 일반금융 개편에 관한 건의서를 작성하였다. 마침내 정부는 일반금융 개편에 관한 건의서를 기본으로 조선은행의 발전방안 중 일부를 수용하여 1950년 5월 5일 「은행법」을 제정하였다. 그런데 6.25전쟁이 발발하면서 시행이 유보되었고, 전쟁이 종료된 후인 1954년 8월부터 「은행법」이 실질적으로 시행되게 되었다.

제정 「은행법」은 같은 날 제정된 「한국은행법」과 동일한 입법 취지 아래 상호보완적인 구조를 가지고 있었다. 실제로 「은행법」의 주요 부분은 한국은행의 금융통화위원회, 은행감독부 등의 주요 기능과 권한에 관련된 「한국은행법」상의 제 규정을 재구성하고 있었다. 하지만, 「한국은행법」은 한국은행이라는 특수법인의 설치 · 운영을 목적으로 하는 조직법적 특성이 강하고, 이에 비하여 「은행법」은 「상법」에 우선하는 특별법으로서 금융기관의 영업행위에 대한 규제와 조정을 주된 목적으로 하는 작용법적 특성이 강하였다.

제정 「은행법」은, 우선 금융기관을 예금의 수입, 유가증권 또는 기타 채무증서의 발행에 의하여 일반민중으로부터 채무를 부담함으로써 획득한 자금을 대출하는 업무를 규칙적 · 조직적으로 영위하는 한국은행 이외의 모든 법인으로 정의하고, 보험회사와 무진업무 또는 신탁업무만을 영위하는 회사는 금융기관으로 보지 않았다. 또한 금융기관의 신설 또는 금융기관의 지점 · 대리점의 신설, 금융기관의 자본금, 정관 또는 상호의 변경, 2개 이상의 금융기관의 합병, 금융기관의 본점, 지점, 대리점의 주소의 변경 및 금융기관의 해산의 경우에는 한국은행 감독부장의 추천에 의하여 금융통화위원회의 인가를 얻도록 하였다. 그리고 금융기관은 그 영업개시일까지 불입자본금 1억 원 이상을 보유하도록 하되, 금융통화위원회는 금융기관의 지점수를 참작하여 불입자본금을 인상시킬 수 있도록 하였다.

2) 경제개발계획 자금지원체계 강화 및 금융기관의 대외공신력 제고

경제개발 5개년계획이 수립되면서 이를 뒷받침하는 정부 주도의 성장금융체계를 구축하기 위해 1962년 5월 24일 「은행법」이 처음으로 개정되었다. 우선 금융기관의 자산 중 현금, 한국은행 및 국외 금융기관 예치금 그리고 한국은행 통화안정증권을 제외한 기타 자산, 즉 위험자산의 보유 비율을 종래 자기자본의 10배 이내에서 15배 이내로 확대하였다. 또한 금융기관의 법정자본금을 1억 원 이상에서 15억 원 이상으로 인상하는 동시에 금융기관의 자기자본 충실화를 위하여 적립금 규정을 신설하여 결산기마다 순이익금의 10% 이상을 적립하도록 하였다.

1970년대 후반에 들어서는 경제규모가 확대되고 금융업무에 대한 국제화 요구가 커지면서 금융기관의 대외공신력을 높일 필요성이 생겼다. 이에 따라 1977년 12월 30일 개정에서는 금융기관의 지급보증제도를 종래의 자본금과 적립금 합계의 15배에서 20배로 확대하고, 금융기관의 법정자본금을 종전의 전국은행 15억, 지방은행 1억 5,000만 원에서 250억, 10억 원으로 각각 인상하였다.

3) 은행경영의 자율화, 금융의 개방화 및 국제화에 따른 대응

1980년대에 들어서 정부의 지나친 금융규제로 인해 금융시장이 제 역할을 하지 못하고 금융산업이 발전하지 못하고 있다는 반성의 목소리가 커지면서 시장원리를 존중하는 방향으로 경제정책의 기조가 바뀌게 되었다. 이에 따라 정부는 은행경영의 자율화를 위한 조치를 추진하게 되었는데, 이를 위해 1982년 12월 31일 「은행법」을 개정하여 은행의 경영자율화의 장애요인이 되는 각종 규제를 완화하고, 대주주에 대한 편중여신 등의 부작용을 사전에 방지하기 위한 제도적인 장치를 마련하였다. 은행의 경영에 관한 은행감독원장의 포괄적인 지시 · 명령권을 삭제하였고, 동일인이 소유하거나 의결권을 행사할 수 있는 주식의 한도를 금융기관 발행주식 총수의 8%로 제한하고, 동일인에 대한 여신규제를 강화하였다.

1990년대에 들어오면서는 세계화의 물결 속에 선진국으로부터의 금융시장 개방에 대한 압력이 커지게 됨에 따라 정부는 금융의 개방화 및 국제화에 박차를 가하게 되었다. 이러한 금융환경 변화에 국내 은행들이 효율적으로 대응할 수 있도록 하기 위하여 자금의 조달 및 운용 등에 대한 은행경영의 자율성을 확대하고, 이에 따라 예상되는 금융시장의 불건전성과 불안정성에 대비하여 은행경영의 건전성을 확보하기 위한 제도적 장치를 마련할 필요가 커졌다. 그에 따라 1991년 12월 31일「은행법」 개정이 이루어졌다. 우선 금융기관의 유가증권에 대한 투자한도를 요구불예금의 25% 이내에서 자기자본의 범위 내로 변경하고 금융기관의 장기대출에 대한 기간제한을 완화하여 주택금융 등을 위해 금융통화운영위원회가 필요하다고 인정하는 경우에는 10년 이상의 장기대출도 가능하도록 하였다. 또한 자기자본의 충실, 적정한 유동성의 유지 등 은행경영의 건전성 확보 의무를 신설하고, 금융기관이 자회사를 통하여 그 밖의 금융업무를 겸영할 경우 예상되는 부작용에 대비하여 자회사에 대한 여신제한, 임직원 겸직금지 등의 규제장치를 마련하였다.

1994년 12월 31일 개정에서는 편중여신 억제를 통한 금융기관의 건전성을 강화하고, 산업자본의 금융지배를 방지하면서 순수금융자본에 대하여는 금융기관의 경영을 주도할 수 있는 제도적인 길을 마련함으로써 소유구조와 경영체제를 다원화하여 금융기관의 경쟁력 강화를 도모하였다. 먼저 자본금의 감소 및 준비금의 자본전입을 제외한 자본금의 변경을 금융통화운영위원회의 인가대상에서 제외하여 은행감독원장에게 사후보고하도록 함으로써 불필요한 규제를 폐지하였다. 또한 동일인의 금융기관 주식보유 한도를 의결권 있는 발행주식 총수의 8%에서 4%로 축소하여 기준을 더욱 강화하고, 동일인 여신한도와 관련하여 대출은 자기자본의 20%에서 15%로, 채무의 보증 또는 인수는 자기자본의 40%에서 30%로 각각 축소하여 금융기관의 자산운용의 건전성을 도모하였다.

4) 금융감독위원회 설치에 따른 전면개정 등

「금융감독기구의 설치 등에 관한 법률」의 제정에 따라 금융감독위원회가 설립되면서 관련 규정을 전면적으로 정비할 필요가 생겼다. 이에 따라 1998년 1월 13일 개정에서는 금융통화운영위원회의 권한에 속하는 사항 중 은행업의 인가와 관련된 사항을 제외한 금융기관에 대한 감독권한을 금융감독위원회로 이관하고, 주주대표의 경영참여가 활성화되도록 비상임이사 구성 비율을 확대 · 조정하여 은행의 책임경영체제를 강화하며, 영업소 신설 이전 등에 대한 인가제를 폐지함으로써 금융기관의 경영의 자율성을 제고하였다.

5) 외환위기 극복 및 금융산업의 경제체질 개선

1997년 발생한 외환위기로 인해 정부는 국제통화기금의 구제금융 지원의 조건으로 강도 높게 금융산업의 구조조정을 실시해야 하였다. 1998년 2월 14일 개정을 통해서 우선 정부는 기업의 재무구조 개선 및 구조조정을 촉진하였다. 즉, 은행이 일반기업에 출자할 수 있는 한도를 확대하기 위하여 종목당 10%로 제한하고 있는 은행의 타 회사 주식소유 한도를 종목당 15%로 확대하고, 금융감독위원회의 승인을 얻은 경우에는 예외적으로 종목당 15%를 초과하여 출자할 수 있도록 하였다. 1998년 5월 25일 개정시에는 외국인의 경우 외국인과 합작한 금융기관에 한하여 그 임원이 될 수 있도록 한 제한을 폐지하여 외국인과 합작한 금융기관이 아닌 금융기관에서도 외국인을 임원으로 선임할 수 있도록 하였다.

국제통화기금과의 합의사항에 따른 개혁은 1999년 2월 5일 개정에서 보다 구체화되었다. 금융기관의 건전성을 높이기 위해 동일한 개인 · 법인 등에 대한 금융기관의 여신한도관리제도를 국제적 기준에 맞추어 정비하고, 「행정규제기본법」에 의한 규제정비계획에 따라 금융기관의 최대주주 변경시의 절차를 간소화하는 등 규제를 폐지 또는 완화하였다. 이에 따라 금융기관의 대출 ·

지급보증 기타 신용공여의 한도를 책정하는 기준이 되는 자기자본의 정의를 자본금과 적립금 기타 잉여금의 합계액에서, 국제결제은행(BIS)의 기준에 따라 기본자본과 보완자본의 합계액으로 변경하였다. 또한 종전에는 금융기관이 동일한 개인 또는 법인에 대하여 행할 수 있는 대출한도 및 지급보증의 한도 등을 별개로 정하여 관리하였으나, 앞으로는 대출, 지급보증, 유가증권의 매입 등 위험을 수반하는 금융거래를 통합하여 신용공여라는 개념을 설정하고 이를 기준으로 한도관리를 하도록 하였다.

2000년대 들어서도 금융산업의 체질을 개선하기 위한 개혁이 계속 추진되었다. 2000년 1월 21일 개정에서는 은행업의 인가 및 감독에 관한 기본적인 사항을 법률에서 직접 규정하고, 은행의 건전한 경영을 도모하기 위해 감사위원회제도를 도입하는 한편, 소수주주권의 행사요건을 완화하는 등 은행의 건전성과 자율성을 제고하기 위한 제도적 장치를 마련하였다. 특히, 종전에는 은행이 정관을 변경하거나 자본금을 감소하고자 하는 경우 금융감독위원회의 인가를 받도록 하던 것을 신고제로 전환하여 은행경영의 자율성을 제고하였다.

또한 2002년 4월 27일 개정시에는 은행소유 규제를 국제 기준에 맞게 사전적인 소유제한은 완화하되 금융감독을 강화하는 방향으로 개선하였다. 동일인의 은행에 대한 주식보유 한도를 4%에서 10%로 상향조정함으로써 은행에 대한 사전적인 소유제한을 완화하고, 동일인이 금융감독위원회의 승인을 얻은 때에는 10%를 초과하여 은행 주식을 보유할 수 있도록 하였다. 또한 산업자본에 의한 은행지배를 방지하기 위해 비금융주력자는 4%를 초과하여 은행의 주식을 보유할 수 없도록 하였다. 그러나 4%를 초과하는 주식의 의결권을 행사하지 아니하는 조건으로 금융감독위원회의 승인을 얻은 경우에는 예외적으로 10%까지 은행 주식을 보유할 수 있도록 하였다. 그리고 10%를 초과하여 은행 주식을 보유한 주주에 대하여는 금융감독위원회가 그 적격 여부를 심사할 수 있도록 하고, 심사 결과 부적격자에 대하여는 초과보유한 은행 주식의 처분을 명할 수 있도록 하였다.

6) 글로벌 금융위기에 따른 체질개선

2008년 미국의 서브프라임 사태에서 촉발된 금융위기가 발생하면서 건전하고 안정적인 은행산업이 경제의 회생에 가장 중요하다는 점이 부각되었다. 이에 따라 2009년 6월 9일 개정에서는 비금융주력자 등에 대한 은행주식 보유규제를 해외 입법례 등을 감안하여 완화하되 이에 상응하여 은행 대주주 등에 대한 검사·감독기능은 강화함으로써 국내 은행산업의 경쟁력을 높이려고 하였다.

그러다가 「은행법」 제정 이후 처음으로 2010년 5월 17일 대대적인 전부개정이 있었다. 이 개정은 은행의 경쟁력을 강화하기 위해 규제 완화를 통해 은행의 업무영역 및 자산운용상의 자율성을 확대하고, 은행경영의 투명성과 책임성을 제고하기 위해 사외이사 관련 조항의 정비 및 지배구조 내부 규범을 제정하도록 하며, 금융소비자 보호를 강화하기 위해 은행의 꺾기 등 불공정 영업행위를 금지하려는 것이었다. 이에 따라 대통령령에서 정하고 있는 은행업의 인가요건을 법률에서 구체적으로 규정하고, 은행이 인가 후에도 자본금 요건을 유지하도록 하며, 국외 현지법인 등의 신설시 금융위원회와 사전협의하도록 하던 것을 사후보고로 전환하여 규제를 완화하였다. 또한 이사회의 독립성을 강화하기 위하여 사외이사의 비중을 전체 이사수의 50% 이상에서 과반수로 상향조정하고, 은행이 주주와 은행이용자 등의 이익을 보호하기 위하여 이사회를 운영함에 있어 지켜야 할 원칙과 절차인 지배구조 내부 규범을 정하여 공시하도록 하였다. 이와 더불어 은행의 고유업무는 법률에서 직접 규정하고, 부수업무에 대하여서는 포괄적 허용방식으로 전환하여 사전신고에 의하여 운영할 수 있도록 하였다. 겸영업무에 관하여서는 「자본시장과 금융투자업에 관한 법률」과 「보험업법」 체계 개편에 맞추어 합리적으로 개편하고, 금융위원회 인가가 아닌 사전신고에 의해 운영할 수 있도록 규제를 완화하였다. 또한 차주의 의사에 반하여 예금가입 등을 강요하는 일명 꺾기 등 은행의 불공정 영업행위를 금지하여 금융소비자의 권익을 보호하고, 건전한 금융거래 질서의 확립을 도모하였다. 아울러, 은행이 예금, 대출 등 은행 상품을 광고하는 경우에 은행 이용자가 오해하지 않도록 이자율의 범위 및 산정방법 등을 명확히 표시하도록 하는 등 준수해야 할 사항과 이에 대한 제재규정을 마련하였다.

2. 「한국은행법」

1) 중앙은행의 탄생

「한국은행법」은 한국은행을 설립하여 통화가치의 안정, 은행신용제도의 건전화와 그 기능향상에 의한 경제발전과 국가자원의 효율적 이용의 도모를 기하고 정상적인 국제무역, 외환거래의 달성을 위한 국가의 대외결제준비자금을 관리하기 위하여 1950년 5월 5일 제정되었다. 동법의 가장 큰 특징은 금융기관의 감독 및 검사 권한을 한국은행 은행감독부로 일원화하고 한국은행의 최고정책결정기관인 금융통화위원회에 통화신용 및 외환정책에 관한 독립적이고 포괄적인 권한을 부여하였다는 것이다. 동법에 따라 탄생한 한국은행은 1950년 6월 12일 업무를 개시하게 되었으나, 6.25전쟁으로 경제가 혼란해지는 시련을 겪어야 하였다.

동법은 우선 한국은행의 자본금은 15억 원으로 하고 그 전액을 정부가 출자하도록 하였다. 한국은행에 의장인 재무부 장관을 포함한 7명의 정위원과 7명의 대리위원으로 구성되는 금융통화위원회를 두도록 하였다. 금융통화위원회는 통화 · 신용 · 외환에 관한 정책을 수립하고, 한국은행의 정관을 정하며, 매년도 예산과 결산을 승인하고, 한국은행의 직원을 임면하고 보수를 정하는 등 한국은행의 업무 · 운영 · 관리에 관한 지시감독을 하도록 하였다. 또한 한국은행은 화폐의 발행권을 독점적으로 가지고, 모든 외환을 집중 관리하도록 하며, 금융기관은 금융통화위원회의 인가 없이는 외환을 보유할 수 없게 하였다.

2) 한국은행의 업무범위 조정

「한국은행법」이 제정된 후 많은 경제사정의 변화가 있었고 한국은행의 운영면에 있어서도 이러한 현실을 반영할 필요가 있었다. 이에 따라 1962년 5월 24일 「한국은행법」을 최초로 개정하여 한국은행의 권한을 축소하였다. 「은행법」에 따라 설립되지 않은 산업은행, 중소기업은행, 수출입은행, 주택은행, 장기신용은행과 같은 특수은행에 대한 감독 및 검사권을 재무부로 귀속시켜 한국은행의 감독 및 검사권이 일반은행 및 농 · 수 · 축협 신용사업부문에 한정되게 되었다. 또한 1961년에 제정된 「외국환관리법」에 따라 외환관리체계를 일원화하기 위해 한국은행이 외국환 업무 및 외국환의 보유 등의 업무를 영위하려면 재무부 장관의 인가를 받도록 하였다. 이와 함께 은행감독부를 은행감독원으로 개편하고, 은행감독원장은 금융기관의 임원 또는 직원이 법령 또는 금융통화운영위원회의 규정, 명령 또는 지시를 위반한 때 등에는 해당 금융기관의 장에게 문책처분할 것을 요구할 수 있도록 하였다.

1970년대 후반으로 접어들면서 경제규모의 확대, 산업의 고도화 및 대외거래의 팽창 등 우리나라의 경제가 양적 · 질적으로 크게 성장해 감에 따라서 이를 지원하는 금융기관의 업무범위를 조정하고 금융시장의 다변화에 신축적으로 대처할 필요가 있었다. 이에 따라 1977년 12월 30일 개정에서는 한국은행의 여신업무 영역을 합리적으로 확장하고 금융시장의 다양화에 맞추어 금융기관의 자산운영에 탄력성을 부여하며 국채 등 공개시장조작의 기반을 확립하여 통화신용정책의 효율성을 제고하였다.

3) 은행감독기능의 축소 및 한국은행의 독립성 · 중립성 강화

1990년대 후반에 들어서 21세기 새로운 금융환경의 변화에 대비하여 중앙은행이 자율적으로 통화신용정책을 수립하고 집행할 수 있도록 독립성 · 중립성을 강화할 필요가 있었다. 동시에 「금융감독기구의 설치 등에 관한 법률」이 제정되면서 은행감독원, 증권감독원, 보험감독원 및 재정경제원 등으로 분산되어 있던 금융감독기능이 금융감독위원회 및 금융감독원으로 통합 · 일원화됨에 따라 한국은행의 은행감독기능을 축소해야 하였다. 이에 따라 정부는 1997년 8월 23일 한국은행법개정법률안을 국회에 제출하였는데, 심의 도중에 외환위기가 발생하자 조속한 금융시장의 안정과 국제통화기금의 지원조건 이행을 위한 내용을 추가하여 1997년 12월 31일 「한국은행법」이 처음으로 전부개정되었다. 그 주요 내용을 살펴보면, 우선 한국은행의 활동범위를 축소하여 통화신용정책의 수립 · 집행을 통한 물가안정과 이를 통한 국민경제의 건전한 발전을 동법의 목적으로 하였다. 또한 은행감독원에서 수행하던 은행감독 업무는 신설되는 금융감독원에 이관하고, 물가안정목표제를 채택하여 한국은행은 정부와 협의하여 매년 물가안정 목표를 정하며, 물가안정 목표의 달성에 최선을 다하도록 하였다. 다음으로 한국은행의 중립성 규정을 신설하고 재정경제원 장관의 금융통화위원회 회의소집권 및 의안제안권을 폐지하였다. 특히, 종전의 금융통화운영위원회와 관련하여 많은 개정이 이루어졌는데, 그 명칭을 금융통화위원회로 개정하고, 금융통화위원회 의장은 재정경제원 장관이 겸직하던 것을 한국은행 총재가 겸임하되, 국무회의의 심의를 거쳐 대통령이 임명하도록 하였다. 한편, 한국은행은 통화신용정책의 수행을 위하여 필요하다고 인정되는 경우 금융기관에 대하여 자료제출을 요구할 수 있고, 금융감독원에 대하여 금융기관에 대한 검사 및 공동검사를 요구하고 검사 결과의 송부를 요청하거나 필요한 시정조치를 요구할 수 있도록 하였다. 또한 한국은행 총재는 금융통화에 관한 사항에 대하여 국무회의에 출석하여 발언할 수 있도록 하고, 재정경제원 장관은 금융통화위원회의 의결이 정부의 정책과 상충된다고 판단하는 경우에는 재의를 요구할 수 있도록 하였다. 아울러 한국은행은 매년 1회 이상 통화신용정책의 수행 상황을 기재한 보고서를 작성하여 국회에 제출하도록 하고, 한국은행 총재는 보고서와 관련하여 국회 또는 그 위원회가 출석을 요구하는 경우에는 출석하여 답변하도록 하였다.

4) 한국은행의 권한 강화

2008년 리먼브라더스 파산 이후 확대된 글로벌 금융위기로 인하여 현행 「한국은행법」이 추구하는 물가안정기능보다 더 포괄적인 금융안정기능이 필요하게 되었다. 이에 따라 2011년 9월 16일 개정된 한국은행법에서는 한국은행의 설립목적에 기존의 물가안정 목표 외에 통화신용정책 수행시 금융안정에 유의해야 한다는 내용을 추가하고, 한국은행이 통화신용정책의 수행을 위해 자료제출을 요구할 수 있는 금융기관의 범위를 「금융산업의 구조개선에 관한 법률」에 따른 금융기관 중 대통령령으로 정하는 기관까지도 확대하였다. 또한 한국은행으로 하여금 통화신용정책의 수행 상황과 거시금융안정 상황에 대한 평가보고서를 국회에 제출하도록 하였고, 한국은행 총재로 하여금 외부감사를 받은 결산서를 국회 소관 상임위원회와 기획재정부 장관에게 제출하도록 하여 한국은행의 책임성과 투명성을 높이도록 하였다.

3. 특수은행 설립법

1960년대에 들어 정부는 다양한 특수은행을 설립하고 그 기능을 강화하였다. 이러한 특수은행에 대한 설립법을 「한국산업은행법」, 「한국수출입은행법」, 「중소기업은행법」, 「한국외환은행법」, 「한국주택은행법」, 「국민은행법」, 「장기신용은행법」을 중심으로 살펴볼 것이다.

1) 「한국산업은행법」

6.25전쟁으로 인하여 파괴된 주요 산업을 복구하고 경제재건에 필요한 자금을 공급하기 위하여 국책은행 설립이 필요하였다. 이에 따라 1953년 12월 30일 「한국산업은행법」이 제정되고 한국산업은행이 설립되었다. 동법은 자본금

은 4억 환으로 전액 정부가 출자하도록 하였고, 임원은 국가공무원의 신분을 갖도록 하였다. 또한 주요 산업의 개발에 기여할 시설의 취득 · 개량 또는 보수자금으로서 타 금융기관이 공급하기 곤란한 산업자금의 대출과 관리, 운전자금의 대출 · 관리, 중요 산업자금의 조달을 위하여 발행하는 사채 등의 인수, 채무의 보증과 인수 및 이를 위한 산업금융채권의 발행 등 자금조달 업무를 주요 업무로 규정하였다.

1960년대에 들어서는 한국산업은행의 기능이 대폭 확대되었다. 1961년 12월 27일 개정시에는 자본금을 2,000억 환으로 늘리고 유가증권, 외자차입, 해외차관 지급보증 등의 업무를 추가하였으며, 자회사로 성업공사를 신설하였다. 1974년 12월 26일 개정에서는 중화학공업의 건설 등 경제개발계획을 추진함에 있어서 증대되는 중요 산업자금 수요에 부응하기 위해 자본금을 3,000억 원으로 증액하였다. 1977년 12월 19일 개정시에는 제4차 경제개발 5개년계획의 수행에 따른 개발금융 수요의 거액화와 차관지급 보증의 증대에 적응할 수 있도록 자본금을 6,000억 원으로 확충하고 보증한도의 적용범위를 합리적으로 조정하였다.

2000년대에 들어서는 경제발전과 더불어 산업환경이 급격히 변모함에 따라 국책은행으로서의 한국산업은행의 역할 및 기능이 더욱 강조되었다. 2002년 3월 30일 개정에서는 한국산업은행의 업무범위에 채권회수와 관련하여 기존 거래법인의 인수 · 합병을 위한 주식취득자금의 대출업무를 추가하고, 한국산업은행을 통하여 운영자금을 지원받을 수 있는 사업체의 범위에 제조업 또는 제조업의 경쟁력 강화와 밀접하게 관련되는 업종 등을 영위하는 사업체를 추가하는 등 자금공급 대상을 확대하고 자금조달수단을 다양화하였다.

그러다가 2000년대 후반에 들어서 정책금융 축소와 상업금융의 확대로 일반금융회사와 업무중복 등 마찰이 심화된 산업은행의 역할재정립 방안이 논의되었다. 이러한 논의를 바탕으로 금융위원회는 2008년 6월 "산업은행 민영화 및 한국개발펀드(KDF) 설립 방안"을 발표하였다. 이 방안의 주요 내용은 산업은행을 지주회사로 전환하여 산업은행에 축적된 기업금융 및 투자은행 역량을 최대한 활용하여 경쟁력 있는 투자은행으로 성장할 수 있는 기반을 만들어 매각하고, 산업은행 민영화 대금을 재원으로 한국개발펀드를 설립하여 시장 친화적 중소기업 금융지원을 수행한다는 것이었다. 이 방안을 제도적으로 뒷받침하고 한국산업은행의 민영화 이행을 원활히 지원하기 위해 2009년 5월 21일 「한국산업은행법」이 개정되었다. 그 주요 내용은 민영화 이행기간 동안 한시적으로 민간금융기관에 준하여 한국산업은행의 업무범위를 확대하되, 정부는 대주주로서 한국산업은행 및 산은지주회사에 대한 적절하고 합리적인 통제장치를 갖도록 한 것이었다. 그럼으로써 향후 산은지주회사의 구체적인 지분매각 전까지 한국산업은행과 새로 설립된 산은지주회사의 기업가치를 적극적으로 높이고, 주주의 이익을 보호하도록 하였다.

2) 「한국수출입은행법」

1960년대 후반에는 국제무역거래의 증가와 대금결제방식의 다양화에 따라 상대 수입업자에 대한 신용거래로 수출을 최대한 촉진하고 있는 추세였다. 이에 따라 신시장 및 전략상품의 개척과 지속적인 수출증대를 위하여 종래의 현금결제방식 이외에 외상수출도 적극 추진되도록 중 · 장기 연불수출 진흥을 위한 금융제도를 마련할 필요성이 대두되었다. 그에 따라 「한국수출입은행법」이 1969년 7월 28일 제정되었다. 그 주요 내용을 살펴보면, 수출입은행으로 하여금 중 · 장기 수출입금융을 공여하도록 하면서 다른 금융기관과의 경쟁을 금지하고, 대부 할인 보증은 그 상환 지급 이행기간이 6개월 이상 5년 이내인 것에 한하도록 하며, 차입 및 외채발행 한도는 납입자본금과 적립금의 합계액의 10배로 하도록 하고, 자본금은 300억 원으로서 전액 정부출자로 하였다.

「한국수출입은행법」이 제정된 후 자본금이 1974년에 1,500억 원, 1977년에 5,000억 원으로 지속적으로 증가하면서 출자의 범위와 재원의 조성방법이 확대되었다. 1980년대 후반에 들어서 중공업제품의 연불수출 증대를 기하고, 우리나라 기업의 해외투자 활성화를 효율적으로 뒷받침하기 위해 1986년 12월

31일 개정에서는 자본금을 5,000억 원에서 1조 원으로 증액하고, 국민경제상 안정적인 확보를 요하는 주요 자원에 대하여도 수출용 원 · 재료의 경우처럼 수출입은행이 수입자금을 지원하도록 하며, 대한민국 국민이 출자하는 외국법인의 사업운영에 필요한 자금을 국내 모기업을 통하지 아니하고도 해당 법인에 직접 융자할 수 있도록 하였다.

외환위기 이후인 1998년 9월 16일 개정시에는 외환위기의 여파로 일반금융기관의 무역금융이 축소됨에 따라 심화되고 있는 기업의 자금난을 해소하기 위해 수출입은행의 자본금을 2조 원에서 4조 원으로 증액하였다. 또한 수출입은행의 수출입자금 지원대상을 확대하며, 단기 수출입 신용보증 업무를 새로이 취급하도록 하였다.

한편, 2000년대 후반에는 서비스산업의 수출 비중이 증가하는 동시에 수출시장의 금융수요가 우리나라의 수출기업인 공급자 중심에서 외국의 수입기업 등 구매자 중심으로 전환되고 있었다. 이를 제도적으로 뒷받침하기 위하여 2008년 1월 17일 개정에서는 기술뿐만 아니라 모든 용역에 대하여서도 수출입은행이 금융지원을 할 수 있도록 하고, 외국 정부 및 외국 기업에 대하여 수출입은행이 채무보증을 할 수 있는 근거를 마련하였다. 또한 우리 기업이 초장기 대형 프로젝트를 원활히 추진하거나 수주할 수 있도록 하기 위해 수출입은행의 신용공여 최장기간을 20년 또는 25년에서 30년으로 연장하였다. 그리고 2009년 1월 30일 개정시에는 중소기업금융 지원 등을 확대하기 위하여 수출입은행의 법정자본금 한도를 4조 원에서 8조 원으로 상향조정하였다. 그리고 수출입은행의 지원대상이 되는 자금이 채권발행을 통하여 조달되는 경우에도 해당 채권의 인수 · 보증 등을 통하여 수출입은행이 이를 지원할 수 있도록 하며, 해외투자 · 해외자원 개발을 위한 집합투자기구에 출자할 수 있는 근거를 신설함으로써 해외자원 개발사업 등에 적극 대응할 수 있도록 하였다.

3) 「중소기업은행법」

1960년대에 들어서 중소기업자에 대한 효율적인 신용제도를 확립함으로써 중소기업자의 자주적인 경제활동을 원활히 하고, 그 경제적 지위를 향상시킬 필요가 있었다. 정부는 1961년 7월 1일 「중소기업은행법」을 제정하여 구 농업은행의 도시 점포를 기반으로 중소기업은행을 설립하였다. 중소기업자를 광업 · 공업과 제조업에 종사하는 자로서 각령에 정하는 종업원의 수와 총자산액 이하의 것 또는 그들이 조직하는 단체로 정의하고, 자본금은 정부의 일반회계로부터의 출자금 10억 환과 기타귀속재산처리특별회계 등으로부터 출자 간주된 금액 및 민간인 출자금의 합계액으로 하였다. 또한 업무범위는 중소기업자에 대한 자금의 대출과 어음할인, 예금외 적금 업무, 내국환과 보호예금 및 지불승낙, 국고대리점, 정부와 한국은행으로부터의 자금차입 기타부대업무로 규정하였다.

1970년대에 들어서는 중소기업은행의 자본금과 업무범위가 지속적으로 확대되었다. 1973년 3월 5일 개정시 중소기업은행의 자금지원 대상이 되는 중소기업의 범위가 확대되고, 중소기업은행의 업무에 투자업무가 추가되었다. 1979년 12월 28일 개정시에는 중소기업자에 대한 자금지원을 원활히 하기 위해 중소기업은행의 자본금을 300억 원에서 1,000억 원으로 증액하고, 중소기업자의 지급보증을 할 수 있게 하였다. 또한 중소기업자가 중소기업은행과 거래중 중소기업자가 아닌 자로 된 경우에는 그 당시의 대출금의 잔여상환기간의 범위 안에서 대통령령이 정하는 바에 따라 중소기업은행과 계속하여 거래할 수 있도록 하였다. 그리고 1980년 12월 31일 개정에서는 중소기업자에 대한 자금지원을 원활히 하기 위하여 중소기업은행의 자본금을 1,000억 원에서 2,000억 원으로 증액하고 예금지급준비율을 다른 금융기관과 구분하여 적용할 수 있도록 하며, 업무범위에 중소기업에 대한 조사연구와 기업지도 업무를 명시하였다.

1990년대에 들어서 금융산업의 국제화 · 개방화 및 자율화 추세가 확대되고 금융기관 간의 경쟁이 심화됨에 따라, 중소기업은행도 이와 같은 금융환경 변화에 능동적으로 대처할 수 있도록 경쟁력을 강화할 필요가 있었다. 1991년 12월 31일 개정에서는 중소기업은행이 자율적 · 탄력적으로 경영할 수 있도록 자본금을 3,000억 원에서 1조 원으로 증액하고, 정부와 중소기업자로 되어 있는 출자자에 대한 제한을 없애는 동시에, 자본금을 주식으로 분할하여 민간자본을 활용한 증자가 가능하도록 하였다. 또한 중소기업은행이 정부투자기관에서 제외됨에 따라 1997년 8월 28일 개정에서는 임원 및 예산 · 결산제도에 관한 규정을 정비하고, 자본금 및 채권발행 한도 확대 등을 통하여 경영의 자율성을 제고하면서 중소기업의 금융수요를 원활하게 지원할 수 있는 여건을 마련하였다.

2000년대에 들어서 중소기업금융부문에서 은행 간 경쟁이 심화됨에 따라 중소기업은행의 자산운용 등에 대한 규제완화를 통하여 자율경영의 기반을 강화할 필요가 있었다. 이에 따라 2003년 12월 11일 개정시 중소기업자가 발행한 주식 및 사채의 응모 · 인수, 여유금의 운용, 외국 자본의 차입 및 인건비를 제외한 경비성 예산의 편성에 관한 주무부 장관의 승인제도를 폐지하였다. 그리고 중소기업자가 중소기업은행과 거래 중 중소기업자가 아닌 자로 된 경우 종전에는 그 다음 연도부터 3년의 범위 내에서 대출금의 잔여상환기간까지만 계속하여 거래할 수 있도록 하던 것을 그 다음 연도부터 3년까지는 대출금의 잔여상환기간에 관계없이 중소기업자로서 계속하여 거래할 수 있도록 하였다. 2009년 2월 6일 개정에서는 2008년도에 시작된 미국발 금융위기 상황에서 중소기업에 대한 지원을 강화하기 위하여 4조 원이던 자본금을 10조 원으로 증액하고, 업무방법서에 대한 금융위원회의 승인을 보고로 완화하였다.

4) 「한국외환은행법」

한국외환은행은 국내 상사의 수출진흥을 뒷받침하고, 외환관리체계를 정상화하며, 국내 외환업무의 태세를 정비하기 위하여서는 외환업무를 주관하게 하기 위한 금융기관의 설립이 필요하다는 인식하에 1966년 7월 28일 「한국외환은행법」이 제정됨에 따라 설립되었다. 설립 당시의 자본금은 100억 원이었으나 여러 차례의 개정을 통하여 5,000억 원으로 증액되었다. 한국외환은행은 그 후 외국환거래와 무역금융의 지원업무를 해 왔으나 대부분의 금융기관이 외국환 업무를 취급하게 됨에 따라 외국환 전문은행으로서의 특수성이 감소되어 1989년 12월 30일 「한국외환은행법」이 폐지되면서 일반상업은행으로 전환되었다.

5) 「한국주택은행법」

「한국주택은행법」은 1963년 12월 7일 제정된 「주택자금운용법」에서 시작되었다. 1960년대 초 무렵에는 주택수요가 매년 14만 호였으나 주택공급은 정부와 민간부문을 합하여 연간 7만 호 정도에 불과하였다. 이에 따라 향후 예상되는 주택난 심화현상을 해결하기 위해 금융기관에 주택회전기금을 신설하여 기대출된 자금을 재사용하고, 신규로 정부에서 투입할 주택자금을 정부회계와는 별도로 사용하게 함으로써 주택자금의 원활한 공급을 기하기 위한 취지로 「주택자금운용법」이 제정되었다. 그 후 「주택자금운용법」은 국민주거생활의 안정을 위해 더욱 효과적인 주택금융체계를 확립하기 위한 「한국주택금고법」이 1967년 3월 30일 제정되어 한국주택금고가 설립됨에 따라 폐지되었다. 「한국주택금고법」은 1969년 1월 4일 개정시에 주택금융을 전담하는 금융기관으로서의 조직을 강화하기 위해 「한국주택은행법」으로 그 제명이 변경되면서 한국주택금고의 명칭도 한국주택은행으로 바뀌었다. 그러다가 1990년대 후반에 이르러 서민주택자금 조성을 뒷받침하고 주택자금의 공급과 관리의 효율화에 기여하던 특수은행으로서의 한국주택은행은 국민소득 증가에 따른 주택금융 수요의 다양화로 주택전문 금융기관으로서의 역할이 축소되었다. 대신 급변하는 금융환경에 대응하기 위한 자율경영의 필요성이 증대되었다. 이에 따라 1997년 8월 30일 「한국주택은행법」이 폐지되면서 한국주택은행이 일반상업은행으로 전환되었다.

6) 「국민은행법」

「국민은행법」은 1961년 12월 31일 서민대중에게 필요한 자금의 대출, 부금의 수입 등의 업무를 취급하는 국민은행을 설립하여 서민경제의 발전과 향상을 도모하기 위하여 제정되었다. 특기할 사항은 법 제정 당시 국민은행은 은행법에 의한 설립인가를 받도록 함으로써 다수의 국민은행 설립을 예정하였다는 점이다. 하지만 다음 해에 있었던 개정에서는 국민은행을 정부투자기관의 하나인 특수은행으로 그 지위를 바꾸었다. 그러나 국민은행은 정부투자기관으로서 자금조달에 어려움과 운용상 제약이 있어 민간자율경영에 의한 생산성 제고와 능률 향상이 요청되었다. 결국 국민은행을 일반국민 및 소규모 기업금융 전담은행으로 계속 존치시키되, 「은행법」과 「상법」의 적용을 받는 일반상업은행으로 전환하기 위해 1995년 1월 5일 「국민은행법」은 폐지되었다.

7) 「장기신용은행법」

1970년대 후반에 들어서 비정책산업분야의 민간기업 또는 중소규모 기업에 대한 장기자금 지원을 강화하고 설비자금 수요 양상의 변화에 대처할 필요가 있었다. 또한 단기상업은행의 오버론 현상과 자금의 경직성을 해소시키고 1980년대 기업활동의 본격적인 국제화를 뒷받침하기 위한 요청이 있었다. 이에 따라 민간주도형 설비금융기관인 장기신용은행을 설립하여 장기자금 동원을 제도적으로 확립하고 장기자금을 효율적으로 배분하며 장기금융의 전문화 및 국제화를 도모하기 위하여 1979년 12월 28일 「장기신용은행법」이 제정되었다. 그 주요 내용을 살펴보면, 우선 장기신용은행을 자본금 500억 원 이상의 주식회사로 하고, 시설자금 및 장기운전자금의 대출 및 이에 관련된 채무의 보증과 그 관리, 유가증권의 인수, 모집 또는 매출의 주선, 담보부 사채신탁업무, 외국환 업무를 주요 업무로 하게 하였다. 다음으로 장기신용은행의 소요자금은 국내외에서의 채권의 발행, 제한된 예금 · 적금의 수입, 해외로부터의 차입, 한국은행으로부터의 어음재할인 및 일시차입으로 하도록 하였다. 또한 장기신용은행은 미리 재무부 장관에게 신고하여 자기자본의 20배의 한도 내에서 장기신용채권을 발행할 수 있도록 하고, 동일인에 대하여 자기자본의 25%를 초과하여 대출하지 못하며, 누구든지 장기신용은행 주식의 10%를 초과하여 동일인이 사실상 소유 지배하지 못하며 이를 초과하는 경우에 그 주주의 의결권은 10%까지로 제한하였다.

1991년 12월 27일 개정시에는 금융자율화의 진전 등 국내외 금융여건의 변화 및 기업의 자금수요의 증가에 대처하여 장기신용은행이 안정적으로 조달재원을 확보할 수 있도록 하고, 운전자금의 수요증가 등 기업의 자금수요의 다양화 경향에 부응하여 자금운용상의 제약을 일부 완화하였다. 이후 장기신용은행은 1998년 12월 국민은행에 합병되었고 결국 「장기신용은행법」은 그 존재의미가 없어져 2007년 12월 14일 폐지되었다.

제3절 증권

「자본시장과 금융투자업에 관한 법률」이 2009년 2월 4일 제정되기 전까지 증권시장으로 대표되는 자본시장을 규율하는 법령 중에서 가장 근간이 된 것은 「증권거래법」이었다. 하지만, 경제활동의 영역이 점차 확대되고 자본거래가 차츰 다양한 형태로 분화됨에 따라 선물시장이 탄생하였고, 증권투자의 방법도 단순히 주권의 발행이나 유통에 한하는 것이 아니라 다양한 간접투자의 방법이 나타나게 되었다. 이하에서는 증권 법제를 「자본시장과 금융투자업에 관한 법률」이 제정되기 전과 그 이후로 나누어 전자에서는 「증권거래법」, 「신탁업법」, 「자본시장 육성에 관한 법률」, 「기업공개촉진법」, 「증권투자회사법」, 「증권투자신탁업법」, 「선물거래법」에 관하여, 후자에서는 「자본시장과 금융투자업에 관한 법률」에 관하여 제정이유 및 주요 개정사항을 살펴보기로 한다. 아울러 자산유동화를 제도화한 「자산유동화에 관한 법률」의 내용도 함께 다루기로 한다.

1. 「자본시장과 금융투자업에 관한 법률」 제정 이전

1) 「증권거래법」의 제정 및 증권파동

대한증권거래소가 1956년 3월 3일 개장되면서 근대적 의미의 증권시장이 시작되었지만 한동안 부진했었다. 그 당시에는 기발행주권의 매매가 이루어지는 유통시장이 증권시장의 전부였고 발행시장은 거의 불모지대에 가까웠다고 해도 과언이 아니었다. 더구나 유통시장에 있어서도 주식보다는 국채가 매매의 대부분이었다. 따라서 증권시장을 통한 기업자금 조달이라는 측면에서는 거의 효과를 기대하기 어려운 수준이었다고 할 수 있다. 이런 상황에서 유가증권의 발행과 매매 기타의 거래를 공정하게 하고 유가증권의 유통을 정상화시켜 증권시장을 활성화하기 위해 1962년 1월 15일 「증권거래법」이 제정되었다. 동법은 당시 우리나라 증권시장의 수준에 비추어 볼 때 실제 입법수요를 고려한 것이 아니라 증권규제의 선진국인 미국과 일본의 법제를 도입하는 데 그 의의가 있었다고 볼 수 있다.

동법은 유가증권의 범위를 국채증권, 지방채증권, 특별한 법률에 의하여 정부 또는 법인이 발행한 채권, 사채권, 특별한 법률에 의하여 설립된 법인이 발행한 출자증권, 주권 또는 신주인수권을 표시하는 증서, 외국 또는 외국 법인이 발행한 증권 또는 증서로서 전술한 증권 또는 증서의 성질을 구비한 것 중 재무부 장관이 지정한 것 등으로 정하였다. 유가증권의 모집 또는 매출은 발행인이 해당 유가증권에 관하여 재무부 장관에게 신고하여 그 효력이 발생한 후에 하도록 하며, 유가증권을 취득하고자 하는 자의 청구가 있을 때에는 발행인이 작성한 사업설명서를 교부한 후에 그 유가증권을 취득시키거나 매도하도록 하였다.

「증권거래법」이 제정되면서 주식시장의 거래량이 증가하고 주식발행도 활발하게 이루어지면서 증시가 활기를 띠고, 증권회사도 60개로 급증하였다. 그러나 1962년 5월에 증권파동이 일어나 73일 간이나 증권거래소 개장이 중단되는 혼란을 겪게 되었다. 이로 인해 증권시장이 장기침체에 빠지자 일반투자자들은 증권시장을 외면하게 되었고 문을 닫는 증권회사가 속출하게 되었다. 정부는 그 원인이 한국증권거래소의 조직이 주식회사 형태인 것에 있다고 판단하고 1963년 4월 27일 「증권거래법」을 개정하여 한국증권거래소의 조직을 특수법인으로 변경하여 공영화하고 증권회사의 설립을 종래의 등록제에서 재무부 장관의 허가제로 바꾸었다. 또한 유가증권 발행인의 투자자에 대한 손해배상책임을 신설하고, 과도한 투기적 증권거래 계약의 해약명령권을 재무부 장관에게 부여하며, 증권업의 허가취소요건을 강화하였다. 그리고 증권업자의 임원의 해임 및 그 영업정지 처분의 요건을 강화하는 동시에 한국증권거래소에 거래원의 위약손해배상공동기금을 설치하고 거래원의 판매거래 위약으로 인한 손해에 대하여 배상책임을 지도록 하였다.

한편, 정부는 신탁업을 보호 · 육성하고 경영을 합리화하기 위해 1961년 12월 31일 「신탁업법」을 제정하여 신탁업은 자본금 5억 환 이상의 주식회사로서 2억 환 이상의 납입자본금을 소유하고 재무부 장관의 인가를 받아 영위할 수 있도록 하였다. 그 후 1968년에 자본금을 5억 원 이상으로 인상하는 것을 주 내용으로 하는 개정이 있은 이래 개정이 없다가 1998년에 신탁감독의 감독기능 중 일부가 금융감독위원회로 넘어감에 따라 관련 규정을 정비하는 개정이 있었다. 2005년 7월 29일에는 증권회사와 보험회사도 신탁업을 겸업할 수 있도록 하는 한편, 금융감독위원회는 신탁업을 인가함에 있어서 신탁업을 영위하고자 하는 금융기관의 업무특성을 감안하여 대출업무의 제한 등 필요한 조건을 붙일 수 있도록 개정되었다. 「신탁업법」은 후술하는 「자본시장과 금융투자업에 관한 법률」이 제정되면서 관련 내용이 통합 · 흡수되어 2007년 8월 3일 폐지되었다.

2) 기업의 공개 및 증권투자신탁제도의 도입

증권파동 이후 정부는 기업의 공개와 주식의 분산을 촉진하고 국민의 기업참여와 자본조달을 원활하게 할 수 있는 투자여건을 조성함으로써 자본시장의 건전한 육성을 도모하려는 목적으로 1968년 11월 22일 「자본시장 육성에 관한 법률」을 제정하여 발행시장 발전의 전기를 마련하였다. 그 주요 내용을 살펴보면, 상장법인의 이익배당률이 대통령령이 정하는 비율 미만일 때에는 정부 이외의 주주에 대하여는 그 비율에 달할 때까지 우선하여 배당하고 정부소유 주식에 대한 배당률은 인하하며, 공개법인에 대한 세율을 비공개법인에 대한 세율보다 낮게 하여 기업의 공개를 유도하였다. 그리고 유가증권의 발행과 분산을 촉진하고 그 인수를 원활히 하며 가격의 안정을 기하기 위하여 한국투자개발공사를 설립하고, 한국투자개발공사에 투자심의위원회를 설치하여 유가증권에 관한 중요 사항을 조정심의하였다. 아울러 정부가 공사에 위탁매각하기로 결정한 정부소유 주식의 매각계획을 세우며, 적정 주가를 평정하여 조정하도록 하였다.

이와 함께 1968년 12월 31일 대폭 개정된 「증권거래법」에서는 증권업에 대한 허가를 증권의 매매를 위주로 하는 업무의 허가와 증권의 인수를 겸영하는 업무의 허가로 구분하고, 증권회사의 자본금을 그 업무에 따라 각각 3,000만 원 이상 또는 5,000만 원 이상으로 하였다. 증권회사의 순재산액에 대한 부채의 비율은 대통령령으로 정하는 일정 비율을 초과하지 못하게 하고 증권거래준비금제도를 신설하며, 증권회사의 임원이 고의 또는 과실로 임무를 해태하거나 회사의 사무를 행함에 있어서 제3자에게 손해를 가한 때에는 연대하여 배상책임을 지도록 하였다.

1971년 하반기 이후 정부가 주도해 온 일련의 경제정책은 증권시장의 투자환경 조성에 긍정적인 역할을 하여 기업과 국민의 눈을 증권시장으로 돌리게 하면서 증권시장에 대한 인식을 새롭게 하였다. 그런데 당시 고도성장을 이룩하는 과정 속에서 미약한 자기자본으로 출발하였던 기업은 단기고리의 차입금에 의존하지 않을 수 없었고, 이것은 기업의 재무상태를 취약하게 하여 건실한 성장의 저해요인이 되고 있었다. 지속적인 경제성장을 이루기 위해서는 기업의 장기자금 조달방법이 필요하였는데, 특히 주식공모발행에 의한 자금조달방법의 개선이 필요하였다. 이에 따라 정부는 증권시장에서의 투자활동을 합리적으로 선도할 수 있는 대책을 마련하기 위하여 1972년 12월 30일 「기업공개촉진법」을 제정하였다. 그 주요 내용을 살펴보면, 우선 기업의 공개를 심의 · 의결하기 위하여 국무총리를 의장으로 하는 기업공개심의회를 두도록 하였다. 그리고 기업을 공개하여야 할 대상 법인은 외자도입법인, 조정사채 1억 원 이상인 법인, 금융기관으로부터 10억 원 이상 여신을 받은 법인과 기타 국민경제상 필요하여 따로 대통령령으로 정하는 법인으로서 자본금, 재산상황, 배당능력, 거래전망 및 증권시장 동향 등의 기준에 합치하는 법인에 한하여 기업공개심의회의 의결을 거쳐 정하며, 공개지명법인이 공개를 이행하지 않을 때에는 법인세와 소득세 면에서 다른 법인과 차등대우하도록 하였다.

「기업공개촉진법」은 주식시장을 통한 자본조성 활성화라는 측면에서 「자본시장 육성에 관한 법률」과 그 입법취지가 동일하다. 그러나 「자본시장 육성에 관한 법률」이 공개법인에 대하여 세제상의 혜택을 부여하여 기업의 공개를 유도하는 소극적인 방법인 데 비하여 「기업공개촉진법」은 기업공개 대상 법인을 심사 · 선정하여 기업의 공개를 명하고 공개명령을 받은 법인이 이를 이행하지 않는 경우에는 세법상의 불이익을 부과하는 동시에 금융지원을 제한하는 등 강력한 강제조치를 취하는 적극적인 방법이라고 할 수 있다. 요컨대, 앞서 설명한 「자본시장 육성에 관한 법률」이 증권시장의 근간을 이루는 여러 제도가 모습을 갖추게 한 것이라면, 「기업공개촉진법」은 발행시장이 본격적으로 성장하는 데 있어 큰 역할을 하였다고 볼 수 있다.

한편, 1969년 8월 4일 「증권투자신탁업법」이 제정됨으로써 우리나라에서도 증권투자신탁제도를 이용한 간접투자의 길이 열렸다. 증권투자신탁제도는 소액투자자나 증권에 대하여 전문지식이 없는 일반투자자들을 위하여 증권투자를 대행하여 줌으로써 증권인구를 확대시키고, 기관투자자들로 인하여 증권시장의 안정을 꾀할 수 있는 제도이다. 그 주요 내용을 살펴보면, 증권투자신탁계약은 위탁회사를 위탁자로 하고, 수탁회사를 수탁자로 하는 것에 한하여 체결하도록 하였고, 투자신탁의 수익권은 균등하게 분할하고, 그 분할된 수익권은 수익증권으로 표시하도록 하며, 수익권의 행사와 양도는 수익증권으로 하도록 하였다. 또한 수익증권은 자본금 5억 원 이상인 주식회사로서 재무부 장관의 허가를 받은 위탁회사가 발행하되, 재무부 장관의 인가와 수탁회사의 확인을 받도록 하였다. 수익자는 언제든지 위탁회사에 수익증권의 환매를 청구할 수 있으며, 신탁재산은 주로 상장유가증권에 투자하여 운용하도록 하였다. 동법에 따라 1970년에 한국투자공사가 서울신탁은행을 수탁회사로 하여 최초로 1억 원의 증권투자신탁기금을 설정하고 우리나라 최초의 증권투자신탁업을 개시하였다. 1970년대 중반에 들어서 자본시장 관련 제도가 어느 정도 정착되고 산업자본이 대형화되면서 증권시장을 통한 자본조달의 필요성이 커졌다. 이에 따라 1974년에는 증권투자신탁 전업회사인 한국투자신탁주식회사가 설립됨으로써 증권투자신탁제도가 비약적으로 발전하게 되는 계기가 되었다. 1977년 2월에는 한국투자공사를 해체 · 분리하여 증권감독원과 전업회사인 대한투자신탁회사를 설립하여 증권투자신탁업의 발전을 도모하였다.

3) 증권시장 규모의 확대

1970년대 중반에 들어서면서 증권시장의 규모가 확대됨에 따라 경제발전에 필요한 막대한 자본을 조달하는 체제를 구축하는 동시에 일반투자자를 보호 · 육성하는 것이 당면과제로 떠올랐다. 이에 따라 정부는 「증권거래법」을 1976년 12월 22일 전면적으로 개정하여 상장 전에 유가증권 발행인이 등록을 하도록 하고, 경영권 안정화 조치의 일환으로 유가증권공개매수제도를 도입하며, 증권업 면허를 세 가지로 나누어 전문화와 대형화를 유도하였다. 그리고 유가증권의 발행 · 관리 및 거래와 증권기관의 감독에 관한 사항을 심의 결정하기 위하여 증권관리위원회와 그 집행기관으로서 무자본특수법인인 증권감독원을 신설하고, 과점주주의 주식양도에 있어서는 증권관리위원회의 동의를 얻도록 하였다. 한편, 상장법인과 관련한 관리와 규제도 강화하였는데, 우선 상장법인의 반기보고서 제출을 의무화하고, 공시제도의 확충을 위하여 상장법인의 경영상 중요한 사항을 증권감독원에 신고하도록 하며, 상장법인의 임직원이 사내기업정보를 이용하여 부당이득을 얻는 것을 방지하기 위하여 내부자거래를 제한하였다.

4) 증권시장의 자율화 및 투자자 보호 강화

1980년대에 들어서 증권시장에서도 민간 주도 및 대외개방체제로의 전환에 부응할 필요성이 커지면서 1982년 3월 29일 「증권거래법」이 개정되었다. 우선 유가증권의 모집 · 매출과 상장법인의 신주의 발행에 관한 신고의 효력은 그 신고서를 수리한 후 증권관리위원회가 따로 지정하는 날에 발생하도록 하던 것을 재무부령이 정하는 기간이 경과한 날에 자동적으로 발생하도록 하였다. 그리고 증권회사의 대주주 1인이 소유주식을 양도하거나 새로이 증권회사의 주식을 양수하여 대주주 1인이 되고자 하는 때에는 증권관리위원회의 동의를 받도록 하였다. 다음으로 증권시장의 국제화에 대응하기 위하여 우리나라의 증권회사가 외국에서 증권업을 영위하고자 하는 때와 외국 증권업자가 국내에서 증권업을 영위하기 위하여 지점 기타영업소를 설치하고자 하는 때에는 재무부 장관의 허가를 받도록 하였다. 또한 투자자 보호 강화를 위하여 누구든지 유가증권의 매매 기타거래와 관련하여 부당한 이득을 취득하기 위하여 고의로 허위의 사실 등을 유포하거나 위계를 쓰는 등의 공정한 거래질서를 해하는 행위를 하지 못하도록 하였다.

5) 증권시장 및 제도의 선진화

1980년대 후반부터 전 세계적으로 금융자유화, 개방화 및 국제화가 진전되고 우리나라 증권시장의 규모도 더욱 확대되었다. 정부는 이러한 여건 변화에 대응하기 위하여 1991년 12월 31일 「증권거래법」 개정을 통하여 내부자거래에 대한 규제와 기업공시를 강화하고, 합병신고제도를 도입하며, 소액주주의 주식매수 청구 절차를 간소화하였다. 특히, 상장법인의 임직원 또는 주요 주주가 그 법인의 주식을 매수하거나 매도한 후 6개월 이내에 매도하거나 매수하여 얻은 이익은 내부정보의 이용 여부에 상관없이 해당 법인에게 반환하도록 하였다.

한편, 경제의 개방화 · 자유화가 진행되어 감에 따라 현물시장에서의 가격변동에 대한 불확실성이 증대하여 이러한 가격변동위험을 효율적으로 관리할 수 있는 수단인 선물거래에 대한 관심이 높아졌다. 이에 따라 1995년 12월 29일 선물거래를 종합적으로 규율할 수 있는 근거법인 「선물거래법」이 제정되었다. 그 주요 내용을 살펴보면, 동법에서 규율하는 거래를 일반상품 · 금융상품 · 지수 등을 대상으로 선물시장에서 이루어지는 모든 거래로 규정하고, 선물거래소를 설립한 후 그 회원은 법인으로 하여 일정한 요건을 갖추어 재정경제부장관의 허가를 받도록 하며, 선물업을 선물거래업과 선물투자기금업으로 구분하여 각각 재정경제부 장관의 허가를 받도록 하였다. 또한 기존의 일정한 금융기관은 부대업무로서 선물거래업 또는 선물투자기금업을 영위할 수 있도록 하되, 이해상충을 방지하기 위해 선물거래업과 선물투자기금업을 겸영할 수 없게 하였다. 아울러 선물거래의 공정성 확보와 선물 관련 기관에 대한 효율적 감독을 위하여 선물거래위원회를 설치하였다.

1990년대 후반에 들어서는 금융의 국제화 등 금융환경 변화에 따라 증권발행 · 유통제도 및 기업매수 · 합병제도를 선진화할 필요가 있었다. 이에 따라 1997년 1월 13일 개정에서는 증권시장의 시장기능을 활성화하고, 증권업무 집행 과정의 객관성을 높이며, 기업경영의 투명성을 제고하려는 노력이 있었다.

우선 1968년 이후 기업공개 촉진을 위하여 제정 · 운영되어 왔던 「자본시장 육성에 관한 법률」을 폐지하면서 기업공개권고제도 등을 폐지하는 대신 우리사주 조합원에 대한 주식우선배정 근거, 상장법인의 신종사채 발행 근거 등 존치가 필요한 사항은 개정된 「증권거래법」에 규정하였다. 또한 증권업무에 대한 규제를 완화하여 재정경제원 장관의 증권회사에 대한 자본금증액명령제도, 유가증권상장명령제도, 상장폐지명령제도, 보증사채 발행 법인의 증권관리위원회 등록제도 및 지정등록법인제도 등을 폐지하였다. 아울러 기업매수 · 합병의 공정성을 높이기 위하여 공개매수 신고자가 합산공시하여야 하는 특별관계자의 범위를 확대하였으며, 증권발행 · 유통제도를 선진화하기 위하여 상장법인의 일반공모증자제도를 도입하고 유가증권 매매시 전자통신방식의 주문을 허용하였다. 기업의 경영활력을 고취하기 위하여 상장법인 등의 임직원이 정관이 정하는 바에 따라 해당 법인의 주식을 유리한 가격으로 매입할 수 있는 주식매입선택권(stock option)제도도 도입하였다.

6) 기업의 구조조정 지원

1998년부터 1999년까지 2년 동안에는 금융감독위원회 및 금융감독원의 설립, 기업구조조정의 지원, 인수 · 합병의 원활화에 따른 소수주주권의 강화를 뒷받침하기 위하여 여러 차례에 걸쳐서 「증권거래법」이 개정되었다. 우선, 외환위기 발생 후 금융기관에 대한 통합감독기구로 금융감독위원회, 증권선물위원회 및 금융감독원을 신설함에 따라 정부는 「증권거래법」을 1998년 1월 8일 개정하여 증권관리위원회와 증권감독원을 폐지하고, 그 권한을 금융감독위원회와 금융감독원에 부여하였다. 재정경제원 장관이 담당하던 증권회사 및 투자자문회사의 해외영업 허가, 증권거래소 · 증권업협회 및 증권예탁원의 겸업인가, 증권거래소에 대한 검사, 증권업협회의 정관변경 승인 등에 관한 업무를 금융감독위원회에 이관하였다. 그리고 증권관리위원회가 담당하던 내부자거래 · 시세조종 등 불공정거래에 대한 조사, 증권시장에 관한 전문적인 사항의 심의 등의 업무를 금융위원회 산하의 증권선물위원회에 이관하였다. 이와 함께 증권업무의 자율성을 제고하기 위하여 증권회사의 부채 비율에 대한 규제, 증권시장의 질서유지를 위한 포괄명령, 증권업협회에 대한 매매거래상황조사요구제도 등을 폐지하였다.

아울러 당시 한국 경제계의 최대 과제인 기업구조조정을 지원하기 위하여 정부는 1998년 2월 24일 「증권거래법」을 개정하여 발행주식 총수의 25% 이상을 취득하고자 할 때 대통령령이 정하는 주식수인 50%를 초과하여 공개매수하도록 하는 의무공개매수제도를 폐지하였다. 또한 기업의 경영권 방어수단을 확충하기 위하여 상장기업이 자기주식을 취득할 수 있는 한도를 발행주식 총수의 10%에서 33%로 확대하였다. 그리고 소수주주의 권익보호를 위하여 대표소송제기권을 행사할 수 있는 상장기업 소수주주의 지분 비율을 발행주식 총수의 0.5% 이상에서 0.05% 이상으로, 이사해임청구권, 감사해임청구권 등을 행사할 수 있는 소수주주의 지분율을 발행주식 총수의 1% 이상에서 0.5% 이상으로, 회계장부열람권을 행사할 수 있는 소수주주의 지분 비율을 발행주식 총수의 3%에서 1% 이상으로 완화하였다. 연이어 1998년 5월 25일 개정시에는 기업의 인수 · 합병이 공정하게 이루어질 수 있도록 상장기업의 자기주식취득제도를 개선함으로써 기업의 인수 · 합병을 통한 구조조정을 지원하였다.

1999년 2월 1일 개정에서도 상장법인과 합병하고자 하는 비상장법인으로 하여금 사전에 등록하도록 한 제도를 폐지하는 등 기업의 구조조정을 지원하기 위한 제도적 기반을 마련하고, 증권회사의 임원이 될 수 있는 경력 기준을 폐지하였다. 또한 투자자문업 및 투자일임업에 대한 신규 진입장벽을 완화하여 재정경제부 장관의 허가 대신 금융감독위원회에 등록만 하면 영위할 수 있도록 하는 등 증권거래제도에 관련된 규제를 폐지 또는 완화하여 증권산업의 경쟁력을 높이려고 하였다.

한편, 정부는 투자신탁제도의 선진화, 자본시장의 질적 고도화, 투자자를 위한 다양한 투자수단의 제공, 외국 자본의 국내 투자 유치 등을 위하여 1998년 9월 16일 「증권투자회사법」을 제정하여 회사형 투자신탁제도를 도입하였다.

증권투자회사는 주식회사로 설립하도록 하되, 본점 외의 영업소를 설치하거나 직원을 고용하거나 상근인 임원을 둘 수 없도록 하고, 증권투자회사의 주주총회에 출석하지 아니하는 주주는 서면에 의하여 의결권을 행사할 수 있도록 하였다. 또한 증권투자회사가 자산을 운용하고자 하는 때에는 금융감독위원회에 등록하도록 하고, 증권투자회사는 자산운용회사 · 자산보관회사 및 판매회사에 자산의 운용 및 보관과 주식의 판매를 위탁하도록 하였다.

7) 기업지배구조의 개선 및 대주주 규제 강화

2000년대 초에는 기업지배구조 개선을 위한 개정이 많이 이루어졌다. 먼저, 정부는 2001년 1월 21일 「증권거래법」 개정시 상장법인과 증권회사의 기업지배구조를 개선하기 위하여 감사위원회를 설치하도록 하고 이사회를 구성함에 있어서 이사 총수의 2분의 1 이상을 사외이사로 선임하도록 하였다. 2001년 3월 28일 개정시에는 대형 상장법인 또는 대형 협회등록법인의 경우 사외이사 후보추천위원회는 일정 지분을 보유한 소수주주가 추천한 사외이사 후보를 반드시 주주총회에 추천하도록 하였다. 감사위원회의 위원인 사외이사를 주주총회에서 선임하는 경우에는 감사를 선임하는 경우와 같이 주주의 의결권을 3%까지만 행사할 수 있도록 하는 한편 감사위원회의 위원장은 사외이사가 맡도록 하였다. 이와 함께 대통령령에서 규정하고 있던 준법감시인의 임면절차, 자격요건 등에 관한 사항을 법률에서 직접 규정하고, 준법감시인의 실질적인 활동을 보장하고 감독기관과의 유착을 방지하기 위하여 감독기관에서 퇴임한 후 준법감시인으로 임명될 수 있는 경과기간을 2년에서 5년으로 대폭 강화하였다. 2003년 12월 31일 개정에서는 증권회사의 감사위원회에 회계 또는 재무전문가 1명 이상을 포함하도록 하여 감사위원회의 전문성을 제고하였다.

증권회사에 대한 규제도 꾸준히 완화되어 왔다. 2002년 1월 26일 「증권거래법」 개정에서는 증권회사의 재무건전성을 관리할 수 있는 제도가 정착됨에 따라 증권회사가 유가증권의 매매손실이나 사고손실 등에 대비하여 의무적으로 적립하던 증권거래준비금제도를 폐지하였다. 그리고 해당 법인의 임직원에게만 부여할 수 있었던 주식매수선택권, 즉 스톡옵션을 해당 법인의 경영이나 해외영업에 기여한 관계회사의 임직원에 대하여도 부여할 수 있도록 하였다.

유가증권시장에서의 불공정거래행위를 근절하기 위한 노력도 계속되었다. 2002년 4월 27일「증권거래법」개정시 상장 유가증권 또는 협회중개시장에 등록된 유가증권의 매매거래 등과 관련하여 미공개정보를 이용하거나 시세조종 등 불공정거래행위를 함으로써 얻은 이익이나 회피한 손실액이 5억 원 이상 50억 원 미만인 때에는 3년 이상의 유기징역을, 그 이익 또는 회피한 손실액이 50억 원 이상인 때에는 무기 또는 5년 이상의 유기징역에 처하도록 하였다. 또한 동 위반행위로 인하여 징역에 처하는 경우에는 10년 이하의 자격정지와 그 위반행위로 인하여 얻은 이익 또는 회피한 손실액의 3배에 상당하는 금액 이하의 벌금을 병과할 수 있도록 하였다. 2003년 12월 31일 개정에서는 금융감독위원회가 미공개정보를 이용한 거래행위 등 불공정거래행위에 관여한 증권회사에 대하여 영업의 전부 또는 일부의 정지를 명할 수 있도록 하고, 불공정 증권거래행위의 신고자 등에 대한 보호 및 포상제도를 실시할 수 있도록 하였다.

2000년도 중반에는 기업에 대한 적대적인 인수 · 합병(M&A) 시도의 증가로 기업의 경영권에 대한 위협이 증가하고 있음에도 불구하고 기업의 경영권 방어를 위한 제도적 수단이 불충분하여 공정한 경영권 경쟁이 이루어지지 못하고 기업환경이 악화되는 문제점이 있었다. 이에 따라 정부는 공정한 경영권 경쟁 환경을 조성하고 기업에 대한 과도한 경영권 위협을 완화하기 위하여 2005년 1월 17일「증권거래법」을 개정하여 공개매수제도 및 주식의 대량보유 공시제도를 개선하였다. 먼저 공개매수제도와 관련하여 공개매수 공고일부터 과거 6개월 간 공개매수를 통하여 주식 등을 매수한 사실이 있는 자에 대한 공개매수 제한을 폐지하고, 공개매수기간에도 주식 등의 발행인이 경영권 방어를 위하여 의결권에 변동을 초래하는 유가증권의 발행 등을 할 수 있도록 허용하였다. 그리고 주식의 대량보유 공시제도와 관련하여 주식의 대량보유 등의 보고시 경영권에 영향을 주기 위한 목적 여부를 명시하여 보유목적을 보고하도록 하였다. 또한 주식의 대량보유 목적의 변경이 있는 경우 5일 이내에 금융감독위원회와 증권거래소에 보고하도록 하며, 보유목적을 발행인의 경영권에 영향을 주기 위한 것으로 보고하는 자에 대하여 5일 동안 의결권을 제한하고, 주식 등의 추가취득을 금지하였다.

한편, 증권회사의 건전성 유지 및 투자자 보호를 위해 증권회사의 지배주주에 대한 규제를 강화할 필요가 있었다. 이에 따라 2005년 7월 29일 「증권거래법」 개정시에는 주식취득을 통하여 증권회사의 지배주주가 되고자 하는 자는 충분한 출자능력 등을 갖추어 금융감독위원회의 사전승인을 얻도록 하고, 승인을 얻지 아니하고 취득한 주식에 대하여는 금융감독위원회가 6개월 이내의 기간을 정하여 처분명령을 할 수 있도록 하였다. 2005년 12월 29일 개정에서는 금융감독위원회로부터 해임 또는 징계면직의 조치를 받기 전에 퇴임 또는 퇴직함으로써 증권회사 임원결격요건의 적용을 회피하는 행위를 방지하기 위하여 이 법 또는 금융 관련 법령에 따라 재임 또는 재직 중이었더라면 해임 또는 징계면직의 조치를 받았을 것으로 통보된 퇴임한 임원 또는 퇴직한 직원도 일정 기간 동안 증권회사의 임원이 될 수 없도록 하였다.

또한 정부는 대주주가 증권회사에 대하여 부당한 영향력을 행사하거나 증권회사가 신용공여 등을 통하여 부당하게 대주주를 지원하는 등 대주주의 불법행위를 방지하기 위하여 2007년 7월 19일 「증권거래법」을 개정하였다. 그 주요 내용을 살펴보면, 먼저 대주주가 자신의 이익을 목적으로 증권회사에 대하여 정보제공 요구 등 부당한 영향력을 행사할 수 없도록 하여 증권회사가 부당하게 대주주 등의 사금고로 이용되지 않도록 하였다. 다음으로 증권회사가 대주주 등에게 신용공여 등을 하려는 경우에는 미리 이사회의 결의를 거치도록 하고, 신용공여 등을 한 경우에는 금융감독위원회에 보고하고 공시하도록 하여 증권회사와 대주주 간 거래의 투명성을 확보하였다. 마지막으로 대주주와의 거래와 관련하여 법률을 위반한 혐의가 있다고 인정되는 경우에는 금융감독위원회가 증권회사 또는 대주주에게 필요한 자료의 제출을 요구할 수 있도록 하여 대주주와의 거래에 대한 상시감독체계를 구축하였다. 이후 「증권거래법」은 「자본시장과 금융투자업에 관한 법률」이 제정되면서 관련 내용이 흡수 · 통합되어 2007년 8월 3일 폐지되었다.

2. 「자본시장과 금융투자업에 관한 법률」

1) 법률 제정의 의의 및 추진 경과

정부가 2005년도부터 「자본시장과 금융투자업에 관한 법률」의 제정을 추진하게 된 것은 기존의 법제도가 급변하는 세계금융시장 환경에서 자본시장과 관련 금융업의 발전을 충분히 뒷받침하지 못한다는 문제의식을 바탕으로 한다. 1997년 외환위기 이후 구조조정을 통해 겸업화, 대형화로 수익성이 크게 개선된 은행부문과는 달리 증권, 선물, 자산운용업 등 자본시장부문은 선진 투자은행에 비해 경쟁력이 크게 뒤처지고 있었는데, 그 이유는 상당 부분 뒤떨어진 법제도에 기인하였다고 볼 수 있다. 먼저, 증권회사, 선물회사, 자산운용회사 등 금융회사별로 있는 개별법마다 적용되는 규제에 차이가 있어서 규제의 차익(regulatory arbitrage)이 발생하였다. 다음으로는 증권업, 선물업, 자산운용업 등 자본시장 관련 금융업 간 겸영이 엄격하게 제한되어 선진국의 투자은행처럼 기업금융, 자산관리, 증권 서비스, 직접투자 등 다양한 금융투자 서비스를 제공할 수 없었다. 셋째로는 금융회사가 취급할 수 있는 유가증권, 파생상품의 종류가 법령에 제한적으로 열거되어 규정되어 있어 새로운 금융상품을 개발하여 판매하는 것이 어려웠다. 마지막으로 투자위험이 있는 금융상품과 관련한 체계적인 투자자보호제도가 제대로 마련되어 있지 않아 금융상품의 불완전판매와 불공정거래에 대하여 효과적으로 대응할 수 없었다.

정부는 2005년 5월 각계 전문가로 구성된 자본시장통합법 TF를 구성하여 금융선진국가들의 금융통합법과 증권 관련 법률을 조사 · 분석하여 자본시장통합법 제정의 틀을 마련하는 기초작업을 하였다. 여러 차례의 설명회와 공청회 개최를 통해 의견을 수렴한 후 자본시장과 금융투자업에 관한 법률 제정안을 마련하여 2006년 6월 30일 입법예고를 하였고, 2006년 12월 29일 국무회의 의결을 거쳐 국회에 법률안이 제출되었다. 국회 본회의에서 2007년 7월 3일 의결되고 2007년 8월 3일 마침내 공포되어 2009년 2월 4일부터 시행되게 되었다. 다른 법과 다르게 공포 후 시행까지 1년 6개월이라는 오랜 기간을 둔 것은 방대한 하위 법령을 마련 · 정비해야 하고 기존의 증권회사, 선물회사, 자산운용사 등에 대해 새롭게 자본시장법에 따른 인가 · 등록으로 갱신하는 작업, 업역별로 나누어져 있던 협회를 통합하여 금융투자협회를 설립하는 작업 등 후속 작업 추진에 상당한 시간이 걸리는 것을 감안해서였다.

2) 주요 내용

「자본시장과 금융투자업에 관한 법률」은 자본시장에서 취급할 수 있는 금융업 및 금융상품에 대한 규제를 없애고 금융혁신과 경쟁을 촉진하기 위해 탄생하였다. 동법은 「증권거래법」 등 자본시장 관련 법률을 통합하여 금융투자상품의 개념을 포괄적으로 규정하고, 겸영 허용 등 금융투자회사의 업무범위를 확대하며, 금융업에 관한 제도적 틀을 기능 중심으로 재편하였다. 또한 자본시장에서의 불공정거래에 대한 규제를 강화하는 등 자본시장에 대한 법체계를 개선하여 금융투자회사가 대형화 · 전문화를 통하여 경쟁력을 갖출 수 있도록 하고, 투자자 보호를 통한 자본시장의 신뢰를 높이며, 자본시장의 혁신형 기업에 대한 자금공급기능을 강화하였다. 그 주요 내용을 구체적으로 살펴보면 다음과 같다.

첫째, 금융투자상품의 규정방식을 열거주의에서 포괄주의로 전환하였다. 금융투자업자가 개발 · 판매할 수 있는 금융투자상품을 원본손실이 발생할 가능성(투자성)이 있는 금융상품으로 포괄적으로 정의하고, 금융투자상품을 증권 및 파생상품으로 구분하였다. 또한 금융업의 제도적 틀을 금융기관 중심에서 금융기능 중심으로 재편하였다. 즉, 「증권거래법」, 「선물거래법」, 「간접투자자산운용업법」,「신탁업법」 등 자본시장 관련 법률에서 규정하고 있는 금융업을 기능별로 재분류하여 금융투자업을 4개의 인가업무(투자매매업 · 투자중개업 · 집합투자업 · 신탁업)와 2개의 등록업무(투자일임업 · 투자자문업)로 나누어 총 6개의 금융투자업으로 구분하고, 모든 금융투자업에 공통으로 적용되는 규제와 각 금융투자업의 업종별 특성에 따른 규제로 나누어 규정하였다.

둘째, 투자위험 감수능력을 기준으로 투자자를 일반투자자와 전문투자자로 구분하여 일반투자자에 대하여 투자권유를 하는 경우에는 설명의무, 적합성 의무 등을 부과하여 투자자 보호를 강화하고, 전문투자자에 대하여는 보호수준을 완화하는 등 투자자 보호체계를 선진화하였다. 투자자 보호를 위한 이해상충 방지제도도 도입하여 금융투자업자와 투자자 간 등의 이해상충을 방지하기 위한 내부통제장치의 설치를 의무화하였다. 이해상충 가능성을 발견한 경우 그 사실을 투자자에게 알리도록 하며, 이해상충 가능성을 적정한 수준으로 해소하기 전까지는 그 상대방 투자자와 거래를 하지 못하도록 하였다. 이해상충 가능성이 크다고 인정되는 금융투자업 간에 대해서는 매매에 관한 정보의 제공 금지, 일정한 임직원의 겸직 제한, 사무공간 등의 공동이용 제한 등 의무를 추가로 부과하고, 투자매매업 · 투자중개업과 집합투자업을 겸영함에 따라 발생한 이해상충으로 인한 손해배상과 관련된 입증책임은 금융투자업자가 부담하도록 하였다.

셋째, 6개 금융투자업, 즉 투자매매업, 투자중개업, 집합투자업, 신탁업, 투자일임업, 투자자문업의 복수업무 영위를 허용하고, 금융투자업을 하려는 자는 원하는 업무를 선택하여 인가를 받거나 등록을 한 후 영업할 수 있도록 하되, 인가를 받거나 등록을 하고자 하는 자는 자기자본, 인력 및 물적 설비, 대주주의 재무상태 등에 관한 요건을 갖추도록 하였다. 아울러 금융투자업자의 업무범위에 자금이체 업무를 추가하여 투자자가 투자자예탁금으로 송금 또는 공과금 납부 등을 할 수 있도록 하되, 지급결제당국으로서 한국은행은 금융투자업자의 자금이체 업무에 대하여 자료제출 요구, 금융감독원에 대한 검사 요구 또는 공동검사 요구를 할 수 있도록 하였다.

넷째, 자본시장에서의 불공정거래에 대한 규제를 강화하였다. 「증권거래법」에서는 임직원 또는 주요 주주가 해당 법인이 발행한 증권의 매매와 관련하여 미공개 중요 정보를 이용하는 것을 금지하고 있었다. 미공개 중요 정보 이용금지 주체를 계열회사의 임직원 또는 주요 주주로 확대하였고, 미공개 중요 정보 이용금지 대상에 해당 법인이 발행한 증권 외에 이를 기초자산으로 하는 금융투자상품을 추가하였으며, 증권의 매매를 통하여 부당한 이익을 얻을 목적으로 그 증권을 기초자산으로 하는 장내파생상품이나 그 증권과 연계된 증권의 시세를 변동 또는 고정시키는 행위를 금지하였다.

다섯째, 집합투자재산을 운용하는 법적 기구(집합투자기구)를 다양화하였다. 집합투자업자가 투자자로부터 모은 집합투자재산을 종전의 투자신탁 및 투자회사 외에 투자유한회사(상법상 유한회사)·투자합자회사(상법상 합자회사)·투자익명조합(상법상 익명조합) 및 투자조합(민법상 조합) 방식으로 운용할 수 있도록 허용하고, 그에 따른 설정·설립 및 해지·해산 절차, 집합투자자 총회, 집합투자증권의 환매, 집합투자재산의 보관 등에 관한 사항을 규정하였다.

3) 추가적인 제도개선

「자본시장과 금융투자업에 관한 법률」이 제정된 후 법무부의 이견으로 반영되지 못하였던 주권상장법인에 대한 특례규정을 재반영하기 위하여 바로 개정작업이 추진되었다. 그것은 사법(私法)상 내용을 공법(公法)에 반영하는 것이 바람직하지 않다는 이유에서였다. 수차례 협의를 거쳐 주권상장법인 특례규정 중 자기주식 취득제한 완화 등 재무특례와 관련된 사항은 「자본시장과 금융투자업에 관한 법률」에, 감사위원회 설치의무 등 지배구조와 관련된 사항은 「상법」에 반영하기로 하였다. 또한 초보적인 수준의 헤지펀드제도의 도입, 신탁업자 공탁의무 폐지 등 추가적인 제도개선 사항과 자본시장법이 제정된 이후 「증권거래법」, 「선물거래법」 등 통합대상 법률의 개정사항을 반영할 필요도 있었다. 정부는 이와 같은 내용을 반영한 동법 개정안을 2008년 8월 19일 국무회의 의결을 거쳐 2008년 11월 12일 국회에 제출하였다. 그런데 동법 개정안이 국회에 제출되기 이전에 발생한 글로벌 금융위기로 인하여 국회에서는 이러한 개정내용뿐만 아니라 동법 시행 자체의 적정성 등 법 전반에 대한 우려를 반영하여 심도 깊은 논의가 이루어지게 되었다. 국회에서는 글로벌 금융위기가 복잡한 구조화 증권의 발행과 투자은행의 과도한 레버리지 투자로 발생한 것인데, 동법에 따른 규제완화로 투자자 보호에 공백이 발생하고 시스템 리스크를 증대시킬 수 있다고 비판하였다. 당시 수출기업들의 환헤지 통화파생상품에 의한 대규모 손실 발생과 펀드의 불완전 판매 문제도 언급되었다. 결국 수차례의 논의를 거쳐 「자본시장과 금융투자업에 관한 법률」을 당초 계획대로 시행하되, 문제로 지적된 장외파생상품에 대해서는 추가적인 제도개선이 필요하다고 결론을 내렸다. 그리고 여기에 장외파생상품에 대한 감독강화방안을 추가하여 2009년 2월 3일 개정하게 되었다.

그 주요 내용을 살펴보면, 우선 금융투자업의 변경인가시 예비인가제도를 적용하되, 변경인가시에도 최초 인가와 같이 대주주 적격성 요건이 적용되도록 하여 금융투자업자가 인력, 물적 설비 등 변경인가 요건을 사전에 모두 갖추어야 하는 부담을 줄이고 변경인가를 받지 못하더라도 손실을 최소화할 수 있도록 하였다. 다음으로 집합투자업자의 의결권 공시대상을 대통령령으로 정하는 주식으로 축소하고, 신탁업자의 공탁의무를 폐지하여 규제 부담을 완화하였다. 또한 주식매수청구권이 인정되는 주식의 범위를 제도의 취지에 맞게 조정하여 건전한 합병 등이 원활하여지고 주식매수가격에 관한 분쟁을 합리적으로 조정할 수 있도록 하고, 미공개 중요 정보 이용금지 대상도 보완하여 공개매수자 및 대량취득 · 처분자 본인도 해당 거래에 관한 미공개 중요 정보의 이용행위 금지대상으로 하였다. 그리고 적격투자자만을 대상으로 하는 사모집합투자기구를 도입하여 집합투자업자는 최소한의 규제만 받으면서 혁신적인 투자전략 및 투자기법을 개발 · 활용할 수 있게 되고, 투자자는 새로운 금융투자상품에 투자할 기회가 확대되게 하였다. 아울러 일반투자자에 대한 보호장치 및 장외파생상품 거래에 대한 규제를 강화하는 한편, 영업주가 종업원 등에 대한 관리 · 감독상 주의의무를 다한 때에는 처벌을 면하게 함으로써 양벌규정에도 책임주의 원칙이 관철되도록 하였다.

3. 「자산유동화에 관한 법률」

1) 자산유동화제도의 도입

외환위기 이후 금융회사의 재무구조 개선에 대한 요청과 함께 금융시장으로부터 차입이 곤란해진 기업들의 중장기 자금조달수단을 개발할 필요가 있었다. 이에 따라 정부는 금융기관, 성업공사 등이 보유하고 있는 채권, 토지 등의 자산을 조기에 현금화하여 자금조달을 원활하게 함으로써 금융기관 등으로 하여금 재무구조의 건전성을 높일 수 있게 하고, 주택저당채권을 증권화하여 장기주택자금을 안정적으로 공급함으로써 주택금융 기반을 확충하기 위해 1998년 9월 16일 「자산유동화에 관한 법률」을 제정하였다. 동법에 따라 금융기관 등 자산보유자로부터 자산을 양도받아 이를 기초로 증권을 발행 · 판매한 후 해당 자산의 관리 또는 처분에 의하여 발행하는 수익을 투자자에게 배분하는 자산유동화제도가 확립되었다.

2) 「자산유동화에 관한 법률」의 주요 개정사항

2000년 1월 21일 개정시에는 금융기관 및 기업의 구조조정을 촉진하기 위하여 근저당권에 의하여 담보된 채권의 확정절차를 정하였다. 또한 자산유동화 계획에 따라 유동화 자산을 양도 또는 신탁하거나 유동화 자산에 대하여 저당권을 설정하는 경우에는 「주택건설촉진법」에 따른 국민주택채권의 매입의무를 면제하는 등 금융기관이 보유한 대출채권의 자산유동화를 원활히 수행하는 데 있어 제약이 되는 요인들을 해소하였다.

그런데 이 법을 위반한 유동화 전문회사 등에 대하여 자산유동화 계획의 등록에 따른 혜택을 계속 부여하는 것은 바람직하지 않음에도 불구하고 관련 규정이 없는 문제점이 있었다. 그래서 2007년 12월 21일 개정에서는 유동화 전문회사 등이 거짓이나 부정한 방법으로 등록을 한 경우, 변경등록을 하지 아니하고 자산유동화 계획을 변경한 경우, 자산양도에 따른 등록을 하지 아니하거나 거짓으로 한 경우 및 금융감독위원회의 업무개선명령을 이행하지 아니한 경우 등에는 자산유동화 계획의 등록을 취소할 수 있도록 하였다.

제4절 보험

1. 「보험업법」

1) 보험 감독 · 법규 체계의 확립

보험 관련 법률의 기본법이라고 할 수 있는 「보험업법」은 1962년 1월 15일 제정되었다. 「보험업법」이 제정되기 이전까지는 초기 일본 「보험업법」을 그대로 사용해 왔는데, 보험사업자의 합법적 지도감독과 보험계약자 · 피보험자 그 밖의 이해관계인의 이익을 보호하는 장치가 제대로 마련되어 있지 않아 체계적인 보험정책이 시행되지 못하였다. 마침내 1962년 「상법」 보험편의 제정과 함께 보험 관련 3대 법령인 「보험업법」, 「보험모집단속법」, 「외국 보험사업자에 관한 법률」이 각각 제정되면서 보험 법제 체계가 확립되었다. 제정 「보험업법」의 주요 내용을 살펴보면, 우선 보험사업은 재무부 장관의 면허를 얻도록 하고, 자본금 또는 기금의 총액 5억 환 이상의 주식회사 또는 상호회사로서 그 2분의 1 이상을 납입하여야 영위할 수 있도록 하였다. 또한 보험회사의 타

사업 겸영을 제한하고, 보험회사가 생명보험사업과 손해보험사업을 겸영할 수 없도록 하였다.

2) 보험산업의 근대화

1960년대 후반부터 1970년대 중반까지 우리나라의 경제가 괄목할 만한 성장을 하게 되면서 경제적 · 사회적 환경이 양적 · 질적으로 크게 변화하고 보험산업이 성장하게 되었다. 하지만 그 동안의 보험정책이 이를 따라가지 못하고 있다는 정부의 판단에 따라 1977년 이른바 "보험산업 근대화 대책"이 마련되게 되었고, 그 추진에 따른 법률 개정사항 등을 반영할 목적으로 보험 관련 법령을 대대적으로 정비하게 되었다. 이에 따라 「보험업법」도 1977년 12월 31일 보험의 사회보장 및 내자동원기능을 확충하고, 보험가입자의 보호를 위한 제반 제도를 보강하며, 보험사업의 국가경쟁력을 강화하고, 보험업에 대한 관리감독체계를 개선하기 위하여 전부개정되었다. 무엇보다 이번 개정의 가장 특징적인 사항은 종전의 「보험모집단속법」 및 「외국 보험사업자에 관한 법률」을 폐지하고 「보험업법」에 통합하여 보험업에 대한 관리감독체계를 일원화하였다는 것이다. 그 밖에도 「보험업법」 제정 이후 최초의 전부개정인 만큼 실질적인 내용에 있어서 많은 변화가 있었다. 우선 보험모집인과 보험대리점의 자격요건 및 책임을 강화하여 보험모집 질서를 정화하고, 선진국에서 발달된 보험중개인제도를 도입하여 모집조직의 다변화를 기하였다. 인보험회사와 손해보험회사의 겸영범위를 확대하여 질병보험사항 기타 특정한 보험을 서로 겸영할 수 있도록 허용하고, 경영진의 자질을 향상하기 위하여 보험회사 임원의 결격사유를 규정하며 그 임기를 이사는 3년, 감사는 2년으로 하였다. 또한 대한재보험공사를 민영화하고, 공익기능 중심의 한국보험공사를 무자본특수법인으로 신설하여 보험사업자에 대한 검사, 기초서류의 심의, 보험모집인의 등록 및 관리 등 보험사업의 지도 · 육성업무를 하도록 하였다. 그리고 임의단체로 되어 있던 보험요율심의위원회를 법정기관으로 하여 전 보험종목에 대한 요율, 약관 등 기초서류의 사전심의를 담당하도록 하였다. 이와 함께 손해사정인제도를 신설하여 그 자격 기준과 책임을 규정하고, 보험에 관한 수리업무를 행하는 보험계리인의 자격요건도 강화하였다.

1980년 12월 31일 개정에서는 보험사업의 자율화에 대비하여 보험사업자의 자본을 충실화하고 담보력을 강화하는 등 보험의 공공성을 제고하고 보험산업의 안정적 성장을 지속할 수 있도록 하였다. 보험사업자의 증자를 제한할 수 있도록 하였고, 보험사고에 대한 지급준비능력을 확충하기 위하여 재보험일변도의 위험관리에서 원수단계에서부터 위험관리를 실시할 수 있도록 하였으며, 보험사업자에 대한 검사권과 조치권을 한국보험공사에서 일괄하여 행사하도록 하였다.

3) 보험시장의 대외개방

1980년대 중반에 접어들면서 우리나라 보험시장의 개방에 대한 압력이 공식화되었다. 한국과 미국은 국내 보험업계의 반대에도 불구하고 1986년 7월에 우리나라 보험시장의 개방에 원칙적으로 합의하였다. 이러한 보험사업 환경의 변화에 대처하고 지속적으로 증가하고 있는 보험수요를 효과적으로 수용하기 위해 1988년 12월 31일 개정에서는 우선 보험회사의 납입자본금을 상향조정하여 인보험은 종전 2억 원에서 100억 원으로, 손해보험은 3억 원에서 300억 원으로 최저자본금이 높아졌다. 또한 보험시장이 대내외로 개방됨에 따라 보험회사의 주주가 될 수 없거나 제한되는 자를 정할 수 있는 주주자격제한제도가 도입되었다. 그리고 보험계약자 보호 및 보험분쟁의 효과적인 조정을 위하여 보험보증기금과 보험분쟁조정위원회를 설치하고 한국보험공사를 보험감독원으로 개편하였다.

4) 보험규제의 완화 및 국제화에 따른 경쟁체제 마련

1990년대에 들어오면서 우루과이라운드 금융분야 협상이 진전되는 등 금융산업의 개방화 · 국제화 · 자유화가 본격적으로 추진되면서 이와 같이 급변하는 환경변화에 능동적으로 대처하기 위해 보험규제를 완화할 필요성이 커졌다. 이에 따라 1995년 1월 5일 개정시에는 대표자 변경시 신고 등 외국 보험사업자의 국내 지점에 대한 차별적 규정을 폐지하여 내국 보험사업자와 동등하게 대우하도록 하였고, 보험회사 점포의 설치 · 이전 · 폐쇄는 종전의 인가제에서 신고제로, 보험대리점은 종전의 허가제에서 등록제로 변경하였다. 보험사업 허가 당시에 주주자격의 제한대상이었던 자는 그 후에 제한대상에 해당하지 아니하게 된 경우에도 계속 주주자격의 제한을 받던 규정은 과도한 소급제한이기 때문에 폐지하였다. 한편, 금융기관 간 경쟁심화와 금리자유화로 인한 자산운용의 불확실성 증대 등 보험경영상의 위험이 증대되고 있음을 감안하여 종전의 책임준비금제도 외에 별도로 지급여력을 쌓도록 하였다. 또한 보험계리업 및 손해사정업의 등록기관을 재무부에서 보험감독원으로 변경하였다.

이후 정부는 1995년 3월 OECD 가입을 추진하는 과정에서 국내 금융시장의 추가 개방을 발표하게 되었다. 이에 따라 금융산업의 국제화 · 개방화 추세에 능동적으로 대처하고 보험산업의 경쟁력을 제고하기 위하여 1997년 8월 28일 개정에서는 보험회사의 주주자격 제한 등 규제를 폐지 또는 완화하는 동시에 최저자본금을 상향조정하는 등 신설된 보험회사의 부실화를 예방하도록 하였다. 또한 교통법규 위반자에 대한 자동차보험료의 합리적 차별화가 이루어질 수 있도록 교통법규 위반에 관한 개인정보를 보험요율 산출기관이 제공받아 보험료 산출에 이용할 수 있도록 하는 근거를 마련하였다.

5) 보험 감독권한의 변경 및 규제개혁

「금융감독기구의 설치 등에 관한 법률」의 제정에 따라 재정경제원 장관의 권한 중 보험회사의 설립 및 해산과 관련된 권한을 제외한 보험사업자에 대한 감독권한을 금융감독위원회로 이관하고, 보험감독원의 권한에 속하는 사항을 금융감독원으로 이관하는 내용으로 「보험업법」이 1998년 1월 13일 개정되었다. 1999년 2월 5일 개정에서는 규제정비계획에 따라 과도한 규제를 정비하는 차원에서 보험사업자에 대한 재정경제부 장관의 자본금증액명령권, 외국 보험사업자의 국내 사무소 설치허가 및 보험관계단체의 설립인가제도를 폐지하고, 보험중개인의 허가제를 등록제로 전환하며, 보험사업의 양수도를 허용하였다.

6) 지배구조의 투명성 강화

2000년 1월 21일 개정에서는 외환위기 이후 기업지배구조의 투명성 강화 추세에 부응하고 보험사업 허가에 관한 부분을 정비하였다. 보험사업자의 건전성과 자율성을 제고하기 위하여 보험사업의 허가 및 감독에 관한 기본적인 사항을 법률에서 직접 규정하고, 일정 규모 이상의 보험사업자는 전체 이사의 2분의 1 이상을 사외이사로 선임하도록 하며, 이사회에는 반드시 「상법」에 따른 감사위원회를 설치하도록 하였다. 또한 대규모 기업집단에 속하는 보험사업자가 법령에 의한 재산운용 한도를 회피하기 위하여 다른 대규모 기업집단에 속하는 금융기관 또는 회사와 서로 담합하여 신용을 공여하거나 주식 등을 취득하는 행위를 금지하고, 부실경영에 대한 소수주주의 견제기능을 강화하였다.

7) 보험제도의 선진화

금융의 자율화, 겸업화, 세계화 및 소비자 권익 강조 등 보험환경이 급변함에 따라 규제 및 감독체계를 선진화할 필요가 있어 2003년 5월 29일 「보험업법」이 25년여 만에 전면적으로 개정되었다. 주요 개정내용을 살펴보면 다음과 같다.

첫째, 보험산업에 대한 진입규제를 완화하고 제도를 개선하였다. 전화 · 우편 · 컴퓨터통신 등 통신수단을 이용하여 대통령령이 정하는 바에 따라 모집하는 보험회사의 자본금을 일반보험회사 최저자본금의 3분의 2로 낮추고, 보험회사가 부수업무를 영위하는 경우 종전에는 금융감독위원회의 허가를 받도록 하던 것을 폐지함으로써 보험회사로 하여금 금융겸업화에 대응할 수 있도록 하였다. 또한 생명보험과 손해보험의 성격을 모두 갖고 있는 제3보험업을 허용하고, 보험회사의 자산운용의 방법과 비율을 정하는 한편 현행 자산운용에 대한 규제를 완화하여 자율성을 제고하였다. 아울러 다른 업종 금융기관에도 보험상품의 판매가 가능한 방카슈랑스제도를 도입하였다.

둘째, 자산운용 규제방식을 네거티브 방식으로 전환하였다. 즉, 「보험업법」 등 법령에서 금지 또는 제한하고 있는 자산운용방법을 제외하고는 보험사가 자유롭게 자산운용을 할 수 있도록 하였다.

셋째, 불공정 보험모집행위를 예방하기 위한 제도를 정비하고, 의무보험의 제3자에 대한 손해를 보장할 수 있도록 하는 등 보험계약자 및 피해자 보호를 강화하였다. 또한 보험모집과 관련하여 특별이익을 제공한 자에 대한 형사처벌을 강화하고 과징금을 병과할 수 있도록 하여 보험 관련 부정행위를 근절하도록 하였으며, 보험계약에 관한 비교 · 공시제고를 도입하는 등 공시제도를 보완함으로써 보험계약자의 합리적인 보험상품 선택을 지원하였다.

넷째, 보험상품 개발에 대한 사전적 규제를 완화하는 대신 사후적 규제를 강화하였다. 보험회사가 영위하려는 보험종목별 사업방법서 · 보험약관 등 기초서류를 변경하고자 하는 경우 종전에는 금융감독위원회의 인가를 받도록 하던 것을 금융감독위원회에 신고로 전환하고, 금융기관인 보험대리점이 우월적 지위를 이용하여 보험상품을 판매하지 못하도록 하는 등 보험계약자 보호장치를 마련하였다.

다섯째, 방카슈랑스제도의 시행에 따른 보험설계사의 소득감소 보전 등을 위하여 2006년 8월 30일 시행을 목표로 보험설계사가 생명보험 상품과 손해보험 상품을 동시에 취급할 수 있도록 하는 보험설계사 교차모집제도를 도입하였다. 하지만 고소득 보험설계사가 아닌 중 · 저소득 보험설계사의 소득감소 등의 부작용이 예상되고, 방카슈랑스제도의 주력상품인 보장성 보험 중 상당 부분의 시행시기가 당초 2005년 4월에서 2008년 4월로 연기됨에 따라 2006년 8월 29일 「보험업법」 부칙 개정을 통해서 보험설계사 교차모집제도의 시행시기를 2008년 8월 30일로 2년 간 연기하도록 하였다.

한편, 2000년대 중반 이후 통신수단을 이용한 보험계약이 급증함에 따라 통신거래의 특성상 보험가입자가 충분히 그 내용을 이해하지 못한 가운데 보험계약을 체결하여 예측하지 못한 불이익을 받게 되는 부작용이 심각하였다. 이에 따라 정부는 2007년 4월 27일 「보험업법」을 개정하여 보험회사로 하여금 전화 · 우편 · 컴퓨터통신 등 통신수단을 이용하여 보험계약을 청약한 자가 청약을 철회하고자 하는 경우에는 통신수단을 이용하여 철회할 수 있도록 하였다.

또한 2007년 7월 19일 개정에서는 대주주 · 주요 출자자 및 지배주주로 나뉘어 있던 개념을 대주주로 통일하고, 대주주를 최대주주와 주요 주주로 구분하였다. 여기서 최대주주는 보험회사의 의결권 있는 발행주식 총수를 기준으로 본인 및 그의 특수관계인이 누구의 명의로 하든지 자기의 계산으로 소유하는 주식을 합하여 그 수가 가장 많은 경우의 그 본인으로 정하였다. 그리고 주요 주주는 누구의 명의로 하든지 자기의 계산으로 보험회사의 의결권 있는 발행주식 총수의 10% 이상의 주식을 소유하는 자 또는 임원의 임면 등의 방법으로 그 보험회사의 주요 경영사항에 대하여 사실상의 영향력을 행사하는 주주로서 대통령령이 정하는 자로 정하였다.

8) 글로벌 금융위기 대응

2008년 글로벌 금융위기 후 보험산업의 경쟁력 등을 강화하는 차원에서 2010년 7월 23일 「보험업법」이 대폭 개정되었다. 보험소비자에 대한 보호를 강화하고 보험상품의 불완전 판매를 예방하기 위하여 보험상품을 판매할 때 보험계약에 관한 주요 사항에 대하여 설명의무를 부과하였다. 또한 보험회사 또는 보험의 모집에 종사하는 자가 보험상품에 관하여 광고를 하는 경우 준수사항을 규정하며, 보험계약자 등을 대상으로 보험약관의 이해도를 평가하고 그 결과를 공시할 수 있도록 근거를 마련하였다. 그리고 현재 규정이 미비되어 있는 보험 상품 · 생명보험 상품 · 손해보험 상품 · 제3보험 상품 · 보험사기행위에 대한 정의 규정을 각각 신설하여 법 해석의 명확성을 높였다. 한편, 보험약관의 내용에 전문적이고 기술적인 용어가 많이 사용되어 보험계약자가 이해하기 어려울 뿐만 아니라 심지어 모집종사자조차도 그 내용의 해석에 어려움이 있다는 지적이 있어 왔다. 이에 따라 2011년 5월 19일 개정에서는 보험약관 이해도 평가의 대상자를 종전의 보험소비자에서 모집종사자까지 확대하였다. 이를 통해 보험업자로 하여금 보험약관을 알기 쉽게 작성하도록 유도함으로써 모집종사자가 그 내용을 보험계약자에게 알기 쉽게 설명할 수 있도록 하였다.

2. 「대한재보험공사법」

1962년 12월 29일 「대한손해재보험공사법」으로 출발한 「대한재보험공사법」은 원보험계약에 대한 보험의 분산과 평균화를 기한다는 목적으로 마련되었다. 동법은 원보험계약의 1할을 보유담보함에 불과하였던 그때까지의 민영재보험제도를 지양하고 자본금 5억 원의 손해재보험공사를 설립하여 국내 및 외국 회사와의 재보험거래를 전담시키는 동시에 특수한 원보험계약을 담당하게 하였다. 동법은 1977년 12월 31일 「보험업법」에 의하여 폐지되었다.

3. 「화재로 인한 재해보상과 보험가입에 관한 법률」

「화재로 인한 재해보상과 보험가입에 관한 법률」은 화재로 인한 인명피해와 재산상의 손실을 미연에 방지하고, 재해의 신속한 복구 및 인명피해에 대한 적정한 보상을 하게 하는 것을 목적으로 1973년 2월 6일 제정되었다. 이 법의 핵심내용은 특수건물의 소유자로 하여금 의무적으로 화재보험에 가입하도록 한 것이었다. 동법에 따르면, 특수건물이란 4층 이상의 건물, 국유건물 · 교육시설 · 백화점 · 시장 · 의료시설 · 흥행장 · 숙박업소 · 공장 · 공동주택 기타 다수인이 출입 또는 근무하거나 거주하는 건물로서 대통령령으로 정하는 건물을 말하였다. 그런데 동 규정은 4층 이상의 모든 건물을 보험에 가입하도록 강제하는 것은 개인의 경제 자유와 창의존중을 기본으로 하는 경제질서와 과잉금지의 원칙에 합치되지 않는다는 이유로 헌법재판소로부터 위헌 결정을 받게 되었다. 이에 따라 1997년 1월 13일 개정에서 4층 이상의 건물은 특수건물에서 제외하였다.

2009년 11월 14일 부산 국제시장에 있는 실탄사격연습장에서 일어난 화재로 인하여 일본 관광객 8명을 포함하여 10명이 사망하는 사건이 일어났다. 그런데 이 실탄사격연습장이 대물보험에만 가입되어 있고 대인보험에는 가입되어 있지 아니하여 결국 부산시가 보상해야 하는 문제가 발생하였다. 이를 계기로 금융위원회는 소방방재청, 금융감독원, 보험개발원, 보험업계와 공동으로 화재보험 가입대상 확대를 위한 TF를 만들어 중소 다중이용시설의 화재보험 가입 의무화를 추진하였다. 그 결과 2010년 3월 22일 개정에서는 화재로 인한 피해 가능성이 높고 그 피해에 대해 보상 문제가 발생할 수 있는 다중이용업소와 운수시설을 보험가입이 의무화되는 특수건물에 포함시켰다. 또한 국유건물과 달리 취급될 이유가 없으나 현행법상 특수건물에서 누락되어 있는 지방자치단체 소유의 공유건물도 특수건물에 추가하였다. 아울러 특수건물의 소유자에게 화재예방 노력에 대한 유인을 제공하기 위하여 안전점검 결과 화재위험도가 낮은 특수건물에 대하여는 대통령령으로 정하는 바에 따라 일정 기간 안전점검을 면제하도록 하였다.

제5절 비은행

우리나라의 비은행 법제는 시대적 상황에 따라 임기응변식으로 마련되어 왔다. 신용협동조합의 경우는 1960년대부터 운영되던 것을 1972년 8월 17일 「신용협동조합법」을 제정하여 제도화하였지만 종합금융회사는 외자도입을 목적으로, 현재의 상호저축은행인 상호신용금고는 사금융시장을 제도권 시장으로 유인하려는 목적으로 「종합금융회사법」과 「상호신용금고법」을 각각 제정하여 설립되었다. 이하에서는 비은행 법제와 관련하여 「신용협동조합법」, 「상호신용금고업」, 「단기금융업법」, 「신용카드업법」, 「여신전문금융업법」, 「대부업의 등록 및 금융이용자 보호에 관한 법률」을 차례로 살펴볼 것이다.

1. 사금융 양성화 3법

1960년대와 1970년대에는 은행 중심의 규제된 금융시장으로 인하여 사금융시장이 성장하면서 영세서민의 피해가 발생하고 중소기업의 재무구조가 악화되는 등 많은 부작용이 생겨났다. 이에 따라 정부는 사금융을 직접 규제하는 대신 사금융 양성화 3법인 「신용협동조합법」, 「단기금융업법」, 「상호신용금고법」을 제정하여 사금융시장을 제도권으로 흡수하였고, 이는 비은행금융회사의 발전을 촉진하는 계기가 되었다.

1) 「신용협동조합법」

「신용협동조합법」은 신용협동조합 및 마을금고를 조직하여 상호 유대를 가진 국민 간의 협동조직을 장려 · 육성하고 구성원 상호간의 자금의 조성 및 이용을 유도하기 위한 취지로 1972년 8월 17일 제정되었다. 동법에 따르면 신용협동조합이나 마을금고를 설립할 때에는 15명 이상의 발기인이 정관을 작성하여 창립총회의 결의를 거쳐 재무부 장관의 인가를 받아야 하였다. 또한 조합원은 출자 1좌 이상을 갖도록 하되 반드시 현금으로 납입하게 하였다.

그 후 1988년 12월 31일 개정시 신용협동조합의 운영체계를 대폭 수정하였다. 당시 비법적 기구로서 조합연합회 정관에 따라 설치 · 운영되는 13개 시 · 도지부는 조합과 직접적인 유대를 갖고 활동하기에는 법적 책임의 한계가 불명확하며 지역적 특성과 조합 간의 결속을 기하고 자율적 운영과 효율적인 관리에 어려움이 있었다. 그래서 조합 · 연합회의 2단계로 되어 있던 조직을 조합, 시 · 도연합회, 중앙회의 3단계 조직으로 개편하여 보다 전문적 기능을 가지며 협동조합의 특성에 맞는 자율적이고 독자적인 운영체제가 될 수 있도록 하였다. 이와 함께 조합원의 예 · 적금 환급보장을 위한 안전기금제도의 법적 근거도 마련하였다.

「신용협동조합법」은 1998년 1월 13일 대형금융기관의 소매금융 확충 등으로 악화된 영업환경에 탄력적으로 대응하기 위하여 전문개정되었다. 신용협동조합 및 중앙회의 공제사업에 대한 법적 근거를 마련함으로써 다른 유사 협동기구의 공제사업과 동등한 세제상의 혜택을 받을 수 있도록 하고, 조합원이 아닌 자도 조합원의 이용에 지장이 없는 범위 안에서 조합의 사업을 이용할 수 있도록 하였다. 또한 조합이 자체적으로 관리하던 안전기금을 예금보험공사로 이관하여 예금자 보호기능을 강화하였다. 1999년 1월 2일 개정에서는 조합원이 출자금을 양도하는 경우 이사장의 승인을 얻도록 하던 것을 정관이 정하는 바에 따라서 양도할 수 있도록 하였다. 또한 조합의 사업과 경쟁관계에 있는 사업을 경영하거나 그 사업에 종사하는 자는 조합의 임직원이 될 수 없도록 한 것을 폐지하는 등 과도한 규제를 폐지 또는 완화하였다. 2000년 1월 28일 개정시에는 신용협동조합의 인가 및 감독에 관한 기본적인 사항을 법률에서 직접 규정하고, 신용협동조합과 그 중앙회의 건전한 경영을 도모하기 위하여 경영건전성 기준을 새로이 정하였다.

2) 「상호신용금고법」 및 「상호저축은행법」

「상호신용금고법」은 1970년대 초반까지 소상공인 및 영세서민을 주대상으로 사금융시장에서 번창하고 있는 무진회사, 서민금고, 사채업자들을 제도권으로 흡수하여 소규모 · 소지역 단위의 민간금융기관인 상호신용금고로 육성하기 위한 취지로 1972년 8월 2일 제정되었다. 1960~1970년대는 제도권 금융회사의 자금이 경제개발계획에 등장하는 산업부문에 공급되어 서민 및 영세상공인은 제도권 금융에서 소외되어 있었고 대신 사금융시장이 성장하면서 많은 문제를 일으켰다. 그래서 정부는 「상호신용금고법」을 제정하여 가능한 한 많은 사금융업체를 상호신용금고로 흡수시키려고 하였다. 제정 「상호신용금고법」에 따르면, 상호신용금고는 합명회사 · 합자회사 또는 주식회사로 하고, 재무부 장관의 인가를 받아야 하였다. 또한 상호신용금고의 자본금의 최저한도를 서울특별시 및 부산시에 있어서는 5,000만 원, 서울특별시 및 부산시 이외의 시와 재무부 장관이 지정하는 지역에 있어서는 3,000만 원, 그 외의 지역에 있어서는 1,500만 원, 할부상환방법에 의한 소액신용대출의 업무만을 행하는 때에는 1,500만 원으로 정하는 등 지역별 · 업무별로 달리 정하였다. 또한 상호신용금고의 계원 및 부금자를 보호하고 이들 상호간의 원활한 자금운용 등을 위하여 상호신용보장기금을 설치하도록 하였다. 「상호신용금고법」이 제정됨에 따라 정부는 선인가 후정비 원칙을 세우고 상호신용금고의 설립을 원하는 600여 개 무진회사, 서민금고, 사채업자 중 서류상의 하자가 경미하고 부실자산이 많지 않은 350개에 대해 「상호신용금고법」에 따른 설립을 인가하였다. 하지만 이들 중 상당수는 위장출자, 손실유보금 과다보유 등의 부실요인이 있어서 정상적인 영업이 불가능하였고, 결국 1975년까지 139개 상호신용금고의 인가를 취소하였다.

1970년대 1차 석유파동 이후에는 악화된 경제환경으로 인하여 많은 상호신용금고가 도산하고 이에 따라 서민들이 피해가 급증하였다. 정부는 이러한 상호신용금고의 도산으로 인한 피해를 방지하고 경영실적이 우수한 금고만을 선별적으로 육성하기 위하여 1975년 7월 25일 「상호신용금고법」을 개정하였다. 우선, 금고에 대한 재무부 장관의 감독권을 강화하여 금고의 경영 또는 재산상태가 건전하지 못하여 공익을 해할 우려가 있다고 인정될 때에는 지급의 정지, 계약의 이전, 업무 및 재산의 관리, 경영의 양도 · 합병, 계약금액 기타 계약내용의 변경, 업무 및 방법의 변경, 임원의 변경 등을 명할 수 있도록 하였다. 또한 채무에 있어서도 계원 및 부금자에게 우선권을 부여하는 한편 임원 및 과점주주에게 연대책임을 지게 하였다.

1990년대에 들어서는 상호신용금고가 금융의 자율화 · 개방화 등 금융환경 변화에 효율적으로 대응하도록 하고 서민과 소규모 기업에 대한 금융지원 기능을 확충할 수 있도록 각종 규제를 완화할 필요가 있었다. 이에 따라 1995년 1월 5일 개정에서는 서민으로 되어 있던 상호신용금고의 주요 지원대상에 소규모 기업을 추가하고, 금고설립을 위한 최저자본금을 지역별로 상향조정하여 현실화하였다.

금융감독체계가 개편됨에 따라 1998년 1월 13일 개정시에는 상호신용금고에 대한 검사 · 감독기능이 재경부에서 금융감독위원회로 이관되었고, 예금보험기능을 예금보험공사가 담당하도록 함에 따라 「신용관리기금법」을 폐지하고, 동법에서 규정하고 있던 부실 상호신용금고의 경영정상화에 관한 사항을 「상호신용금고법」에서 규정하였다. 아울러 상호신용금고의 영업력을 확충하기 위하여 상호신용금고의 동일인에 대한 대출 등의 한도를 자기자본의 10% 이내에서 20% 이내로 확대하였다.

외환위기 이후에는 실물경제가 위축됨에 따라 상호신용금고의 부실채권이 급증하고 부실경영이 드러나 구조조정이 이루어지는 한편 각종 규제도 완화되었다. 1999년 2월 1일 개정에서는 금융감독위원회가 필요하다고 인정하는 경우에는 상호신용금고에 대하여 자본금의 증액 또는 감소를 명할 수 있던 것을 폐지하였다. 또한 상호신용금고가 영업의 일부를 양도 · 양수 또는 폐지하는 경우 금융감독위원회의 승인을 받도록 하던 것을 폐지하는 동시에 금융감독위원회가 정하는 경영상의 중요한 정보 및 자료를 공시하도록 하는 등 규제

완화에 따른 보완책을 강구하였다. 이러한 규제완화 노력은 2000년 1월 28일 개정에서도 반영되어 상호신용금고가 정관을 변경하거나 업무방법을 변경하고자 하는 경우 종전에는 금융감독위원회의 인가를 받도록 하던 것을 신고제로 전환하였다.

한편, 상호신용금고의 명칭 변경은 업계의 오랜 숙원사업이었다. 정부는 업계의 공신력을 높이고 영업을 활성화하기 위해 2001년 3월 28월 개정에서는 상호신용금고의 명칭을 상호저축은행으로 변경하고 제명도 「상호저축은행법」으로 변경하였다. 이와 더불어 상호저축은행의 법정자본금을 100% 증액하고, 상호저축은행의 지배구조를 개선하기 위해 일정 규모 이상의 상호저축은행은 의무적으로 감사위원회를 설치하도록 하는 동시에 이사회를 구성함에 있어서도 이사 총수의 2분의 1 이상을 사외이사로 선임하도록 하였다. 또한 주주 1인이 상호저축은행의 의결권 있는 발행주식 총수의 10%를 초과하여 취득하려는 경우에는 금융감독위원회에 신고하도록 하였다.

또한 상호저축은행의 임원 및 과점주주가 예금 등과 관련된 채무에 대하여 상호저축은행과 연대하여 책임을 지도록 한 규정이 헌법재판소에서 한정위헌 결정됨에 따라 동 규정을 보완할 필요가 있었다. 2003년 12월 11일 개정을 통해 고의 또는 과실로 손해를 끼친 임원과 상호저축은행의 부실에 책임이 있는 과점주주에 한정하여 연대책임을 지도록 하고, 상호저축은행 경영의 건전성을 높이기 위해 동일인 및 동일 차주에 대하여 자기자본의 25%를 초과하여 대출 등을 할 수 없도록 하였다. 그리고 주주 1인 및 그와 특수관계에 있는 자가 상호저축은행의 의결권 있는 주식의 30%를 초과하여 보유하거나 최대주주가 되는 경우에는 미리 금융감독위원회의 승인을 받도록 하였다.

2007년 7월 19일 개정에서는, 우선 실질적인 감사를 위해 감사위원회의 위원 중 1명 이상을 재무제표의 이해능력이 있는 회계 또는 재무분야 전문가로 구성하도록 하였다. 다음으로 상호저축은행이 대주주가 발행한 주식의 취득 등을 통하여 부당하게 대주주를 지원하는 경우 거래의 투명성을 확보하기 위하여 상호저축은행이 대통령령이 정하는 금액 이상으로 대주주가 발행한 주식을 취득하려는 경우에는 미리 이사회의 결의를 거치도록 하고, 주식을 취득한 경우에는 금융감독위원회에 보고하고 공시하도록 하였다. 또한 상호저축은행이 부당하게 대주주의 사금고로 이용되는 것을 방지하기 위해 상호저축은행에 대한 대주주의 부당한 영향력 행사를 금지하는 규정을 두었다. 또한 상호저축은행 및 대주주에 대한 금융감독위원회의 자료제출 요구권을 신설하여 대주주와의 거래에 대한 상시감독체계를 구축하였다.

가장 최근에 이루어진 2010년 3월 22일 「상호저축은행법」 개정도 위와 같은 상호저축은행의 건전성 강화와 지배구조 개선의 노력의 일환으로 볼 수 있다. 먼저 신용공여 한도 산정 기준인 자기자본을 장부상 자기자본에서 은행과 같이 국제결제은행 기준에 따른 기본자본과 보완자본의 합계로 변경하여 자기자본을 확대하고 영업력을 제고하였다. 또한 대주주의 자격요건 유지의무를 신설하면서 상호저축은행의 대주주 경영권 승인 이후 정기적으로 또는 필요한 경우 대주주 적격성을 심사하여 자격 미달시 의결권을 제한하고 시정명령을 하도록 하였다. 그리고 상호저축은행이 약관을 제정하거나 개정하는 경우에는 금융위원회에 신고하거나 보고하고 금융위원회는 금융이용자 보호에 필요하면 약관 변경을 명령할 수 있도록 하여 금융이용자의 보호를 강화하였다.

3) 「단기금융업법」

1972년 8월 17일 제정된 「단기금융업법」은 음성적인 사채자금을 금융자산으로 유도하기 위하여 단기금융회사를 설립하여 어음의 발행 · 인수 등을 통한 단기자금의 유통을 원활하게 함으로써 기업의 자금운용상의 애로를 타개하기 위한 취지로 마련되었다. 동법에 따르면, 단기금융회사는 자본금을 5억 원 이상 납입한 주식회사로서 재무부 장관의 인가를 받아 영업을 하도록 하였고, 어음을 발행하는 경우에 어음 액면은 100만 원 이상으로 제한하였다. 「단기금융업법」은 1988년 1월 12일 단기금융회사가 모두 「종합금융회사에 관한 법률」에 의한 종합금융회사로 전환되고, 단기금융 업무가 종합금융회사 업무의 일부로 취급할 수 있게 됨에 따라 1988년 1월 12일 폐지되었다.

2. 「신용카드업법」 및 「여신전문금융업법」

1) 「신용카드업법」의 제정

정부는 신용카드를 지급결제수단으로 널리 보급해서 국민의 현금소지에 따른 위험과 불편을 제거하고, 아울러 신용카드업자와 신용카드 가맹점 및 신용카드 회원 간의 분쟁을 사전에 예방하여 신용카드 회원을 보호하기 위한 제도적 장치를 마련하려는 취지에서 1987년 5월 30일 「신용카드업법」을 제정하였다. 동법에서는 신용카드업을 하려는 자는 재무부 장관의 인가를 받도록 하였는데, 그 인가요건은 자본금 50억 원 이상의 법인으로 하고, 인가를 받은 신용카드업자는 신용카드의 발행 · 관리 업무 외에 신용카드 회원에 대한 소액자금의 융통, 할부금융 등 부대업무를 할 수 있도록 하였다.

그런데 신용카드 이용이 보편화되자 신용카드 회원 및 신용카드 이용금액이 급증하는 가운데 신용카드를 이용한 변칙대출과 매출전표의 유통 등이 성행하여 신용카드에 의한 거래 및 금융질서를 어지럽히는 현상이 나타났다. 이에 대처하기 위하여 1990년 12월 31일 개정에서는 신용카드 가맹점이 실제거래 없이 거래를 한 것으로 가장하거나 실제거래금액을 초과하여 매출전표를 작성하는 행위, 다른 가맹점 명의로 매출전표를 작성하는 행위 또는 신용카드에 의한 거래에 따라 발생되는 매출채권을 신용카드업자 외의 자에게 양도하는 행위를 엄격히 금하는 조치를 단행하였다. 이와 더불어 신용카드업자가 신용카드를 발급할 때에는 반드시 신용카드 회원의 신청이 있는 경우에만 발급하도록 하고, 신용카드업자가 그 업무수행에 따라 알게 된 신용카드 회원 등의 신용에 관한 자료나 정보는 원칙적으로 그 업무 외의 목적으로 사용할 수 없으며 본인의 동의가 없는 한 다른 사람에게 제공할 수 없도록 하였다.

1990년대 중반에 들어서 금융산업 개편 및 개방화 등 사회적 여건 변화에 대비하여 신용카드제도를 개선 · 보완할 필요가 있었다. 이에 1994년 1월 5일 개정시 신용카드업의 범위를 확대하고, 신용카드업자의 자본금을 업무의 범위에 따라 20억~200억 원으로 상향조정하여 신용카드업의 건전성을 유지할 수 있도록 하며, 신용카드업자로 하여금 선불카드 및 직불카드를 발행할 수 있도록 하였다. 한편, 신용카드 회원의 보호를 위하여 가맹점 수수료를 신용카드 회원에게 부담시킨 신용카드 가맹점을 처벌할 수 있도록 하였다. 그 후 「신용카드업법」은 관련 내용을 흡수한 「여신전문금융업법」이 제정됨에 따라 1998년 1월 1일 폐지되었다.

2) 「여신전문금융업법」의 제정

그 동안 신용카드업, 시설대여업, 할부금융업, 신기술사업금융업 등은 수신기능이 없이 여신업무만을 취급하는 유사한 성격의 금융업임에도 개별 근거법에 따라 별도 회사를 설립하여야만 영위할 수 있는 문제점이 있었다. 이에 따라 정부는 1997년 8월 28일 단일법인 「여신전문금융업법」을 제정하여 이러한 유사한 금융업을 종합적으로 영위할 수 있도록 하였다. 아울러 진입 및 영업에 관한 규제도 대폭 완화하여 자유롭게 영업할 수 있도록 함으로써 국민의 다양한 금융수요를 효과적으로 충족시키는 한편, 이러한 금융업의 경쟁력을 높이려고 하였다. 그 주요 내용을 살펴보면, 우선 신용카드업, 시설대여업, 할부금융업 및 신기술사업금융업은 수신기능이 없어 경영의 건전성 확보를 위한 사전적인 진입규제 필요성이 크지 아니하므로 진입규제를 철폐하였다. 「여신전문금융업법」에 따른 지원을 받으려는 경우에만 재정경제원에 등록하도록 하되, 지급결제기능을 가진 신용카드업만은 신용질서 유지를 위하여 허가제로 하였다. 또한 하나의 여신전문금융회사가 희망에 따라 다른 여신전문금융업을 함께 영위할 수 있도록 하고, 허가 또는 등록의 요건으로 최소자본금 요건과 대주주 요건만을 규정하였다. 그리고 여신전문금융회사에 대하여는 허가 · 등록을 받은 여신전문금융업 외에 일반대출, 어음할인, 팩토링 등 부대업무를 폭넓게 허용하여 경쟁력을 확보할 수 있도록 하였다.

3) 여신전문금융업에 대한 규제완화 및 자율성 제고

1999년 2월 1일 개정에서는 전반적으로 규제를 완화하여 경영의 자율성을 제고하였다. 여신전문금융회사의 허가 · 등록요건 중 금치산자, 한정치산자, 형집행 중인 자 등 당연한 대주주 결격요건을 폐지하고, 해당 회사에 대한 결격요건을 객관화 · 구체화하였다. 그리고 신기술사업 금융업자가 동일한 신기술사업자에 대한 출자업무를 함에 있어 주식소유를 50% 이내로 제한하던 것과 여신전문금융회사가 취득한 비업무용 부동산은 1년 내에 매각하도록 하던 것을 폐지하였다. 또한 여신전문금융회사의 경영 상황에 관한 주요 정보 및 자료를 공시할 수 있도록 하고, 공시에 필요한 사항은 금융감독위원회가 정하도록 하였다.

4) 여신전문금융회사 경영의 투명성 강화

2001년 3월 28일 개정시에는 여신전문금융회사의 영업허가 · 등록 및 감독에 관한 기본적인 사항을 법률에서 직접 규정하고, 여신전문금융회사 경영의 투명성을 높이기 위하여 자산 및 영위하고 있는 업무 등을 고려하여 대통령령이 정하는 여신전문금융회사에 대하여 사외이사 및 감사위원회를 두도록 의무화하였다. 또한 모든 여신전문금융회사는 내부통제 기준을 정하도록 하고, 1명 이상의 준법감시인을 두도록 하였다. 여신전문금융회사의 경영의 건전성을 높이기 위하여 금융감독위원회로 하여금 여신전문금융회사의 경영건전성 기준을 정할 수 있도록 하고, 여신전문금융회사의 재무상태가 일정한 기준에 미달하는 등의 경우에는 해당 회사에 대하여 경영개선을 권고 · 요구 또는 명령할 수 있는 근거를 새로 마련하였다. 2002년 3월 30일 개정에서는 신용카드 및 직불카드의 남발을 억제하기 위하여 신용카드업자는 신용카드 등을 신규로 발급하고자 하는 경우 그 발급신청이 본인에 의한 것인지를 확인하도록 하고, 갱신 및 대체발급시에는 회원의 동의를 받도록 하였다. 아울러 겸영여신업자가 신용카드업을 영위하고자 하는 경우 종전에는 금융감독위원회의 허가를 받도록 하던 것을 등록제로 전환하고, 동일 기업집단 내에는 같은 업종의 여신전문금융회사를 설립할 수 없도록 하던 제한을 폐지하였다. 한편, 종전에는 신용카드를 이용하여 불법적으로 자금을 융통하는 행위는 신용카드의 매출전표를 작성하여야만 처벌할 수 있도록 되어 있었다. 그러나 인터넷 등을 통한 전자상거래의 경우에는 매출전표의 작성행위 없이도 신용카드 거래가 이루어지는 점을 감안하여, 매출전표 작성 여부에 관계없이 카드거래의 성립만으로 이를 처벌할 수 있도록 하였다. 그 밖에 신용카드 가맹점의 카드사용 거절과 차별대우의 경우에도 처벌하도록 하였다.

5) 신용카드대란에 따른 제도개선

외환위기 이후 정부가 적극적으로 신용카드시장을 포함한 금융시장에 대한 규제완화와 자유화를 추진하면서 신용카드사는 수익성을 최고목표로 삼으면서 과잉경쟁을 하게 되었다. 1999년까지 4,000만 장 정도였던 신용카드가 2002년에는 1억 장을 돌파하게 되었고, 신용카드를 통한 대출인 현금 서비스가 잔액 기준으로 1998년 10조 원대에서 2002년 하반기 60조까지 급격하게 6배로 늘어나게 되었다. 이에 대처하기 위해 2004년 1월 20일 개정에서는 카드발급을 신청한 사람이 신용카드업자가 정한 신용한도 산정 기준에 의한 신용한도 범위 내에 있는 경우에만 신용카드를 발급하도록 하고, 신용카드업자는 카드발급 신청인의 소득 및 재산, 이용대금 결제능력에 관한 사항 등을 신용한도 산정 기준에 포함하도록 하였다. 이와 더불어 건전한 신용카드 회원 모집질서를 확립하기 위하여 신용카드 회원의 모집행위를 할 수 있는 자의 범위를 제한하고, 할부금융사 등 여신전문금융회사가 할부금융 등 본연의 업무에 충실하도록 대출업무에 대한 규제근거를 마련하였다. 그리고 신용카드 회원에 대한 보호장치를 강화하기 위하여 신용카드업자는 신용카드 회원의 고의 또는 과실이 없는 경우 신용카드의 분실 · 도난 등으로 인한 신용카드의 사용에 대하여 대통령령이 정하는 기간의 범위 내에서 책임을 지고, 저항할 수 없는 폭력 등으로 비밀번호를 누설한 경우를 회원의 고의 또는 과실로 간주하지 못하도록 하였다.

6) 건전성 규제 강화, 지배구조 개선 및 소비자보호규제 강화

2000년도 후반에 들어서 금융업 전반에 걸쳐 대주주와의 거래의 투명성을 강화하고 금융기관에 대한 대주주의 부당한 영향력 행사를 금지하는 등 경영의 건전성 강화와 함께 지배구조를 개선하려는 노력이 있었는데, 여신전문금융업도 예외는 아니었다. 2007년 7월 19일 개정시에는 여신전문금융회사와 그의 대주주 간의 거래 등에 대하여 이사회의 결의 및 공시를 의무화하고, 대주주가 자신의 이익을 목적으로 여신전문금융회사에 대하여 공개되지 아니한 정보의 제공요구 등 부당한 영향력을 행사할 수 없도록 하였다. 그리고 법률위반의 혐의가 있다고 인정되는 여신전문금융회사 또는 그의 대주주 등에 대한 금융감독위원회의 자료제출 요구권을 신설하였다. 이와 더불어 감사위원회의 위원 중 1명 이상은 재무제표를 이해할 수 있는 회계 또는 재무분야의 전문가로 선임하도록 하여 감사위원회의 전문성을 강화하였다.

2009년 2월 6일 개정에서는 신용카드업자의 불건전한 영업행위에 대한 규제근거를 신설하고, 여신전문금융회사 등이 약관을 제정하거나 개정하는 경우에는 금융위원회에 신고하거나 보고하고 금융위원회는 필요하면 약관의 변경을 명령할 수 있도록 하는 등 금융이용자의 보호를 강화하였다. 또한 영업주가 종업원 등에 대한 관리 · 감독상 주의의무를 다한 때에는 처벌을 면하게 함으로써 양벌규정에도 책임주의 원칙이 관철되도록 하였다.

7) 법체계의 선진화

2010년 3월 12일 개정시에는 신용카드 결제대상을 열거주의에서 포괄주의 방식으로 규정하여 확대하고, 신용카드 가맹점이 대표단체를 구성할 수 있도록 근거규정을 마련하며, 신용카드 모집인 등에 대해서 모집 관련 법규를 준수하기 위한 교육을 실시하도록 하는 등 보다 선진화된 법체계를 구축하였다. 주요 내용을 구체적으로 살펴보면, 우선 신용카드 결제대상을 금전채무의 상환, 금융투자상품 등 대통령령으로 정하는 금융상품, 사행성 게임물 등을 제외하고 모두 결제 가능하도록 확대하고, 다른 신용카드 가맹점을 위하여 신용카드 등에 의한 거래에 필요한 행위를 대행하는 수납대행 가맹점을 신설하였다. 다음으로 신용카드업의 허가요건 중 전문인력과 전산설비 등 물적 시설요건에 대해서 신용카드업의 허가를 받은 이후에도 이를 계속 유지하도록 의무를 부과하고, 신용카드업자는 소속 모집인을 등록하고, 모집인에게 신용카드 회원을 모집할 때 지켜야 하는 사항을 교육하도록 하였다. 또한 신용카드 가맹점이 신용카드업자와의 거래조건과 관련하여 합리적으로 계약을 체결 · 유지할 수 있도록 단체를 설립할 수 있게 하였다.

3. 「대부업의 등록 및 금융이용자 보호에 관한 법률」

1) 법률의 제정

시장기능에 의한 자유로운 이자율 결정이 제약된다는 이유로 국제통화기금의 권고에 따라 1998년 1월 13일 「이자제한법」이 폐지되면서 고금리의 이자가 성행하는 등 크게 사회문제화되었다. 이에 따라 고금리 채무로 인한 채무자를 보호하기 위해 「대부업의 등록 및 금융이용자 보호에 관한 법률」이 2002년 8월 26일 제정되었다. 동법에서는, 금전의 대부를 업으로 하는 대부업자를 시 · 도지사에게 등록하도록 하고, 대부업자가 행하는 3,000만 원 이내의 소액 대부에 대하여 이자율을 연 70%의 범위 이내로 제한하였다. 또한 대부업자 또는 여신금융기관의 불법적 채권추심행위를 금지하고, 대부업자와 거래상대방 사이의 분쟁을 해결하기 위해 분쟁조정위원회를 두는 등 그 거래상대방을 보호하는 장치를 마련하였다. 그리고 시 · 도지사로 하여금 대부업자의 업무 및 업무와 관련된 재산에 관하여 검사할 수 있도록 하는 한편, 대부업자가 이 법 또는 이 법에 의한 명령을 위반한 경우 등에는 영업정지 등을 명할 수 있도록 하였다. 그런데 동법은 대부업의 상업성 보호에 중점을 두고 있어서 일반적 대차거래에서 서민을 보호하는 기능이 미흡하다는 등 여러 문제점이 지적되었다. 이에 따라 국민경제 전반에 걸친 민사특별법으로서 종전과 다소 유사한 점도 있으나 여러 면에서 개선된 새 「이자제한법」이 2007년 3월 29일 제정되었다.

2) 대부업 이용자에 대한 보호 강화

2000년도 중반에 들어서 미등록 대부업체에 의한 불법적인 영업행태 및 부당한 채권추심행위가 문제가 되었다. 이를 근절하고 대부업 이용자에 대한 보호를 강화하기 위하여 2005년 5월 31일 개정에서는 관련 규제를 강화하였다. 대부업에 등록갱신제도를 도입하여 3년마다 갱신하도록 하고, 대부업자는 타인에게 자기의 명의로 대부업을 영위하게 하거나 그 등록증을 대여하지 못하도록 하였다. 그리고 대부업자가 거래상대방과 대부계약을 체결하는 경우에 그 거래상대방에게 교부하는 계약서에 채무의 조기상환 조건을 기재하도록 하고, 그 계약서 및 계약관계 서류를 계약체결일부터 2년간 보관하도록 하였다. 또한 대부업자가 대부조건 등에 대하여 표시 또는 광고를 하는 경우에는 대부업 등록번호, 대부이자율 등을 포함하도록 하는 한편, 대부업자 또는 여신금융기관 외에는 대부업에 관한 광고를 하지 못하도록 하였다. 그 밖에 불법적 채권추심행위에 해당하는 내용도 추가하여 대부업자 및 여신금융기관은 대부계약에 따른 채권을 추심함에 있어서 엽서에 의한 채무변제 요구 등 채무자 외의 자가 채무사실을 알 수 있게 하는 방법을 사용하지 못하도록 하였다. 또한 대부업자 및 여신금융기관은 연락두절 등 채무자의 소재파악이 곤란한 경우 외에는 채권추심을 목적으로 채무자의 관계인에게 채무자의 소재 등을 문의할 수 없도록 하였다.

2007년 12월 21일 개정에서는 금융이용자 보호 및 국민의 경제생활의 안정을 도모하기 위하여, 대부업자의 이자율 상한을 현행 70%에서 60%로 하향조정하고, 금융감독원의 대부업자에 대한 직권검사조항을 신설하는 한편, 채무자에게 채무변제를 위한 금전의 차입을 강요하거나 채무자의 관계인에게 채무를 대신 변제할 것을 강요하지 못하도록 하였다.

3) 대부업자에 대한 규제 강화

2009년 1월 21일 개정시에는 대부중개에 관한 관리 · 감독을 강화하기 위하여 대부중개업 등록제도를 신설하고, 대부업자 등의 상호와 광고에 대부업자임을 명확하게 표시하도록 하여 대부업 이용자가 대부업자를 은행 등으로 오인하지 않도록 하였다. 또한 대부계약서 작성시 대부업자는 중요 사항을 거래상대방이 자필로 직접 기재하게 하여 불법계약서 작성에 따른 피해를 예방하도록 하였다. 이와 함께 대부업자 등이 광고하는 경우에는 일반인이 등록번호, 대부이자율, 이자 외의 추가비용 등을 쉽게 알 수 있도록 광고의 문안과 표기를 하도록 하고, 대부업 및 대부중개업 협회 설립 근거를 마련하여 대부업계의 자율규제를 도모하였다. 또한 대부이자율의 최고한도 제한(연 60%)에 관한 일몰시한을 2013년 12월 31일까지 연장하였다.

2010년 1월 25일 개정에서는 대부업 이용자를 보호하기 위하여 관련 규제가 강화되었다. 대부업자의 최고이자율 상한을 낮추고, 연체이자율이 대부계약에서 차지하는 비중을 고려하여 대부계약의 체결시 계약서에 기재하여야 할 사항 등에 연체이자율을 명시적으로 추가하였다. 그리고 소재불명인 대부업자로 인한 피해를 미연에 방지하기 위하여 대부업 등록시 고정사업장 요건을 추가함과 동시에 등기부등본이나 임대차계약서와 같은 관련 서류를 제출하도록 하였다. 한편, 대부업자와 채무자 간 채무상환 여부에 대한 법률적 다툼이 끊이지 않는 점을 고려하여 변제방법이 계좌이체인 경우 변제를 받기 위한 대부업자 명의의 계좌번호를 계약서에 기재하도록 하였다. 제3자 명의의 담보가 제공된 경우에는 대부업자가 제3자에게 담보제공 여부를 확인하도록 하여 대부계약시에 나타나는 문제점을 개선하였다. 또한 대부업자 등은 범죄단체 관련자 등을 고용하거나, 범죄단체 관련자 등에게 대부업 등의 업무를 위임하거나 대리하게 하지 못하도록 하였다.

4. 「종합금융회사에 관한 법률」

1) 종합금융회사의 설립

1970년대 중반에 들어서 산업정책의 중심이 경공업에서 중화학공업으로 이동하면서 중장기 외화자금 수요가 급증하게 되었다. 그런데 1970년대 1차 석유파동 이후 국제금융시장 상황이 악화되면서 외화조달에 한계를 느끼게 된 정부는 민간금융회사를 통해 외자를 조달하여 중화학공업에 전략적으로 공급하려고 하였다. 이에 따라 정부는 국제금융 및 자본시장에서의 외자도입을 촉진하고 외국의 선진금융기술의 도입으로 국내 민간장기금융시장을 육성함으로써 기업의 복합적인 재정수요를 충족시키기 위하여 1975년 12월 31일 「종합금융회사에 관한 법률」을 제정하고, 미국의 투자은행(investment bank)과 영국의 머천트뱅크(marchant bank) 기능에 중장기 설비금융기능까지 갖는 종합금융회사의 설립을 인가하였다. 동법에 따르면, 종합금융회사는 주식회사로서 재무부 장관의 지정을 받아 외자도입의 주선과 외자의 차입, 설비 · 운전자금의 투자 및 융자, 기업어음의 할인 · 매매 · 인수, 유가증권의 인수 · 매출의 주선, 사채 · 채무증서의 발행 등의 업무를 할 수 있도록 되었다.

종합금융회사는 1970년대 설립 이후 초기에는 어음할인 등 단기금융업무에 주력하다가 1980년대에 들어서는 외화차입 및 대출, 중장기금융, 국제금융, 리스, 증권투자신탁 등 다양한 업무로 영역을 넓히고 왕성한 영업활동을 전개하였다. 그러나 투자금융사들이 대부분 종합금융회사로 전환하면서 시장이 포화상태에 이르게 되자 기업에 대한 무분별한 대출 및 무리한 해외진출로 인해 외환위기와 동시에 가장 먼저 구조조정을 당하게 되었다.

2) 업무영역의 확대 및 규제 완화

1990년 12월 29일 전부개정에서는 신경제 5개년계획에 따라 단기금융회사와 종합금융회사의 업무영역을 통합하여 합리적으로 확대 · 조정하고, 단기금융회사 중 일정한 요건을 충족하는 회사에 대하여는 종합금융회사로 인가를 받을 수 있도록 하는 등 기업에 대한 종합적인 금융지원이 원활하게 이루어질 수 있도록 하였다. 또한 종합금융회사의 경영상황을 수시 또는 정기적으로 공개하도록 하는 경영공시제도를 도입하여 거래고객이 종합금융회사의 경영 상황을 보다 쉽게 알 수 있도록 하였다.

1998년 1월 13일 개정시에는 「금융감독기구의 설치 등에 관한 법률」이 제정됨에 따라 재정경제원 장관의 권한에 속하는 사항 중 종합금융회사의 설립 및 해산과 관련된 사항을 제외한 종합금융회사에 대한 감독권한을 금융감독위원회로 이관하고, 행정규제의 투명성을 제고하기 위하여 종합금융회사의 동일 계열기업군에 대한 여신한도 등을 법률에 규정하였다. 또한 종합금융회사 임원의 자격요건을 정하는 동시에, 금융감독위원회는 종합금융회사에 관한 법률을 위반한 임원에 대하여 업무정지를 명하거나 주주총회에 해임을 권고할 수 있도록 하고, 직원에 대하여는 해당 종합금융회사의 장에게 문책처분을 요구할 수 있도록 하였다.

외환위기 이후에는 국제통화기금과의 협의 결과를 반영할 필요가 있었다. 이에 따라 1999년 2월 5일 개정에서는 종합금융회사의 경영건전성 제고를 위하여 동일한 개인 · 법인, 계열기업군 및 대주주 등에 대한 종합금융회사의 여신한도 관리제도를 국제적 기준에 맞추어 정비하였다. 우선, 종합금융회사의 자기자본 범위를 기본자본과 보완자본의 합계액으로, 신용공여 범위를 금융거래상의 신용위험을 수반하는 종합금융회사의 직접 · 간접적 거래로 정의하였다. 다음으로 종합금융회사의 해당 종합금융회사의 주주 · 임원 등에 대한 신용공여의 한도를 자기자본의 50%에서 자기자본의 25%의 범위 내에서 대통령령이 정하는 한도 이내로 축소하였다. 또 종합금융회사의 동일한 차주에 대한 각각의 신용공여가 해당 종합금융회사 자기자본의 10%를 초과하는 거액신용공여의 총합계액은 해당 종합금융회사 자기자본의 5배를 초과할 수 없도록 하며, 종합금융회사는 동일한 개인이나 법인 각각에 대하여 해당 종합금융회사 자기자본의 20%를 초과하여 신용공여를 할 수 없도록 하였다. 또한 금융감독위원회는 종합금융회사의 경영건전성을 제고하기 위하여 대통령령이 정하는 바에 따라 경영지도 기준을 정할 수 있도록 근거규정을 신설하고, 종합금융회사의 재무건전성 등에 대한 주요 경영정보를 정기적으로 공시하도록 하였다. 한편, 인가사항 중 합병 · 영업 전부의 양수도 및 영업 일부의 폐지 또는 양수도 등 사항을 폐지하거나 보고사항으로 완화하고, 자금중개회사를 설립할 수 있는 금융기관의 자격을 제한하던 조항을 삭제하는 등 행정규제정비계획에 따라 실효성이 없거나 불필요한 규제를 폐지 또는 완화하였다.

3) 지배구조 개선 및 건전성 규제 강화

2000년 1월 28일 개정에서는 종합금융회사 운영의 건전성과 자율성을 제고하기 위한 제도적인 장치를 마련하였다. 우선 종합금융회사의 설립인가에 관한 기본적인 사항을 법률에서 직접 규정하고, 경영의 독립성과 투명성을 제고하기 위하여 전체 이사의 2분의 1 이상을 사외이사로 선임하도록 하며, 이사회에 감사위원회를 설치하도록 하였다. 또한 임직원이 그 직무수행에 있어서 준수하여야 할 절차와 기준을 정하도록 하고, 종합금융회사 소수주주권의 행사

요건을 일반상장기업의 2분의 1 수준으로 완화하여 합리적인 경영권 통제와 주주의 권익보호가 이루어지도록 하였다. 2007년 7월 19일 개정시에는 감사위원회의 위원 중 1명 이상은 재무제표를 이해할 수 있는 회계 또는 재무분야 전문가로 선임하도록 하여 전문성을 강화하였다. 또한 종합금융회사와 대주주간의 거래 등에 대하여 이사회 결의 및 공시를 의무화하며, 대주주가 자신의 이익을 목적으로 종합금융회사에 대하여 공개되지 아니한 정보의 제공 요구 등 부당한 영향력을 행사할 수 없도록 하였다. 이후 「종합금융회사에 관한 법률」은 「자본시장과 금융투자업에 관한 법률」이 제정되면서 관련 내용이 흡수 · 통합되어 2007년 8월 3일 폐지되었다.

제3장 재정 법제

Chapter

3 재정 법제

정부의 수입 및 지출과 자산 및 부채를 의미하는 재정은 정부가 다양한 분야에서 역할을 수행할 때 활용하는 정책수단으로 이에 관한 재정정책은 재정법제를 근거로 한다. 지난 60년 동안의 재정 법제를 시대적으로 살펴보면, 정부수립 이후부터 전후복구기에는 국방 및 치안분야에 재원을 집중적으로 배분하였고, 경제개발기인 1960년대와 1970년대에는 재정투융자를 통해 사회간접자본시설을 확충하고 교육 및 연구개발분야에 대한 투자를 확대하는 한편, 수출산업 및 중화학공업에 대해 조세지원을 강화하였다. 시장경제 전환기인 1980년대 이후에 들어서는 민간주도형 경제질서를 구축하기 위해 긴축적으로 재정을 운용하였다가 1980년대 후반부터는 경제 · 사회 각 분야에 대한 투자를 확대하기 시작하였다. 그러다가 1997년의 외환위기 이후에는 경제회복을 위한 정부지출이 늘어나 정부부채가 급증하고, 실업 등으로 인해 복지지출의 증가속도가 빨라졌다. 이러한 재정 법제의 범위는 매우 광범위한데, 이하에서는 특히 예산 · 회계 법제, 재정투융자 법제, 국가재산관리 법제, 조세 법제로 나누어 분야별로 살펴볼 것이다.

제1절 예산 · 회계

국가의 예산과 회계 및 이에 관련되는 기본적인 사항은 현재 「예산회계법」과 「기금관리기본법」을 통합하여 제정된 「국가재정법」에 규정되어 있다. 「국가재정법」이 2006년에 제정되기 전에는 정부수립 후 최초의 예산 · 회계 관련 법률이라고 할 수 있는 「재정법」에서 출발한 「예산회계법」이 국가재정에 관한 총칙법으로서 재정에 관한 헌법상의 규정을 보완하는 헌법시행법적인 성격을 가지고 있었다. 한편, 정부기업의 예산과 회계에 관해서는 「기업예산회계법」이, 국가보조금의 사용 및 관리에 관한 기본적인 사항에 대해서는 「보조금의 예산 및 관리에 관한 법률」이, 세입 · 세출예산 외로 운용되는 각종 기금에 대해서는 「기금관리기본법」이 규율하고 있다. 이하에서는 이러한 법률의 제정 배경 및 그 주요 개정사항 등을 차례로 살펴보기로 한다.

1. 「재정법」, 「예산회계법」 및 「국가재정법」

1) 「재정법」의 제정

1948년 정부가 수립됨에 따라 국가재정활동의 기본이 되는 법률의 제정이 시급히 요구되었으나, 6.25전쟁으로 인하여 법률의 제정이 지연되다가 1951년 9월 24일 비로소 「재정법」이 제정되었다. 동법에서는 재정의 민주화, 건전재정의 확립, 재정통제의 강화 등을 기본방향으로 하여 예산 · 결산 및 회계에 관한 원칙을 정하였다. 동법에는 회계연도, 일반회계 및 특별회계, 국고채무부담행위, 총액예산주의, 예비비, 예산의 이월, 추가예산, 경정예산, 가예산, 결산, 세입의 징수 및 수납, 지출원인행위 및 지출, 시효, 국고금 및 유가증권의 보관, 출납공무원 등에 관한 사항 등이 규정되었다. 「재정법」은 전쟁 중에 임시수도 부산에서 갑작스럽게 제정되었기 때문에 일본의 재정법과 회계법을 많이 모방할 수밖에 없었다. 특히, 예산의 배정과 자금의 공급이 분리되어 있어서 예산이 배정되어도 자금의 뒷받침이 없어서 계획적으로 사업을 집행하지 못하였다. 뿐만 아니라 예산안을 국회에 제출한 후 정부가 수정할 필요가 있을 때에는 다시 국회로부터 예산안을 반환받아 수정한 후 다시 제출하여야 하고, 예산의 이체에 관한 규정이 없어서 매년 예산총칙에 이체에 관한 규정을 따로 두어야 하는 등 미비한 점이 많았다. 그럼에도 별다른 개선 노력이 없다가, 1961년 12월 19일 「예산회계법」이 제정되면서 흡수 · 통합되었다.

2) 「예산회계법」의 제정

정부수립 이후 재정규모가 급격히 확대되어 재정운영에서 제도적 미비점을 법률의 형태로 보충할 필요성이 생겼다. 이에 따라 「재정법」에 의한 재정관리가 국가목표를 달성함에 있어 효율적이지 못한 점을 시정하고, 국가목표의 달성에 필요한 예산 및 회계 측면에서의 지원을 강화하는 한편 회계질서의 확립을 도모하기 위해 1961년 12월 19일 「예산회계법」이 제정되었다. 동법에서는 우선 예산이 성립되면 경제기획원 장관 소관인 예산배정계획과 재무부 장관 소관인 자금계획을 유기적으로 작성하여 국무회의의 심의를 거쳐 대통령의 승인을 얻도록 하고, 승인을 얻은 내용에 따라 집행하도록 함으로써 예산의 배정과 자금의 공급을 연계시켰다.

다음으로 제정 헌법에 규정되어 있는 계속비제도의 절차규정을 정하여 수년에 걸쳐 진행되는 사업을 효과적으로 수행할 수 있도록 하였다. 또한 정부가 국회에 예산안을 제출한 후 아직 예산이 의결되기 전에 정부가 제출한 예산안을 수정할 수 있도록 하는 수정예산제도를 신설하였다. 그리고 추가경정예산제도를 도입하여 예산안 성립 후에 생긴 사유로 인하여 이미 성립된 예산안에 변경을 가할 필요가 있을 때에는 정부가 추가경정예산안을 편성하여 국회에 제출할 수 있도록 하였다. 이와 함께 예비비가 항상 부족하여 예비비 책정의 의의를 충분히 살리지 못한 점을 보완하기 위하여 일반회계의 경우 세출예산의 1% 이상을 예비비로 계상하도록 의무화하는 규정을 두었다. 한편, 「재정법」에서는 국회가 공공요금을 결정하도록 되어 있었으나, 「예산회계법」에서는 공공요금심사위원회와 국무회의의 심의를 거쳐 대통령의 승인을 얻어 결정하도록 하였다. 그 후 1975년에 「물가안정 및 공정거래에 관한 법률」이 제정되어 공공요금은 물가안정위원회의 의결 및 국무회의의 심의를 거쳐 대통령의 승인을 얻어 결정하도록 바뀌었다.

3)「예산회계법」의 주요 개정사항

1966년에는 내자동원과 정부출자 법인의 민영화를 위하여 정부소유 주식을 매각할 수 있는 근거를 마련하고, 1972년에는 정부공사계약을 조달청이 대행하는 법적 근거를 마련하는 등 부분적인 개정이 있었다. 그러다가 1973년도에 들어서 정부는 건전재정을 목표로 예산을 편성하면서 재정관리를 강화하기 위하여 재정제도에 대한 개편작업을 강구하였다. 이에 따라 1973년 2월 16일 대폭적인 개정이 있었는데, 그 동안 국가재정활동이 질적 · 양적으로 비약적으로 증대하고, 국내외 경제여건이 급격하게 변동하는 데에 효율적으로 대처하기 위해 재정사업의 관리 측면에서 재정제도를 개편한 것이었다. 그 주요 내용을 살펴보면, 우선 주요 신규 및 계속사업 계획서를 예산실이 사전검토하는 사전심사제도를 도입하였다. 다음으로 각종 기금을 관리하는 중앙관서의 장은 회계연도 개시 전에 기금운영계획을 수립하여 국무회의의 심의를 거쳐 대통령의 승인을 얻도록 하고, 회계연도 종료 후 80일까지 기금결산보고서를 재무부 장관에게 제출하도록 하는 등 세입 · 세출 외로 규정되어 각 중앙관서의 장이 자율적으로 운용하던 기금에 대한 관리 · 통제를 강화하였다. 또한 세출예산의 이월조건을 완화하고, 경제기획원 장관은 필요한 경우에는 회계연도 개시 전에 예산을 배정하여 집행할 수 있도록 하며, 일반회계로부터 전입을 받는 특별회계는 일반회계의 예비비를 전입받아 그 특별회계의 세출로 지출할 수 있도록 하였다.

이후에도 정부는 몇 차례의 개정을 통해 국회의 재정통제와 재정의 탄력성을 합리적으로 조정하려고 하였다. 1973년 12월 20일 개정시에는 특별기금에 대한 기금운용계획서와 기금결산보고서를 예산안 및 결산과 함께 국회에 제출하도록 하는 규정을 추가하였다. 이때의 국회의 제출은 승인을 요하는 것이 아니기 때문에 형식적인 의미가 강하였다. 1974년 12월 26일 개정에서는 예산의 신축성을 강화하여 일정한 범위 안에서는 세출예산 각 세항 또는 목의 금액을 중앙관서의 장이 재량에 의하여 전용할 수 있도록 하였다. 1975년 12월 31일 개정시에는 각 중앙관서의 장으로 하여금 그 소관에 속하는 계약사무를 처리하기 위하여 필요한 경우 계약관을 임명할 수 있도록 하고, 임차 · 보관 등 그 성질상 중단할 수 없는 계약은 회계연도 개시 전에 체결할 수 있도록 하는 등 계약과 관련한 규정을 대폭 신설하였다.

1980년대 후반에 들어서는 예산회계제도에 대한 국회의 통제를 강화하기 위한 시도가 있었다. 이에 따라 1989년 3월 31일 전문개정에서는 세출예산의 1% 이상을 예비비로 계상하도록 한 규정이 예비비의 과대한 팽창을 초래하는 원인이 된다고 여겨져 삭제하였다. 또한 결산관계 서류의 국회제출 시기를 앞당겨 국정감사자료로 활용할 수 있도록 하며, 여러 부처가 관련되는 사업에 대한 중복투자를 방지하기 위하여 종합계약제도를 도입하였다. 또한 중장기재정운용계획의 수립근거를 마련하고, 5년인 계속비의 연한을 국회의 의결을 거쳐 연장할 수 있도록 하고, 국가배상금은 세계잉여금으로 우선 지출할 수 있도록 하였다.

1993년 12월 31일 개정시에는 일반회계 세계잉여금의 처리방식을 개선하여 재정투융자특별회계 및 국채관리기금의 부담으로 발행한 국채의 원리금 상환에 사용할 수 있도록 하는 등 재정운용의 건전성을 높이고, 사고이월의 범위를 확대하여 예산집행의 효율성을 높이며, 부실공사 방지대책을 강구하였다. 또한 긴급국고채무부담행위제도를 부활시켜 재해복구를 위하여 필요한 경우에는 매 회계연도마다 국회의 의결을 얻은 범위 안에서 국고채무부담행위를 할 수 있게 하여 신속한 예산지원이 가능하도록 하였다. 1999년 2월 5일 개정에서는 예산집행의 신축성과 집행관서의 자율성을 높이기 위해 공공사업의 손실보상비와 다음 연도에 집행할 필요가 있는 경상적 경비는 이월할 수 있도록 예산이월에 대한 제한을 완화하였다. 또한 재해복구비를 조기에 지원할 수 있게 하고, 예산을 절약하거나 수입을 증대시킨 공무원에게 성과금을 지급할 수 있도록 하였다. 「예산회계법」은 그 이후 별다른 개정이 없다가 「예산회계법」 및 「기금관리기본법」을 통합하여 「국가재정법」이 2006년 10월 4일 제정됨에 따라 폐지되었다.

4) 「국가재정법」의 제정

정부는 2006년 10월 4일 「국가재정법」을 제정하여 「예산회계법」 및 「기금관리기본법」을 통합하였다. 국가재정운용의 기본법을 제정함으로써 새로운 재정운용의 틀을 마련하고, 국가재정운용계획의 수립, 성과관리제도 · 예산총액배분 및 자율편성제도의 도입 등을 통하여 재정의 효율성을 도모하기 위함이었다. 또한 재정정보의 공표 확대 및 조세지출예산제도의 도입 등으로 재정의 투명성을 제고하고, 추가경정예산 편성요건의 강화 및 국가채무관리계획의 수립 등을 통하여 재정의 건전성을 확보하고자 하였다. 그 주요 내용을 살펴보면, 우선 정부는 매년 해당 연도를 포함한 5 회계연도 이상의 기간에 대하여 국가재정운용계획을 수립하고, 회계연도 개시 90일 전까지 국회에 제출하도록 하였다. 또한 중앙관서의 장 및 기금관리주체는 재정활동의 성과관리체계를 구축하여 예산요구서 또는 기금운용계획안을 제출하는 경우 성과계획서 또는 성과보고서를 의무적으로 제출하도록 하고, 예 · 결산, 통합재정수지 등 국가와 지방자치단체의 중요한 재정정보를 정부로 하여금 매년 1회 이상 공표하도록 하였다. 다음으로 기금과 유사하게 특별회계 신설에 대한 심사절차를 도입하여 부처가 특별회계를 신설하려는 때에는 계획서를 기획재정부에 제출하여 심사를 요청하도록 하고, 신설이 인정되는 경우를 법에 나열하였다. 또한 칸막이식 재정운영의 문제점을 극복하기 위하여 회계 및 기금 간 여유재원의 전입 · 출입을 허용하되, 그 내용을 예산안 또는 기금운용계획안에 반영하여 국회에 제출하도록 하였다. 사용목적이 지정되지 않은 일반예비비의 규모를 일반회계 예산 총액의 1% 이내로 하여 그 한도를 설정하며, 이를 공무원의 보수 인상을 위한 인건비 충당에 사용할 수 없도록 하였다. 아울러 조세감면 등의 재정지원 추정금액을 기능별 · 세목별로 작성한 조세지출예산서를 예산안과 함께 국회에 제출하도록 하되, 이를 2011회계연도 예산안부터 적용하도록 하였다. 또한 추경의 편성사유를 전쟁이나 대규모 자연재해가 발생한 경우, 경기침체 · 대량실업 등 대내외 여건의 중대한 변화가 발생하였거나 발생할 우려가 있는 경우, 법령에 따라 국가가 지급하여야 하는 지출이 발생하거나 증가하는 경우로 한정하였다. 국가채무에 대한 체계적인 관리를 위하여 재정경제부 장관으로 하여금 매년 국채 · 차입금의 상환실적 및 상환계획, 채무의 증감에 대한 전망 등을 포함하는 국가채무관리계획을 수립하여 회계연도 90일 전까지 국회에 제출하도록 하였다. 그리고 대규모 사업에 대한 총사업비관리제도를 도입하여 각 중앙관서의 장으로 하여금 그 사업규모 · 총사업비 및 사업기간에 대하여 미리 기획예산처 장관과 협의하도록 하였다. 이와 함께, 자율적으로 변경할 수 있는 주요 항목 지출금액의 범위를 비금융성 기금은 30%에서 20% 이하로, 금융성 기금은 50%에서 30% 이하로 축소하고, 불법 재정지출에 대한 국민감시제도를 도입하여 예산 및 기금의 불법지출에 대하여 일반국민들이 집행에 책임 있는 중앙관서의 장 또는 기금관리주체에게 시정을 요구할 수 있도록 하였다. 시정요구에 대한 처리 결과 예산절약 등에 기여한 경우 시정요구를 한 자에게 예산성과금을 지급할 수 있도록 하였다. 한편, 성인지예 · 결산제도를 도입하여 예산이 여성과 남성에게 미치는 영향을 분석한 성인지 예산서와 여성과 남성이 동등하게 예산의 수혜를 받고 예산이 성차별을 개선하는 방향으로 집행되었는지를 평가하는 성인지 결산서를 예산 · 결산안 첨부서류로 국회에 제출하도록 하고, 이를 2010회계연도 예산 · 결산안부터 적용하도록 하였다.

5) 「국가재정법」의 주요 개정사항

「국가재정법」에 따르면 「국가재정법」 별표 1 또는 별표 2에 명시된 법률에 근거하지 않으면 특별회계 또는 기금을 설치할 수 없는바, 관련된 근거 법률이 계속적으로 추가되었다. 2006년 12월 30일에는 영화발전기금과 순국선열·애국지사사업기금을 위한 「영화 및 비디오물의 진흥에 관한 법률」과 순국선열·애국지사사업기금을 위한 「독립유공자 예우에 관한 법률」이, 2007년 12월 31일에는 혁신도시건설특별회계와 교통시설특별회계를 위한 「공공기관 지방이전에 따른 혁신도시 건설 및 지원에 관한 특별법」과 「교통시설특별회계법」이 추가되었다. 또 2009년 10월 21일에는 문화재보호기금을 위한 「문화재보호기금법」이, 2010년 12월 27일에는 범죄피해자보호기금을 위한 「범죄피해자보호기금법」이, 2011년 3월 30일에는 국유재산관리기금을 위한 「국유재산법」이 각각 추가되었다.

또한 2008년 12월 31일 개정시에는 「국가회계법」에서 국가회계 및 결산에 관한 일반적인 사항을 규정하기로 함에 따라 「국가재정법」에서 정하고 있던 결산보고서의 작성에 관한 내용 등은 「국가회계법」에, 결산보고서의 제출절차에 관한 내용 등은 「국가재정법」에 규정하는 등 국가회계에 관한 법체계를 정비하였다. 또한 기존 국채를 대체하기 위한 경우에는 국회의 의결을 받은 국채의 한도를 초과하여 국채를 발행할 수 있도록 하여 국가채무 관리의 효율성을 제고하며, 기금정책심의회를 폐지하였다.

한편, 당시 국가재정법이 추가경정예산안의 편성사유를 지나치게 제약하여 긴급한 경제상황에 대한 정부의 재정대응을 어렵게 한다는 문제점이 대두되었다. 이에 대응하기 위하여 2009년 2월 6일 개정에서는 추가경정예산안의 편성사유에 남북관계의 변화와 경제협력을 추가하였다. 그리고 동법 제89조 제1항 각 호에 열거된 사유, 즉 전쟁이나 대규모 자연재해가 발생한 경우, 경기침체, 대량실업, 남북관계의 변화, 경제협력과 같은 대내외 여건에 중대한 변화가 발생하였거나 발생할 우려가 있는 경우, 법령에 따라 국가가 지급하여야 하는 지출이 발생하거나 증가하는 경우 외에는 추가경정예산안을 편성할 수 없도록 하던 것을 동법 제89조 제1항 각 호에 열거된 사유에 해당하는 때에는 추가경정예산안을 편성할 수 있도록 그 표현을 변경하였다.

2009년 3월 18일 개정에서는 중앙관서의 장은 예산을 이용·전용하거나 기금운용계획을 변경하는 경우 분기별로 국회 소관 상임위원회와 예산결산특별위원회에 그 내역을 제출하도록 하여 국회가 정부의 예산집행을 상시 감시할 수 있는 제도적 근거를 마련하였다. 또한 대규모 사업에 대한 타당성 재조사 실시사유에 감사원 감사에 따른 감사원장의 요청을 추가하고, 타당성 재조사 결과를 국회에 보고하도록 하여 예산집행에 대한 국회의 심의기능과 감시기능을 강화하였다. 그리고 같은 해 5월 27일 개정시에는 예산안과 기금운용계획안을 국회에 제출할 때에는 물론 수정예산안 및 추가경정예산안과 기금운용계획변경안을 제출할 때에도 성과계획서의 내용을 일치시키도록 하여 성과중심의 재정운용을 실현하도록 하였다.

2008년의 금융위기 이후 이에 대응하기 위한 개정작업도 이루어졌다. 당시 금융 및 경제위기를 극복하는 과정에서 대규모 재정을 투입한 결과 재정적자가 급증하고 국가채무가 증가함으로써 재정건전성이 악화될 우려가 있었다. 이에 대처하기 위해 2010년 5월 17일 개정에서는 재정부담을 낮추고 건전재정을 유지하기 위하여 재정지출과 대규모의 감세로 이루어지는 조세지출의 연계성을 강화하고, 전망 위주로 수립하던 국가재정운용계획에 대하여 전망에 대한 근거와 대처 계획 및 목표를 명확히 세우도록 하였다.

2. 「기업예산회계법」

1) 법률의 제정

정부는 정부기업의 예산과 회계를 통일적으로 규제하기 위하여 1961년 12월 31일 「예산회계법」과는 별도로 「기업예산회계법」을 제정하였다. 교통, 체신, 전매사업 등의 정부기업이 당초에는 「재정법」에 근거한 특별회계로 운영되어 사업의 기업성을 반영할 수 없는 소비경제단위의 회계제도인 정부회계제도를 적용받게 됨에 따라 효율적인 관리 · 통제가 곤란하였다. 그러므로 이를 복식회계 처리방식에 입각한 기업회계제도로 개편하여 정확한 기간손익계산과 재정상태 계산을 행함과 아울러 원가계산제도를 확립하도록 하였다. 주요 내용을 살펴보면, 동법을 적용받는 정부기업을 교통사업, 통신사업, 전매사업, 양곡관리사업 및 조달사업으로 하고, 이들 사업의 운영을 위하여 교통사업특별회계, 통신사업특별회계, 전매사업특별회계, 양곡관리특별회계 및 조달특별회계를 설치하여 그 수입으로 지출에 충당하도록 하였다.

2) 주요 개정사항

1962년 12월 7일 개정시에는 사업운영에 있어서 부득이한 경우에는 특별회계의 부담으로 국채를 발행하거나 자금을 차입할 수 있도록 하고, 1968년 3월 18일 개정에서는 이 법의 적용대상에 국민생명보험 및 우편연금사업을 추가하였다. 1970년 12월 31일 개정시에는 정부기업의 예산과 회계제도를 발생주의계리원칙에 의한 기업회계제도로 발전시키기 위해 우선 철도사업특별회계에 대하여 기업회계원칙에 적합하지 아니한 「예산회계법」 및 다른 법률의 규정은 적용하지 않도록 하였다. 1973년 2월 6일 개정에서는 기업회계원칙을 강화하기 위하여 기업회계원칙에 적합하지 아니한 다른 법률의 적용을 배제하도록 하였다. 한편, 「국가회계법」에서 국가회계 및 결산에 관한 일반적인 사항을 규정하기로 함에 따라 2008년 12월 31일 개정에서는 정부기업의 회계 · 결산 관련 조항을 삭제하여 국가회계에 관한 법체계를 정비하였다. 예산 관련 조항만 남게 된 「기업예산회계법」의 제명을 「정부기업예산법」으로 변경하고, 정부기업별 특별회계의 세입 · 세출 내용에 관한 규정을 신설하였다.

3. 「보조금의 예산 및 관리에 관한 법률」

정부는 국가 외의 자가 행하는 사무 또는 사업에 대한 국가보조금의 사용 및 관리에 관한 기본적인 사항을 규정하여 보조금을 적정하게 관리하기 위하여 1963년 11월 1일 「보조금관리법」을 제정하여 각 법령에 의한 보조금의 지급 절차를 일원화하고, 지급된 보조금의 감독 또는 관리에 관한 사항을 정하였다. 주요 내용을 살펴보면, 보조금은 그 교부목적에 배치되는 다른 용도에 사용할 수 없도록 하고, 보조사업자가 교부 결정의 내용과 조건을 위반한 때에는 교부 결정의 전부 또는 일부를 취소할 수 있도록 하며, 보조금 교부 결정이 취소되는 경우 이미 교부된 보조금을 반환하도록 하였다. 그리고 보조금에 대하여 별도의 계정을 설정하도록 하는 등 보조금의 경리방법을 규정하고, 보조금에 의하여 취득하였거나 효용이 증가된 재산은 그 보조사업이 완료된 후에도 자의로 양도·교환·대여하거나 담보로 하지 못하도록 하였다.

「보조금관리법」은 1986년 12월 31일 전부개정되어 「보조금의 예산 및 관리에 관한 법률」로 명칭이 변경되면서 보조금의 집행·관리에 관한 사항만 규정되어 있고 예산편성에 관한 사항은 결여되어 있던 것이 보완되었다. 또한 지방자치단체에 대한 보조사업은 대부분 해당 지방자치단체와 사전협의를 거치지 아니하고 국가가 선정하여 사업수행을 지시하였으나 이에 따른 부작용이 많아 보조사업자가 먼저 중앙관서의 장에게 보조금의 예산계상신청서를 제출하고 중앙관서의 장은 이를 기초로 예산을 요구하도록 하는 신청주의제도를 도입하였다. 그리고 지방자치단체가 계획성 있는 보조사업계획을 수립하여 보조금의 예산계상을 신청할 수 있도록 하기 위하여 지방자치단체에 대한 보조금에 있어서는 국가의 보조대상 사업의 범위를 정하고 사업별 기준보조율제도를 도입하였다. 또한 지역 간의 균형발전을 위하여 재정사정이 특히 어려운 지방자치단체인 경우에는 기준보조율에 일정률을 가산하는 차등보조율을 적용할 수 있도록 하고, 보조사업별로 보조금액을 산출하는 데 있어 적용하는 기준이 되는 국고보조율을 정하였다. 그리고 출연금과 보조금의 이중지원을 방지하기 위하여 출연금을 예산에 계상한 기관에 대하여는 원칙적으로 출연금 외에 별도의 보조금을 예산에 계상할 수 없도록 하였다.

2009년 1월 30일 개정에서는 보조사업의 목적을 달성하고 자체 노력으로 보조금 예산을 절감한 경우 그 초과액을 반납하지 아니하고 해당 보조사업의 목적과 유사한 사업에 활용할 수 있도록 하고, 부처 중심의 책임 있는 행정체제를 구축하기 위한 정부위원회 정비계획에 따라 보조금심의위원회를 폐지하였다. 또한 법인 또는 영업주가 종업원 등에 대한 관리 · 감독상 주의의무를 다한 때에는 처벌을 면하게 함으로써 양벌규정에도 책임주의 원칙이 관철되도록 하였다.

2011년 7월 25일 개정시에는 그 명칭을 「보조금 관리에 관한 법률」로 변경하고, 보조사업 집행의 투명성 및 효율성을 높이기 위하여 보조사업 운용평가제도를 도입하는 동시에 보조사업의 예산을 통합하여 운용할 수 있도록 하며, 보조사업자를 공모방식으로 선정하도록 하고, 보조금 통합관리망을 구축함으로써 보조금 관리체계를 개선하였다.

4. 「기금관리기본법」

1) 법률의 제정

기금제도는 「예산회계법」상 세입 · 세출예산 외로 운용하도록 되어 있는 제도로서 자율성과 탄력성을 본질로 한다. 그런데 해마다 정부관리기금이 늘어나 1989년에는 그 수가 37개, 연간 운용규모는 일반회계예산 수준인 13조 64억 원에 달할 정도로 커지게 되었다. 정부는 이에 따라 기금운용에 있어서 재정운용과의 연계성을 높이고 공공성과 효율성을 조화시킬 수 있도록 하기 위하여 1991년 12월 31일 「예산회계법」과는 별도로 「기금관리기본법」을 제정하여 기금제도 전반의 기본적인 원칙과 기준에 관한 사항을 정하였다. 그 주요 내용을 살펴보면, 우선 저축장려만을 목적으로 하는 재산형성저축장려금기금, 농어가목돈마련저축장려기금 및 체신보험기금을 제외한 전 정부관리기금과 대통령령이 정하는 민간관리기금을 동법의 적용대상으로 하였다. 그리고 기금관리주체는 기금으로 주식과 부동산을 원칙적으로 매입할 수 없도록 하되 기금의 설립목적과 공익목적에 위배되지 않는 범위 내에서 기금운용계획에 반영된 경우에는 이를 허용하도록 하였다. 또한 기금운용계획은 경제기획원 장관과의 협의와 국무회의의 심의를 거쳐 대통령의 승인을 얻음으로써 확정되도록 하였다. 이와 함께 정부는 확정된 기금운용계획을 회계연도 개시 80일 전까지 국회에 제출하도록 하고, 기금관리주체는 기금운용계획을 국회의 소관 상임위원회에 보고하여 심사하도록 하였다. 아울러 기금관리 주체는 기금운용계획의 지출계획을 주요 항목 지출금액의 2분의 1을 초과하여 변경하는 경우에는 경제기획원 장관과의 협의와 국무회의의 심의를 거쳐 대통령의 승인을 얻도록 하고, 기금의 목적달성에 필요한 해당 연도의 지출소요를 초과하는 여유자금을 재정투융자특별회계에 예탁하게 하였다.

2) 주요 개정사항

1993년 12월 31일 개정시에는 예외적인 예산운영형식인 기금이 과다하게 설치·운용됨에 따른 재정운용의 비효율을 방지하기 위하여 정부의 출연금 또는 법률에 의한 부담금을 재원으로 하는 기금을 동법에 근거를 두고 설치할 수 있도록 함으로써 기금의 신설을 억제하였다. 또한 국채발행 및 차입금의 한도액을 예산총칙에 규정하여 다른 국채 및 차입금과 함께 국회의 의결을 얻도록 함으로써 재정운용의 투명성을 높이고 국회 의결절차를 간소화하였다.

그리고 불요불급한 기금을 정비하기 위하여 1994년 12월 22일 개정에서는 식품진흥기금, 산업디자인포장·진흥기금 등 규모가 영세한 기금, 낙농진흥기금, 학술연구진흥기금 등 장기간 조성되지 아니한 기금 및 산업인력관리공단관리기금 등 별도의 기금으로 존치하지 아니하여도 재원을 신축적으로 운용할 수 있는 기금을 폐지하였다. 1995년 12월 6일 개정시에도 농약관리기금, 농업산학협동기금 등 규모가 영세한 기금, 생명공학연구기금, 의약품부작용피해구제기금, 교도작업회전기금 등 장기간 조성되지 아니한 기금, 별도의 기금으로 존치할 실익이 없는 기금을 폐지하고, 중소기업진흥기금을 중소기업창업지원기금에 통합하는 등 유사한 기능을 행하는 기금을 통합하였다.

1999년 12월 31일 개정시에도 기금의 설치목적을 달성하였거나 예산으로 사업을 지원하는 것이 바람직하다고 판단되는 재외동포기금, 새마을운동기금, 한국장학기금 등 11개 기금을 폐지하였다. 또한 공공기금 관련 정책과 그 운용방향 등을 심의하기 위하여 기획예산처 장관 소속하에 기금정책심의회를 설치하고, 기금제도에 관한 전문적 · 기술적인 연구 또는 자문을 구하거나 기금운용 실태의 조사 및 평가를 위하여 기금운용평가단을 운영하였다. 이렇게 함으로써 기금운용제도를 개선 · 보완하고 기금운용의 민주성 · 투명성 및 효율성을 높이려고 하였다.

2001년 12월 31일 개정에서는 금융성 기금을 제외한 모든 기금의 기금운용계획안과 기금결산은 국회의 의결을 거치도록 하여 마침내 기금이 예산계정이 되게 하였다. 이와 아울러 공공기금과 기타기금의 구분을 없애고 기금으로 일원화하면서 새마을금고안전기금, 법률구조기금 등은 폐지하고, 참전기념사업기금은 보훈기금에 흡수 · 통합하며, 산업재해예방기금과 산업재해보상보험기금은 산업재해보상보험및예방기금으로 통합하고, 산업기반기금과 중소기업창업및진흥기금을 중소기업진흥및산업기반기금으로 통합하는 등 유사 · 중복되는 일부 기금은 폐지하거나 통합하였다. 또한 공공기금과 기타기금의 구분을 없애고 기금으로 일원화하였다.

제2절 재정투융자

재정투융자란 자본적 기능을 영위하는 재정지출로 정부의 재정지출 중 인건비와 소비적 물건비를 제외한 건물, 설비, 기계, 도로건설, 항만, 국토보존,

재고 증가 등 정부자산의 증대를 가져오는 일체의 지출인 재정투자와 기간산업의 육성, 수출산업의 진흥, 중소기업의 육성 등을 위하여 민간기업의 자금부족을 보완하거나 민간자금에 의하여 행할 수 없는 부분에 자금을 공급하는 재정융자를 포함하는 개념이다.

휴전협정이 체결된 1953년경부터 「대충자금특별회계법」 및 「경제부흥특별회계법」에 의하여 주로 대충자금을 재원으로 하여 재정투융자가 행하여졌는데, 재정투자는 주로 식량증산 · 항만 · 치산치수 · 교통 등에 대하여, 재정융자는 일반산업자금 · 중소기업 지원 · 수리사업 · 농업 · 주택건설 등에 대하여 이루어졌다. 그러다가 제1차 경제개발 5개년계획이 시작된 1962년부터 재정투융자가 본격화되었다. 즉, 재정투융자가 경제개발계획을 수행하기 위한 정책수단으로서 중요한 역할을 담당하였는데, 국민경제의 자원배분에 정부가 강력하게 개입한 것이라고 볼 수 있다. 재정투융자의 중점이 처음에는 주로 수출주도형 공업화 기반을 조성하고 기간산업 및 사회간접자본을 확충하는 데에 있었으나, 중화학공업 등 산업구조를 고도화하는 한편 농어촌을 개발하는 데에 중점이 옮겨졌다가, 최근에는 사회개발의 비중이 점차 많아지고 있다.

재정투융자를 뒷받침하기 위하여 「경제개발특별회계법」, 「재정자금운용특별회계법」, 「자금관리특별회계법」, 「재정융자특별회계법」, 「공공자금관리기금법」 등 많은 법률이 제정되어 경제개발계획의 성공적인 수행과 경제의 고도성장에 기여하였다. 이하에서는 이러한 법률의 제정 및 주요 개정사항에 대해 차례로 살펴볼 것이다.

1. 재정투융자특별회계 관련 법률

처음에는 정부가 직영하는 경제부흥시설사업에 필요한 재정수요를 조달 · 운영하기 위하여 1954년 3월 12일 「경제부흥특별회계법」이 제정되어 대충자금특별회계의 전입금을 세입으로 하는 특별회계가 설치되었다. 그러다가

경제개발 5개년계획의 효과적인 수행을 위한 재원을 합리적으로 배분하고 예산의 편성 및 집행절차와 그 내용을 간명하게 하기 위하여 1962년 11월 28일 「경제개발특별회계법」을 제정하면서 국토건설사업특별회계 및 경제부흥특별회계를 통합하고 「경제부흥특별회계법」을 폐지하였다. 이후 경제개발특별회계를 10년간 운용하는 동안 귀속재산처리특별회계 및 대충자금특별회계가 폐지되고, 재정차관자금예탁금이 재정투융자를 위한 주요한 재원이 됨에 따라 1973년 2월 6일 「경제개발특별회계법」을 개정하여 경제개발특별회계의 세입을 이에 맞추어 조정하였다. 1973년 12월 20일 「경제개발특별회계법」 개정시에는 「재정자금운용특별회계법」이 폐지됨에 따라 동 회계의 융자업무를 승계받았다. 한편, 정부가 채무자가 되어 외국 정부 · 외국인 또는 국제기구와의 차관계약에 의하여 도입하는 자금(재정차관자금)을 경제개발을 위한 투융자에 사용하기 위하여 1965년 12월 20일 「재정차관자금관리특별회계법」을 제정하여 재정차관자금관리특별회계를 설치하였다.

정부는 재정차관자금과 재정예탁자금을 효율적으로 관리 · 운용하기 위하여 1976년 12월 22일 「경제개발특별회계법」과 「재정차관자금관리특별회계법」을 폐지하는 동시에 「자금관리특별회계법」을 제정하여 자금관리특별회계를 설치하였다. 1987년 12월 4일 개정에서는 재정투융자 자금을 보다 체계적 · 효율적으로 관리 · 운용하기 위하여 종전의 자금관리특별회계를 재정투융자특별회계로 확대 · 개편하고 그 기능을 강화하면서 법제명도 「재정투융자특별회계법」으로 변경하였다. 이와 함께 특별회계 또는 기금 등 1년 이상의 여유자금이나 체신예금은 해당 법률에 예탁규정이 없는 경우에도 이 회계에 예탁할 수 있도록 하고, 해당 회계연도 내에 지출하지 못한 세출예산을 다음 해에 이월하여 사용할 수 있도록 예산회계법에 대한 특례를 정하고, 재정융자 재원을 마련하기 위하여 필요한 경우에는 이 회계의 부담으로 재정융자채권을 발행할 수 있도록 하였다. 그러다가 증시 여건의 영향으로 출자계정의 안정적인 세입확보가 어려워져 사회간접자본시설 · 농어촌개발 및 중소기업 지원 등에 대한 지속적인 투자가 어렵게 됨에 따라 1996년 12월 12일 동 계정을 폐지하여 동 회계에서 수행하던 정부출자 및 기금출연을 일반회계에서 수행하도록 하고, 아울러 명칭도 「재정융자특별회계법」으로 변경하였다. 「재정융자특별회계법」은 공공재정의 칸막이를 없애고 재원배분의 우선순위를 종합적으로 검토할 수 있는 기반을 강화하기 위하여 재정융자특별회계를 폐지하는 내용으로 「공공자금관리기금법」이 개정됨에 따라 2006년 12월 30일 폐지되었다.

2. 「공공자금관리기금법」

연금 및 기금은 공공자금적 성격이 있음에도 불구하고 그 여유자금이 주로 민간금융기관에 예탁 · 운용됨에 따라 공공부문의 자금흐름이 왜곡되는 현상이 있었다. 이러한 왜곡을 해소하고, 사회간접자본의 확충과 중소기업 및 농어촌의 지원 등 향후 지속적으로 늘어날 재정투융자 수요에 대비한 재원의 효율적 조달을 위하여 1993년 12월 31일 「공공자금관리기금법」이 제정되었다. 동법에 따라 설치된 공공자금관리기금은 각종 기금과 체신예금 등으로부터 자금을 예탁받아 재정투융자특별회계의 융자계정에 예탁하거나 국 · 공채의 인수 등에 사용하도록 하고, 예탁금에 대하여는 국 · 공채의 금리 수준과 기금 등의 금융자산 운용수익률 등을 참작하여 정한 이자를 지급하도록 하였다.

공공자금관리기금을 채권인수를 통하여 지원하던 한국산업은행 · 중소기업은행 · 한국가스공사 등이 「정부투자기관관리기본법」의 개정과 「공기업의 경영구조 개선 및 민영화에 관한 특별법」의 제정으로 정부투자기관에서 제외됨에 따라 공공자금관리기금의 지원대상에서도 제외되게 되었다. 이들을 계속적으로 지원하기 위하여 1997년 12월 13일 「공공자금관리기금법」 개정시에는 공공자금관리기금으로 인수할 수 있는 채권에 특별법에 의하여 설립된 법인이 그 특별법에 근거하여 발행하는 채권을 추가하였다. 또한 1999년 1월 29일 개정에서는 국민연금기금의 운용에 있어서 효율성을 높이기 위하여 국민연금기금이 공공자금관리기금에 의무적으로 예탁하게 되어 있는 자금의 규모를 줄여 나가되, 2001년부터는 예탁의무를 면제하도록 하였다. 1999년 12월 31일 개정시에는 기금운용체계의 효율성을 높이기 위하여 국채관리기금을 폐지하여 공공자금관리기금에 통합함에 따라 국채관리기금에 의한 국채의 발행 및 상환 등에 대한 관리기능을 공공자금관리기금으로 이관하고, 국채관리기금의 재원으로 되어 있던 국채발행수입 및 세계잉여금을 공공자금관리기금의 재원으로 하였다. 한편, 공공자금관리기금의 여유자금으로 국·공채 등 유가증권을 매입하거나 금융기관에 예치·대여할 수 있도록 하였다.

한편, 국가가 차관 등에 대한 보증채무를 부담하여 이행사유가 발생하는 경우에는 사전예측이 어렵고 그 규모가 크므로 일시에 해당 연도 예산에 반영하기 어려운 문제점이 있었다. 이에 대처하기 위해 2003년 12월 31일 개정시에는 위와 같은 사유가 발생하는 경우에는 공공자금관리기금에서 보증채무를 이행하되, 보증채무를 이행함으로써 발생한 손실금에 대하여는 다음 연도 일반회계가 이를 부담하도록 하였다. 또한 보증채무 부담에 따른 수수료 수입 및 구상권 행사를 통하여 회수되는 자금을 공공자금관리기금의 재원에 추가하였다.

2006년 12월 30일 개정에서는 재정의 칸막이를 없애고 재원배분의 우선순위를 종합적으로 검토할 수 있는 기반을 강화하기 위하여 재정융자특별회계를 폐지하고, 종전의 재정융자특별회계의 기능을 공공자금관리기금이 통합적으로 수행하도록 하였다. 또한 우체국예금 등의 운용상 자율성을 제고하기 위하여 우체국예금 등이 공공자금관리기금에 의무적으로 예탁하도록 하는 제도를 폐지하는 등 공공자금관리기금의 운용방식을 현실에 맞도록 개선하였다.

제3절 국유재산 관리

광복 이후 일본 정부로부터 대한민국 정부에 이양된 귀속재산의 처리를 위하여 1948년 12월 국무총리 직속으로 임시관재총국이 설립되었고, 임시관재총국이 관장하는 재산을 관리하기 위하여 귀속재산처리특별회계가 설치되었다. 당시 국유재산의 80%를 점하고 있는 귀속재산을 정부에서 일방적으로 단시일 내에 불하할 움직임을 보이자 「귀속재산처리법」이 제정 · 시행될 때까지 귀속재산의 처리를 동결하도록 1949년 7월 22일 「귀속재산임시조치법」이 제정되었다. 그러다가 같은 해 12월 19일 귀속재산을 유효적절히 처리함으로써 산업부흥과 국민경제의 안정을 기하기 위하여 「귀속재산처리법」이 공포되어 이를 대체하였다. 이어서 「귀속재산처리특별회계법」이 1950년 2월 16일 제정되어 1949년도부터 소급시행함으로써 귀속재산 처리를 위한 법적 체제가 완비되었다. 그리고 1950년 4월 8일 「국유재산법」이 제정되어 국유재산의 취득 · 유지 · 관리 등에 관한 기본법이 되었다. 그 밖에 공기업의 민영화 추진과 관련해서는 「공기업의 경영구조 개선 및 민영화에 관한 법률」이, 물품의 취득 · 보관 · 처분 등에 관해서는 「물품관리법」 등이 국유재산 관리 법제에 포함되는 바, 이하에서는 이러한 법률의 제정과 주요 개정사항에 대해 살펴보기로 한다.

1. 「국유재산법」

「귀속재산처리법」에 의하여 국 · 공유로 지정된 재산은 동법에 의하여 정부가 관리하고, 공무원거주용 건조물 · 대지 등은 「국유재산 처분에 관한 임시조치법」에 의하여 해당 재산의 처분을 금지해 왔다. 그러던 중 1950년 4월 8일 「국유재산법」이 제정되어 귀속재산 중 국 · 공유로 지정된 재산과 공무원거주용 재산에 대한 유지 · 보존 · 운영 및 처분에 관한 사항을 전반적으로 규정하게 되었다. 그 주요 내용은 국유재산을 행정재산과 보통재산으로 구분하고, 국유재산은 재무부 장관이 총괄하되 행정재산의 관리는 각부 장관이, 보통재산의 관리 · 처분은 재무부 장관이 관장하도록 하며, 행정재산의 양도나 사권설정을 원칙적으로 금지하고, 국유재산의 양도, 사용 · 수익, 대부, 출자, 교환 등에 관한 요건을 정한 것이었다.

정부는 1956년 11월 28일 폐지 · 제정방식으로 「국유재산법」을 전면개정하면서 국유재산의 범위를 조정하고 국유재산의 분류를 종전의 행정재산과 보통재산에서 행정재산 · 보존재산 및 잡종재산으로 세분하며, 보존재산의 운용 · 처분은 행정재산에 준하도록 하였다. 그리고 국유재산의 무단사용 · 수익행위 등에 대한 벌칙을 강화하였다. 1965년 12월 30일 개정에서는 국유재산을 대부받은 자에게 해당 재산을 매수할 것을 요구할 수 있게 하고, 지방자치단체에 대하여는 50%를 공제한 금액으로 매각할 수 있게 하며, 부득이한 사정이 있는 경우에는 분할납부할 수 있도록 하였다. 1966년 3월 8일 개정시에는 국세청이 신설됨에 따라 주식을 제외한 보통재산은 원칙적으로 국세청장이 관리 또는 처분하도록 하였다.

1976~1977년의 기간에는 국유재산의 효율적 관리체계를 수립하기 위한 개정작업이 이루어졌다. 정부수립 이후 계속된 사회 · 경제적 혼란 속에서 체계적인 관리가 미흡하였다. 국유재산의 관리는 관유재산수입 재원의 확보 및 국가기능 수행을 위한 물적 수단의 확보라는 측면에서 중요성이 매우 높은데, 1970년대 초반까지 미등록 및 무단점유 재산의 정리, 상호 점유되고 있는 국 · 공유 재산의 정리, 망실 · 은닉 재산의 색출 등 정비를 요하는 과제가 많았다. 그런데 국유재산의 관리와 처분에 관한 법령은 「도시계획법」, 「하천법」, 「산림법」 및 각종 특별회계법 등 여러 법률로 나누어져 있어 종합적이고 체계적인 접근은 이루어지지 못하였다. 이러한 국유재산의 부실관리를 개선하고 「예산회계법」에 맞추어 그 체계를 개선하기 위하여 1976년 12월 31일 「국유재산법」이 전부개정되었다. 우선 국유재산에 대한 연도별 관리처분계획제도를 도입하고, 국유재산에 관한 다원적인 법령을 일원화하기 위한 총괄청의 권한을 보강하였다. 또한 매각대금 일시납부시 3할 공제제도, 분납제, 수의매각을 위한 연고권제도를 폐지하고, 무단점유 및 불법시설에 대한 강제퇴거를 명문화하며, 무주재산의 국유화 절차 및 보상제를 신설하였다. 아울러 국유재산을 지방자치단체 또는 정부투자기관에 위탁관리할 수 있는 근거규정도 신설하였다.

1981년 12월 31일 개정시에는 1981년 3월 30일 이전에 무단점유하여 사용하고 있는 소규모 잡종재산을 정리하기 위하여 매각대금을 5년간 분할납부하거나 3할을 공제하여 일시에 납부할 수 있는 특례를 정하였다. 또한 은닉재산을 자진하여 반환한 자에게 해당 재산을 매각하는 경우에는 매각대금을 10년간 분할납부하거나 70%를 공제한 잔액을 일시에 납부할 수 있는 특례를 정하였다. 1986년 12월 31일 개정에서는 은닉된 국유재산을 자진하여 국가에 반환하는 자 등에게 동 재산을 매각하는 경우에는 반환 원인별로 차등을 두어 그 매각대금을 12년 이하의 기간에 걸쳐 분할납부하거나 8할 이하의 금액을 공제한 잔액을 일시에 납부할 수 있도록 하였다. 그리고 무단점유 국유재산의 정리를 촉진하기 위하여 그 점유자 등에게 동 재산을 매각하거나 대부 또는 사용 · 수익의 허가를 하는 경우에는 무단점유 등에 따른 변상금을 면제하도록 하였다. 1994년 1월 5일 개정시에는 국유지신탁제도를 도입하여 유휴국유지의 활용을 촉진하고, 국유재산의 매각대금 · 사용료 · 대부료 · 변상금의 분할납부제도를 확대하여 국유재산을 이용하는 국민의 경제적 부담을 완화하였다.

그 이후에도 정부는 국유재산의 활용 및 관리의 효율성을 높이려는 노력을 계속하였다. 1999년 12월 31일 개정에서는 지방자치단체가 비영리공익사업을 수행하고자 하는 경우 국유재산을 무상으로 사용할 수 있도록 하고, 국유지를 신탁함에 있어서 신탁회사가 국유지에 건물 등을 축조하여 분양함으로써 얻는 수익을 국가에 교부하는 분양형 신탁제도를 도입하였다. 또한 국가가 소유하고 있는 주식의 매각을 금융기관 및 증권회사에 위탁할 수 있도록 하고, 경쟁입찰이나 수의계약 외에 유가증권시장 또는 협회중개시장 밖에서 다수인을 상대로 하여 매각할 수 있게 함으로써 공기업의 민영화를 원활하게 추진할 수 있도록 하였다. 2004년 12월 31일 개정시에는 국유재산의 사용료 채권 등을 확보하기 위하여 국유재산의 사용료 등에 대한 보증금 예치제도를 도입하고, 사용료 등이 체납된 경우에는 관리청이 직접 이를 징수할 수 있도록 하였다.

2009년 1월 30일에도 「국유재산법」의 전부개정이 있었다. 가장 특징적인 사항은 잡종재산을 일반재산으로 명칭을 변경하고 보존재산을 행정재산의 한 유형인 보존용 재산으로 통합하는 등 분류체계를 정비한 것이다. 이 밖에도 행정재산의 안정적 사용을 위해 행정재산의 사용허가기간을 3년에서 5년으로 늘리고 갱신이 가능하도록 하였다.

2011년 3월 30일 개정시에는 국유재산의 효율적 관리와 재정의 건전성 확보를 위하여 국유재산 관련 정책여건의 변화 등을 반영하여 행정재산의 관리체계를 정비하였다. 그리고 국유재산의 효율적 수급조정수단을 마련하고, 시장친화적인 매각 · 임대제도를 도입하며, 유휴 · 저활용 국유지의 적극적 활용을 위한 개발제도를 정비하였다. 특히, 국유재산 중장기 정책방향, 국유재산의 연간 취득 · 운용 · 처분에 관한 총괄계획, 처분의 기준 등을 포함하는 국유재산종합계획제도를 도입하고, 총괄청 소관 일반재산 관리 · 처분 대금을 재원으로 공용재산의 취득사업 등을 수행하는 국유재산관리기금을 설치하였다.

2. 「공기업의 경영구조 개선 및 민영화에 관한 법률」

정부는 대규모 공기업의 민영화를 추진함에 있어서 우선 정부의 규제를 축소하고 전문경영인에 의한 책임경영체제를 도입하여 경영의 효율성을 높이는 한편, 경제력의 집중이나 특정인에 의한 공기업의 지배를 방지할 수 있도록 주식소유를 분산하는 제도적 장치를 마련하기 위하여 1997년 8월 28일 「공기업의 경영구조 개선 및 민영화에 관한 법률」을 제정하였다. 한국담배인삼공사, 한국가스공사, 한국전기통신공사 및 한국중공업주식회사를 동법의 적용대상으로 하고, 이 중 정부투자기관인 3개 공사에 대하여는 「정부투자기관관리기본법」의 적용대상에서 제외하여 기업경영의 자율성을 제고할 수 있도록 하였다. 또한 비상임이사가 이사회의 과반수가 되도록 하고, 비상임이사는 전문지식이나 경험이 있는 자 중에서 주주 또는 주주협의회가 선임하도록 하여 이사회의 경영감독기능을 강화하였다. 그리고 사장은 비상임이사가 과반수 이상 참여하여 구성한 사장추천위원회에서 추천하여 주주총회에서 선임하며, 사장

선임시에는 회사와 경영목표에 관한 계약을 체결하도록 하였다.

1999년 1월 29일 개정시에는 동일인의 주식소유 한도를 7%에서 15%로 확대하고, 한국중공업주식회사에 대하여는 동일인의 주식소유 한도를 적용하지 아니하도록 하여 공기업의 주식매각 및 다른 민간기업과의 전략적 제휴를 용이하게 하였다. 또한 한국가스공사 및 한국중공업주식회사의 주식을 2003년 1월 1일 이후에 매각할 수 있도록 한 제한을 폐지하여 이들 회사의 주식을 조기에 매각할 수 있게 하였다.

3. 「물품관리법」

「물품관리법」은 국가의 물품의 취득 · 보관 · 관리에 관한 기본적인 사항을 정하기 위하여 물품회계규칙을 대체하여 1962년 1월 20일 제정되었다. 국가경리업무는 그 동안 금전회계에만 치중하여 국가가 소유하는 물품에 대한 관리 측면을 등한시한 경향이 있었는데, 동법이 제정되면서 현금 및 유가증권과 「국유재산법」을 적용받는 동산을 제외하고는 모두 동법을 적용받도록 하여 금전회계와 아울러 물품을 적정하고 효율적으로 관리하도록 하였다. 또한 물품을 사용과 처분의 목적에 따라 분류하고, 물품의 관리기관은 각 중앙관서의 장으로 하며, 물품의 장기보관이나 운송 기타 불가피한 사유로 인하여 관례상 자연감모가 생기는 물품에 대하여는 자연감모율을 인정하도록 하였다.

1972년 12월 8일 개정시에는 물품관리의 조정과 집행 · 운용의 총괄에 관한 사항은 조달청장이 관장하도록 하고, 각 중앙관서의 장은 연 1회 이상 그 관리에 속하는 물품에 대한 재물조사를 하도록 하였다. 1980년대 후반에 들어서 국가가 소유하는 물품의 종류가 다양화되고 그 규모가 커지고 있어 종전의 물품관리체계로는 물품의 효율적인 관리를 기하기 어려워졌다. 이에 따라 정부는 1987년 11월 28일 「물품관리법」을 전부개정하여 물품분류체계를 개선하고 사무의 전산화를 도모하였다. 1995년 12월 29일 개정에서는 정부 물품의 보유규모가 늘어나는 추세에 따라 물자관리의 생산성과 능률성을 제고하기 위하여 각 중앙관서의 자율관리 범위를 확대하였다. 주요 물품의 정수와 소요 기준을 각 중앙관서의 장이 정하도록 하고, 3년 간의 정부물품구매계획을 예시하는 구매예시제도는 실효성이 낮아 폐지되었다.

1999년 12월 31일 개정시에는 물품의 재활용도의 제고와 적정한 관리를 위하여 각 중앙관서에 있는 재활용이 가능한 물품을 조달청장에게 무상으로 양여하여 처분할 수 있도록 하고, 조달청장이 정하던 재고관리 기준을 각 중앙관서의 장이 정하여 자율적으로 물품의 재고를 관리하도록 하였다. 2009년 3월 25일 개정에서는 물품관리관의 자율성을 제고하기 위하여 종전에 각 중앙관서의 장이 수행하던 물품의 정수관리, 불용결정 등의 업무를 물품관리관이 수행하도록 하고, 종전의 물품분류 기준 중 활용도가 낮은 기능별 분류를 폐지하는 동시에 사업별 분류를 신설하였다.

제4절 조세

조세는 강제적 부담이므로 국민의 재산권을 보장하고 국민생활의 법적 안정성과 예측 가능성을 확보하는 것이 매우 중요하다. 그래서 근대 의회주의가 성립한 이후 "법률의 근거 없이 국가는 조세를 부과 · 징수할 수 없고, 국민은 조세의 납부를 강요받지 않는다는 원칙" 인 조세법률주의가 자리를 잡게 되었다. 우리나라 헌법도 제38조에서 "모든 국민은 법률이 정하는 바에 의하여 납세의 의무를 진다"고, 제59조에서 "조세의 종목과 세율은 법률로 정한다"고 각각 규정하여 이 원칙을 선언하고 있다.

대한민국 정부가 수립된 이후 조세와 관련한 법률은 시대적 상황의 변화에 따라 제정 · 개정 · 폐지되어 왔다. 정부수립 초기에는 경제안정과 경제부흥을 위하여 우리 실정에 맞는 세제의 기능을 확립하는 데 중점을 두었다. 6.25전쟁이 발발해서는 막대한 군사비를 충당하기 위하여 전시체제로 세제의 틀을 전환하였고, 휴전이 성립된 후에는 전시세제를 평시세제로 환원하고 경제부흥에 초점을 두어 중요 산업 및 기업체에 대한 세부담을 줄이고 이에 따른 세수부족을 간접세에 전가하는 세제개혁이 단행되었다. 1960년부터 1979년까지의 경제개발기에는 기본적으로 재정지출 재원확보를 위한 증세가 이루어졌다. 특히, 종합소득세와 부가가치세가 1974년과 1977년에 도입되어 재원확보에 기여하였다. 시장경제 전환기인 1980년부터 1997년까지의 기간 동안에는 그 동안 급격한 경제성장으로 인해 나타난 투기 등 여러 부작용을 치유하고 경제적 효율성을 높이기 위한 노력으로 종합토지세와 토지초과이득세가 도입되고 금융소득종합과세가 실시되었다. 외환위기 이후인 경제위기 극복기의 조세 법제는 경제회복과 구조개혁을 위한 경제정책의 효과적인 수행을 뒷받침하기 위해 적극적으로 마련되었다. 즉, 경제위기 극복을 위해 구조조정 촉진, 서민 중산층 지원, 경기활성화를 위한 세제지원과 함께 봉급생활자 세부담 경감, 금융소득종합과세 재실시, 부가가치세 과세특례자 폐지, 상속 · 증여세 강화 등이 이루어졌다. 특히, 노무현 정부 때에는 부동산가격 안정을 위한 정책수단으로 재산세와 종합부동산세라는 보유세가 강화되었다. 이명박 정부가 들어선 2008년 이후에는 중 · 저소득층 민생안정 및 소비기반 확충 지원, 투자촉진을 위한 저세율구조로의 전환, R&D 지원 확대, 양도소득세와 종합부동산세 개선 등 조세체계 개선 등이 조세 법제를 통해 시행되었다.

한편, 현행 조세체계는 크게 국세와 지방세로 나누어지고, 국세는 다시 내국세, 관세 및 목적세로, 지방세는 광역단치단체의 세와 기초자치단체의 세로 구분할 수 있다. 내국세는 직접세와 간접세로 나누어지는데, 직접세에서는 소득세와 법인세가 비중이 크고, 간접세에서는 부가가치세가 비중이 커서 우리나라의 3대 세목을 이루고 있다. 목적세는 교통 · 에너지 · 환경세, 교육세, 농어촌특별세 등 세 가지로 구성된다. 다음에서는 정부수립 이후 조세 법제가 변천되어 온 자취를 「소득세법」, 「법인세법」 및 「부가가치세법」을 중심으로 살펴보고, 그 밖에 우리나라의 조세 법제를 이해하는 데 있어서 중요한 「국세기본법」, 「부동산투기 억제에 관한 특별조치법」, 「토지초과이득세법」, 「종합부동산세법」, 「조세감면규제법」 및 「조세특례제한법」을 간략히 기술해 보기로 한다.

1. 「소득세법」

1) 정부수립 및 전후복구기

정부는 정부수립 이후 우리 실정에 맞는 세제를 마련하여 건전재정의 기틀을 확립하고 국민들의 세부담을 경감하기 위한 세제개혁의 일환으로 「소득세법」을 1949년 7월 15일 제정하였다. 동법 제정의 기본방침은 영세소득계층에는 가볍게 과세하고 고소득층에 대하여는 중과하여 인세인 소득세를 사치품 및 소비품에 비하여 상대적으로 가볍게 과세하고, 부동산의 과세주의를 동산 및 음성재산에 치중하는 세제로 개편하는 것이었다. 구체적으로는 종래의 제1종소득세를 법인세로 하고, 제2종소득인 이자 · 배당소득 및 제3종소득인 근로소득을 통합하여 일반소득세와 특별소득세로 구분하여 과세하였다. 또한 일반소득세는 개인의 토지가옥소득, 이자배당소득, 사업소득, 근로소득 및 기타소득에 대하여 과세하고, 근로소득에 대하여는 다른 소득의 크기에 따라 차등공제율을 적용하도록 하며, 일반소득에 대한 인적 공제를 인정하고, 소득의 크기에 따라 16단계로 나누어 1.6%부터 65%까지 누진세율을 적용하여 종합과세하였다. 그리고 특별소득은 제1종과 제2종으로 구분하여 원천과세하였다. 제정 「소득세법」은 각종 공제를 허용하고 과세 최저한도를 설정하며, 다단계 누진세율구조와 비례적인 분류소득세율이 공존하는 등 외형상 현재의 법체계와 유사한 구조로 되어 있지만, 현재의 「소득세법」과 비교하여 볼 때 과세표준은 좁고, 세율체계는 복잡하여 비효율적인 모습을 띠고 있었다고 볼 수 있다.

6.25전쟁이 장기화되면서 전비의 조달과 전시 인플레이션을 극복하기 위

해 「조세특례법」과 「임시토지수득세법」을 1951년에 제정하였다가 휴전이 성립한 후 1954년 3월 31일 「소득세법」을 폐지 · 제정하면서 이러한 「조세특례법」과 「임시토지수득세법」을 통합정리하고 전후복구와 경제안정 및 산업부흥을 세제면에서 뒷받침하게 되었다.

1956년 말에는 조세구조를 직접세에서 간접세 중심으로 개편하는 세제개혁이 이루어졌으나 소득세 등 직접세에 대한 조세저항은 점차 강하여졌다. 그 결과 소득세율의 인하, 면세점의 대폭 인상 등을 위한 세법 개정이 있었다. 1956년 12월 31일 「소득세법」 개정에서는 종합소득세 부과대상을 연간 종합소득금액 24만 원 초과에서 400만 원 이상으로 인상하여 고소득층에 대해서만 종합소득세를 부과하도록 하였다. 1958년 12월 29일 개정에서는 종합소득세제를 폐지하고 분류소득세제도만을 존치하도록 하되, 분류소득세의 세율을 조정하여 고소득층에 대한 중과를 하였다. 그러나 이러한 세제개편은 별다른 효과를 보지 못한 채 5.16 쿠데타 이후 소득세 증세정책으로 연결되었다.

2) 경제개발기

압축성장 지원세제로 특징되는 경제개발기는 경제의 고도성장과 정부의 강한 징세정책이 결합되어 정부수립 후 소득세제가 가장 활발하게 그 기능을 발휘한 시기였다. 우선 1961년 8월 24일 개정에서는 세정의 능률화를 기하기 위하여 자진신고납부제를 신설하고, 공정과세를 위해 기장을 하여 자진신고를 한 경우에는 세액을 공제하도록 함으로써 기장을 장려하는 한편, 납세의무자는 자진납부하는 경우 15%의 세액공제를 인정하여 복잡한 원천징수방법을 간소화하였다. 또한 1961년 12월 8일에는 전면적인 개정을 위해 소득세법을 폐지 · 제정하여 경제개발 5개년계획에 필요한 투자재원을 효과적으로 조성하고 저축과 투자 촉진을 통한 경제개발을 지원하려고 하였다. 그래서 소득세체계를 완전한 분류소득세체계로 전환시켜 과세소득을 부동산소득, 배당이자소득, 사업소득, 근로소득 및 기타소득으로 통합하고, 자본형성을 촉진하기 위하여 사업소득에 대한 세율을 인하하며, 각종 예금이자소득을 비과세하고, 중요 산업에 대한 감면범위를 확대하였다.

1967년 11월 29일 개정시에는 제2차 경제개발 5개년계획을 효과적으로 뒷받침하기 위한 재정수요를 충족시키고, 국세청의 발족과 함께 강화된 조세행정력을 적절히 활용하여 세수의 소득탄력성이 낮아 세부담의 불공평을 야기하는 모순을 시정하였다. 특히, 경제성장에 수반하여 늘어나는 소득격차를 축소하기 위하여 저소득층에 대하여 세부담을 경감하고 고소득층에 대하여 중과세를 할 수 있도록 종전의 분류과세제도를 연간 500만 원 이상인 고액소득자에 대하여 종합소득세를 부과하는 부분적인 종합소득세제로 전환하였다. 한편, 1969년 7월 31일 자진신고납부제도의 기틀을 마련하기 위해 납세자 스스로 과세표준과 세액을 결정하여 신고 · 납입하는 녹색신고제도를 법제화하여 녹색신고제의 법적 요건과 시행내용을 명확히 하였다. 또한 세무공무원의 재량권을 억제하기 위하여 관인영수증제도를 마련하였고, 1971년 12월 28일 개정시에는 근로소득자와 사업소득자의 세부담을 경감하기 위하여 기초공제제도를 신설하였다.

그러다가 전면적 종합소득세제를 도입하기 위하여 1974년 12월 24일 「소득세법」이 전문개정되었다. 우선 인적공제제도를 도입하고, 세액공제제도를 확충하여 신설하며, 세율구조를 다단계 단일세율로 조정하였다. 또한 종전의 부동산투기억제세를 폐지 · 흡수하여 토지나 건물의 양도차익에 대하여 과세하는 양도소득세를 신설하였다. 그리고 고소득층의 자산소득에 대한 중과조치로 한 가족의 자산소득은 모두 주된 소득자의 종합소득과 합산하여 과세하는 자산소득합산과세제도를 채택하는 등 자산소득에 대한 과세를 강화하여 소득재분배기능을 강화하였다.

3) 시장경제 전환기

종합소득세제가 1975년도에 도입된 후 1990년대 초반까지는 그 골격이 그

대로 유지되다가 1993년 금융실명제가 실시됨에 따라 금융소득종합과세가 시행되게 되었고, 1994년의 세법 개정에 따라 부과과세제도에서 신고납부제도로 소득세 확정방식이 전환되었다.

먼저 1988년 12월 26일 개정시에는 중산층 이하의 세부담을 경감시키고, 공제제도의 강화를 통하여 사회복지정책을 지원하며, 비실명거래에 따른 금융소득이나 부동산양도소득에 대한 중과를 통하여 소득계층 간의 세부담의 형평성을 높이는 내용으로 소득세제가 대폭 개편되었다. 1990년 12월 31일 개정에서는 8단계에서 5단계로 세율체계를 더욱 단순화하고, 각종 소득공제제도의 확대로 소득세 부담을 경감하였다.

1994년 12월 22일 「소득세법」 전부개정시에는 자율적인 성실납부 풍토를 조성하기 위하여 소득세의 과세방식을 정부부과제도에서 신고납부제도로 전환하였다. 또한 금융실명제의 실시에 따라 그 기반이 마련된 이자 · 배당소득에 대한 종합과세를 1996년부터 실시하고, 기초공제, 배우자공제, 부양가족공제 등으로 구분하던 인적 공제를 1인당 연 100만 원씩 공제하도록 통일하였다. 그리고 소득세의 세율단계를 4단계로 단순화하고 최고세율을 45%에서 40%로 낮추고, 양도소득세의 최고세율을 60%에서 50%으로 낮추었다. 1996년 12월 30일 개정에서는 근로소득공제 및 근로소득 세액공제액을 상향조정하고, 납세협력의 편의를 위해 12월로 되어 있는 근로소득세 연말정산 시기를 다음해 1월로 조정하여 의료비 등 근로소득자의 소득공제사항이 정확히 반영될 수 있도록 하였다.

4) 경제위기 극복기

외환위기 이후 세제개편의 가장 큰 특징 중의 하나는 중산층 · 서민층을 위한 조세지원이라고 할 수 있다. 먼저 1998년 12월 28일 개정에서는 사업자의 과세표준을 현실화하고 성실신고를 유도하기 위한 제도적 장치를 마련하고, 부동산시장의 안정 및 건설경기의 진작을 위하여 양도소득세의 세율을 일반소득세율 수준으로 인하하며, 소규모 사업자의 원천징수세액납부제도를 개선하여 납세편의를 증진시키고자 하였다. 또한 일정 금액 이상의 접대비는 신용카드를 사용하거나 세금계산서를 받은 경우에만 필요경비로 인정하도록 하고, 유흥업소의 매출액을 봉사료로 변칙처리하여 탈세하는 사례를 방지하기 위하여 신용카드 매출전표 등에 기재된 봉사료가 매출액의 일정 비율을 초과하는 경우에는 유흥업소의 사업주가 봉사료의 5%에 해당하는 금액을 소득세로 원천징수하도록 하였다. 1999년 8월 31일 개정시에는 봉급생활자의 세부담을 줄여 주기 위해 근로소득공제 등을 상향조정하고 보장성 보험료 공제한도를 50만 원에서 70만 원으로 확대하였다.

2000년대에 들어와서도 중산층 · 서민층을 위한 세제개편이 계속되었다. 2000년 10월 23일 개정시에는 소외계층 및 공익사업에 대한 기부문화가 활성화될 수 있도록 개인의 기부금에 대한 세제지원을 확대하고, 중산층 및 서민층의 주택마련을 지원하기 위하여 장기주택저당차입금의 이자상환액에 대한 소득공제제도를 신설하였다. 같은 해 12월 29일 개정에서는 국민연금 등 각종 연금의 불입액과 장애인을 위한 보장성 보험료에 대한 소득공제제도를 신설하고, 양도소득세의 세액계산을 보다 쉽게 할 수 있도록 하기 위하여 양도소득세 기본공제제도를 개선하였다. 2002년 12월 18일 개정시에는 헌법재판소의 위헌결정에 따른 자산소득 부부합산과세제도의 폐지와 관련된 조문을 정비하고, 의료비, 교육비, 보험금 등 생활기초경비에 대한 소득공제금액 한도를 상향조정하였다. 또한 부동산시장의 안정을 도모하기 위하여 고가주택 및 투기지역에 대한 실지거래가 과세를 강화하고, 투기지역에 대하여 양도소득세 탄력세율을 적용할 수 있도록 하였다. 2003년 7월 30일 개정에서는 연간급여 1,500만 원 이하의 근로소득자에 대한 소득공제율을 45%에서 50%로 상향조정하고, 그 밖에 근로소득자에 대한 세액공제율을 현행 45%에서 55%로, 그 공제한도를 40만 원에서 50만 원으로 상향조정하였다. 같은 해 12월 31일 개정시에는 교육비, 의료비, 농가부업소득, 여성의 출산 · 보육급여, 장기주택자금 이자 등과 관련된 지출 및 소득에 대한 각종 소득공제의 범위를 확대하는 등 국민생활 관련 조세지원제도를 대폭 정비하였다. 또한 부동산투기를 차단하기 위하여 단기보유, 미등기 부동산 및 1세대 3주택 이상인 주택에 대한 양도소득세의 세율을 인상하였다. 2004년 12월 31일 개정에서는 종합소득세율과 이자 · 배당에 대한 원천징수세율을 각각 1%씩 인하하고, 금융기관 및 기부금 모집단체에 대하여 근로자의 연말정산 증빙 관련 자료를 보관 · 제출하도록 하여 세원투명성을 제고하였다.

2005년 5월 31일 개정시에는 조세정의 구현을 위해 뇌물과 알선수재 및 배임수재에 의하여 받은 금품을 소득세의 과세대상으로 규정하였다. 같은 해 12월 31일 개정에서는 2006년부터 부동산 실거래가신고제가 시행됨에 따라 부동산에 대한 양도소득세 과세 기준을 기준시가에서 실지거래가액으로 단계적으로 전환하도록 하였다. 또한 주택과 함께 재건축 · 재개발 입주권을 보유한 세대의 주택양도에 따른 양도소득세 과세를 강화하고, 1세대 2주택자의 주택과 비사업용 토지에 대하여는 양도소득세를 중과하고 장기보유특별공제를 배제하여 주택과 토지에 대한 투기적 수요를 억제하도록 하였다. 2006년 12월 31일 개정시에는 다자녀가구의 조세부담을 경감하기 위하여 소수공제자에 대한 추가공제제도를 다자녀가구에 대한 추가공제제도로 전환하고, 세원의 투명성 확보를 통한 공평과세의 실현을 위하여 일정 규모 이상 사업자의 사업용 계좌 개설 및 현금영수증 가맹점 가입을 의무화하였다. 또한 2007년부터 양도소득세 실거래가 과세제도가 전면 시행됨에 따라 양도소득세 과세표준 확정신고를 하지 아니한 자에 대하여 등기부에 기재된 가액을 실지거래가액으로 추정할 수 있도록 하는 근거를 마련하였다. 2007년 7월 19일 개정에서는 출산장려를 지원하기 위해 육아휴직급여 및 산전후휴가급여를 비과세 대상에 포함하도록 하였다. 또한 성실납세제도를 도입하여 수입금액이 일정 기준 이하이고 복식부기방식에 따라 성실하게 거래내역을 기장(記帳)하는 등의 요건을 갖춘 중소사업자의 세금계산방법을 대폭 간소화 · 표준화하였다. 같은 해 12월 31일 개정시에는 종합소득 과세표준구간을 상향조정하고, 출산 · 입양 소득공제와 방과 후 학교 수업료에 대한 교육비공제 등을 신설하였다. 또한 기부문화를 활성화하기 위하여 지정기부금의 필요경비 산입 한도 및 소득공제 한도를 확대하는 동시에 기부금영수증불성실가산세를 강화하고 기부금공제를 받은 자 등에 대한 표본조사를 실시하도록 하였다. 2008년 12월 26일 개정시에는 종합소득세율을 인하하면서 기본공제를 확대하고 근로소득공제를 축소하는 등 소득공제제도를 개편하였다. 또한 다른 소득과의 형평성을 위하여 서화 · 골동품에 대하여도 기타소득으로 과세하도록 하고, 양도소득세의 과세표준구간 및 세율을 종합소득세의 과세표준구간 및 세율과 일치하도록 조정하였다. 그리고 1세대 1주택 장기보유자에 대한 세부담 경감을 위하여 장기보유특별공제를 확대하고, 다주택자에 대하여도 2년간 한시적으로 세부담을 완화하였다.

글로벌 금융위기 이후에는 중산층 · 서민층을 위한 조치와 함께 부동산경기를 활성화하기 위한 세제개편 노력이 지속되었다고 볼 수 있다. 2009년 5월 21일 개정에서는 금융위기 이후 침체된 부동산거래를 정상화하고 경제를 활성화하기 위하여 비사업용 토지 및 1세대 3주택 이상에 대한 양도소득세를 기본세율로 과세하되, 부동산투기가 재연될 우려를 감안하여 이를 한시적으로 시행하고 투기지정지역에 대해서는 10%를 가산하도록 하였다. 또한 비거주자가 국채 등에 투자하는 경우 이자소득 등에 대한 소득세를 비과세함으로써 국채 등의 투자가치를 높이고 이를 통해 외화유동성을 확대하였다. 2009년 12월 31일 개정시에는 법의 목적과 기본적인 개념에 대한 정의규정을 신설하여 법체계를 개선하였다. 또한 저소득 근로자의 월세비용 지출액에 대한 소득공제를 신설하고, 기부문화 활성화를 위하여 법정기부금에 대해서는 1년의 이월공제를 신설하면서 지정기부금의 이월공제기간은 5년으로 연장하며, 주택임대소득에 대한 과세형평성 제고를 위하여 3주택 이상 보유자에 대한 전세보증금에 대하여도 과세하도록 하였다. 아울러 의사 · 변호사 등 고소득 전문직 사업자 등에 대해서는 건당 30만 원 이상의 거래를 하는 경우 소비자의 요청과 관계없이 현금영수증을 발급하도록 하였다.

침체상태에 있는 부동산시장 상황을 고려하여 2010년 12월 27일 개정에서는 다주택자 및 비사업용 토지의 양도에 대한 일반세율 적용을 2012년 말까지

2년간 연장하였다. 또한 중산 · 서민층의 세부담을 낮추기 위하여 일용근로자의 원천징수세율을 인하하며, 근로장학금에 대하여 비과세하고, 미술시장의 어려운 여건을 감안하여 2011년 1월 1일로 예정되어 있었던 미술품 양도차익에 대한 과세시기를 연기하였다. 이와 더불어 개인의 기부문화를 활성화하기 위하여 지정기부금의 소득공제 한도를 확대하고, 저출산 · 고령화 사회에 대응하기 위하여 다자녀 추가공제를 확대하였다. 한편, 세법에 관한 지식이 없는 사업자가 세무신고에 따른 경제적 부담 없이 사업에 전념할 수 있도록 하기 위하여 2008년에 도입된 성실납세제도는 복식부기 등 적용요건이 까다롭고, 실제 적용이 매우 부진하여 폐지하였다. 2011년 5월 2일 개정시에는 수입금액이 업종별로 대통령령으로 정하는 일정 규모 이상인 개인사업자는 종합소득세 신고시 세무사 등이 장부기장 내용의 정확성 여부를 확인하여 작성한 성실신고확인서를 제출하도록 하였다. 또한 성실신고확인서를 미제출한 사업자에 대해서는 가산세를 부과함으로써 개인사업자의 소득세 성실신고를 유도하였다.

2. 「법인세법」

1) 정부수립 및 전후복구기

정부는 1949년 11월 7일 「법인세법」을 제정하여 법인세를 신설하였다. 종전에는 소득을 제1종 내지 제3종 소득으로 구분하여 법인에게는 제1종 소득세라는 종목으로 과세하였는데, 법인에 관한 사항을 분리하여 「법인세법」으로 제정한 것이다. 동법에 따르면, 법인세의 세율은 일반법인은 35%, 해당 법인을 설립하기 위한 특별법에 따라 설립된 법인인 특별법인은 20%로, 공공단체와 민법상의 공익법인은 비과세대상으로 하고, 법인세 납세의무자를 국내에 본점 또는 주사무소를 둔 법인이거나 국내에 자산 또는 사업을 가진 법인으로 하였다. 한편, 법인의 소득금액은 신고에 의하여 결정하되 부당하다고 인정되는 경우에는 정부의 조사에 의하여 이를 결정하도록 하였다. 또한 법인이 정부가 결정한 소득금액 또는 가산세액에 이의가 있는 때에는 심사청구를 할 수 있도록 하며, 불성실신고에 대하여는 10%를 가산한 세율을 적용하였다.

6.25전쟁 중인 1950년 12월 1일 개정에서는 법인세의 세율을 35%에서 최저 25%, 최고 45%의 5단계 초과누진세율로 전환하였다. 전쟁의 장기화와 전시 인플레이션에 대처하기 위하여 1951년 1월 「조세특례법」이 제정됨에 따라 법인세의 세율이 최저 15%, 최고 75%의 7단계 초과누진세율로 인상되었고, 정부조사에 의한 추징제도를 도입하였다. 그러나 1954년에 「조세특례법」 등의 폐지로 평시세제로 환원되면서 세율이 일반법인은 35%, 특별법인은 30%의 비례세율구조로 환원되었다.

2) 경제개발기

1960년대부터 시작된 경제개발정책과 더불어 법인의 역할이 커지게 되었고, 1964년 국세청의 설립과 함께 국세행정이 강화되면서 법인세도 제 모양을 갖추게 되었다. 이 시기에는 전반적인 법인세율 인하와 함께 전략산업에 대한 법인세 면제 및 감면, 기업공개 촉진을 위한 차별과세, 녹색신고제도의 법제화 등이 이루어졌다. 우선 제1차 경제개발 5개년계획이 시작되면서 국세 및 지방세체계에 대한 대대적인 정비가 이루어졌다. 1961년 12월 8일 폐지 · 제정의 형식으로 「법인세법」이 전면적으로 개정되어 일반법인과 비영리법인의 구분 없이 20%의 세율이 적용되고, 증권거래소를 통하여 주식을 공모하거나 자본을 증자한 법인에 대하여는 5년간 10%의 세율을 적용하여 기업공개를 촉진하였다. 1963년 12월 13일 개정에서는 세율이 100만 원 이하의 금액은 25%, 100만 원을 초과하는 금액은 30%인 2단계 초과누진세율로 개편되었다.

이 후 제2차 경제개발 5개년계획을 효과적으로 뒷받침하고 국세청의 발족과 함께 강화된 세무행정을 적절히 활용하여 급증하는 재정수요를 충족시키기 위해 1967년 11월 29일 전문개정이 이루어지면서 현재의 법인세 법체계가 갖추어졌다. 우선 일반법인과 공개법인에 차등을 두어 과세하여 기업공개의 촉진을 지원하고, 중요 산업에 대한 종전의 포괄적인 감면제도를 폐지하는 대신 투자공제제도를 채택하여 투자우선순위가 높은 강선박제조, 제철, 제강, 발전, 자동차, 전자, 국토개발건설사업 등의 투자에 대하여 6%의 세액공제 혜택을 주었다. 1969년 7월 31일 개정에서는 녹색신고제도를 법제화하여 녹색신고법인에 대하여 해외시장개척준비금과 공사부담금 및 보험차익으로 취득한 고정자산의 손금산입 인정, 실지조사의 배제, 법인세의 분납허용 등의 혜택을 부여하였다.

1973년에는 두 차례의 개정을 통하여 수출손실준비금 및 해외투자손실준비금의 손금산입규정을 신설하고, 내국법인에 대한 해외시장개척준비금 및 증권거래준비금의 손금산입을 확대하였다. 1974년 12월 21일 개정에서는 기업의 실질적인 공개를 유도하기 위하여 공개법인의 요건을 재조정하고, 녹색신고제도를 확대실시하기 위하여 그 요건을 완화하며, 부동산투기억제세가 폐지됨에 따라 토지 등 양도차익에 대한 법인세특별부가세를 신설하였다. 1976년 12월 22일 개정시에는 주식소유의 대중화를 촉진하기 위하여 공개법인의 세율을 대주주 비율이 35% 이하인 법인과 35%를 초과하는 법인으로 구분하여 차등을 두었고, 임시투자세액공제제도를 신설하였다. 또한 수출손실준비금의 설정한도액을 부분적으로 확대하여 수출에 대한 세제지원을 강화하며, 중소기업시설개체준비금의 손금산입제도를 신설하여 중소기업의 보호·육성을 위한 지원을 강화하였다. 1978년 12월 5일 개정에서는 기업의 균형 있는 발전을 도모하기 위하여 중소기업의 세부담을 경감하는 반면, 공개기업 등 대기업에 대하여 과세를 강화하고, 부동산투기를 억제하기 위하여 자산양도소득에 대하여 중과세하며, 해외자원개발 투자자에 대하여 투자액의 20%를 해외투자손실준비금으로 설정할 수 있도록 하는 등 해외자원개발 투자에 대한 지원을 강화하였다. 1979년에는 신고납부제도가 도입됨으로써 법인과세제도는 일대 전환을 맞게 되었다. 정부는 1979년 12월 28일 개정에서 조세행정의 합리화를 위하여 신고납부제도를 채택하면서 가산세제도 및 녹색법인제도를 조정하고,

기업의 과다소비지출을 억제하기 위하여 접대비의 손금인정 한도를 축소하며, 증권시장의 육성을 위한 세제지원을 강화하였다.

3) 시장경제 전환기

이 시기에는 경제의 개방화에 따른 기업의 경쟁력 강화를 위해 법인세제가 저세율구조로 전환되고 불건전한 접대관행을 축소시키기 위해 기업의 접대비 한도가 축소되었다. 먼저 1980년 12월 13일 개정에서는 녹색신고법인제도를 폐지하였고, 1981년 12월 31일 개정시에는 법인 간의 세부담의 공평성을 제고하고 조세감면의 축소에 따른 기업부담을 적정화하기 위하여 법인세율을 인하하고, 대기업의 경우 접대비 한도를 축소하며, 법인세의 분납제도를 신설하였다. 이와 더불어 수출손실준비금, 해외시장개척준비금 등 「법인세법」에서 규정하고 있던 조세지원에 관한 사항을 「조세감면규제법」으로 흡수하면서 법인세를 전액 비과세하던 공공법인에 대해서도 5%의 법인세를 과세하도록 「조세감면규제법」을 개정하였다. 1982년 12월 21일 개정에서는 다시 법인세율이 대폭 인하되고, 공개 · 비공개법인 사이의 세율 차이를 없애는 대신 비상장법인에 대하여 고율의 법인세를 과세하도록 하며, 업무용 부동산의 양도소득에 대하여는 원칙적으로 특별부가세를 면제하였다. 1985년 12월 23일 개정시에는 기업이 자기자본 증대를 통하여 재무구조를 지속적으로 개선하여 나갈 수 있도록 「조세감면규제법」에 따른 증자소득공제제도를 「법인세법」으로 흡수하여 일반화하였다. 비생산적 자금으로 사용되는 기업차입금에 대하여는 그 이자 상당액을 손금으로 인정하지 아니하는 한편, 법인설립 절차를 간소화하기 위하여 법인설립시 제출하는 서류를 줄였다. 1988년 12월 26일 개정에서는 저율의 법인세율이 적용되는 과세표준계급을 5,000만 원 이하에서 8,000만 원 이하로 조정하고, 그 동안 비과세하던 비영리법인의 이자소득 · 주식양도차익 및 부동산양도차익을 과세대상으로 전환하였다.

1990년대에도 이전의 체계가 그대로 유지되었는데 성장잠재력 증대를 위해 법인세율은 지속적으로 인하되었다. 우선 1990년 12월 31일 개정시 법인 형태에 따라 다양한 세율구조를 단순화하고, 방위세의 폐지를 계기로 부담세율을 인하함으로써 기업의 경쟁력을 높임과 동시에 조세의 중립성이 유지되도록 하는 한편, 기업의 비생산적인 투자를 억제하고 자본거래를 이용한 조세회피행위를 규제하였다. 또한 1993년 12월 31일 개정시에는 금융실명제의 조기정착과 기업경영여건 개선을 통한 경쟁력 강화를 지원하기 위하여 세율이 추가적으로 각 과세표준계급별로 2%씩 인하되었다. 1994년 12월 22일 개정에서는 다시 과세표준 1억 원 초과단계에 적용되는 세율을 종전의 32%에서 30%로 낮추고, 법인의 부동산양도차익에 과세되는 특별부가세의 세율을 25%에서 20%로 인하하며, 감가상각제도를 개편하였다. 1995년 12월 29일 개정시에는 법인세율을 2% 인하하고, 일반기업과 중소기업으로 차등 적용되는 접대비 손금산입 한도액을 수입금액의 0.1~0.3%로 통일하였다. 또한 국내 모기업이 출자한 해외자회사로부터 이익배당을 받는 경우 그 외국에서 해외자회사의 소득에 부과된 외국 납부세액을 국내 모기업이 공제받을 수 있도록 하는 "간접외국납부세액공제제도"를 신설하여 기업의 해외투자를 활성화하였다. 1996년 12월 30일 개정에서는 결손발생 중소기업을 지원하기 위하여 결손금 소급공제제도를 도입하였다. 또한 기업의 건전한 접대관행 정착과 소비절약 등을 유도하기 위하여 법인의 접대비 손금산입 한도를 자기자본(50억 원 한도)의 2%에서 대기업에 한하여 1%로 축소하고, 수입금액 1,000억 원 초과분에 대하여 0.1%를 적용하던 것을 500억 원 초과분에 대하여 0.1%를 적용하도록 하향조정하여 접대비 손금산입 한도를 축소조정하였다.

4) 경제위기 극복기

외환위기 이후부터는 기업경영의 투명성을 확보하고 기업구조조정을 촉진하는 동시에 기업의 국제경쟁력을 제고하고 성장잠재력 확충을 통하여 경제체질을 강화하기 위한 세제개편이 이루어졌다. 1997년 12월 13일 개정에서는 기업의 재무구조 개선과 구조조정을 촉진하기 위한 대책 마련을 위하여 정상적인 수준을 넘어선 기형적이고 파행적인 차입경영에 대하여 세제상의 제한을 강화하였다. 그리고 기업의 소비적이고 준조세적인 경비의 지출을 억제하기 위하여 접대비와 기부금의 손비인정 범위를 축소하는 한편, 기업의 합병을 통한 원활한 구조조정을 지원하기 위하여 합병차익에 대한 과세를 이월하는 제도를 도입하였다. 1998년 12월 28일에는 전문개정을 통해 1967년 「법인세법」이 전문개정된 후 수차례의 개정으로 복잡하게 된 법인세법의 체계를 전면적으로 개편하여 이해하기 쉽게 하였다. 또한 합병 · 분할 등 기업의 구조조정이 원활히 이루어지도록 기업의 조직변경에 대한 과세제도를 보완하고, 각종 경비의 손비인정 기준을 국제 기준에 따라 명확히 하여 기업경영의 투명성을 높이며, 신고 · 납부 절차를 단순화하여 납세편의를 제공하고자 하였다. 그리고 부동산의 거래단계에서 세금부담을 덜어 주어 정상적인 부동산거래가 이루어질 수 있도록 특별부가세의 세율을 20%에서 15%로 인하하였다.

2000년 2월 3일 개정시에는 토지 또는 건물 등 특별부가세의 과세표준에 관한 사항을 대통령령에 포괄적으로 위임하고 있는 규정에 대하여 헌법재판소가 포괄위임을 이유로 헌법불합치 결정을 함에 따라 대통령령에 규정되어 있는 특별부가세의 과세표준을 법률에서 직접 규정하였다. 2001년 12월 31일 개정에서는 과세표준 1억 원 이하 기업에 대한 법인세율을 16%에서 15%로, 과세표준 1억 원 초과 기업에 대한 법인세율을 28%에서 27%로 인하하고, 법인의 부동산 양도차익에 대한 특별부가세(15%)를 폐지하여 보유부동산의 처분을 통한 기업구조조정이 보다 원활하게 이루어질 수 있도록 하였다. 또한 세제면에서 기업하기 좋은 환경을 조성하기 위하여 비상장 대법인의 적정 유보초과소득에 대한 과세제도의 폐지 및 계산서 수수와 관련된 가산세제도의 개선 등 기업에 대한 각종 규제를 완화하였다. 2003년 12월 30일 개정시에는 과세표준 1억 원 이하 기업에 대한 법인세율을 종전 15%에서 13%로, 과세표준 1억 원 초과에 대한 법인세율을 27%에서 25%로 각각 인하하였다. 또한 기업이 사실과 다른 회계처리로 우량기업을 가장함으로써 주주 · 채권자 및 사회에 적지 않은 피해를 초래함에 따라 이러한 분식회계 후 세금을 환급받는 것을 제한하여 기업경영의 투명성을 유도하였다. 그리고 주택이 재산증식의 수단으로 되지 아니하도록 하기 위하여 1세대 2주택 이상의 주택에 대하여 양도소득세를 중과하는 것에 맞추어 법인의 주택양도소득에 대하여 30% 세율을 곱하여 계산한 세액을 법인세로 추가하여 과세하도록 하였다.

2005년 12월 31일 개정에서는 기업구조조정 과정에서 세제가 걸림돌이 되지 아니하도록 합병 · 분할 등에 대한 과세제도를 보완하고 특정 업종에 대한 차별적 규제제도를 폐지하였다. 한편, 조세회피지역에 소재하는 펀드 등에 대한 원천징수제도를 개선하여 펀드 등이 조세조약을 이용하여 조세를 회피하는 행위를 방지하고, 법인이 소유한 비사업용 토지의 양도소득에 대하여 중과세하도록 하였다. 2006년 12월 30일 개정시에는 기관투자자와 일반법인의 형평성을 제고하기 위하여 기관투자자의 배당소득금액에 대한 익금불산입률을 합리적으로 조정하고, 지주회사로의 전환을 통한 기업지배구조의 투명성을 제고하기 위하여 지주회사가 자회사로부터 받은 수입배당금액에 대한 익금불산입률을 단계적으로 상향조정하였다. 한편, 문화산업 전문회사 등에 대한 소득공제를 허용하고, 부동산투자회사의 해외투자소득 및 내국 법인의 해외자원 개발사업에 대한 외국 납부세액 공제기준을 완화하여 내국 법인의 해외투자를 지원하며, 외국 법인의 채권이자소득에 대한 원천징수세율을 내국인과 동일한 수준으로 인하하여 국내 채권시장을 활성화하였다. 또한 현금영수증 사용 확대를 위한 제도를 정비하여 업종 · 규모 등 일정한 요건에 해당하는 법인은 현금영수증 가맹점에 의무적으로 가입하도록 하였다. 2007년 7월 19일 개정에서는 수입금액이 5억 원 이하이고 복식부기방식에 따라 성실하게 거래내역을 기장(記帳)하는 등의 요건을 갖춘 중소법인에 대하여 세금계산방법을 대폭 간소화 · 표준화한 성실납세제도를 도입하였다. 2008년 12월 26일 개정시에는 낮은 세율이 적용되는 과세표준 기준금액을 1억 원에서 2억 원으로 높이고, 높은 법인세율은 25%에서 20%로, 낮은 법인세율은 13%에서 10%로 낮추어 법인세율을 인하하였다. 또한 개별 법인별로 과세하는 제도하에서는 기업의 조직형태에 따른 법인세 부담이 달라져 경영환경의 변화에 따른 능동적인 조직 변경이 어려운 문제점이 있어, 경제적으로 동일체인 모법인 및 자법인을 하나의 과세대상으로 하여 법인세를 과세하는 연결납세제도를 도입하였다. 2009년에는 두 차례의 개정이 있었다. 5월 21일 개정시에는 부동산투기 억제 목적으로 비사업용 토지 및 주택 보유자에 대해 지나치게 중과함에 따라 부동산시장에 심각한 왜곡을 초래하는 법인의 비사업용 토지 및 주택에 대한 중과제도를 폐지하였다. 12월 31일 개정시에는 기업의 구조조정 촉진 및 경쟁력 제고를 위하여 법인의 합병 · 분할 등에 대한 지원세제를 전반적으로 개선하고, 어려운 재정여건을 감안하여 2억 원 초과구간의 과세표준에 대한 세율을 현행 22%로 2년간 유예하며, 간접외국납부세액공제제도의 외국 자회사 적용요건을 완화하였다.

2010년 12월 30일 개정에서는 2011년부터 상장기업 및 금융기관에 대하여 국제회계기준이 의무적용됨에 따른 기업의 세부담 변동 및 납세협력비용 증가를 완화하기 위하여 관련 규정을 개정하고, 기부금 구분 체계 개선 및 지정기부금의 소득공제 한도를 확대하는 등 기부금 세제를 선진화하여 기부 활성화를 뒷받침하였다. 또한 외국인의 국내 투자자금의 변동성이 확대되어 외환부문의 건전성을 저해하는 등 금융시장에 불안을 초래하고 통화정책을 수행하는 데 어려움에 처하거나 처할 우려가 있어 긴급히 필요하다고 인정되는 때에는 외국 법인의 채권 이자 및 양도소득에 대하여는 세율을 인하하거나 영의 세율로 할 수 있도록 하였다.

3. 「부가가치세법」

1) 법률의 제정

지금까지 국세 중 가장 높은 세수점유율을 차지하고 있는 부가가치세는

1977년에 아시아에서 최초로 우리나라에 도입되었다. 당시의 복잡한 간접세제도는 경제개발을 위한 효과적인 세입을 조달할 수 없고, 세무행정도 복잡하여 세무당국과 납세자 모두에게 불편한 문제점이 있었다. 정부는 간접세체계를 근대화하고 제4차 경제개발 5개년계획을 효과적으로 지원하기 위하여 부가가치세제를 도입하였다. 이로써 세목과 세율의 단순화에 의한 세제 및 세정의 간소화와 간접세의 안전환급에 의한 수출 및 투자의 촉진을 도모하고, 누적과세의 배제에 의한 물가의 누적적 상승요인을 제거하며, 기업의 수직적 통합이익을 배제함으로써 기업의 계열화를 촉진함과 동시에 세금계산서의 수수를 통해 탈세를 원천적으로 예방하고 근거과세를 구현하려고 하였다. 이를 위해 1974년 3월 부가가치세 TF가 조직되어 1975년 내부적인 검토를 완료, 1976년 세제심의회의 토론을 거쳐 부가가치세법안이 마련되었다. 결국 부가가치세법안은 법제처 심의를 거쳐 1976년 10월 국회에 제출되었고 1976년 11월 29일 본회의에서 가결되어 1976년 12월 22일 제정되게 되었다.

제정 「부가가치세법」에 따르면, 물품이나 용역의 판매 또는 제공과 물품의 수입을 과세대상으로 하고, 과세기간은 6개월로 하되 2개월마다 예정신고납부하도록 되었다. 세율은 13%의 단일세율을 기본으로 하되 경기조절을 위하여 3% 이내에서 세율을 가감할 수 있는 탄력세율제도로 하였다. 그러나 실제세율은 처음부터 10%로 정하여졌는데, 1988년에 탄력세율제도가 폐지되면서 기본세율이 10%로 정하여졌다. 그리고 면세는 완전면세와 일반면세의 두 가지 종류를 두어, 수출 기타외화획득 재화 및 용역의 공급에 대하여는 완전면세인 영세율을 적용하도록 하고, 기초생활 필수품이나 용역 등에 대하여는 일반면세를 적용하도록 하였다. 또한 납부세액의 계산은 공급가액에 세율을 곱한 매출세액에서 전단계의 거래상대방으로부터 교부받은 세금계산서에 기재된 매입세액을 공제한 금액으로 하고, 세금계산서는 매입세액공제의 필수요건으로 거래시마다 교부하도록 하였다. 그리고 가산세제도를 두어 사업자등록세금계산서의 교부 · 제출 · 신고 · 납부 등의 이행을 불성실하게 한 경우에는 납부세액에 가산하도록 하였다. 한편, 소규모 영세사업자들의 납세편의를 도모하고 징수비용을 절감하기 위하여 연간 매출액이 1,200만 원 미만인 개인사업자에 대하여 공급가액의 2%를 납부하도록 하는 과세특례제도를 두었다. 뿐만 아니라 과세기간인 6개월당 납부세액이 7,500원 미만인 사업자에 대하여는 세액을 징수하지 아니하는 소액부징수제도를 두었다.

2) 주요 개정사항

「부가가치세법」은 제정된 후 여러 차례 개정되었으나 부가가치세 과세방법이나 세율 등 기본구조에는 거의 변동이 없었고, 면세범위의 조정, 소규모 영세사업자에 대한 범위조정 및 과세제도의 개편, 탄력세율제도의 폐지 등과 같은 부분적인 조정이 있었다.

1977년 12월 19일 개정에서는 과세특례자의 소액부징수 한도액을 인상하였고, 1978년 12월 5일 개정시에는 연 4회의 예정신고납부를 연 2회로 줄이고, 과세특례자의 경우 신고납부제도를 고지납부제도로 전환하여 신고의 번거로움을 덜어 주었다. 1980년 12월 13일 개정에서는 면세이던 고속여객선 등 특종선박에 의한 여객운송용역과 사업용 부동산임대 등이 과세로 전환되었다.

1990년대 들어서는 과세특례자의 한계에 놓인 사업자들이 일반과세자로 과세유형이 전환되는 것을 피하기 위하여 무자료거래를 하거나 세금계산서 수수를 기피하는 등 문제점이 드러나게 되었다. 이러한 상황에서 금융실명제가 실시되어 과세자료가 양성화됨에 따라 영세사업자들의 과표노출이 커진다는 우려가 있었다. 이에 대처하고자 1993년 12월 31일 개정에서는 세부담이 급격히 늘어나지 않도록 세금을 단계적으로 깎아 주는 한계세액공제제도를 도입하여 연간매출액 1억 5,000만 원 미만의 개인일반과세자에 대하여 납부세액을 경감하도록 하였다. 그런데 이와 같은 한계세액공제는 일반과세자와 과세특례자 간의 납부세액 격차를 다소간 해소하였으나 과세자료 양성화 효과가 미흡하고 세액공제를 과다하게 제공하며 제도가 복잡하여 운영하기가 어려웠다. 그래서 1995년 12월 29일 개정시에는 한계세액공제제도를 폐지하는 대신

업종별 부가가치율에 따라 납부세액을 계산하는 간이과세제도를 도입하였다.

1998년 12월 28일 개정에서는 성실신고 및 납부를 유도하기 위하여 간이과세자 · 과세특례자 등 소규모 사업자가 세금계산서를 받는 경우의 세액공제를 확대하고, 불성실납부자에 대한 가산세율을 조정하는 등 관련 제도를 정비하고, 장기적이고 안정적인 세입기반을 구축하고자 하였다. 변호사, 공인회계사, 법무사, 관세사 등이 제공하는 용역을 부가가치세 부과대상으로 하고, 4월과 10월에 부가가치세액을 신고하여 납부하도록 하는 대신 세무서장이 직전과세기간에 납부한 세액의 1/2를 부가가치세액으로 결정하여 징수하던 대상을 직전과세기간의 공급세액이 7,500만 원 미만인 개인사업자에서 직전과세기간의 공급가액이 1억 5,000만 원 미만인 개인사업자로 확대하였다. 1999년 12월 28일 개정에서는 자영사업자에 대한 특별과세제도를 개편하여 현행의 간이과세자는 일반과세자로 흡수하고 과세특별자는 간이과세의 방법에 의하여 과세함으로써 특례과세제도가 고소득 자영업자의 세부담 회피수단으로 이용되는 사례를 방지하였다. 또한 신용카드에 의한 매출분에 대한 세액공제율을 인상하여 근거과세체계의 확립을 위한 기반을 마련하였다.

2003년 12월 30일 개정에서는 2 이상의 사업장을 가진 사업자는 사업장단위 외에 사업자단위로 부가가치세를 신고 · 납부할 수 있도록 하고, 소규모 사업자에 대하여는 예정고지제도를 폐지하여 확정신고만 하도록 하는 등 신고 · 납부제도를 간소화하였다. 또한 자영업자의 소득을 파악하여 과세의 형평성을 제고하기 위하여 신용카드 외에 현금영수증카드 등으로 대금결제를 하는 경우에도 부가가치세를 공제하도록 하였다. 2006년 12월 30일 개정시에는 사업자의 납세편의를 위하여 사업자단위 과세제도를 도입하고, 과세표준 계산시 재화 또는 용역을 공급한 후의 할인액을 과세표준에서 제외하였다. 그리고 납부의무 면제자인 간이과세자가 부가가치세를 납부한 경우 경정청구 여부와 관계없이 환급하여 주고, 도서대여용역을 면세로 하는 한편, 세원의 투명성을 높이고 제도의 실효성을 확보하기 위하여 세금계산서의 미교부, 가공(架空) 세금계산서의 교부에 대한 가산세율을 인상하였다. 또한 타인명의로 사업자등록을 하거나 전문직 사업자가 수입금액명세서를 제출하지 아니한 경우에 대한 가산세를 신설하였다.

2010년 1월 1일 개정에서는 지역의 경제활동과 지방세수의 연계성을 제고하기 위하여 부가가치세의 5%를 지방소비세로 전환하고, 사업자의 납세편의를 제고하기 위하여 사업자의 신청만으로 총괄납부를 할 수 있도록 하였다. 2010년 12월 27일 개정시에는 음식점업 또는 숙박업 등을 하는 개인사업자의 세부담을 경감하기 위하여 신용카드 · 현금영수증 등의 매출세액공제 우대제도의 일몰기한을 2010년 12월 31일에서 2012년 12월 31일까지로 2년 연장하고, 신용카드 등의 사용에 대한 당첨금제도를 폐지하였다.

4. 그 밖의 조세 법제

1) 「국세기본법」

「국세기본법」은 국세에 관한 기본적이고 공통적인 사항과 위법 · 부당한 행정처분에 대한 불복절차에 관하여 규정하는 실체규정과 절차규정을 모두 포괄하고 있는 법률로서 1974년 12월 21일 제정되어 1975년 1월 1일부터 시행되었다. 동법이 제정되기 전에는 국세에 관한 기본적이고 공통적인 사항이 각 세법마다 규정되어 있어서 법령의 해석 · 적용에 있어서 통일성이 없었고, 각 세법의 규정이 상호 충돌되는 경우 효력의 우열을 가리기 어려운 문제점이 있었다. 「국세기본법」이 제정되면서 국세부과 및 세법적용상의 원칙으로서 실질과세의 원칙, 신의 · 성실의 원칙, 근거과세의 원칙, 소급과세의 금지, 기업회계 존중의 원칙 등이 규정되었고, 세법의 특례규정을 제외하고는 이 법을 세법에 우선하여 적용하도록 하였다. 또한 동법에서는 각 세법에 공통되는 용어를 정의하고, 기간과 기한, 서류송달 절차, 국세가산금 또는 체납처분비 등의 타 채권에 대한 우선권 등에 관한 사항과 함께 위법 · 부당한 국세처분에 대한 이의신청, 국세청장 또는 감사원에 대한 심사청구 및 국세심판소에 대한 심판청구 등 불복방법에 대한 청구기간 및 절차 등에 관하여 규정하였다.

이후 1984년 8월 7일 개정에서는 각종 과세표준신고를 우편으로 발송하는 경우에는 그 발송한 날에 신고가 된 것으로 보도록 발신주의를 채택하고 영세민의 소액의 주택임차보증금 및 임금채권이 국세에 우선하도록 함으로써 국민생활의 편익을 도모하였다. 1990년 12월 31일 개정시에는 상속세 또는 증여세 부과의 제척기간을 연장함으로써 상속세 또는 증여세의 회피소지를 축소하였다. 또한 국세의 납부기한 전 1년 내에 설정된 저당권 등보다 국세가 우선하도록 한 규정이 헌법재판소의 위헌 결정으로 그 효력을 잃게 됨에 따라 국세채권과 저당권 등에 의하여 담보되는 채권 간의 우선 여부 결정 기준일을 정하였다. 1996년 12월 30일 개정에서는 납세자의 권익향상과 세정의 선진화를 위하여 납세자권리헌장을 제정 · 시행할 수 있는 법적 근거를 마련하고, 서류의 교부송달시 수령을 거부할 경우 서류를 유치할 수 있도록 하며, 세무공무원의 비밀유지의무를 신설하였다.

1999년 12월 31일 개정시에는 부정한 방법에 의한 부의 세습을 방지하기 위하여 특별한 규정을 두었다. 즉, 제3자 명의로 되어 있는 재산에 대하여 실명전환을 하거나, 계약에 의하여 피상속인이 취득할 재산을 계약이행기간 중에 상속받거나, 국외에 소재하는 재산을 상속 또는 증여받거나, 등기 · 등록 · 명의개서가 필요하지 아니한 재산을 상속 또는 증여받는 방법으로 상속세 또는 증여세를 포탈하는 경우로서 재산가액이 50억 원을 초과하는 경우에는 15년으로 정하여져 있는 부과제척기간에 관계없이 이를 안 날부터 1년 이내에 상속세 또는 증여세를 부과할 수 있도록 하였다.

2002년 12월 18일 개정에서는 서류송달의 방법에 전자송달을 추가하고, 전자송달은 납세자가 신청하는 경우에 한하여 실시하는데 송달받을 자가 지정한 컴퓨터에 입력된 때 또는 국세정보통신망에 저장된 때에 그 송달을 받아야 할 자에게 도달된 것으로 보았다.

한편, 가산세는 개별 세법마다 가산세율 등이 달리 규정되어 있는 등 가산세체계가 복잡하고, 고의적 의무위반에 대한 가산세 제재 수준이 선진국에 비하여 낮아 탈세억제 및 성실신고 유도에 미흡하고, 일부 의무위반의 경우에는 가산세 부담이 지나친 문제점이 있었다. 이러한 문제점을 해결하기 위해 정부는 2006년 12월 30일 「국세기본법」을 개정하여 세법상의 의무위반 정도에 따라 가산세를 차등하여 부과하고, 정당한 사유가 있는 경우에는 가산세를 부과하지 아니하는 등 모든 세목에 공통적으로 적용될 수 있는 가산세에 관한 사항을 체계적으로 규정하였다. 이와 더불어 세무조사에 대한 법적 근거가 일부 미비하여 납세자의 권익보호에 미흡하다는 비판에 대처하기 위하여 세무조사의 유형을 정기적으로 조사대상을 선정하여 하는 조사와 탈세제보 등에 의한 수시조사로 나누어 규정하였다.

2007년 12월 31일 개정에서는 납세고지서 등의 송달이 지연된 때에는 최소한 14일의 납부기한을 보장하고, 신용카드 등에 의한 국세납부제도를 도입하는 등 납세자의 권익보호를 위한 제도를 개선하였다.

이명박 정부가 들어서면서 정부조직이 개편됨에 따라 2008년 2월 29일 국세와 지방세에 대한 심판처리기구를 단일화하기 위하여 국세심판원과 지방세심사위원회를 통합한 조세심판원을 국무총리 소속으로 신설하고, 관련 규정을 정비하였다. 2010년 1월 1일 개정에서는 납세자의 납세편의를 제고하기 위하여 국세 신용카드 납부제도의 적용범위를 확대하고, 양도소득세 및 부동산매매업자의 부동산 매매차익 예정신고납부 불이행에 대한 가산세 규정을 신설함으로써 성실한 신고납부의무를 유도하며, 고액 · 상습체납자 명단공개 대상 범위를 체납액 10억 원에서 7억 원으로 확대하였다. 또한 세무조사의 기간을 제한하고 납세자의 장부를 임의로 세무관서에 보관하지 못하도록 하는 등 세무조사제도를 일부 보완하며, 국세 통계자료 및 과세정보 제출제도를 개선하고, 납세자보호관의 설치 · 권한의 근거를 마련하였다.

2) 「부동산투기 억제에 관한 특별조치법」, 「토지초과이득세법」 및 「종합부동산세법」

경제발전 과정에서 토지가 국민생활이나 산업생산에 효율적으로 이용되기보다는 투기수단으로 악용되는 경우가 많아 사회 · 경제적으로 심각한 문제점을 드러내는 경우가 많았다. 1967년에 경부고속도로 건설구상이 발표되자 그 건설구간에 인접한 지역의 지가가 급등하였었는데, 이에 대처하기 위해 정부는 1967년 11월 29일 「부동산투기 억제에 관한 특별조치법」을 제정하여 부동산투기억제세라는 자본이득세를 처음으로 도입하였다. 부동산투기억제세는 서울특별시와 부산시, 그 외 대통령령으로 정하는 지역에 소재하는 토지의 양도차익에 50%의 세율이 적용되었는데, 과세표준에는 실현된 양도차익뿐만 아니라 공지의 미실현이득도 포함되는 문제점이 있었다. 실현된 토지의 양도차익에 대한 과세는 양도소득세로 확대 · 개편되었고, 공지의 미실현이득에 대한 과세는 후술하는 토지초과이득세와 개발부담금제도로 다시 입법화되었다. 동법은 1974년 12월 21일 폐지되었다.

1980년대 후반에 이르러 부동산투기가 사회적으로 크게 문제화되자 정부는 토지공개념을 정책에 도입하게 되었다. 이러한 정책의 일환으로 정부는 유휴토지 및 비업무용 토지와 같이 주로 지가상승 이득을 기대하여 보유하고 있는 토지가 각종 개발사업 등의 요인으로 정상지가상승률을 초과하여 상승한 경우 그 소유자가 얻는 초과지가상승 이익의 일정분을 보유단계에서 토지초과이득세로 환수하는 내용의 「토지초과이득세법」을 1989년 12월 30일 제정하였다. 1990년 1일 1일 부터 시행된 동법에 따르면, 납세의무자는 해당 토지의 소유자이고, 토지초과이득세의 세율은 50%이며, 과세기간은 3년으로 하였는데, 토지개발 또는 주택건설사업을 영위하는 정부투자기관 등이 개발사업용으로 보유하는 토지 등은 토지초과이득세의 50%를 감면하도록 하였다.

동법이 시행됨에 따라 고질적인 부동산투기가 사라지고 지가가 안정되어 효율적인 토지이용의 기반 및 건전한 사회분위기 조성에 기여하는 효과가 어느 정도 있었다. 그러나 헌법상의 사유재산권보장원칙에 상충되어 납세자의 민원이 끊이지 아니하였는데, 결국 1994년 7월 29일 헌법재판소의 헌법불합치 결정이 내려지게 되었다. 이에 따라 정부는 1994년 12월 22일 헌법재판소의 결정 취지에 적합하게 적정 세부담을 기할 수 있도록 초과누진세율체계를 도입하고, 지가하락시의 보완규정을 마련하며, 일정 기간 내 양도시 토지초과이득세를 양도소득세에서 전액공제하도록 하는 등의 내용으로 동법을 개정하였다. 그러다가 부동산실명제의 실시, 토지종합전산망의 가동 등 부동산투기를 방지하기 위한 제도적 장치가 마련되고, 부동산경기가 침체되는 등 그 실효성이 낮아져 1998년 12월 28일 「토지초과이득세법」은 폐지되었다.

한편, 노무현 정부는 2005년 1월 5일 강력한 보유과세인 종합부동산세를 도입한 「종합부동산세법」을 제정하여 부동산의 가격안정과 조세의 소득재분배기능을 강화하였다. 즉, 고액의 부동산 보유자에 대하여는 부동산보유세를 과세함에 있어서 지방세의 경우보다 높은 세율로 국세인 종합부동산세를 과세하여 부동산 보유에 대한 조세부담의 형평성을 제고하고 지방재정의 균형발전을 도모하였다. 「종합부동산세법」은 기본적으로 보유세는 강화하고 거래세는 완화한다는 원칙 아래 토지 · 건물의 과세표준을 시가로 평가하고 주택은 토지와 건물을 통합평가하여 통합과세하는 것을 주요 내용으로 하였다. 그런데 2008년 11월 헌법재판소의 위헌 결정에 따라 주택분 및 종합합산대상 토지분 종합부동산세 과세방식을 세대별 합산방식에서 개인별 합산방식으로 변경하고, 1주택 장기보유자 및 고령자에 대한 세액공제제도를 마련하며, 납세자의 세부담을 완화하기 위하여 과세기준금액, 과세표준의 구간 및 세율과 세부담 상한액을 조정하는 등의 내용으로 2008년 12월 26일 대폭 개정되면서 그 실효성이 크게 낮아졌다.

3) 「조세감면규제법」 및 「조세특례제한법」

1960년대는 정책적 지원분야에 대한 폭넓은 조세지원제도가 마련된 시기이다. 정부는 조세감면에 관한 사항을 규제하여 과세형평성을 제고하고 세수 확보를 도모하기 위하여 1965년 12월 20일 「조세감면규제법」을 제정하였다. 이를 통해 조세감면의 근거가 될 수 있는 법률의 종류를 제한함으로써 방만한 조세감면을 억제하고, 조세감면을 단일법에서 규정하여 체계적인 조세지원정책을 할 수 있는 기반을 제공하였다.

1998년 12월 28일에는 5년 단위의 한시법으로 운용되어 온 「조세감면규제법」을 전면개정하면서 동법의 내용을 포함하여 모든 조세특례규정을 포괄하는 「조세특례제한법」으로 전환하였다. 주요 내용을 살펴보면, 우선 일반법률에 의한 조세감면사항과 개별 세법에 의한 조세특례사항을 포괄하여 규정하고, 감면조문별로 단기 2년, 장기 5년의 적용시한을 설정하여 성과분석이 가능하도록 하였다. 벤처기업에 대한 투자를 활성화하기 위하여 개인이 벤처기업에 직접 투자하는 경우 투자금액의 20%를 종합소득금액에서 공제하고, 벤처기업의 주식을 양도하는 때에는 양도소득세를 비과세하도록 하였다. 또한 2개 이상의 기업집단에 속하는 기업의 주식을 교환하여 기업을 양도 · 양수하는 경우 법인주주의 주식양도차익에 대하여는 법인세를 과세이연하도록 하고, 개인주주의 주식양도차익에 대하여는 양도소득세의 50%를 감면하도록 하였다. 또한 기업구조조정 전문회사가 구조조정 기업에 출자하여 취득한 주식을 양도함으로써 발생하는 양도차익과 구조조정 기업으로부터 받는 배당소득에 대하여는 비과세하도록 하여 기업구조조정을 지원하였다. 그리고 영세사업자의 성실신고를 유도하기 위해 연간 공급가액이 1억 5,000만 원 미만인 개인사업자가 1999년분 매출액을 성실신고한 과세표준에 해당하는 부가가치세 및 소득세를 3년에 걸쳐 경감하도록 하였다.

「조세특례제한법」으로 전면개정된 후 세입기반을 확충하고 증가하는 재정수요에 대응하기 위해 비과세 · 감면은 단계적으로 축소되어 왔다. 감면제도 중 지원목적이 달성된 제도와 일몰시한이 도래하지 않은 감면제도라도 실효성이 낮고 불요불급한 감면제도는 폐지하였다. 즉, 2002년에는 기부금이월공제제도, 투자세액공제와 연구 및 인력개발비 세액공제 등을, 2005년에는 기업어음세액공제제도, 신용카드 소득공제제도, 장기주택마련저축제도 등을, 2006년에는 코스닥 상장 중소기업 사업손실준비금 손실산입 등을, 2007년에는 중소기업의 금융채무 상환 등에 대한 과세특례 등을 폐지하거나 축소하였다.

제4장 산업 법제

Chapter

4 산업 법제

1948년 건국 이후 1960년대까지 한국경제는 농림어업 등 1차산업이 중추적인 역할을 하였는데, 「농지개혁법」은 이 시기의 가장 주요한 입법이었다. 이후 1960년대에 정부의 경제개발 5개년계획이 시작되면서 제조업이 성장의 중심으로 자리잡았고, 한정된 자원의 배분 과정에서 정부가 중심적인 역할을 수행하였다. 특히, 공업화 초기에는 전자, 철강, 조선, 기계 등 특정 산업 위주의 성장정책을 추진하기 위한 「철강공업육성법」 등 특정 산업 육성법이 제정되었다. 1980년대 중반 이후에는 산업에 대한 기능별 지원체계로 전환하기 위하여 「공업발전법」과 「산업발전법」이 제정되어 산업구조의 조정과 산업합리화 정책을 추진하였다. 한편, 1970년대 중화학공업 육성정책의 과정에서 자원의 편중배분은 대기업집단의 경제력집중 문제를 야기하였고, 1980년대 이를 규제하기 위한 입법적인 노력이 강구되어 그 결과 「독점규제 및 공정거래에 관한 법률」이 제정되었다. 반도체를 비롯한 전자산업이 국제경쟁에서 우위를 점하게 됨에 따라 1990년대 정보통신산업이 비약적인 발전을 이루었고, 그 중심에는 1950년대부터 지속되어 온 과학기술에 대한 정부의 적극적인 관심이 있었다. 2000년대에는 미래의 성장동력을 찾아 제도화하는 노력을 기울이고 있으며, "저탄소 녹색성장"에서 미래 한국경제를 선도하고 세계산업을 주도할 주력업종을 찾는 노력을 지속하고 있다.

이 장에서는 건국 이후 한국경제를 이끌어 온 각 산업분야의 노력들을 관련 입법을 중심으로 살펴보고자 한다.

제1절 농업

1. 농지개혁

해방 직후 대한민국은 전형적인 농업국가로서 전국민의 77%가 농업인구였으며, 전체 농지면적 222만 6,000정보(1정보는 9,917.4m²) 중 자작지는 78만 정보로서 전체의 35%에 불과하였다. 또한 206만 농가 중 48%가 순소작농, 35%가 자경과 소작을 겸하는 농가로서 소작농가의 비율은 전체 농가의 86%에 달하여 소작 문제의 해결이야말로 당시 국민 다수를 점하는 소작농의 숙원이었으며 정치권의 최대현안이었다. 미군정청은 이러한 문제를 해결하기 위하여 최고소작료 결정의 건(1945. 10. 5, 미군정법령 제9호)을 공포하여 총수확량의 60~80%에 달하던 소작료를 수확량의 1/3로 통제하였다. 이어서 12월에는 귀속농지(해방 전 일본인 소유 농지)를 미군정청 소유로 귀속시키고 신한공사를 통하여 관리하다가 1948년 3월에 23만 4,110정보를 소작인에게 불하하는 1차 농지개혁을 시행하였다.

1) 「농지개혁법」의 입법 경과

1948년 7월 17일 대한민국 제헌헌법이 공포되고, 이어 1948년 8월 15일 대한민국 정부가 수립되었다. 제헌헌법 제86조는 “농지는 농민에게 분배하며 그 분배의 방법, 소유의 한도, 소유권의 내용과 한계는 법률로써 정한다”라고 규정하여 이른바 경자유전(耕者有田)의 원칙을 천명하고 있는데, 이를 이행하기 위하여 「농지개혁법」의 제정 추진을 선언하게 되었다.

「농지개혁법」의 입법 과정은 순탄하지 않았다. 지주에 대한 농지의 보상가격과 불하받는 농민에 대한 농지상환가격, 농지의 소유 상한 등이 주로 문제가 되었다. 먼저, 지주에 대한 농지보상가격의 경우 정부는 1년 수확량의 2배안을, 국회안은 지주에게 더욱 유리한 3배안을 놓고 대립되었다. 그러나 당시 소작농지의 가격이 자작지의 70% 정도이고, 자작지의 가격이 1년 수확량의 200~250%인 점을 감안하여 1년 수확량의 150%를 5년간 분할하여 보상하는 것으로 정리되었다. 상환지가의 경우에는 연수확량의 125%를 5년에 거쳐 분할상환하는 것으로 결정되었는데, 이는 정부가 보상액과 상환액의 차이로 발생하는 25%를 보전해 주어야 한다는 과제를 남겼다. 또한 농지의 소유 상한과 관련하여 2정보안과 3정보안을 놓고 표결을 거쳐 1농가당 3정보를 소유 상한으로 결정하였다. 이에는 당시 농업인구가 지나치게 많아 소유 상한을 늘림으로써 과잉농촌인구를 다른 산업부분으로 전환할 필요가 있음을 감안한 결정이었다.

이렇게 주요 사항이 결정된 농지개혁법안은 1949년 4월 29일 국회 본회의를 통과하여 정부에 보내졌다. 정부는 정부가 보조하여야 할 농지의 보상가격과 상환가격 간의 차액 25%에 대하여 재원을 마련할 수 없고, 영세농민에게 지원하도록 되어 있는 농지대가의 30%도 정부의 재정형편상 확보하기 어렵다는 이유로 환부거부하였다. 그러나 국회는 이를 재의결하였고, 이에 따라 정부는 1949년 6월 21일 「농지개혁법」을 공포하고, 1949년 7월 7일 개정안을 국회에 제출하였다.

1950년 3월 10일 공포된 개정 「농지개혁법」은 제정시 정부가 문제삼았던 영세농민에 대한 30% 지원제도를 폐지하고, 당초 제정법에서 25% 차이가 났던 보상가격과 상환가격을 같게 함으로써 농지개혁으로 인한 정부의 추가부담을 없게 하였고, 이로써 농지개혁을 위한 법제는 완성되었다.

2) 농지개혁의 결과와 그 이후

「농지개혁법」은 당초 1950년부터 1954년까지 5년간 시행할 예정이었으나 6.25전쟁으로 인하여 시행이 지연되어 1957년에 가서야 사실상 완료되었고, 공식적으로는 1968년 3월 13일에 제정된 「농지개혁사업 정리에 관한 특별조치법」의 시행에 따라 완전히 종결되었다. 그 결과 논 21만 5,266정보를 비롯하여 총 31만 6,862정보가 분배되었고, 소작지는 전체 농지면적의 8.1%로 줄었다.

농지개혁을 계기로 지주제가 해체되고 자작농체제가 확립되었으며, 이를 기반으로 농업 · 농촌은 노동력과 자본의 공급을 통하여 한국 자본주의의 발전에 기여하였다. 농지개혁 분배농지 대가로 정부에 상환된 자금은 수리시설의 확충 등 농업부문에 투자되어 농업생산력 발전에 기여하였다. 또한 농지개혁은 자본가층으로 하여금 지주들이 헐값에 매각한 지가증권(법상으로는 보상시 지가증권을 발행하고 5년에 걸쳐 액면농산물의 결정가격을 원화로 지급하도록 되어 있다)을 구입하여 귀속재산 매수에 활용하도록 함으로써 자본가계급의 형성을 촉진하였다.

1968년 공식적으로 농지개혁이 완료됨에 따라 「농지개혁법」이 의도하는 자작농체제를 유지하여 농지개혁의 성과를 헛되지 않게 하려는 입법 시도가 있었다. 그러나 농지제도의 근간이 되는 농지법은 제정되지 못하였고, 1972년 12월 18일 「농지의 보존 및 이용에 관한 법률」과 1986년 12월 31일 「농지임대차관리법」 등 농지의 이용이나 임대차 등을 규율하는 각론적인 법률이 제정되는데 그쳤다. 그러나 1990년대 들어서 국내외적인 경제여건의 급격한 변화, 특히 UR협상의 타결에 따른 WTO체제가 출범하여 농업에도 대변혁이 일어날 수밖에 없는 상황에 처하여 농지 문제를 종합적으로 규율하는 1994년 12월 22일 「농지법」이 제정되게 되었고, 그 부칙에 의하여 「농지개혁법」은 비로소 폐지되었다.

2. 농촌의 근대화

1) 농지의 확대를 위한 법제

농지확대정책은 1962년 2월 22일 「개간촉진법」이 제정됨으로써 본격적으로 추진되었다. 황무지, 초생지, 소택지나 임야 등 미개간지를 농경지로 조성하기 위하여 개간을 촉진하는 데 법의 목적을 두고 있다. 법의 공포와 미국 잉여농산물의 지원으로 개간사업은 가속화될 수 있었는데, 1960년대 시작된 식량증산 7개년계획에서 50만ha의 개간을 계획하여 법에 따라 전국적인 개간적지조사(개간의 필요성이 있는 토지에 대하여 경사토성 그 밖에 개간지로서의 적부를 조사하는 것)를 실시하여 1968년에 이를 완료하였다.

이 법의 중심 내용은 사유미간지의 개간에 있었는데, 개간예정지가 된 사유미간지의 경우 토지소유자가 개간허가신청을 하는 경우에는 즉시 개간허가가 되어 문제가 없었다. 그런데 개간예정지인 사유미간지의 소유자가 개간허가신청을 하지 않은 경우에는 정부가 강제로 매수하여 이를 영세농가, 일반농가 등의 순서로 1농가당 2정보를 기준으로 개간허가를 하도록 규정하였다.

「개간촉진법」은 농민들의 개간의지를 고취시켜 1962년부터 1965년 사이에 총농경지의 6%에 해당하는 11만 정보의 농경지를 확대하는 성과를 거두었다. 그러나 토지를 소유자로부터 강제로 매수하는 것이 사유재산권의 침해논란을 부르고 개간허가절차가 복잡하다는 등의 이유로 「개간촉진법」을 대체하는 「농경지조성법」이 1967년 1월 16일 제정되었다. 하지만 「농경지조성법」 시행에 따라 「개간촉진법」하에서보다 개간공사비 등 정부의 지원이 오히려 축소되어 개간사업이 위축되는 결과를 가져와 1975년 4월 1일 「농지확대개발촉진법」의 제정으로 폐지되었다.

농지확대정책으로 늘어나던 농지면적은 1969년부터 감소 추세로 돌아서게 되었다. 경제성장에 따른 도시개발, 공업용지, 도로 등으로 전용되는 농지가 새로 늘어난 농지보다 많았기 때문이다. 이에 따라 농지의 감소를 막기 위하여 1972년 12월 8일 「농지의 보전 및 이용에 관한 법률」이 제정되었다.

「농지의 보전 및 이용에 관한 법률」은 도시계획구역 밖의 농지를 다른 용도로 전용하기 위해서는 시·도지사의 허가를 받도록 하고 국가기관 등이 공용·공공용 시설을 설치하기 위해서 도시계획구역 밖의 농지를 전용하려는 때에는 농림부 장관의 동의나 승인을 받도록 규정하고 있다. 그런데 1975년에 이르러서는 식량의 안보적 차원과 지속적인 식량자급을 통한 국민식생활의 안정을 기하기 위하여 농업생산 기반인 농지의 보전이 무엇보다도 시급하게 요청되었고, 이에 따라 같은 해 12월 31일 농지를 보다 효율적으로 보전 · 이용할 수 있도록 하기 위하여 법을 개정하였다. 그 내용을 살펴보면, 도시계획이나 공업단지의 지정시 농지가 편입되는 경우에는 주무부 장관이 농림부 장관과 협의하도록 하고, 농지를 절대농지와 상대농지로 구분하여 일정 면적 이상의 절대농지를 전용허가할 때에는 국무회의의 심의를 거치도록 하였다. 나아가 절대농지를 전용할 경우에는 전용면적에 상당하는 대체농지를 조성하거나 조성에 필요한 비용을 도지사에게 납부하도록 하는 등 농지의 보전을 위한 강력한 조치를 마련하였다.

1974년 세계적인 식량사태에 영향을 받아 농지확대정책을 강력하게 추진할 필요가 있어 제정된 「농지확대개발촉진법」은 농지의 확대를 촉진하기 위하여 농지로 이용할 수 있는 미간지를 개발촉진지역으로 지정하여 개발을 의무화하고, 소유자에게 개발의무를 부여하고 있다. 소유자가 이를 이행하지 않을 경우 국가가 개발을 대집행하거나 국가가 지정하는 자로 하여금 소유자로부터 해당 토지를 매수하여 개발할 수 있도록 규정하였다. 종전의 「개간촉진법」에서 사유재산에 대한 침해소지로 위헌논란을 불러일으켰던 조항을 다시 살릴 만큼 농지의 확대를 통한 식량증산 의지를 입법을 통해 강력하게 나타낸 것이다.

2) 농촌근대화를 위한 법제

(1) 「농촌근대화촉진법」

농지의 개량 · 개발 · 보전 및 집단화, 기계화를 통한 농업생산력 증진, 그리고 농가주택 개량 등을 통해 농촌근대화를 촉진시키기 위하여 농지개량조합 및 농업진흥공사를 설립하였다. 농지개량조합은 조합구역 안의 농지개량시설의 유지 · 관리와 구획정리사업 등을, 농업진흥공사는 농지개량사업 · 농업기계화사업과 농가주택개량사업을 종합적으로 수행하도록 하는 내용으로 1970년 1월 12일 「농촌근대화촉진법」이 제정되었다.

「농촌근대화촉진법」은 크게 3가지의 사업을 실시하도록 하고 있는데, 첫째 농지개량사업이다. 이는 농지의 효용을 높이기 위한 관개 · 배수시설 · 농업용 도로 · 기타 농지의 보전이나 그 이용에 필요한 시설을 설치 · 관리 · 변경 또는 폐합하는 행위, 농지의 구획정리, 개답 또는 개전, 농업을 목적으로 하는 매립 또는 간척, 농지 또는 농지의 보전이나 그 이용에 필요한 시설의 재해복구, 농지에 관한 권리 및 그 농지의 이용에 필요한 토지에 관한 권리, 농업용 시설과 물의 사용에 관한 권리의 교환 · 분합 등을 의미한다. 둘째, 농업기계화사업은 농업에 사용되는 기계와 기구를 생산 또는 도입하여 농가에 보급시키거나 그 용역을 농민에게 제공하여 농산물의 생산을 증가시키는 것을 말한다. 셋째, 농가주택개량사업은 농촌근대화에 적합하도록 농가주택을 건설하거나, 개량하는 사업을 말한다.

농지개량사업은 소유자의 신청에 따라 실시하는 것이 원칙이지만 농지의 개량을 통하여 농업의 생산력을 증진시킬 수 있다면 소유자의 신청이 없더라도 사업을 실시할 수 있도록 규정하고 있다. 또한 농업기계화사업이나 농가주택개량사업의 경우 국가는 필요하다고 인정하는 때에는 농기구의 제작 · 구입 또는 운영 · 관리를 하는 자나 농가주택개량사업을 시행하는 자에게 그 자금의 일부 또는 전부를 보조하거나 융자해 줄 수 있다.

(2) 「농어촌지붕개량촉진법」

농어촌의 초가지붕을 기와, 슬레이트 또는 함석 등으로 개량하여 농어민의 생활환경을 개선하기 위하여 「농어촌지붕개량촉진법」이 1967년 2월 28일 제정되었다. 이 법은 당시 정부는 250만여 초가지붕 중 90만여 호 이상을 10년 내에 개량하기로 하고 매년 이에 따른 융자금 예산을 계상하도록 의무화하고 있다. 자금은 농업협동조합중앙회에서 관리하도록 하고, 신규 주택부터 우선하여 대여하도록 하고 대여받은 돈은 1년 거치 후 3년간 균분하여 상환하도록 하고 있다.

이 법은 1972년 12월 26일 1차 개정되었다. 그 이유는 당시 농어촌지붕개량사업은 지방자치단체의 조례에 의하여 지방자치단체가 주관하는 사업과 「농어촌지붕개량촉진법」에 의하여 농림부가 주관하는 사업으로 이원화되어 있기 때문에 동 사업의 효율적인 추진이 어려운 실정이었기 때문이었다. 따라서 「농어촌지붕개량촉진법」에 의한 사업도 지방자치단체가 주관하도록 하여 대여금의 자금은 정부가 마련하되, 대여금의 집행은 지방자치단체의 특별회계에서 일원화하여 처리하도록 개선되었다.

(3) 「농어촌전화촉진법」

발전량 부족과 설비투자액의 과다에 따른 수익성 문제 등 때문에 농어촌 전화(電化)사업은 계속 부진하였다. 그러나 1962년도부터 시행된 전원개발 5개년계획에 따라 전력의 공급량이 확대될 것으로 예상됨에 따라 소외된 농어촌의 전화를 위하여 연간 약 4억 4,000만 원의 예산조치를 할 수 있는 법적 근거를 마련하였는데, 1965년 12월 30일 「농어촌전화촉진법」이 제정되었다. 그 주요 내용을 보면, 공사비는 전기사업자의 전기시설공사 부담금과 정부의 재정자금에 의한 융자금으로 충당하도록 하고, 전기사업자에 행한 융자금에 대해서는 해당 지방자치단체가 그 지불을 보증하여 수용자로 하여금 연대채무를 부담하도록 하였다. 또한 정부융자금의 상환기간은 20년으로 하고, 정부융자금의 상환업무는 전기사업자가 매월 전력요금 수금시에 일괄 수금하도록 하고 있다.

(4) 「농업기계화촉진법」

농업생산성을 지속적으로 향상시키기 위하여 파종에서 수확까지 일관 기계화 영농체제의 구축이 요청되고, 이농의 확대로 인하여 농촌노임이 상승하면서 농업기계화는 본격적으로 요구되었다. 특히, 1972년부터 1976년까지 제1차 농업기계화 5개년계획하에 농업기계화는 본격적으로 추진되었다. 그 직후 농민에게 우량농업기계를 조속히 확대공급하고 그 이용도를 제고하기 위하여 농업기계의 품질관리를 위한 검사 및 사후봉사의 강화 등 기계화 영농관계의 조성에 필요한 사항을 정하기 위하여 1978년 12월 5일 「농업기계화촉진법」을 제정하였다.

그 주요 내용을 보면, 정부는 농업기계와 그 부대시설의 구입 또는 설치자금을 지원할 수 있도록 하고 농업기계화 촉진을 위하여 기금을 설치 · 지원하도록 하였다. 또한 농수산부 장관은 농업기계의 생산과 그 보급을 촉진하기 위하여 필요한 때에는 농업기계화사업 촉진에 적합한 농업기계를 보급기종으로 고시하고, 재해대책 등 급박한 사정으로 인하여 농업기계의 수급조정이 필요하다고 인정할 때에는 그 수급조정을 하며, 보급기종 농업기계의 원활한 공급을 위하여 필요하다고 인정할 때에는 「물가안정 및 공정거래에 관한 법률」 제2조의 규정에 따라 그 최고가격을 정할 수 있도록 하였다. 그 밖에도, 보급기종 농업기계의 제조업자 또는 판매업자는 사후봉사체제를 갖추도록 하는 등 농기계의 공급자 요인으로 인한 농기계의 수습불안이 최소화되도록 강력한 입법조치를 구비하였다. 다만 정부는 보급기종으로 고시한 농업기계를 원활히 공급하게 하기 위하여 당해 농업기계의 제조업자에게 그 생산에 필요한 자금의 전부 또는 일부를 융자할 수 있도록 당근조치도 잊지 않았다.

3. 농외소득의 증대를 통한 농가소득의 증대 노력

1970년대에 우리나라는 통일벼의 개발과 보급 확대로 주곡자급이 달성되었다. 하지만 1960년대 이후 공업화가 진전되면서 농업과 공업의 생산성 격차가 확대되고 농산물의 가격이 상대적으로 하락함으로써 농가소득이 도시가구의 소득에 뒤떨어지게 되었다. 이에 농어촌지역에 공업 및 서비스 산업을 유치하여 농어촌소득원의 개발을 촉진함으로써 농어촌 소득을 증대하고 농어촌 소득구조를 고도화하여 농어촌 경제의 균형 있는 발전을 도모하기 위하여 단일법으로서 「농어촌소득원개발촉진법」을 1983년 12월 31일 제정하였다.

이 법의 주요 내용은 경제기획원 장관은 관계 중앙행정기관의 장이 제출하는 소관별 농어촌소득원개발방침을 종합 · 조정하여 농어촌소득원개발기본방침을 수립하고, 도지사는 기본방침에 따른 기본계획을, 시장 · 군수는 기본계획에 따른 시행계획을 수립하도록 하는 것이었다. 시장 · 군수는 농어촌 지역 내에 공업의 유치와 육성을 위하여 농어촌지역개발촉진지구(이하 "농공지구"라 함)를 지정할 수 있게 하고, 농공지구에 입주하려고 하는 자는 사업계획을 작성하여 시장 · 군수의 승인을 얻도록 하였다. 또한 시장 · 군수는 농공지구에 표준임대공장을 건설하여 이를 임대할 수 있도록 하며, 농공지구에 입주하여 농어촌소득원개발사업을 영위하는 자에게는 기술 및 경영지도 · 자금의 지원 · 조세의 감면 등을 하도록 하였다. 이 밖에도, 시장 · 군수는 농어촌 지역 내의 부존자원과 유휴노동력을 활용하기 위하여 부업단지를 지정할 수 있게 하고, 부업단지에서 사업을 영위하는 자에 대하여 자금의 지원 · 조세의 감면을 하도록 하였다. 결국 이 법은 농촌의 농외소득을 증대할 것을 주목적으로 제정된 것이었다.

이 법은 1990년 4월 7일 수입개방압력, 농어촌 생활환경 개선, 소득증대 등을 포괄적으로 개선하기 위하여 「농어촌발전특별조치법」이 제정되면서 폐지되었다.

4. 농촌구조의 개선을 위한 법제

정부는 1978년 이후의 3차에 걸친 농산물 수입 자유화 조치, 1980년대 중반 이후 무역수지 흑자에 따른 GATT의 BOP(Balance Of Payment)조항의 졸업, 1986년의 우루과이라운드 협상에서의 예외 없는 관세화 원칙 타결 등을 통해 수입자유화를 전제로 한 대외지향적인 산업구조조정을 추진하였다. 이처럼 1980년대 이후 농산물 수입이 확대됨에 따라 농업정책의 방향은 증산정책에서 농업의 국제경쟁력 향상을 위한 구조개선 농정으로 전환되었다. 하지만 농업구조의 개선이 부진한 가운데 농업성장은 둔화되었으며, 식량자급률은 하락하였다. 복합영농사업, 농업구조 개선사업 등의 정책사업을 추진하는 과정에서 농가부채가 누증되는 경우들이 발생하여 이를 해결하기 위한 방안이 요구되기도 하였다.

1) 농지소유구조와 경영주체의 변화

「농지개혁법」은 농지의 소유 상한을 3정보로 제한하고, 소작, 농지임대차, 위탁경영 등을 일절 금지하였다. 이는 소작농체제에서 자작농체제로의 전환에 획기적으로 기여하고 산업자본화를 촉진하였다는 평가를 받았으나, 농민의 영세화와 농촌근대화의 장애요인으로 작용되었다는 비판에 직면하였다.

이에 따라 개방기의 농지정책에서는 그 이전보다 농지의 보전의지가 약해졌다고 할 수 있다. 생산성 향상을 위하여 경영규모 확대정책이 추진되고, 농지의 보존보다는 점점 생산성을 중시하는 농지의 이용쪽으로 사회적 관심이 모아졌다. 이러한 추세를 반영하여 1980년 10월 27일 제8차 개정헌법에서는 소작제를 금지하면서도 농업생산성의 제고와 농지의 합리적인 이용을 위한 임대차 및 위탁경영을 법률이 정하는 바에 따라 인정(제122조)하면서 농지임대차 및 위탁경영이 가능하도록 되었다.

당시의 농지의 대차현황을 보면 대차농지가 전 농지면적에서 차지하는 비중이 1950년 농지개혁 당시에는 8%에 불과하였으나, 1985년도 말에는 30.5%까지 매년 증가하는 추세이고, 총대차료도 5,095억 원에 달하여 그것이 농촌경제에 상당한 부담을 주고 있는 실정이었다. 이에 농지임대차에 관한 기본적인 사항을 정하여 농지임대차 쌍방의 권익을 보호하고 임차농가의 과다한 임차료 부담을 경감하려는 취지로 1986년 12월 31일 「농지임대차관리법」이 제정되었다. 주요 내용을 보면, 농지의 임대차계약은 서면으로 하도록 하고, 임차인의 농업경영의 안정성을 위하여 임대차기간을 3년 이상으로 하며, 임차료가 농민에게 과도한 부담이 되지 않도록 그 상한을 지방자치단체의 조례로 정하도록 하였다. 다만, 농지의 위탁경영과 타인을 고용한 영농은 원칙적으로 금지하지만, 농지소유자가 농지 소재 시 · 읍 · 면의 관할구역 안에 거주하는 경우, 통작거리 · 영농여건 등을 고려하여 정하는 기준에 해당되는 경우 등에는 농지의 위탁경영과 타인을 고용한 영농을 예외적으로 허용하도록 하였다.

1990년 4월 7일 「농어촌발전특별조치법」이 제정되면서 농지의 소유제한은 직접적으로 완화되기 시작하였다. 이 법에 따라 농민이 아닌 영농법인도 농지를 소유할 수 있게 되었으며, 농지의 전용 및 이용규제가 완화됨으로써 농어촌의 소득원 개발과 지목선택이 용이하게 되었고, 편익시설의 설치 등 농어민의 편의를 도모할 수 있게 되었다. 나아가 1993년 6월 11일 개정법률에서는 1949년 「농지개혁법」 이래로 유지되어 오던 농지소유 상한이 완화되었다. 즉, 3ha이던 소유제한이 농업진흥지역 안의 농지에 한정하여 가구당 10ha로 완화되었고, 시장 · 군수 · 구청장으로부터 농지매매증명을 발급받은 자는 농업진흥지역 안의 농지에 한정하여 10ha를 추가하여 농가당 최대 20ha까지 소유할 수 있게 되었다. 다만, 농업진흥지역 밖의 농지는 투기 등을 우려하여 그대로 상한이 3ha로 유지되었다.

1994년 12월 22일 「농지법」이 제정되었는데, 여기에는 1949년 「농지개혁법」이후 영세 생계농 보호 위주로 운용되어 온 농지제도를 근본적으로 개편하는 내용이 담겨 있다. 「농지법」은 농지는 국민의 식량공급과 국토환경 보전의 기반이 되는 한정된 자원이므로 보전되어야 하고, 농업의 생산성을 높이는 방향으로 소유 · 이용되어야 하며 투기의 대상이 되어서는 안 된다는 농지에 관한 기본이념을 정하였다. 이에 따라 농지는 농업경영에 이용하거나 이용할 자가 소유하는 것을 원칙으로 하되, 농업기술 개발을 위한 시험 · 연구를 하는 자, 종묘 기타 농업기자재를 생산하는 자 및 농지의 전용허가를 받은 자 등에 대하여도 소유자격을 인정함으로써 건전한 경영과 자본의 농업 참여를 유도하고 있다. 또한 영농조합법인이나 농업회사법인 등 조직경영체의 소농의 협업공동체를 지향한다는 의미에서 농지의 소유를 인정하였다.

농지의 소유 상한에 있어서도 농업진흥지역 안에서는 영농규모의 확대를 위하여 이를 폐지하고, 농업진흥지역 밖에서는 3만m^2를 유지하여 투기적 목적의 농지소유를 방지하되, 재배작목, 경영능력, 농지의 집단화, 농업기계의 효율적 이용 등을 고려하여 5만m^2 이내의 농지소유를 인정할 수 있도록 하였다. 다만, 실수요자가 농지를 취득하도록 하기 위하여 농지취득 절차를 엄격하게 하고 있는바, 농지를 취득하고자 하는 자는 농지의 소재지를 관할하는 농지관리위원회 위원 2인 이상의 확인을 받아 시 · 구 · 읍 · 면장으로부터 농지취득자격증명을 발급받도록 하였다. 농지의 소유자가 소유농지를 자기의 농업경영에 이용하지 아니한 경우, 소유 상한을 초과하여 농지를 소유한 경우 및 취득목적 외의 용도로 사용하는 경우 등에는 1년 이내에 그 농지를 처분하도록 처분의무를 부과하였다. 또한 처분대상 농지를 처분하지 아니하는 경우에는 이행강제금을 부과하도록 하되, 처분명령을 받은 자는 농어촌진흥공사에 당해 농지의 매수를 청구할 수 있도록 규정하고 있다.

농지의 소유 상한은 이후에도 계속 완화의 과정을 거치게 되는데, 1999년 3월 31일 개정법률에서는 농업진흥지역 밖의 농지소유 상한의 범위를 일률적으로 5만m^2로 상향조정하고, 농지의 임대차기간 및 임차료상한제도를 폐지하였다. 2002년 12월 18일 개정 「농지법」에서는 농업분야의 대내외적 여건 변화에 대응하여 농업의 경쟁력을 강화하고 농촌사회의 활력을 증진시키기 위하여 농업을 전업으로 하지 않는 개인에게도 농지의 소유가 인정되게 되었다. 즉, 주 5일 근무제의 확산에 따른 국민들의 주말 · 체험영농 수요의 증가에 부응하기 위하여 농업인이 아닌 개인이 취미 또는 여가활동으로 농작물의 경작을 하고자 하는 경우에는 세대별로 1,000m^2 미만의 농지를 소유할 수 있도록 한 것이다. 또한 농업진흥지역 밖에서도 농지소유 상한제를 폐지하고 농지의 소유 및 거래제한을 완화함으로써 영농규모의 확대를 통한 농업의 경쟁력을 확보할 수 있도록 하였다. 여기에 더하여 종전에는 합명 · 합자 · 유한회사 형태의 농업회사법인(農業會社法人)만 농지를 소유할 수 있도록 하던 것을 자본조달이나 경영 측면에서 효율적인 주식회사 형태의 농업회사법인도 농지를 소유할 수 있도록 함으로써 농업경영주체를 다양화하였다.

2) 주곡가격정책과 농산물 유통구조의 변화

(1) 주곡수매정책의 변화

정부수립 이후 대한민국은 항상 주곡의 부족 문제에 시달렸다. 이에 1950년대부터 모자라는 농산물의 적정한 배분을 위하여 농산물의 가격 및 수급에 정부가 적극적으로 개입하였다. 또한 잉여농산물과 국내산 미곡을 저가에 수매하여 시장가격이 상승하면 보유미를 방출하여 가격을 규제하고, 일반미에 대해서는 최고가격을 책정하는 방식으로 가격을 적극적으로 통제하였다. 이를 뒷받침하기 위하여 1961년 6월 27일 「농산물가격유지법」이 제정되었다. 이 법에서는 정부가 농산물가격 유지를 위하여 필요한 때에는 농산물을 매수하도록 하고, 농산물의 가격유지를 위하여 농산물의 수출을 장려할 필요가 있을 때 수출업자에게 자금을 융자할 수 있도록 하는 것 등을 주요 내용으로 하고 있다.

저곡가정책으로 주곡의 국내 생산이 국민총수요를 충족하는 데 부족한 상황이 지속되자, 정부는 1969년 추곡의 수매가격을 일반물가의 상승률보다 높은 수준에서 결정함으로써 증산을 유도하는 고미가정책을 시작하였다. 반면에 소비자의 생활안정을 위하여 쌀과 보리의 정부방출가격은 수매가격에 조작비를 합한 원가보다 낮게 책정하는 이중곡가제를 실시하였다. 이는 1970년대 중반 이후로 양곡관리특별회계의 적자가 누증되는 결과를 초래하였다.

1993년 양정개혁을 통하여 정부재정 부담 축소를 위하여 농협으로 하여금 추곡을 수매하고 시장가격과의 차액을 정부가 보전하는 차액지급수매제도를 도입하여 정부소요물량을 농협을 통하여 확보하고, 민간유통의 활성화 차원에서 종래의 정가방출제에서 조곡공매제를 실시하여 방출시에는 시장가격에 맡기도록 하였다. 이러한 내용은 1994년 1월 5일 전부개정된 「양곡관리법」에 반영되었다. 개정법률은 이 밖에도 농가에서 예측 가능한 영농계획을 수립할 수 있도록 하기 위하여 다음 연도의 정부관리양곡의 매입가격과 매입량을 일괄하여 국회의 동의를 얻어 이를 예시할 수 있도록 하는 수매예시제도의 실시

근거를 마련하기도 하였다. 뒤이어 WTO의 출범으로 쌀정책에 수반되는 정부보조를 삭감하기 위하여 1998년부터 약정수매제가 도입되었다.

한편, 정부의 추곡수매와 관련하여 국회의 동의권 여부를 연혁적으로 살펴보면 다음과 같다. 1950년 2월 16일 「양곡관리법」이 제정될 때부터 1972년까지는 양곡의 매입수량과 가격은 정부가 결정하고 국회의 동의를 얻도록 하여 국회동의권이 있었다. 그러나 1972년 12월 18일 개정법률에서는 정부양곡수급계획과 그 매입 및 판매가격 결정에 있어서 국회의 동의를 얻는 것은 비능률적이라는 이유로 국회동의제를 폐지하고 대신에 국무회의의 심의를 거쳐 대통령의 승인을 얻도록 하였다. 그러다가 1988년 8월 5일 개정된 「양곡관리법」을 통하여 국회의 동의제가 부활되었는데, 국회 동의의 부활로 이후 수매가격이 큰 폭으로 상승되어 양곡관리특별회계의 적자가 누증하는 결과를 초래하기도 하였다.

그런데 도하개발아젠다(DDA) 협상에 따른 시장개방의 확대로 쌀수입이 증가하고 세계무역기구(WTO)협정상 보조금 감축으로 정부의 양곡매입이 매년 줄어드는 실정이었고 정해진 보조금의 범위 안에서 매입량과 매입가격을 결정하여야 하게 되었다. 이에 따라 정부매입양곡의 매입량 및 매입가격에 대한 국회 동의의 의미가 축소되었으므로 2005년 3월 31일 「양곡관리법」을 개정하여 양곡의 매입량과 매입가격에 대한 국회동의제를 완전히 폐지하게 되었다.

(2) 농산물 유통체제의 정비

농산물 유통정책은 1970년대 말에 와서야 사람들의 관심사가 되었다. 비농업인구 또는 도시인구가 증가되었기 때문에 이들의 수요에 대응하기 위한 농산물의 유통량이 크게 증가함에 따라 종래의 농산물 유통구조가 개선되어야 할 필요성이 있었기 때문이다. 이를 위하여 정부에서는 1976년 12월 31일 「농수산물 유통 및 가격안정에 관한 법률」을 제정하였다. 1960년대와 1970년대 농산물 유통은 농협 공판장의 기능을 활성화하여 도매시장의 기능을 개선하고자 하였던 간접적인 시책인 것과 달리 동법의 제정으로 정부가 직접 공영도매시장을 개설하는 방향으로 전환되었다. 이로 인하여 1985년 가락동 농산물도매시장을 비롯하여 2000년까지 주요 도시에 24개의 공영도매시장이 개설되었다.

한편, 1990년대에 들어와 도매시장의 기능을 보완하는 측면에서 1994년 11월 1일 개정법률에서는 농수산물 물류센터의 설치 근거를 마련하였다. 이 센터는 농수산물의 출하경로를 다원화하고 물류비용을 절감시키기 위하여 농수산물의 수집 · 포장 · 가공 · 보관 · 수송 · 판매 및 그 정보처리 등 농수산물의 물류활동에 필요한 시설과 이와 관련된 업무시설을 갖춘 사업장을 말한다. 농수산물 물류센터는 산지농어민과 도시소비자를 직접 연결함으로써 중간상인을 배제하고 유통비용을 절감하는 것을 설치목적으로 하며, 원활한 설립을 위하여 지방자치단체가 지원할 수 있도록 하였다.

3) 농촌구조 변화를 촉진하기 위한 법제

(1) 「농어촌발전특별조치법」

1970년대와 1980년대를 거치면서 대한민국의 농어촌은 국내적으로는 공업화의 진전에 따른 이농 심화와 노령화, 농업규모의 영세성 등의 문제를 안고 있는 한편, 국제적으로는 농산물 수입 개방화 압력의 증대 등으로 어려운 현실에 처해 있었다. 이러한 상황에서 농어촌의 구조개선을 통한 농어업의 경쟁력 강화를 도모하기 위한 종합적이고도 기본적인 정책들을 마련하기 위하여 「농어촌발전특별조치법」이 1990년 4월 7일 제정되었다. 이 법은 크게 농어업의 구조개선을 통한 생산성 향상, 농어촌 공업 육성을 통한 농어촌 소득원의 확충, 영세농어민에 대한 농업 외의 전업지원, 농어촌의 생활환경 개선을 통한 정주생활공간 조성과 이들 사업을 지원하기 위한 농어촌발전기금의 설치 등을 주요 내용으로 하고 있다. 각 사업에 대한 개략적인 내용을 소개하면 다음과 같다.

먼저, 농어업의 구조개선과 관련해서는 농수산업의 경영규모의 적정화와 경영합리화를 도모함으로써 생산성을 향상시킬 수 있도록 하였다. 즉, 3년 이상 농수산업의 경영에 종사하고 있는 자로서 농수산업의 경영능력과 의욕이 있는 농어가를 전업농어가로 육성하고, 농어촌에 정착하여 농수산업을 경영하고 있거나 경영할 의사가 있는 청소년을 농어민후계자로 선정하도록 하였다. 또한 농민들의 협업경영을 통한 생산성 향상을 위하여 영농조합법인을 인정하고, 농민의 농업노동력 부족 등으로 농업경영이 곤란한 농가의 영농의 편의와 농업생산성의 향상을 도모하기 위하여 위탁영농회사를 설립할 수 있도록 하며, 농업기계화의 촉진을 위한 시책 마련과 지원 등을 하도록 하고 있다. 아울러 전업을 하고자 하는 농민의 경우 전업을 위한 직업훈련의 실시, 장려금 등의 보조금을 지급함으로써 안정적인 전업이 이루어지도록 하고 있다.

농촌의 농외소득 증가를 위해서 시장, 군수에게 농공단지를 적극 개발하도록 하고 그 필요한 비용을 국가가 지원하도록 하였으며, 농공단지가 설치된 경우 현지농민들이 취업할 수 있도록 농민들에 대한 직업훈련을 실시하고 취업정보를 제공 · 알선하는 등의 조치의무를 국가나 지방자치단체에 부여하고 있다. 농어촌의 정주생활 기반 조성을 위해서는 농어촌 지역의 환경, 산업기반, 편익 · 복지시설을 종합적으로 정비 · 확충하도록 하고, 그 대상지역과 관련하여 면지역 전체를 농어촌 정주생활권으로 개발하도록 하였다. 또한 정주생활권 개발에 필요한 재원조달을 위하여 수입농수산물에 대한 관세액 중 상당액을 세출예산에 계상하도록 하였다. 또한 농산물가격 안정의 일환으로 돼지 · 닭 · 우유 등 특정 농수산물을 생산하는 농어민이 생산자단체를 조직하여 해당 농수산물의 판로확대, 수급조절 및 가격안정을 도모하기 위하여 자조금을 조성 · 운영할 수 있도록 하고, 이를 운영하는 생산자단체에 농림수산부 장관이 보조금을 지급할 수 있도록 하는 생산자자조금제도가 도입되었다.

1991년 11월 22일 개정법률에서는 농림수산물의 수입개방에 대응하여 농어촌구조개선사업의 효율적 추진과 투자재원을 안정적으로 확보하기 위하여 농지를 다른 목적으로 전용하는 경우에 전용부담금을 부과 · 징수하도록 하고 이를 농어촌구조개선특별회계의 세입재원으로 사용할 수 있도록 농지전용부담금제도를 신설하였다. 이는 1991년 7월 발표된 농어촌구조개선대책(1992년부터 2001년까지 10년 동안 총 42조 원의 자금을 투자하여 이 중 35조 5,000억 원은 경쟁력 제고를 위해서, 6조 2,000억 원은 농어촌 활력 증대 분야에 투자한다는 계획)의 세입재원의 구성부분이 되었다.

(2) 「농어촌특별세법」

1991년 발표된 농어촌구조개선대책은 1993년 출범한 문민정부에서도 계승되었는데, 자금의 투여기간이 2001년까지에서 1998년까지로 앞당겨졌다. 여기에 더하여 1993년 12월 15일 UR협상이 타결되자 전 사회적으로 우리 농업의 위기를 우려하는 여론이 비등하였다. 특히, 관세화는 유예되었지만 최소시장접근방식에 따라 쌀시장이 열릴 수밖에 없는 현실에 직면하여 당시 김영삼 대통령은 1994년 연두기자회견에서 대통령 직속 자문기구로서 "농어촌발전위원회"와 농어촌특별세의 신설을 천명하였다. 이에 따라 1994년 3월 24일 「농어촌특별세법」이 제정되었다. 「농어촌특별세법」은 농어업의 경쟁력 강화와 농어촌 산업기반시설의 확충 및 농어촌 지역 개발사업에 필요한 재원을 조달하기 위하여 10년의 한시법(2003. 12. 31. 개정으로 10년 연장)으로 제정되었다. 법의 제정에 따라 매년 1조 5,000억 원의 자금이 조성될 것으로 예상됨에 따라 기존의 42조 원의 재원 외에 추가로 15조 원의 재원이 조달된 것이다.

5. 개방화 시대의 농업 · 농촌

1997년 외환위기 이후 대한민국은 주요 교역국들과 자유무역협정(FTA)을 적극적으로 체결하는 등 시장개방을 확대해 갔다. 이러한 정책은 국내 농산물 가격의 하락을 가져옴으로써 소비자들에게는 많은 이득을 가져다 주었지만, 농촌에는 많은 문제를 야기하였다. 시장개방의 진전은 국내 농산물의 시장가격을 하락시키고, 농업총생산액은 증가하지만 농업총소득은 늘어나지 않는 성장과 소득의 괴리현상을 유발하였으며, 농가부채가 급속히 증가하는 현상이 나타났다. 이렇듯 개방경제의 험로에서 농업의 경쟁력을 향상하기 위한 조치는 물론, 갈수록 고령화되어 가고 농가소득이 도시근로자의 소득에 비해 상대적으로 열악하며, 교육, 의료 등 생활여건의 낙후가 심화된 농촌의 현실에 대해 복지를 강화하는 정책의 필요성이 크게 대두하게 되었다.

1) 농어업 · 농어촌특별대책위원회의 설치

2001년 11월 14일 카타르 도하에서 세계무역기구의 새로운 다자간 무역협상 출범을 위한 각료선언문이 채택되었다. 이에 따라 2002년 1월 16일 대통령 자문기구로서 농어업 · 농어촌특별대책위원회가 설치되었다. 위원회는 국민적 합의를 바탕으로 농어업협상에 대비하고 우리 농어업의 경쟁력 강화와 농어가 소득안정 및 교육 · 의료 등 농어촌 복지증진을 통한 도 · 농 간의 균형발전을 도모할 수 있도록 중장기 정책방향과 실천방안을 제시하도록 하고 있다. 위원회는 국민적 합의를 이끌어 내기 위해 행정 각부 장관 외에 농어업인단체 및 소비자단체의 대표와 학계 및 언론계의 전문가 등이 범국민적으로 참여하는 30인 이내의 위원으로 구성하도록 하였다. 당초 위원회의 존속기간을 3년으로 하였으나, 법의 개정을 통하여 3차례에 걸쳐 존속기간이 연장되어 2009년 말까지 활동하였다.

2) 「농어업인 부채경감에 관한 특별조치법」

개방경제하에서만 농어가의 부채가 문제된 것은 아니다. 농어촌에 고리가 성행하여 농어민의 경제상태가 심히 위축된 상황을 시정하기 위하여 1961년도 6월 10일 「농어촌고리채정리법」이 제정되어 농어촌 경제의 안정을 기하고 성장발전을 촉진하려는 시도가 있었다. 1989년 12월 30일에는 「농어가 부채경감에 관한 특별조치법」을 제정하여 당면한 농어가 부채 경감과 경영비 절감을 통하여 농어촌 경제의 호전을 기하고자 하였다.

1997년 금융위기 이후 농산물의 가격하락 추세와 농자재의 가격인상으로 인하여 농가의 부채규모는 더욱 증가하였다. 1999년 말 기준으로 농가당 평균 1,853만 원의 빚을 지고 있고 특히, 1999년 말 현재 정부의 정책자금에 의한 3,000만 원 이상의 고액부채 농가가 전체 농가의 21%에 해당하는 29만 호에 이르고 있었다. 이러한 부채 문제의 심각성을 정부도 인식하여 정책자금의 상환연기, 부실경영체를 위한 농어업 경영자금 지원 등 대책을 시행하였으나 실효성이 미흡하다는 평가를 받고 있었다. 이처럼 어려운 농어가의 부채 문제를 해소하지 않고서는 농어업의 경영기반을 정상화하기 어렵다는 절실한 인식하에, 2001년 1월 8일 농어업인의 금융부담을 완화함으로써 농어가의 경영안정과 농어업의 안정적인 발전을 도모하려는 노력의 일환으로「농어업인 부채경감 특별조치법」이 다시 제정되었다.

이 법은 만기가 도래하는 정책자금에 대하여 2년 거치 5년 균분상환할 수 있도록 하고, 고리의 상호금융자금 10조 원에 대해서는 5년간 6.5%의 저리 자금으로 대체하도록 하였다. 또한 일시적으로 경영위기에 처한 농어업인의 경영안정을 위하여 연리 6.5%의 농수산업 경영개선자금을 2001년중에 1조 1,000억 원을 지원하되, 2년 거치한 후 3년 동안 분할하여 상환하도록 하였다. 또한 부채가 없거나 부채를 정상적으로 상환한 농어업인에 대하여는 정책자금을 우선하여 지원하고, 지원받은 정책자금을 분할상환하지 않고 정상적으로 상환한 농어업인에게는 그 상환액에 대한 납부이자액의 20%를 환급하도록 하여 상환기간을 지켜 부채를 갚은 농어업인이 상대적인 박탈감을 느끼지 않도록 배려하였다.

이 법이 제정된 이후에도 농어업인의 부채로 인한 부담이 크게 개선되지 않자, 여러 차례의 개정을 통하여 부채의 분할상환기간을 연장하거나 이율을 인하하는 추가적인 조치를 취하였다.

3) 경영이양직불제

우루과이라운드 농업협정의 체결과 WTO체제의 출범에 따라 국제경쟁력이 취약한 쌀산업의 경쟁력을 높이는 것이 시급한 과제로 대두되었다. 정부는 쌀산업의 경쟁력을 제고하고 식량의 안정적인 공급확보를 위하여 쌀전업농 육성을 적극적으로 추진하였다. 문제는 전업농의 규모를 확대하기 위하여 전업농을 위한 농지를 확보하는 것이었다. 이를 위해 정부는 「세계무역기구협정의 이행에 관한 특별법」 제11조 제2항에 따른 농산물의 생산자를 위한 소득보조의 일환으로 경영이양직접지불제를 도입하여 고령농업인의 소득안정을 도모하면서 논농업에서 탈농하도록 유도하고 이들의 농지를 쌀전업농에게 집중시켜 규모를 확대하는 방법을 택하였다.

경영이양직불제는 1997년 2월 1일 「농산물의 생산자를 위한 직접지불제도 시행규정」의 제정을 통하여 시행되었다. 소득보조금을 지급받을 수 있는 농업인은 최근 3년 간 계속하여 농작물을 경작한 65세 이상의 농업인으로서 직접 경작하는 답의 전부를 전업농업인 또는 농어촌진흥공사에게 매도하거나 5년 이상 임대하는 등의 요건을 갖추도록 하였다. 전업농업인에게 매도하도록 함으로써 전업농업인의 농업경영의 규모를 확대하려는 의도였다.

동 시행규정의 제정시에는 소득보조금제도는 경영이양보조금 한 가지만 있었으나, 여러 차례 개정되면서 친환경농업소득보조금(1999. 3. 31), 논농업소득보조금(2001. 3. 6), 조건불리지역소득보조금과 경관보전지역소득보조금(2009. 1. 6)이 추가되었다. 또한 2004년 1월 29일 개정에서는 경영이양보조금을 지급받을 수 있는 농업인의 연령을 종전에는 65세 이상으로 하고, 상한 연령을 정하지 아니하였으나 실질적으로 농업경영이 가능한 연령인 63세 이상 69세 이하로 조정하였다. 논의 매도에 의한 경영이양의 경우에도 종전에는 경영이양보조금을 경영이양면적을 기준으로 균일하게 지급하였으나, 연령에 따라 조기에 이양한 경우에는 더 많이 지급할 수 있도록 하였다. 그리고 경영이양보조금 지급액을 연령별 지급기간의 총월수로 나누어 매월 지급하는 연금형 지급도 가능하도록 하였다.

한편, 한 · 칠레 간 자유무역협정(FTA) 비준동의안의 국회 처리시 FTA 체결에 따라 예상되는 농업인의 피해를 줄이기 위하여 고령농업인에 대한 지원을 확대하기로 정부와 국회가 합의함에 따라 2006년까지 한시적으로 70세 이상 72세 이하의 고령농업인을 추가로 경영이양보조금 지급대상으로 포함하는 내용으로 2004년 4월 19일 시행규정을 개정하기도 하였다. 또한 2011년 2월 25일 개정에서는 농업경영 기반이 취약한 젊은 농업인의 농업경영 기반을 강화하기 위하여 3년 이상 계속하여 농업경영을 하고 있는 45세 이하의 농업인에게 농지를 매도하는 경우도 경영이양에 포함되도록 경영이양 대상을 전업농으로 한정하던 데에서 완화하도록 하였다.

4) 「농림어업인 삶의 질 향상 및 농산어촌지역 개발 촉진에 관한 특별법」

2002년을 기준으로 농가인구는 359만 명으로서 전체 인구의 7.5%에 불과한데, 그 중 60세 이상의 인구가 137만 명으로서 약 38.2%를 차지할 정도로 초고령화 사회가 되어 있다. 더욱이 농가소득은 도시근로자의 소득에 비해 73%에 불과할 정도로 열악하고, 교육, 의료, 주택 등 생활여건이 도시의 그것에 비해 열악하여 젊은이들의 이촌현상이 심각한 수준에 이르렀다. 이러한 농업 · 농촌의 현실을 종합적으로 개선하기 위한 노력이 2004년 3월 5일 「농림어업인 삶의 질 향상 및 농산어촌지역 개발 촉진에 관한 특별법」의 제정으로 나타났다.

이 법은 먼저, 농림어업인 등의 복지증진, 농산어촌의 교육여건 개선 및 지역개발을 촉진하기 위하여 5년마다 기본계획을 수립하도록 하고, 관계중앙행정기관의 장은 매년 시행계획을 수립 · 시행하도록 하고, 이를 종합 · 조정하기 위하여 국무총리 소속으로 농림어업인삶의질향상 및 농산어촌지역개발위원회를 두도록 하였다. 농림어업인 등의 복지증진을 위하여 농림어업인 질환의 예방 및 치료에 관한 지원, 농림어업인의 영유아 자녀 보육비 지원, 농산어촌 여성의 복지증진 지원, 고령 농림어업인의 은퇴 후 생활안정 지원 등에 관한 사항을 정하도록 하고 있고, 특히 농림어업인의 은퇴 후 소득지원은 전술한 경영이양직불제의 법률적 근거가 되었다.

농산어촌의 학습권을 보장하기 위해서 농산어촌의 실정에 맞는 교육 과정과 수업운영 과정을 개발 · 보급하고, 농산어촌에 우수한 교사를 유치하기 위하여 농산어촌 학교에 근무하는 교사를 우대하도록 하였다. 또한 농산어촌 학교 학생의 교육기회를 보장하기 위하여 국가나 지방자치단체로 하여금 입학금 및 수업료, 급식비, 통학을 위하여 필요한 교통수단 및 그 운행에 소요되는 경비를 지원할 수 있도록 하는 등 농산어촌의 교육여건 개선조치를 규정하였다.

그 밖에도 농어촌 주택의 공급 및 개량, 자연경관의 보존, 농산어촌에 독특한 향토산업 진흥을 통한 지역개발, 정보통신 서비스의 자유로운 이용보장, 농산어촌에서의 문화 및 예술공연 활성화를 적극 추진하고 도시와 농산어촌 간의 교류활성화를 촉진하기 위하여 농산어촌 관광마을 조성, 자매결연, 체험 프로그램 등의 시책을 적극 추진하도록 하였다.

5)「농업 · 농촌 및 식품산업기본법」

2008년 2월 이명박 정부가 출범하였다. 새 정부는 행정조직을 개편하여 농림수산식품부를 발족시키고, 농어업의 범위를 식품산업으로 확장하기 위하여 대통령선거 직후인 2007년 12월 21일에 이전의「농업 · 농촌기본법」을「농업 · 농촌 및 식품산업기본법」으로 개편하고 2008년 6월 22일 시행하였다.

이 법은 농업 관련 전후방 산업의 체계적 육성을 통해 국민에게 품질 좋은 식품을 안정적으로 공급하고, 농산물의 부가가치를 높임은 물론 농업과 농촌의 지속 가능한 발전을 위해 마련되었다. 즉, 이 법의 적용대상으로 품질 좋은 식품의 공급 및 식품산업 발전에 관한 사항을 추가하여 농업 · 농촌 및 식품산업에 관한 중장기 정책의 지표로 활용하도록 함으로써 농업과 농촌경제의 부가가치를 높일 수 있도록 하였다. 또한 농촌경제를 지역의 전통산업 · 문화 · 농촌경관 · 지역공동체 유지 등과 조화시켜 활성화하고, 국가와 지방자치단체가 농촌 주민의 복지 및 삶의 질을 높이는 시책을 추진하도록 제도를 강화하였다. 이를 위해서 국가와 지방자치단체가 농업 · 농촌의 발전시책을 수립할 때에는 지역공동체 유지 및 해당 지역의 농업 · 농촌의 특성을 고려하고, 농촌 주민이 의료 · 교육 등 복지혜택을 누릴 수 있도록 하며, 도시와 농촌 간의 교류가 보다 활성화될 수 있도록 농촌체험과 농업 관련 자연학습 등이 충분히 반영될 수 있도록 하였다. 이렇게 함으로써 국가와 지방자치단체가 농촌지역 특성에 맞는 농업을 발전시켜 나가고, 농촌 주민의 복지증진과 삶의 질을 높이며, 농촌 경제 및 도 · 농 간의 교류를 보다 활성화시켜 나갈 수 있는 시책을 적극적으로 수립 · 시행할 수 있는 기반을 조성하였다.

이 밖에도 이 법률은 환경보호 등 농업 · 농촌의 공익기능에 관한 사항을 새로 도입하고, 여성농업인이 농업경영에 참여하거나 기여한 정도에 상응한 사회 · 경제적 지위를 인정하는 시책을 수립 · 시행하도록 하여 여성농업인의 권익향상을 도모하고 있다. 아울러 북한의 농업과학기술 · 농업경영지도 · 농업인교육 · 농업통계 등에 대한 조사 · 연구를 실시하고, 남북한의 농업 · 농촌 및 식품산업을 상호 보완적으로 발전시키기 위한 시책을 수립 · 시행하도록 하였다. 여기서 그치지 않고 개발도상국가와의 국제협력을 강화하기 위한 농업 · 농촌 및 식품산업부문의 인적 · 물적 · 기술적 지원시책을 수립 · 시행하도록 국제적인 시각에서의 농업발전 방안을 기획하였다. 또한 농업생산기술 외에 농업생산 기반 정비기술, 농업경영기법, 농산물 유통기술 및 농산물 가공기술 등의 연구 · 개발 · 보급과 산학연 공동연구 및 연구평가 관리체제의 확립에 관한 시책을 수립 · 시행하도록 하고, 전통식품의 생산방법 · 지리적 표시 및 생명공학기술 등을 보호할 수 있는 시책을 수립하도록 하여 농업의 지적재산권 보호를 위한 규정을 두는 등 농업 전반에 대한 선진화 정책을 추진할 근거를 마련하였다.

제2절 제조업

1. 산업정책

우리나라는 제2차 세계대전 이후 개발도상국 가운데 가장 성공적으로 경제발전을 이룩한 나라 중 하나이다. 이러한 경제발전 과정은 곧 그 중추적인 역할을 담당한 제조업의 발전 과정이었다고 볼 수 있고, 거기에는 1962년도에 시작한 경제개발 5개년계획을 중심으로 하는 정부의 적극적인 제조업 중심의 정책이 주도적인 역할을 하였다고 할 수 있다.

흔히 우리나라 제조업의 발전 과정을 1950년대의 수입대체공업화 시기, 1960년대의 수출주도형 경공업 육성 시기, 1970년대의 중화학공업 육성 시기, 1980년대의 산업합리화 및 산업경쟁력 강화 시기, 1990년대의 첨단기술산업 육성 시기, 그리고 2000년대의 미래성장동력 모색 시기로 구분한다. 그러나 정부의 산업에의 관여의 정도를 기준으로 하여 시기를 달리 나누기도 한다. 즉, 1960~1970년대의 각 부문별로 개별 산업의 육성을 정부 주도로 추진하였던 시기, 1986년 「공업발전법」이 제정되면서 분야별로 정부의 직접적인 개입을 지양하고 간접적인 지원형태로 전환한 시기, 다시 1990년대 외환위기를 겪으면서 공업부문의 부실화 등의 문제를 해결하기 위하여 부실기업의 구조조정에 중점을 두고 정책을 펼친 「산업발전법」 제정 이후의 시기로 대별되기도 한다. 아래서는 제조업에 대한 정부의 관여 정도에 따른 산업정책의 변화를 중심으로 법제의 변천을 살펴보기로 한다.

1) 개별 산업 육성 위주의 산업지원

1960년대와 1970년대의 우리 산업정책은 국내 자본이 부족하고 국내 수요

기반이 취약한 상황에서 투자재원의 조달 및 상품시장의 확대를 위한 외자도입, 수출 촉진을 주로 하는 대외지향적 개발정책이었다. 그런데 적은 재원으로 조속한 산업화를 이루기 위해서는 투자로부터 창출되는 부가가치가 큰 소수의 특정산업만을 우선 중점 육성하는 관주도형 불균형 개발정책을 선택할 수 밖에 없었다. 1967년부터 제2차 경제개발 5개년계획이 진행되면서 정부는 특정공업의 선별적인 육성정책을 추진하였다. 이를 제도적으로 뒷받침하기 위하여 7개의 특정공업 진흥법을 제정하였다. 1967년 「섬유공업시설에 관한 임시조치법」, 「기계공업진흥법」, 「조선공업진흥법」을 제정하였으며, 1969년에 「전자공업진흥법」, 1970년에 「석유화학공업육성법」, 「철강공업육성법」, 그리고 1971년에 「비철금속제련사업법」을 순차적으로 제정하였다. 정부가 이들 특정산업을 육성하기로 한 것은 1960년대 이후 비내구소비재의 수출산업화로 기계설비 등 자본재와 석유화학, 철강 등 자본집약적인 중간재의 국내 수요가 크게 확대됨에 따라 이들의 수입을 대체할 수 있는 국내 산업의 육성 필요성이 대두되었기 때문이다. 아래에서는 특정산업의 육성 법제를 간략히 살펴본다.

(1) 섬유공업의 진입조정

섬유공업은 일찍이 1950년대 원조물자의 가공업으로 발달하였던 3백산업(제분, 제당, 면직물)의 하나로서 공업화 초기 성장을 주도하였고, 1960년대에는 정부가 섬유산업을 수출주력산업으로 육성하면서 빠른 속도로 성장하였다. 1960년대 초까지는 천연섬유가 대부분을 차지하였는데, 화학섬유의 본격적인 생산으로 섬유산업의 주류가 변모되었다. 이에 따라 면제품의 수요감소에 따른 공급과잉을 해소하기 위해서 「섬유공업시설에 관한 임시조치법」이 1967년 3월 3일 제정되었다.

이 법은 먼저, 섬유제품의 제조 · 가공업을 하려고 하는 자는 상공부에 등록하도록 하고, 새로운 시설을 설치하려고 하는 때에는 상공부 장관의 허가를 받도록 하여 시설투자의 과잉이 발생하지 않도록 하였다. 또한 상공부 장관으로 하여금 섬유제품의 수급 상황 및 수출계획과 등록된 시설의 수 또는 능력을 감안하여 시설과잉으로 인한 과도한 경쟁으로 섬유공업의 합리적 육성이 저해된다고 인정하거나 관계단체가 과잉시설의 조정을 요구한 때에는 섬유공업심의회의 심의를 거쳐 시설조정계획을 작성하고 매년 시설조정을 실시할 수 있도록 하였다. 내용연한을 초과한 노후시설에 대해서는 대체 또는 정비를 지시하고, 그 경우 보조하거나 융자할 수 있도록 하였다.

1970년대 들어 국내 섬유산업은 비약적으로 발전하여 홍콩, 대만과 함께 세계 섬유수출의 빅3로 불리게 되었다. 그러나 1970년대 말 2차 석유파동에 따른 화학섬유산업의 위축, 다자 간 섬유협정을 통한 선진국들의 수입규제 강화 및 후발 개도국의 추격으로 섬유산업은 어려움에 직면하였다. 이에 다시 한 번 섬유산업의 경쟁력을 강화하기 위한 「섬유공업근대화촉진법」이 1979년 12월 28일 공포되었다.

이 법은 상공부 장관으로 하여금 섬유산업의 근대화 계획을 수립 · 시행하게 하였고, 섬유산업 근대화 촉진에 필요한 재원을 확보하기 위하여 섬유공업근대화기금을 설치하도록 하였다. 또한 섬유공업시설을 설치하려면 상공부 장관의 허가를 받고 그 시설을 상공부에 등록하여야 사용할 수 있도록 하는 등 섬유산업의 과당경쟁이 이루어지지 않도록 관주도의 진입통제를 유지하였다.

(2) 기계 · 조선공업의 진흥

1967년 3월 30일 제정된 「기계공업진흥법」에서는, 기계공업을 영위하려는 자는 상공부에의 등록을 의무화하고, 정부는 도입기계시설의 국산화에 대한 기여도가 큰 기계공업, 제작기술의 신규 개발을 촉진할 필요가 있는 기계공업 등을 특정기계공업으로 지정하고 그 사용자에게 노후시설의 개체보완, 시설의 계열화, 시설배열의 합리화를 위한 지시를 할 수 있도록 하였다. 그 대신에 정부는 장기저리의 자금을 조성하고 도입시설의 국산화 등을 위해 자금을 융자할 수 있도록 하였다. 또한 상공부 장관에게 국내에서 생산할 수 있는 기계시설의 도입을 억제하기 위하여 국내 생산 기계시설의 품목을 선정하고 도입기계시설에 대한 국산화 비율을 정하여 이를 공고하도록 하고, 기계의 국산화를 위하여 시제품을 제작하는 경우 등에 자금을 보조하도록 하는 등 기계의 국산화를 위한 조치를 강구하였다.

1967년 3월 30일 제정된 「조선공업진흥법」은 상공부 장관이 조선용 기재의 규격제정 및 국산화에 관한 사항 등을 포함하는 조선공업진흥기본계획을 수립하도록 하였다. 또한 상공부 장관은 선박, 선박용 기관 및 선박용 장비를 국산화한 조선사업자에게 보조금을 줄 수 있도록 하여 조선공업의 국산화를 장려하였으며, 장기저리의 조선자금을 조성하여 조선사업자에게 융자해 주도록 하였다. 다만, 조선업을 영위하려는 자는 상공부 장관의 면허를 받도록 하여 진입제한을 두었다. 이러한 법적인 기반을 바탕으로 1970년대 조선공업진흥기본계획을 수립하여 국내 조선산업 지원에 내실을 기하는 등 조선산업을 정부의 주력산업으로 육성한 결과 우리나라는 1970년대 말부터 세계 2위의 조선 강국으로 부상하게 되었다.

(3) 석유화학공업의 육성

1970년대 초 제3차 경제개발계획을 수립하던 정부는 중화학공업에 대한 집중적인 지원을 통해 중화학산업 전반을 수출지향화하기로 결정하고 1973년 중화학공업화를 선언하였다. 중화학공업에서 가장 먼저 발전기반을 갖추고 본격적인 생산에 들어간 산업은 석유화학산업이었다. 석유화학산업은 1960년대 수출주력이었던 섬유, 의복 등 경공업의 자립기반 확충 차원에서 무엇보다 필요한 산업이었다.

정부는 석유공업을 체계적으로 육성 · 지원하기 위하여 1971년 1월 1일 「석유화학공업육성법」을 10년 한시법으로 제정하였다. 상공부 장관은 원료의 수급, 시설의 규모, 계열화 등 석유화학공업의 육성을 위한 기본계획을 수립하고 매년 시설계획을 수립하도록 하였다. 그리고 석유화학공업을 집단적으로 육성하기 위하여 단지를 조성하도록 하였다. 석유화학공업을 하려는 자는 등록을 하도록 하고, 등록받은 자에게는 상공부 장관이 제품의 생산수급, 생산시설의 확장, 개보수에 관한 지시를 할 수 있도록 하였다. 석유화학제품의 가격과

제품을 생산하기 위해 소요된 전기, 증기, 용수 등에 대한 가격은 상공부 장관의 승인을 받도록 하는 등 철저한 관주도의 정책을 시행하였다. 석유화학공업자가 기업의 설비를 신설 또는 증설하는 경우에는 「법인세법」에 정하는 바에 의하여 특별상각을 할 수 있도록 하여 설비 신설에 따른 부담을 덜 수 있게 하였다. 이 법의 시행에 따라 1972년 10월 울산에서 석유화학단지가 완공되었다.

(4) 철강산업 육성

정부는 1960년대 본격적인 경제개발계획을 수립하면서 핵심소재인 철강재의 안정적 조달을 위하여 종합제철소의 건설을 적극 추진하였다. 대일청구권 자금을 제철소의 건설자금으로 사용하기로 하고 1968년도 포항제철을 창립하였다. 그리고 1970년 1월 1일 사실상 포항제철만을 위한 「철강공업육성법」을 제정하였다.

이 법은 적용대상을 조강 기준 연간 10만 톤 이상을 생산할 수 있는 제선·제강·압연의 균형된 일관공정시설 등을 갖추고 상공부 장관의 철강공업자 지정을 받은 철강사업자로 한정하였다. 여기에 이 법상의 지원을 받으려면 조강능력 연산 100만 톤 이상이며, 정부출자가 자본금의 2분의 1 이상일 것을 요구하였다. 당시 열악한 철강산업 현실을 고려할 때 포항제철만이 법의 적용대상이 될 수 있었다. 지원대상이 되면, 장기저리 외자도입, 원료구입, 기자재 공급, 항만시설, 용수시설, 전력시설, 도로, 철도부설 등의 행정·재정적인 지원을 할 수 있다. 더욱이 철강사업자가 원료나 기자재를 구입할 때 행정적·재정적인 지원을 할 수 있으며, 철도운송료, 항만사용료, 용수료, 전기·가스료를 할인할 수 있었다. 여기에 그치지 않고 철광석 원료를 상공부 장관이 지정한 가격에 공급하는 자에 대해서는 수출한 자에 준하여 우대하도록 하여 수출장려보조금을 받을 수 있도록 하였다. 또한 정부는 재정자금에 의하여 장기저리의 철강공업 육성자금을 조성하고, 그 자금의 조성을 위하여 필요한 때에는 국채를 발행할 수 있도록 하였다. 이처럼 정부의 전폭적인 지원정책에 힘입어 1973년 포항제철은 제1고로를 가동하기 시작하여 본격적인 발전의 기틀을 마련하였다.

2) 「공업발전법」

1979년 제2차 석유파동을 거치면서 1970년대 정부의 선별적 개입으로 육성된 중화학공업의 과잉·중복투자와 부실화 문제가 크게 대두되었다. 양 위주의 성장전략과 정부 주도의 경제운용은 그 외형적인 성장에도 불구하고 산업의 부실을 깊게 하고 외채를 누증시켰으며, 민간의 창의와 활력을 무디게 하였을 뿐만 아니라 산업 간 불균형 심화와 대외경쟁력을 둔화시키는 등 많은 문제를 초래하였다. 이러한 상황은 정부의 의지만으로 산업발전을 도모한다는 것은 더 이상 불가능하다는 인식을 갖게 되는 계기가 되었다. 또한 국제무역에서도 자국산업 보호주의의 확대와 저임금에 기초한 후발개도국 상품의 우리 시장 잠식은 우리 산업의 경쟁력 강화 필요성을 절실히 요구하고 있었다.

내외의 어려운 여건을 극복하고 경제발전을 지속해 나가기 위해서는 싫든 좋든 간에 개방, 자율, 경쟁의 기조 아래 새로운 산업정책을 추진함으로써 민간기업체의 경쟁능력을 제고하고, 정부는 이러한 민간기업의 경쟁능력을 보완하는 데에만 그 기능을 국한시켜 경쟁력 있는 산업구조를 조속히 실현하는 것이 시급하고도 필수적인 과제였다. 이와 같은 인식에 따라 정부가 우리 산업의 효율적인 발전 가능성을 극대화하고 1980년대 후반 이후의 산업정책 추진을 위한 제도적인 장치를 마련하고자 국회에 제출한 「공업발전법」이 1986년 1월 8일 제정되고 「기계공업진흥법」 등 7개의 특정산업 지원법은 폐지되었다.

「공업발전법」의 주요 내용을 보면, 먼저 국제경쟁력의 확보가 긴요하다고 인정되지만 사업자의 자주적인 노력만으로 그 확보가 효율적으로 이루어지기 어렵다고 인정되는 업종이나 국내외 경제여건의 변화로 사업자의 경영규모·생산규모 또는 생산방법의 부적당한 상태가 장기간 계속될 우려가 있는 업종으로서 그 상태를 극복하는 것이 긴요하다고 인정되는 업종의 사업자는 상공부 장관에게 합리화 업종의 지정을 신청할 수 있게 하였다. 다만, 사업자 스스로 신청을 기대할 수 없을 때에는 상공부 장관이 직권으로 지정할 수 있도록 하였다. 합리화 업종으로 지정되면 상공부 장관이 업종별로 합리화 계획을 수립하여 공고한다. 사업자는 업종별 합리화 계획이 공고된 때에는 그 업종별 합리화 계획이 효율적으로 실시될 수 있도록 자주적으로 노력하여야 한다. 다만, 상공부 장관은 합리화 사업자의 자주적인 노력만으로 업종별 합리화 계획의 효율적인 실시가 어렵다고 인정하는 경우에만 업종별 합리화 계획의 실시를 촉진하기 위하여 필요한 권고 또는 조정을 할 수 있고, 합리화 계획을 실시한 사업자에게는 조세, 금융 등 필요한 지원을 할 수 있도록 하였다. 특히, 합리화 대상 기업에 대한 조세지원은 「조세감면규제법」에 따라 구체화되는데, 산업합리화에 따른 자산 양수도시 취득세 · 등록세의 면세, 산업합리화에 따른 소득계산의 특례, 합리화에 따라 사업을 전환하거나 주력업종을 육성하려는 경우 과세특례 등을 인정하고 있다. 산업합리화가 필요한 경우라도 종전과 달리 민간이 주도하여 민간자율적으로 추진하고, 정부는 다만 보충적으로 개입하는 내용으로 규정의 틀이 바뀐 것이다.

대신에 상공부 장관은 공업기반기술향상계획을 수립 · 공고하고, 공업기반기술 개발사업과 사업자의 기술향상 노력을 촉진하기 위한 공업기술 개발 촉진사업을 하도록 하였다. 또한 공업의 균형 있는 발전과 공업의 합리화를 촉진하기 위한 필요한 재원을 확보하기 위하여 공업발전기금을 설치하며, 사업자 및 공업에 관한 전문가로 구성된 공업발전심의회를 상공부에 설치하는 등 공업의 발전을 측면에서 지원하는 정책을 수행하도록 하였다.

한편, 1995년 1월 5일 개정된 법률에서는 국제화 · 개방화 등 국내외 경제여건의 급속한 변화에 능동적으로 대응하는 장기적인 발전전망을 제시하기 위하여 상공자원부 장관으로 하여금 10년 단위로 장기발전방향을 수립하도록 하였다. 이에 따라 산업구조의 고도화를 촉진하기 위하여 기술집약도가 높고 기술혁신 속도가 빠른 기술 및 제품 위주의 첨단기술 및 첨단제품의 개발을 유도하도록 하였다. 또한 장기발전방향에 따라 산업부문별로 경쟁력을 강화하기 위한 시책을 수립하도록 하여 산업분야가 치열한 국제경쟁 속에서 생존능력을 키울 수 있도록 유도하였다.

3) 「산업발전법」

「공업발전법」의 제정으로 산업정책의 기조가 특정 산업의 선별적 개입에서 기능별 지원체제로 전환된 것은 경제자유화의 세계적 추세에 부응하고 정부의 과도한 직접 개입을 축소하고 공업발전기금이라는 지원수단을 확보한 측면에서 산업구조조정정책을 체계적으로 정립한 것으로 평가된다.

그러나 민간자율체제로의 산업정책 기조의 전환은 대기업의 무분별한 사업확장에 대한 견제장치의 미흡으로 기업의 대규모 중복·과잉투자를 방치함으로써 1997년 말의 외환위기의 단초를 제공하고, 이후 기업의 구조조정 문제에 직면하게 된다. 특히, 외환위기 직후 매각을 희망하는 기업의 물량은 15조원에 달하였는데, 이들 중 상당수가 일시적인 자금난을 겪고 있고, 구조조정을 시킬 경우 많은 기업들이 회생이 가능하다는 분석이었다. 이에 따라 부실처리시장의 활성화를 통한 구조조정의 촉진을 위해서 부실기업을 전문적으로 매입·정리하는 기업구조조정 전문회사의 설립 필요성이 대두되었다. 이러한 사회적 요구를 수용하여 1999년 2월 8일 기존의 「공업발전법」을 폐지하고 「산업발전법」을 제정하였다.

「산업발전법」의 내용을 보면, 먼저 구조조정이 필요한 기업을 인수하여 정상화한 후 매각을 통하여 수익을 추구하는 기업구조조정 전문회사의 설립을 촉진하기 위하여 동 전문회사의 등록제도 등을 마련함으로써 우리 기업의 구조조정이 원활히 이루어질 수 있도록 하였다. 기업구조조정 전문회사에 대하여 「독점규제 및 공정거래에 관한 법률」에 의한 지주회사 및 상법에 의한 사채발행 한도상의 특례를 인정함으로써 동 전문회사의 원활한 업무수행 및 재원조달이 가능하도록 하였다. 이후에도 「산업발전법」은 여러 차례 개정되었는데, 기업구조조정 전문회사의 등록권한을 산업자원부에서 금융감독위원회로 이전하고, 기업구조조정조합의 인정, 구조조정 전문회사 등의 감독 강화를 통한 투자자 보호, 업무범위의 확대, 기업구조조정 사모투자 전문회사를 인정하는 등 기업구조조정에 관한 내용이 주를 이루었다.

「산업발전법」은 기업구조조정 외에 산업자원부 장관으로 하여금 중장기 산업발전 전망에 따라 미래 유망신산업의 창출을 촉진하기 위한 시책을 수립하도록 하고, 그 내용으로 신산업의 부가가치 및 고용창출 전망, 신산업의 발전방향, 기술 · 인력 · 입지 등 기업활동 요소의 원활한 공급방안 등을 포함하도록 하고 있다. 또한 시 · 도지사가 관할지역의 산업진흥계획을 수립하도록 하고, 산업자원부 장관은 이를 지원하며, 지방으로 이전하는 기업에 대한 지원 근거를 마련하고 있다.

한편, 국가 간 경쟁이 격화되고 기술개발이 가속화됨에 따라 기업 간 협력을 통한 경쟁력 제고와 기술의 중복개발로 인한 낭비의 제거라는 현실적 필요성이 생겼다. 이를 반영하여 부품 등의 표준화 또는 공용화를 위한 사업, 공동으로 기술 또는 상표를 개발하는 사업이나 기업 간 협력에 의하여 기술 · 인력 등을 제휴하는 사업을 수행하는 경우에는 지원을 할 수 있도록 하였다. 다만, 이러한 기업 간의 협력이 「독점규제 및 공정거래에 관한 법률」에 따른 부당한 공동행위에 해당하지 않도록 공정거래위원회와 협의하도록 하였다.

「산업발전법」의 산업정책의 중점 변화를 반영하는 개정내용을 추가적으로 소개하면 다음과 같다. 먼저, 2007년 4월 1일 개정법률에서는 경영활동을 지속 가능하게 하기 위한 종합시책을 수립하도록 하였다. 즉, 기업의 사회적 영향력이 확대됨에 따라 경제적 이윤 이외에 환경 · 노동 · 소비자 · 지역사회 등에 대한 사회적 책임이 강조되고 있고, 국제표준화기구에서도 지속 가능한 기업경영의 규범화 · 표준화를 적극 추진하고 있으므로, 기업이 경제적 수익성 · 환경적 건전성 · 사회적 책임성을 함께 고려하는 지속 가능한 경영활동을 추진할 수 있도록 종합시책을 수립하여 필요한 지원을 할 수 있도록 하였다. 또한 산업정책 등의 수립 · 시행을 위하여 다양한 분야의 산업통계의 축적 및 활용이 필요하나, 기존 산업 관련 통계 및 민간단체가 생산하는 통계는 산업구조를 비교 · 분석하고 산업 전체의 동향을 반영하는 데 한계가 있어, 산업발전시책, 중장기 산업발전 전망 등을 원활하게 추진하기 위하여 관련 산업의 통계 조사 및 분석을 위한 시스템을 구축할 수 있도록 하였다.

2009년 4월 1일 개정법률에서는 지식서비스산업을 지식의 생산 · 가공 · 활용 및 유통을 통하여 부가가치를 창출하는 산업으로 하여, 정부가 지식서비스 산업의 육성에 필요한 실태조사, 인력양성, 연구개발 등을 지원할 수 있는 법적 근거를 갖추어 체계적이고 안정적인 지식서비스산업의 육성기반을 마련하도록 하였다.

2. 산업입지와 공장설립

1963년 「국토건설종합계획법」이 제정되면서 그 동안 개별 기업에 의해 결정되었던 기업 및 산업입지를 정부 주도로 선정 및 조성할 수 있는 근거를 마련하였다. 이어 1964년 「수출산업단지조성법」을 제정하여 서울, 인천 등지에 수출공업단지를 조성하게 되었는데, 이 법이 정부가 대규모 공업단지를 조성하여 기업을 유치하려는 계획입지방식의 시초이다. 이어 1973년에는 임해지역에 항만 · 공업용수 · 도로 · 철도 · 동력 등의 기반시설을 갖춘 대단위의 산업기지를 효율적으로 개발함으로써 정부가 중점사업으로 추진하고 있는 중화학공업을 집중 육성하기 위하여 「산업기지개발촉진법」을 제정하였다.

그런데 1970년대 들어 정부는 서울을 포함한 수도권의 과밀을 완화하고, 낙후지역에 취업기회를 보장함으로써 지역개발을 촉진하기 위한 일련의 정책을 추진하기 시작하였다. 1970년 「지방공업개발법」을 제정하여 도시와 적당히 떨어져 있으면서도 노동력 공급과 시장조건이 유리하며 공해의 위험이 적고, 산업의 계열화가 용이한 요건 등을 갖춘 지역을 공업개발장려지구로 지정하고, 정부와 지방자치단체가 용지의 정리, 진입도로 및 용수 등 필요한 지원을 하도록 하였다. 기업의 입장에서는 공업개발장려지구에 입주할 경우 조세감면의 혜택을 주고, 설비 신 · 증설의 경우 특별감가상각을 허용하였다.

1)「공업배치법」

1970년대 중반 이후 우리나라 경제규모가 급속히 신장됨으로써 산업인구의 지역적 편재와 도시 내의 무계획적인 공장 확산으로 공장입지의 과밀현상이 점차 가중되었다. 이에 공업의 지속적인 성장을 위해서는 단순한 공업의 지방분산 정도로는 부족하므로 이를 보다 확충 · 일원화하여 종합적이고 계획적인 공업의 배치를 할 필요성이 높아졌다. 이에 1977년 12월 31일「공업배치법」이 제정되었다.

먼저 상공부 장관은 전 국토에 걸친 공업배치기본계획을 수립 · 실시하여 업종별 · 지역별 공업의 적정 배치를 기하도록 하였고, 전국적인 공장입지 조사를 정기적으로 실시하여 이를 기초로 공업입지의 기준을 설정 · 공고하도록 하였다. 일정한 공장을 신설 또는 증설하려는 자는 그 설치공사 착공 전에 상공부 장관에게 신고하도록 하고, 상공부 장관이 이를 심사하여 입지 기준에 적합하지 아니하다고 인정할 때에는 입지의 변경 또는 입지 기준에 적합한 시설의 설치를 권고하거나 공장입지 또는 사업계획의 조정 · 변경을 명할 수 있도록 하여 입지계획에 적합하지 않은 장소에 공장이 설치되는 일이 없도록 하였다.

또한 산업의 밀집도와 인구증가율을 기준으로 전국을 이전촉진지역, 제한정비지역 및 유치지역으로 나누는 공업지구제를 도입하였다. 산업의 밀집도와 인구증가율이 높아 공업의 이전이 필요한 이전촉진지역과 공장의 신설 또는 제한이 필요한 제한정비지역에서는 공장의 신설 · 증설 또는 공장용지의 조성을 금지하고, 이전촉진지역 안의 일정한 공장에 대하여는 그 이전을 명하도록 하였다. 대신에 상공부 장관은 공업의 집중적인 유치가 필요하다고 인정되는 지역을 유치지역으로 지정할 수 있도록 하고, 유치지역에 대하여는 지원시설 정비 등을 우선하여 실시하도록 하였다.

2) 「공업배치 및 공장설립에 관한 법률」

우리나라의 지속적인 경제성장을 위해서 공업입지의 원활한 공급이 필수적인 요건이나 1989년 전체 공장면적이 전 국토 대비 0.27%에 불과한 8,150만 평에 불과하고 그나마 과도한 규제로 인하여 공업입지로의 활용이 대단히 어려운 실정이었다. 특히, 공업입지의 공급제약에 탄력적으로 대응하기 위하여 용도지역의 변경 등의 조치가 적기에 이루어져야 하나, 그 권한이 중앙부처에 집중되어 있고, 지방자치단체가 건설부 장관에게 신청을 하더라도 14개 부처 58개 법률이 관련되어 있어 공업입지의 확보가 기업의 큰 투자애로가 되었다. 또한 공장설립에 따른 인 · 허가 절차가 27개 법률에 구비서류도 312개나 되어 어려움이 누증되었다. 이러한 상황에서 공업입지의 원활한 공급을 촉진하고 공장설립 절차를 대폭적으로 간소화하기 위하여 기존의 「공업배치법」을 대체하는 「공업배치 및 공장설립에 관한 법률」이 1990년 1월 13일 제정되었다.

이 법의 가장 큰 특징은 도 · 시 · 군 · 구에 설치하는 공장설립민원실이다. 공장설립민원실은 공업입지 및 공장설립에 관련된 민원을 종합적으로 접수하여 일괄처리하는 역할을 수행한다. 또한 시장 · 군수 또는 구청장은 공장의 건축허가 및 준공검사와 관련한 협의 또는 입지지정과 관련한 협의를 함에 있어 협의가 성립되지 아니하는 경우에는 시 · 도지사를 경유하여 상공부 장관에게 관계 행정기관의 장과 협의하여 줄 것을 요청할 수 있도록 하였다. 이렇게 함으로써 공장용지의 확보, 건축허가 및 준공검사 등에 부수하는 행정절차를 간소화하였다.

1994년 1월 7일 개정법률에서는 공장설립 절차를 간소화하기 위하여 공장설립신고 또는 허가에 갈음하여 공장설립승인제도를 도입하고, 외국인 기업의 국내 투자를 촉진하기 위하여 외국인 투자기업 전용 공업단지를 설치할 수 있도록 하였다. 1996년 12월 31일 개정법률에서는 공장의 건축면적을 200m^2 미만에서 500m^2 미만으로 확대하여 중소기업의 공장설립을 쉽게 하였고, 공장설립 승인을 받으면 건축허가가 의제되도록 하여 공장설립 절차를 더욱 간소화하였다. 1999년 2월 5일 개정에서는 시 · 도 등에 공장설립대행센터를 설치하여 공장설립에 따르는 행정절차 및 서류작성 등을 대행해 주게 함으로써 중소기업 및 외국인 투자기업의 원활한 공장설립을 지원하도록 하였다. 또한 공장설립의 승인, 공장건축, 제조시설 설치 및 공장 가동에 이르기까지 필요한 인 · 허가 절차를 단계별로 일관하여 의제하도록 함으로써 공장설립에 관한 민원인의 편의를 제고하였다.

2002년 12월 30일 산업정책의 방향을 산업입지의 공급을 중심으로 한 공업배치에서 지역별 산업의 집적과 그 연계 등을 위한 산업집적의 활성화로 전환하려는 목적으로 법의 제명을 「산업집적 활성화 및 공장설립에 관한 법률」로 바꿨다. 이러한 법의 목적을 달성하기 위하여 산업자원부 장관은 5년 단위로 전 국토를 대상으로 지역별 성장유망산업의 집적 및 특화, 산업입지와 인력수급에 관한 사항 및 산업집적기반시설의 확충방안 등에 관한 사항을 포함한 산업집적활성화기본계획을 수립하도록 하였다. 공장설립과 관련된 기업의 애로사항을 조사 · 처리하기 위하여 한국산업단지공단에 공장설립 옴부즈만을 설치하도록 하였다. 지식기반산업의 집적을 활성화하기 위하여 지식기반산업집적지구를 지정하고 그 지구에 산업기술단지 조성사업, 산업기반기술 개발사업 등을 우선 지원할 수 있도록 하였다. 그리고 산업자원부 장관은 관계 중앙행정기관의 장과 협의하여 기업의 지방이전을 촉진하기 위한 지역산업 발전시책을 수립 · 시행할 수 있도록 하고, 정부는 기업의 지방이전을 촉진하기 위하여 필요한 지원을 할 수 있도록 하였다.

한편, 산업단지가 조성된 지 20년이 넘은 단지가 나오게 됨에 따라 시설의 노후화, 업종구조의 취약, 기반시설의 문제 등을 해소할 필요성이 제기되었다. 2006년 개정법률에서는 이러한 요구를 반영하여 산업단지의 구조고도화 사업을 할 수 있도록 그 추진체계를 마련하도록 하였다.

3) 지역혁신정책으로서의 산업입지

2003년 참여정부는 국가균형발전정책을 최우선 국정과제로 선정하고 이를 달성하기 위하여 지역혁신정책을 추진하였다. 지역혁신정책의 추진을 위하여 2004년 「국가균형발전특별법」과 2005년 「기업도시개발특별법」이 각각 제정되었다.

「국가균형발전특별법」은 우선, 정부가 국가균형발전을 촉진하기 위하여 국가균형발전이 가능하도록 국가균형발전의 목표와 지역혁신체계의 구축 등에 관한 사항이 포함된 국가균형발전계획을 수립하도록 하였다. 또한 국가 및 지방자치단체는 지역의 여건과 특성에 적합한 지역혁신체계를 구축하기 위하여 지역혁신체계의 유형 개발, 산 · 학 · 연 협력의 활성화 등에 관한 시책을 추진하도록 하였다. 그리고 지역전략산업을 육성하기 위하여 지역전략산업의 구조고도화 및 투자유치의 촉진 등에 관한 시책을 추진하도록 하고, 이를 재정적으로 뒷받침하기 위하여 국가균형발전특별회계를 설치하도록 하였다. 이에 따라 2005년부터 특별회계의 지원을 받는 32개의 지역혁신사업이 추진되기 시작하였다. 이 시기의 지역혁신정책은 지역산업정책을 산업정책의 차원에서 독립적으로 추진하지 않고 지역혁신체제 구축을 통해 종합적이며 체계적으로 지역산업을 육성하는 것이었다. 즉, 산업생산체계와 과학기술체계, 기업지원체계가 상호 연계되어 관련 기업의 집적과 기업 간 전후방 연계를 통한 혁신역량을 강화한다는 것이었다.

「기업도시개발특별법」은 민간기업이 자발적인 투자계획을 가지고 산업 · 연구 · 관광 · 레저분야 등 기업활동이 필요한 지역에 직접 교육, 의료, 문화 등 다양한 정주요건을 갖춘 도시를 개발 · 운영할 수 있도록 함으로써 국토를 계획적으로 개발하고, 21세기 전략산업에 대한 민간기업의 투자를 유도하려는 목적으로 제정되었다. 기업도시는 산업교역형, 지식기반형, 관광레저형 및 혁신거점형으로 그 유형을 구분하여 다양한 형태로 개발될 수 있도록 규정하였다.

3. 첨단기술산업의 육성

1980년대 중반까지 우리나라의 제조업은 대외경쟁에 있어 저임금의 혜택을 누렸다. 그러나 1980년대 중반 이후 농촌인구의 도시유입 감소와 민주화 열기에 따른 노조활동의 강화로 임금 수준이 상승되어 더 이상 저임금에 기반한 비교우위를 누릴 수는 없었다. 또한 대외적으로도 미국은 1989년 우리나라 등 아시아 신흥공업국을 일반특혜관세의 대상에서 제외시켰고, 1995년 WTO체제의 출범으로 수입규제, 보조금 지급 등의 정부보호조치를 더 이상 계속할 수 없게 되었으며, 1996년 OECD의 가입으로 시장개방 등 회원국으로서의 의무를 감당해야 하였다. 게다가 선진국들은 반도체, 자동차 등에서 한국 기업과 경쟁이 시작되면서 기술이전을 기피하는 등 기술보호주의를 강화하기 시작하였다.

한편, 1990년대 세계적으로 IT산업의 경쟁이 가속화되었는데, 미국, 일본, 유럽공동체 모두 첨단기술의 연구개발투자에 대하여 조세를 감면하고 첨단기술개발계획을 직접 수립하는 등 정부 차원의 지원이 활발하게 이루어졌다. 이런 선진국의 첨단기술을 도입하기 위해서는 과거의 노동집약적인 기술보다 훨씬 더 높은 비용을 지불해야 하였고, 그나마도 기술의 도입이 여의치 않았다. 따라서 선진기술의 모방을 넘어서 우리 스스로 기술 수준을 고도화할 필요가 있었고, 독자적인 기술개발능력을 배양하는 것이 무엇보다도 중요하게 되었다.

1) 기술기반의 조성

1980년대 중반 이후의 3저 호황이 1989년에 들어서면서 경기침체국면으로 전환되자 정부는 이 위기국면을 헤쳐 나갈 방안으로 기술드라이브정책을 들고 나왔다. 특히, 정부는 민간이 기술개발활동을 활발하게 할 수 있도록 연구개발을 지원하는 입법을 하였다. 1994년 12월 22일 공포한 「공업 및 에너지 기술 기반조성에 관한 법률」이 그것이다. 이 법안은 세계무역기구체제의 등장에 대응하기 위하여 기술개발 생산성을 향상시키고 기술확산을 촉진하기 위하여 산업기술인력, 기술 관련 정보, 테크노마트나 기술혁신센터와 공동연구시설, 표준화 등 관련 산업기술 혁신 하부구조의 대폭적인 확충이 필요하다는 취지에서 마련되었다. 기존 사업처럼 산업기술을 개발하는 사업이 아니라 사업기술 개발을 효율화할 수 있는 기반구축에 중점을 맞추었던 것이다. 하부구조 확충을 위한 구체적인 방안으로 산업계 수요에 부응하는 기술인력의 양성 및 기량향상을 위한 교육을 정부의 지원 아래 실시하고, 산업정보의 유통을 촉진하기 위하여 산업정보통신망을 구축하도록 하였다. 기술연구의 효율성을 높이기 위하여 연구기반을 확충하고, 현장기술의 공동개발과 실용화를 촉진하기 위하여 산 · 학 · 연이 지리적으로 인접하거나 동일한 건축물에 입주하여 시설, 정보 및 인력 등을 교류할 수 있는 기반을 구축하고 이를 지원하도록 하였다.

1998년 9월 23일에는 한 걸음 더 나아가 기업 · 대학 · 연구소 등의 인적 · 물적 자원을 일정한 장소에 집적시켜 기술의 공동개발과 사업화를 촉진하기 위하여 「산업기술단지 지원에 관한 특례법」을 제정하였다. 산업기술단지를 조성하는 데 필요하면 국 · 공유지를 수의계약으로 매각할 수 있고, 국가와 지방자치단체 등이 자금 · 인력 및 세제상의 지원을 할 수 있도록 하였다. 단지 안에 입주하는 자에 대해서도 자금을 지원하거나 세제상의 혜택을 줄 수 있도록 하고, 교육공무원이나 국가 또는 지방자치단체 공무원이 휴직이나 파견 등을 통하여 단지 안의 입주기업체에 대하여 경영지도나 기술지도를 할 수 있도록 하였다.

2) 기술이전 및 사업화의 촉진

1990년대 이후 공공부문과 민간부문 전반에 걸쳐 개발된 기술에 대한 거래와 유통에 대한 시장수요가 증대되었다. 그러나 이를 뒷받침할 기술이전과 확산체제가 취약하고, 관련 내용이 개별 법령에 있다 하더라도 단편적이고 선언적으로만 규정되어 있어 이술이전과 사업화가 원활하지 못하였다. 이에 2000

년 1월 28일 「기술이전촉진법」이 제정되었다.

이 법은 공공연구기관에서 개발된 기술을 민간부문에 이전하여 사업화를 촉진하고, 민간부문에서 개발된 기술이 원활히 거래될 수 있도록 기술평가나 기술이전, 기술의 유통 등의 기반체제를 구축하여 기술력을 중심으로 산업구조를 개편하려는 의도를 갖고 있었다. 먼저, 기술이전 및 사업화의 중심 추진체계로서 한국기술거래소를 설립하여 국내외 기술의 이전 · 거래 · 평가 등의 업무를 수행하게 하고 있다. 공공연구기관에는 해당 기관에서 개발한 기술의 민간이전을 촉진하도록 기술이전을 전담하는 조직을 두도록 하고, 민간부문의 기술거래 활성화를 위해서 민간 기술이전 전문기관을 육성 · 지원하도록 하였다. 또한 기술이전 및 사업화에 관한 전문적인 상담 · 자문 · 지도와 기술의 매매 등을 지원하는 기술지도사 자격을 신설하기로 하였다. 그리고 관계 중앙행정기관의 장은 기술이전 및 사업화의 추진에 필요한 사업비를 충당하도록 공공연구기관, 기술평가기관 등에 출연 등 재정지원을 할 수 있도록 하였다.

이 법이 시행된 이래 기술이전조직의 설치, 기술이전시장의 개설 등 개발된 기술의 확산을 위한 기반조성에는 상당한 성과를 거두었으나, 사업화 촉진을 위한 기술평가와 기술금융은 상대적으로 경시되었다는 평가를 받았다. 특히, 기술이전, 사업화의 핵심기반이 개발 · 이전된 기술의 경제적 가치를 객관적으로 공정하게 평가할 수 있는 시스템을 구축하고 그 평가 결과를 담보, 기술유동화, 투 · 융자 등 기술금융과 연계하도록 하는 체계의 구축이 요구되었다. 이에 「기술이전촉진법」은 2006년 12월 28일 「기술의 이전 및 사업화 촉진에 관한 법률」로 개정된다.

개정법률에서는 기술평가의 수준을 높이기 위하여 기술평가기관이 각자 가지고 있는 기술평가 정보를 산업자원부 장관에게 통보하면, 산업자원부 장관은 그 기술평가 정보가 기술평가기관 간 상호 공유될 수 있게 그 정보를 관리하도록 하였다. 정부는 중소기업이 사업화를 조기에 달성할 수 있도록 금융지원을 하도록 하고, 기술유동화 과정에서 손실이 발생할 경우 이를 정부예산이나 과학기술진흥기금이나 중소기업육성기금에서 보전하도록 하며, 기술을 담보로 대출이 활성화되도록 기술담보대출에 따른 손실도 보전할 수 있도록 하였다.

3) 산업기술의 유출방지

외국으로부터 기술을 도입하여 산업발전을 이루어 왔던 우리나라는 정부와 기업의 기술개발 노력에 힘입어 2000년대 들어 기술력이 선진국 수준으로 크게 향상되었다. 특히, IT 등 첨단기술분야는 세계 최고 수준의 기술력을 확보하고 세계시장을 주도함에 따라 주변 경쟁국들의 기술유출 시도가 대폭 증가되었다. 1998년부터 2005년도 6월 말까지 기술유출단계에서 적발된 통계에 따르면, 총 82건에 77조 원으로 추정되는 손실을 예방한 것으로 평가되었다.

이 같은 대량의 기술유출사태는 우리의 기술력이 세계적인 수준에 도달하였기 때문이기도 하지만, 기술개발의 주체인 기업, 연구소, 대학 등이 기술에 대한 보안의식이 취약하고 이를 체계적으로 관리할 수 있는 역량이 크게 미흡하다는 것도 커다란 원인으로 지적되었다. 기술유출 사안에 대해서 적용될 수 있는 법률로 「부정경쟁 방지 및 영업비밀 보호에 관한 법률」이 있지만, 민간기업의 영업비밀이 침해된 경우에 대하여 사후적인 처벌 위주로 되어 있어 한계가 있다는 지적도 있었다. 이에 따라 기업뿐 아니라 연구소나 대학을 포함하여 사후적 처벌만이 아닌 사전적인 예방까지 할 수 있는 기반을 조성하기 위하여 2006년 10월 27일 「산업기술의 유출방지 및 보호에 관한 법률」이 제정되었다.

이 법은 국무총리를 위원장으로 하는 산업기술보호위원회를 설치하여 산업기술의 유출방지 및 보호에 관한 계획과 국가핵심기술의 지정 등을 심의하도록 하였다. 산업자원부 장관은 보호지침을 제정하여 산업기술을 보유한 기업, 연구소, 대학 등이 활용할 수 있도록 하였다. 국가핵심기술을 지정하여 이를 해외에 매각하려는 경우에는 해당 기술이 국가의 재정지원을 받은 것이면 산업자원부 장관의 승인을 받도록 하였고, 승인대상이 아닌 경우에도 신고를 하도록 하여 국가핵심기술이 국가안보와 관련되는지 여부를 사전에 심사하도록 하였다. 산업기술의 유출에 대해서는 엄중한 처벌을 받게 하고, 미수범과 예비 · 음모자의 경우에도 처벌을 받도록 하였다.

4. 중소기업과 벤처기업 육성

1) 경쟁제한적인 중소기업정책

1960~1970년대 정부 주도의 급속한 산업화 정책은 경제력의 집중과 대 · 중소기업 간의 격차 확대를 수반하였다. 대기업 중심의 성장 이면에 발전이 지체된 중소기업의 위축이 사회 문제로 대두되자, 자연스럽게 중소기업 보호정책의 필요성이 제기되었다. 당시는 시장에 의한 자원배분보다 정부에 의한 자원배분이 더 결정적인 시기였으므로, 정부가 정책적인 목적으로 시장경쟁에 개입하는 것이 문제시되지 않았다. 그래서 1980년대까지 중소기업정책은 경쟁제한적인 요소가 두드러지게 발견된다.

1978년 12월 5일 「중소기업사업조정법」이 전부개정되었다. 이 법은 중소기업협동조합을 통하여 중소기업자 간의 과당경쟁을 조정하도록 하는 외에 대기업이 중소기업 특화업종(1982년 개정시 고유업종으로 용어변경됨)에 진입하려고 할 때 신고하도록 하고, 중소기업의 보호를 위해서는 진입을 포기하게 할 수 있도록 하였다. 나아가 1986년 개정법률은 중소기업 고유업종에 대해서 원칙적으로 대기업이 들어오지 못하도록 강화하였다.

1975년 12월 31일에는 「중소기업계열화촉진법」이 제정되었다. 이 법은 중화학공업화의 추진과 병행하여 중소기업을 계열화시켜 기업 간의 분업체제를 확립하고, 대기업과 중소기업 간의 도급거래 질서를 확립하려는 목적으로 제정되었다. 이 법에 따라, 상공부 장관은 도급의존도가 큰 업종이나 도급에 대한 과도한 경쟁으로 품질이 저하될 우려가 있어 도급거래 질서의 확립이 긴급한 업종을 특정업종으로 지정하고 해당 업종의 대기업은 부품, 부속품이나 반

제품의 생산 및 가공을 중소기업에 위탁생산하도록 하였다. 또한 위탁하는 경우 도급받은 중소기업이 계획생산을 통하여 원가를 절감하고 품질을 향상할 수 있도록 장기위탁계약을 체결하도록 의무화하였다.

1981년 12월 31일에는 「중소기업제품구매촉진법」이 제정되었다. 이 법은 정부 등 공공기관이 제품을 구매할 때에는 중소기업자가 생산하는 물품을 우선적으로 구매하도록 의무화하고 있다. 특히, 중소기업 제품의 구매창구를 원칙적으로 중소기업협동조합을 이용한 단체수의계약의 형태로 하도록 의무화하였다. 중소기업협동조합은 해당 조합원인 중소기업이 균등한 혜택이 돌아가도록 배분하고 그렇지 않을 경우 상공부 장관이 균등배분이 이루어지도록 개입할 수 있도록 하였다.

2) 경쟁촉진과 혁신

1990년대 들어서 경제개방이 가속화되었으며, 특히 김영삼 정부 들어 "세계화" 정책을 적극 추진함에 따라 중소기업들은 내수시장에서조차 외국 기업과의 경쟁이 불가피해졌다. 중국 등 후발개도국으로부터의 수입 확대, 국내 기업의 해외진출 등으로 그간의 경쟁제한적인 정책들의 실효성이 상실되게 되었다. 단체수의계약제도도 우리나라의 WTO 가입 등에 따라 더 이상 유지하기 어렵게 되었다. 실제로 2000년대 들어 경쟁제한적인 중소기업보호제도는 폐지되었다. 즉, 2004년 12월 31일 단체수의계약제도와 고유업종제도는 폐지되고, 같은 날 중소기업 계열화는 대기업과 중소기업 간의 협력사업으로 형식을 달리하게 되었다.

1990년대 중반 개방화, 세계화의 영향으로 우리 노동집약적인 중소기업이 중국이나 베트남 등지로 해외진출하면서 우리 경제는 고용창출의 동력이 현저히 상실되었다. 우리 경제의 새로운 활력소를 모색하면서 벤처기업의 육성을 통한 혁신과 고용창출이 새로운 대안으로 떠올랐다. 이에 따라 벤처기업 육성을 입법적으로 뒷받침하기 위하여 1997년 8월 28일 「벤처기업 육성에 관한 특별조치법」이 제정되었다.

이 법은 우리 경제의 양적 성장을 뒷받침하여 온 대기업 중심의 대규모 생산방식으로는 우리 경제의 회복과 지속적인 경제성장에 한계가 있어, 기존 중소기업을 벤처기업으로 전환시키고 새로운 벤처기업의 창업을 촉진하려는 취지로 제정되었다. 우선, 벤처기업에 대한 금융조달을 원활하게 하기 위하여 각종 기금의 관리자가 기금의 운용계획 범위 안에서 벤처기업에 투자하는 경우에 인·허가 없이 투자할 수 있도록 하였다. 벤처기업에 대한 외국인의 주식취득 한도를 폐지하였으며, 개인이나 조합이 벤처기업에 투자하는 경우에는 그 투자금액에 대하여 조세를 감면함으로써 벤처기업에 대한 투자가 활성화되도록 하였다.

1998년 12월 개정법률에서는 국공립 교수·연구원의 벤처기업 창업이나 임직원 겸직이 허용되고 연구실 내에 "실험실공장"을 설치할 수 있게 되었으며, 외국인 등의 자금을 유치하여 벤처기업에 대한 투자를 촉진하기 위하여 벤처캐피탈로서 벤처투자조합을 결성할 수 있도록 되었다.

정부는 중소기업의 기술혁신을 위한 하부구조를 구축하는 데에도 관심을 기울였다. 2001년 5월 24일 제정된 「중소기업기술혁신촉진법」에서는, 중소기업청장은 중소기업의 기술혁신사업을 효율적으로 지원하기 위하여 중소기업기술진흥 전문기관을 지정하도록 하고 있다. 이 기술진흥 전문기관은 중소기업의 기술혁신을 촉진하기 위한 수요조사, 연구·기획 및 중소기업 기술개발지원사업의 평가·관리 업무를 수행하도록 하였다. 또한 중소기업청장은 중소기업의 기술혁신을 촉진하기 위하여 기술개발자금 지원, 기술혁신형 중소기업 육성, 해외규격 획득 및 품질향상 지원 등의 기술혁신 촉진 지원사업을 추진하도록 하였고, 정부는 중소기업자의 기술혁신과 정보화 지원을 위하여 필요한 경우 재정지원, 세제지원이나 신용보증 지원 등의 시책을 실시할 수 있도록 하였다.

3) 중소기업 인력수급 개선

2000년대 들어 청년 · 고령자 · 여성 등 취업을 희망하는 사람은 증가하는 반면, 중소기업은 상대적으로 낮은 임금 수준과 복리후생, 열악한 작업환경 등으로 인력난이 점차 심해졌다. 고용창출의 동력으로서의 역할을 하던 중소기업의 인력부족 문제는 일시적인 문제가 아니라 구조적인 문제로서 부분적인 인력정책의 시행으로 해결되기 어려운 문제로서 인식되고 있다. 이에 따라 중소기업의 인력관리 차원에서 인력이 필요한 분야에 실업 · 유휴인력이 유입될 수 있는 여건을 마련하고, 새로운 인력수요에 상응하는 인력을 양성하는 등의 종합적이고 체계적인 중소기업 인력지원정책이 필요하게 되었다. 이에 2003년 9월 29일 「중소기업인력지원특별법」이 제정되었다.

이 법에서는, 정부는 지역별 · 업종별 · 직종별 중소기업의 인력수요에 적합한 인력양성사업, 미취업인력에 대한 중소기업 현장연수사업 등 산학협력을 통하여 중소기업이 필요로 하는 인력의 양성을 지원하도록 하고 있다. 각급 학교 학생들을 중소기업에서 기업활동을 체험하게 하여 중소기업에 대한 관심을 높이고 중소기업에 취업을 유도하게 하였다. 또한 청년실업자들을 취업시키는 중소기업에 대해서는 고용장려금을 지급하도록 하여 중소기업이 청년실업자의 고용에 기여할 수 있도록 하였다.

이에 더하여 중소기업을 근무하고 싶은 환경으로 조성하기 위한 조치도 마련하고 있다. 즉, 중소기업 밀집지역에 공동복지시설을 설치할 경우 지원하도록 하고, 쾌적한 근무환경을 조성하기 위하여 악취 · 소음 등 근무기피요인을 해소하도록 하였다. 나아가 중소기업에 장기근무한 자에게는 관련 기술에 기반한 창업을 할 경우 자금을 지원하고, 중소기업에서의 장기근무를 유도하기 위하여 장기근속자에게 국내 · 외 연수를 실시하며, 주택을 우선 분양받을 수 있도록 하였다.

4) 대 · 중소기업의 상생

1960년대 이래 헌법에 근거한 중소기업에 대한 보호정책, 1990년대 이후의 개방화 · 세계화의 흐름에 맞추어 중소기업의 경쟁을 촉진하고 혁신을 꾀하는 중소기업 혁신정책, 그리고 2000년대 중소기업의 근무환경을 개선정책 등으로 정부는 19개 부처 146개의 지원기관에서 1,000여 개의 중소기업 지원정책을 추진해 왔다. 그러나 대 · 중소기업 간의 양극화는 해소되지 않고 오히려 심화되었다. 이에 대한 반성과 재검토를 거치면서 대기업과 중소기업 간 양극화 문제를 해소하고, 동반성장하는 안정된 경제구조를 조성하기 위해서는 인위적이고 정책적인 지원방식보다는 대기업과 중소기업이 자율적으로 상생협력할 수 있는 시장질서를 만들어 가는 것이 중요하다는 사회적인 합의에 이르렀다. 이러한 합의를 바탕으로 2006년 3월 3일 「대 · 중소기업 상생협력 촉진에 관한 법률」이 제정되었다.

이 법은 우선, 정부는 위 · 수탁관계에 있는 대 · 중소기업이 원가절감 등 상호간에 합의한 공동목표에 도달하는 경우 그 성과를 공유할 수 있도록 하는 계약을 확산시키는 노력을 하고, 대 · 중소기업 간의 인력교류를 할 경우 인건비의 일부를 지원하여 교류를 촉진하도록 하였다. 또한 대기업이 중소기업의 자율성을 해치지 않는 범위에서 자본에 참여할 수 있도록 하였다. 2004년 폐지되었던 중소기업 고유업종을 잠시 부활시키기도 하였으나, 이는 2010년 1월 27일 개정시 다시 폐지되었다.

한편, 「산업발전법」은 2011년 3월 30일 개정을 통하여 중견기업의 육성에 관한 사항을 추가하였다. 경제성장의 동력을 창출하고 경제의 활력을 높이기 위하여 중소기업을 벗어난 기업으로서 고용안정 등 국민경제에 미치는 영향이 크거나 혁신 역량과 성장 가능성이 큰 기업을 "중견기업"으로 정의하여 행정적 · 재정적 지원을 할 수 있도록 그 근거를 마련하였다. 구체적으로 중소기업이 중견기업으로 전환되면서 갑자기 발생하는 재정적인 부담을 완화하기 위하여 「중소기업기본법」상 중소기업으로 보는 3년의 기간이 지난 후 추가적으로 5년 간 중견기업에 조세 · 금융 등의 지원을 할 수 있도록 하였다. 지식경제부 장관도 중견기업을 보다 체계적으로 육성 · 지원하기 위하여 관련 기관 · 단체 및 전문가와 긴밀히 협력할 수 있도록 하였다. 중소기업이 중견기업으로 발전하여 산업사회의 중심이 되는 역할을 수행할 수 있도록 그 토대를 마련한 것이다.

5. 미래의 성장동력 육성

2000년대 들어 경제환경은 글로벌 경쟁의 격화, 지식기반사회의 도래, 에너지 · 환경 문제의 대두 등으로 새롭게 전개되었다. 그러나 우리 경제의 근간이 되고 있던 자동차, 철강, 석유화학, 전자기기 등의 주력산업은 그 대부분이 성장기 후반 또는 성숙기에 접어들어 있어 이 상태로는 새로운 가치창출하기 어려운 상황에 직면하였다. 새로운 성장동력을 발굴하여 성장능력을 높이는 것이 필요한 시점이 된 것이다. 특히, 정부주도형 생산 · 공정기술 위주, 에너지 다소비구조의 전통방식은 환경변화에 따라 지식 및 혁신 중심의 녹색성장 방식으로 전환할 필요가 있었다. 새로운 성장방식은 정부 아닌 기업이 주도하고, 생산 및 공정기술보다는 핵심 · 원천기술 중심이며, 에너지 다소비 대신 친환경 · 고효율 산업구조로 전환되는 것을 말한다.

1) 부품 · 소재산업의 육성

핵심원천기술 부족의 영향을 가장 크게 받는 분야가 부품과 소재이다. 1990년대까지의 부품 · 소재정책은 수입대체와 국산화가 중심이었으나, 2001년 2월 3일 「부품 · 소재 전문기업 등의 육성에 관한 특별조치법」의 제정으로 정책기조를 글로벌 공급기지화로 전환하였다. 이 법의 제정을 계기로 부품 · 소재산업을 장기적 관점에서 일관성 있게 육성할 수 있는 제도적 기반이 마련되었다.

이 법은 먼저 정부가 부품 · 소재산업의 발전방향을 제시하고 부품 · 소재발전 기본계획을 수립하도록 하였다. 부품 · 소재 전문기업이 공동으로 부품 · 소재기술 개발 전문기업을 설립하는 경우에는 각종 지원을 우선적으로 하도록 하고, 대학 등에 부품 · 소재전문 기술인력의 양성을 위한 교육훈련 과정을 개발하는 등 부품 · 소재 전문기업에 대한 각종 지원방안을 마련하였다. 또한 공용화가 필요하다고 인정되는 부품 · 소재에 대해서는 공용화 지정품목으로 지정하도록 하고, 공용화 지정품목으로 지정된 부품 · 소재를 생산하는 기업에 대하여 설비자금을 융자하는 등의 지원을 할 수 있도록 하였다.

2004년 12월 31일 개정법률에서는 부품 · 소재산업뿐만 아니라 부품 · 소재생산설비산업도 지원할 수 있도록 하여 부품 · 소재를 생산하는 설비의 수입의존도를 낮추고 경쟁력 있는 부품 · 소재 생산의 활성화를 꾀하였다. 또한 부품 · 소재분야의 기술개발 촉진과 진흥을 위한 사업을 체계적으로 추진하고, 부품 · 소재 관련 정책개발을 지원하기 위하여 한국부품 · 소재산업진흥원을 설립하도록 하여 2005년 7월 동 기관이 문을 열게 되었다.

2007년 4월 27일 개정법률에서는 장기간의 연구와 막대한 투자비가 소요되는 소재 관련 정보의 집적과 유통 등에 관한 기반을 구축하도록 하고, 영세한 부품 · 소재 전문기업의 구조조정이 필요한 경우 구조조정 관련 제도에 관한 정보를 해당 기업에 제공하고, 합병 · 인수 등을 알선하거나 중재하는 등의 지원업무를 정부가 수행하도록 하여 부품 · 소재 전문기업의 대형화 및 전문화를 유도하였다.

2) 저탄소 · 녹색성장의 선도

1995년 3월 독일에서 제1차 기후변화협약 당사국총회가 개최된 이후 1997년 12월 도쿄에서 개최된 기후변화협약 제3차 당사국총회에서 선진국의 온실가스 감축목표치를 규정하고, 감축의무 대상국 38개국은 2008년부터 2012년까지 제1차 감축에 돌입하였다. 우리나라는 의무적인 감축국가에 포함되지는 않았으나, 세계 10대 온실가스 배출국으로서 향후 감축의무 대상국에 포함될 가능성이 높다. 무엇보다도 유럽연합 등 선진국이 기후변화 대응입법을 본격화하고 있는 상황에서 우리나라도 기후변화와 지구온난화, 신 · 재생에너지 및 지속 가능 발전대책 등을 유기적으로 연계 · 통합하여 지속 가능한 녹색성장을 선도하기 위한 체계적인 정책을 추진할 필요성이 제기되었다. 이에 따라 이명박 정부의 중점추진과제로서 2010년 1월 13일 「저탄소녹색성장기본법」이 제정되었다.

정부는 먼저, 저탄소 녹색성장을 위한 정책목표 · 추진전략 · 중점추진과제 등을 포함한 녹색성장국가전략을 심의하기 위하여 대통령 직속으로 녹색성장위원회를 설치하였다. 녹색산업과 관련된 기술개발 및 사업을 활성화하기 위하여 녹색산업 등에 자산을 투자하여 그 수익을 투자자에게 배분하는 것을 목적으로 하는 녹색산업투자회사를 설립할 수 있도록 하였다. 또한 온실가스의 배출을 획기적으로 줄이기 위하여 정부는 중장기 및 단계별 목표를 설정하고, 일정 수준 이상의 온실가스 다배출업체 및 에너지 다소비업체로 하여금 매년 온실가스 배출량 및 에너지 사용량을 정부에 보고하도록 하였다. 특히, 시장기능을 활용하여 효율적으로 국가의 온실가스 감축목표를 달성하기 위하여 온실가스 배출권을 거래하는 제도를 운영하되, 배출허용량의 할당방법, 등록 · 관리방법 및 거래소 설치 · 운영 등은 따로 법률로 정하도록 하였다.

이처럼 대한민국은 경제와 환경의 조화 속에서 녹색기술과 녹색산업의 창출, 녹색건축물 및 녹색생활의 정착 등 저탄소 녹색성장을 효율적 · 체계적으로 추진할 수 있는 각종 제도적 장치를 마련함으로써 미래의 성장동력으로서 녹색산업을 선점할 수 있는 기반을 구축하였다.

제3절 대외정책

1. 무역정책

한국의 경제성장 과정에서 무역정책이 핵심적인 역할을 수행하였음은 잘 알려진 사실이다. 이에 따라 오늘날 많은 개발도상국들이 한국의 사례를 교훈으로 삼고자 하고 있으며, 특히 한국의 무역정책은 이들 국가에게 가장 큰 관심의 대상이다. 지난 60년 동안 한국의 무역정책은 매우 보호주의적인 정책수단부터 급격한 자유화 정책에 이르기까지 다양한 정책들을 노정하여 왔으며, 이러한 정책수단들은 대체로 일정한 방향성을 가지면서 생성과 소멸의 과정을 거쳐 왔다. 아래에서는 시대별로 우리나라의 산업유인정책으로서의 무역정책을 살펴보기로 한다.

1) 1960년대 이전의 수입대체 산업정책

대한민국 정부수립 전후 한국경제는 해방과 남북분단 등의 영향으로 산업생산이 급격히 위축되고, 이어서 발발한 6.25전쟁은 우리나라 경제의 물적 기반을 완전히 황폐화시키는 엄청난 피해를 초래하였다. 휴전 이후 우리나라의 초기 공업화는 이른바 3백산업이라는 제분, 제당, 면방직 등 원조구호물품의 가공업에 편중하여 이루어졌다. 그런 상황하에서, 1957년 미국이 자국의 무역수지 적자를 개선하기 위하여 대외원조를 대폭 삭감하였는데, 이는 전후복구기 수입액의 3분의 2 이상을 원조자금으로 충당하고 있었던 우리 경제에 심각한 충격을 가하였다.

자원, 자본 및 기술이 부족한 한국경제로서는 최종소비재와 소비재산업의 재건 및 발전에 소요되는 원료, 중간재 등의 수입대체를 통하여 경제발전을 추진해야 하였다. 이를 위해 정부는 수입대체가 가능한 비내구성 소비재의 수입 억제를 위하여 고율의 관세와 수량적인 수입쿼터제를 실시하였다.

수입대체를 위한 공업화를 추진하는 것뿐만 아니라 수출증대도 과제였다. 다만, 이때의 수출장려는 공업화의 수단이라기보다는 외환수급의 관점에서 국제수지의 개선을 위한 것으로 인식되었다. 이를 위하여 정부는 1954년부터 수출촉진을 위하여 교부하였던 수출장려보상금의 법적인 근거를 1956년 12월 17일「수출장려보조금 교부규칙」의 제정을 통하여 마련하였다. 이 규칙에 따라 국내 가격이 외국 가격보다 높은 물자를 수출한 자, 해외시장을 개척한 자 등에 대하여 수출장려보조금을 지급할 수 있게 되었다. 또한 1957년 12월 13일 제정된「무역법」에 따라 수출입업자를 등록하면서 수출실적에 근거한 수입업자 등록제를 시행하였다. 그러나 기본적인 수출생산능력이 부족한 상황에서 이러한 제도의 실질적 효과는 거의 없었던 것으로 평가된다.

2) 관리형 수출장려정책

1960년대 접어들어 그 동안의 대내지향적인 정책에서 대외지향적인 정책으로 전환하면서 본격적으로 수출을 확대하기 위한 노력을 기울였다. 당시 우리나라의 연간 수출실적은 자유진영 세계에서 가장 낮았으며, 역조상태에 있는 국제수지를 조속한 시일 내에 개선하지 않고는 자립경제를 이룩할 수 없는 처지에 있었다. 이를 개선하기 위해 정부는 5개년수출계획을 수립하였는데, 제1차 연도에는 6,000만 달러, 그리고 목표연도(1966)에는 1억 1,700만 달러의 수출을 계획하였다. 목표연도의 계획액이 제1차 연도의 계획에 비해 실로 2배나 되는 급격한 수출증가계획을 완수하기 위해 1962년 3월 20일「수출진흥법」을 제정하였다.

이 법은 강력한 수출진흥을 위하여 수출품 제조용 원료의 수입에 필요한 경우에는 외국환 수급계획에도 불구하고 외화를 우선적으로 할당매각하도록 하고, 일정한 수출실적이 없는 수출입업자에게는 수입허가를 주지 않으며, 수출실적에 따라 수입액의 한도를 제한할 수 있도록 하는 강력한 수출입링크제를 운영하였다. 이어 1964년 정부는 수출진흥종합대책을 마련하여 본격적인 수출지원에 돌입하였다. 그 결과 1962년부터 1966년 사이에 연평균 수출증가율이 75%에 달하였다.

1962년 12월 26일 제5차 개정 헌법에서는 이전의 국가통제형 무역정책에서 입장을 전환하여 "국가는 대외무역을 육성하며 이를 규제 · 조정할 수 있다"(제116조)고 규정하여 대외무역의 국가통제주의에서 무역자유주의를 표방하는 입장을 취하게 되었다. 현실적으로도 1957년 「무역법」 제정 당시 2,000만 달러에 불과하던 수출실적이 1967년에 이르러서는 2억 달러에 달하게 되어 종전의 강력한 수출입 통제를 고수할 수 없게 되었다. 이에 종전의 「무역법」과 「수출진흥법」을 폐지하고, 1967년 1월 16일 새로운 헌법의 이념에 맞는 「무역거래법」을 제정하였다. 이 법에서는 수출입 품목을 매년 2반기를 실시기간으로 하여 수출입 승인품목, 허가품목과 금지품목으로 나누어 공고하고 승인품목으로 공고된 품목은 자동으로 승인하는 수입자동승인제를 도입하였다. 또한 종전에 상공부령에 근거를 두고 운용하였던 수출장려보조금을 법률에 직접 근거를 두고 지급할 수 있도록 하였다.

동서냉전으로 공산권에 대한 수출입은 엄격히 금지되었으나, 1970년대 동서화해에 따른 무역증대의 세계적인 추세를 반영하여 1970년 12월 31일과 1972년 12월 30일 개정에서는 법률에서 허용한 자에 대하여 공산권에도 수출입을 할 수 있도록 하였다. 나아가 공산권과의 수출입에 대한 원칙적 금지를 폐지하고 특정한 지역을 제외하고는 수출입을 허용하는 방향으로 법이 개정되었다. 우리나라의 수출시장이 공산권역을 포함하는 전세계 시장으로 넓어진 것이다.

정부의 수출진흥정책의 일환으로 수출보험제도를 빠뜨릴 수 없다. 수출 또는 기타 대외거래에서 발생되는 위험 중 통상의 해상보험 또는 화재보험으로 구제하기 곤란한 위험, 즉 수입업자로부터 대금회수 불능 또는 지연 등의 신용위험과 수입국에서의 전쟁, 내란, 환거래 제한 등 비상위험으로 인하여 수출자, 수출상품 생산자 및 해외투자자가 입은 손실을 보상하기 위하여 1968년 12

월 31일 「수출보험법」을 제정하였다. 또한 1960년대 초 당시 무역업자들의 영세성을 감안하여 이들을 위해 해외시장을 개척하고, 해외시장의 정보를 파악하여 제공하는 일을 전담하는 기관으로서 대한무역진흥공사를 1962년 4월 24일 「대한무역진흥공사법」의 제정을 통하여 설립하였다. 대한무역진흥공사는 수출상품의 발굴 및 수출입국을 위한 인프라를 구축하는 데 노력하였다.

3) 수출자유지역의 설치

정부는 1969년 7월 외국인의 해외직접투자 또는 합작투자를 유치함으로써 수출증진, 고용증대, 기술향상을 이루기 위해 남해안 임해지역에 임해수출자유지역을 설치하기로 결정하였다. 이를 입법적으로 뒷받침하기 위하여 1970년 1월 1일 「수출자유지역설치법」을 제정하였다. 이 법의 주요 내용은 다음과 같다. 우선, 상공부 장관이 지정하고 건설부 장관이 조성한 수출자유지역의 토지는 입주기업체에 매각하거나 임대하도록 하였다. 그리고 입주기업체의 자격은 수출을 목적으로 물품을 제조 · 가공 또는 조립하는 기업체이거나 외국 인이 단독으로 투자한 기업체 또는 일정한 투자 비율로 대한민국 국민(50% 미만)과 공동으로 투자한 기업체로 하였다. 수출자유지역의 관리를 위하여 수출자유지역관리청을 두었는데, 관리청은 물품의 수출입 허가에 관한 상공부 장관의 권한을 행사하도록 하였다. 또한 수출자유지역에서 제조 · 가공 및 조립한 물품은 원칙적으로 국내에 반입을 금지시켜 전량 수출하도록 하였다.

수출자유지역은 이후 제조 중심에서 제조와 무역활동 등이 보장되는 자유무역지역으로 개편(2000년, 「자유무역지역의 지정 등에 관한 법률」)되었다. 그리고 다시 제조업 중심의 자유무역지역과 물류업 중심의 관세자유구역을 제조업과 물류업이 유기적으로 연계되도록 자유무역지역으로 일원화(2004년, 「자유무역지역의 지정 및 운영에 관한 법률」)되는 과정을 거쳐 현재에 이르고 있다.

4) 수입규제 및 수입자유화

1980년대에 이르러 정부는 수입통제를 완화하고 국내 시장에 경쟁체제를 강화시키는 등 자유화를 시도하게 된다. 이에 종전의 「무역거래법」상의 각종 규제를 완화하고 수출입 절차를 간소화하여 무역업계의 비용을 절감시키고, 선진국의 수입규제 등 대외무역의 여건 변화에 적절히 대응하기 위하여 1986년 「대외무역법」이 제정되었다. 먼저, 물품의 수출입을 위해서는 원칙적으로 상공부 장관의 승인을 받도록 하고 있으나, 일정한 물품의 경우에는 물품의 수출입의 간소화를 위해서 승인을 면제받을 수 있도록 하였다. 다만, 이 법의 제정 전인 1980년 11월 「무역거래법 시행령」을 통하여 수입초과국으로부터 수입되는 물품 중 국가별 수출입의 균형을 유지하기 위하여 상공부 장관이 정하는 품목은 수출입 허가를 받도록 하여 수입선다변화제도를 도입하였는데, 이 법에서 제도를 그대로 승계하여 법률적 근거를 확보하였으며, 일정한 품목의 경우에는 수출입승인제를 유지하였다. 일본과의 무역역조 문제를 해결하기 위하여 일본 제품의 수입을 제한하는 수입선 다변화 조치는 한동안 유지되다가 1995년 12월 WTO체제가 출범하고 수입허가협정이 체결되면서 철폐할 의무를 지게 되어 1999년 법이 개정되면서 폐지되었다.

이 법은 1980년대 본격적인 대외개방에 대비하여 산업피해영향조사제도를 도입하였다. 이는 개방으로 인한 피해구제를 목적으로 도입된 국내 최초의 제도였다. 특정 물품의 급격한 수입의 증가 또는 과다한 수입으로 인하여 국내 산업의 발전에 저해되거나 그 우려가 있는 때에는 이해당사자 등의 신청에 따라 상공부 장관이 국내 산업에 미치는 영향을 조사하도록 하였다. 그 결과에 따라 수입물품의 수량제한(1989년 개정시 수입금지조치가 추가됨), 합리화 업종의 지정, 관세율의 조정(1989년 개정시 추가됨) 등의 조치를 할 수 있도록 하고, 이의 조사 및 조치를 위하여 무역위원회를 설치하였다.

한편, 대표적인 수입규제조치로서 대외무역법이 제정되면서 폐지가 확정된 수입감시조치가 있다. 이 역시 「무역거래법 시행령」에 근거를 두고 1979년부터 도입된 제도로서 특정 상품의 수입 급증으로 국내 산업의 피해가 예상되는 경우에 국내 산업을 보호하기 위하여 취하는 일종의 수입제한조치이다. 1986년 우리나라가 무역흑자국이 되면서 수입감시제도는 미국, 유럽 등 주요 교역상대국의 강력한 통상압력을 초래하는 요인이 되었다. 이에 따라 「대외무역법」의 시행을 즈음한 1987년 이 제도를 폐지하기로 하되, 경과적 조치로 1년을 연장하여 1988년 12월까지 시행되도록 하였다.

「대외무역법」은 이후 국제무역환경 변화에 따라 우리 무역제도를 선진화하기 위하여 제도의 개선 과정을 거쳤다. 먼저, 무역업허가제도가 무역업 등록제(1992)와 신고제(1996)를 거쳐 자유업으로 전환(2000)되었다. 수출입의 승인제는 원칙적 자유제로 전환하되, 예외적으로 조약 등에 의한 의무의 이행, 생물자원의 보호, 무역의 균형화를 위하여 필요한 경우 등에만 승인제를 유지하도록 개정(1996)되었다. 또한 대량파괴무기의 확산을 방지하는 전략물자 수출통제제도가 국제적 무역규범으로 정착됨에 따라 전략물자 수출허가제도를 새로이 도입(2007)하기도 하였다.

5) 우루과이라운드와 적극적 대외통상정책

한국이 대외통상에 가장 적극적으로 참여하고 그 결과를 무역정책 및 제도에 반영한 것은 우루과이라운드부터라고 할 수 있다. 이를 통하여 한국의 대외개방정책 기조는 더욱 확고해졌다. 우루과이라운드는 전통적인 상품분야의 개방을 넘어 서비스교역 및 지식재산권 등 새로운 분야에 대한 국제규범을 정리하기까지 협상의제가 다양하였다. 협상 결과 1995년 12월 31일 WTO체제가 출범하였고, 우리나라는 협상 결과는 국내법에 합치시키기 위하여 1995년 12월 말까지 24개의 법령을 개정하였다.

WTO체제 가입 이후 한국은 일부 수출 및 생산 보조금을 철폐해야 하였고, 일본을 겨냥해 도입한 수입선다변화제도를 단계적으로 폐지해야 하였다. 아울러 대내외적인 무역분쟁 해결 절차에 대한 관심이 고조되었다. 우리의 제품에 대한 미국의 반덤핑조치에 대하여 WTO 분쟁해결 절차를 적극 이용하기 시작하였고, 수입의 증가로 인한 국내 산업피해 구제조치를 보다 WTO체제에 부합하게 하기 위하여 종전의 「대외무역법」에서 분리하여 2001년 2월 3일 「불공정무역행위 조사 및 산업피해 구제에 관한 법률」을 제정하였다.

이 법은 지식재산권을 침해하는 물품을 수입하거나 판매하는 행위나 원산지를 허위로 표시한 물품을 수출입하는 행위 등 불공정무역행위가 있을 경우 조사하고 무역행위의 중지 등 잠정조치를 할 수 있도록 하였다. 특정 물품의 수입증가로 인한 국내 산업의 피해를 구제하기 위하여 수입 등을 제한하는 세이프가드조치를 함에 있어서는 관련 산업 및 통상관계 등에 미치는 영향을 종합적으로 고려하도록 하고, 세이프가드조치의 내용도 국내 산업의 피해구제 및 산업구조조정을 촉진하는 데 필요한 범위로 하도록 하였다.

6) 자유무역협정

외환위기 이전의 한국은 전통적으로 다자주의 통상정책을 선호하였다. 그러나 외환위기와 함께 국내 산업의 구조조정 및 개방정책을 본격적으로 추진하면서 FTA는 한국경제의 체질을 바꿀 핵심정책수단으로 등장하였다. 한국은 경쟁상대국들이 다투어 자유무역협정을 체결하는 상황에서 이에 동참하지 않을 경우 단기적으로는 교역에서 차별을 받게 될 뿐만 아니라 장기적으로는 성장잠재력을 잃게 될 것이라는 우려가 컸다. 또한 기존의 수출시장의 유지와 새로운 시장의 개척 필요성, 그리고 시장개방과 자유화를 통하여 국가 전반의 시스템을 선진화하고 한국경제의 질적 향상을 위해서 FTA시장에 적극 뛰어들었다. 2002년 칠레와의 FTA협상이 타결된 이후 2011년 8월 현재까지 8개의 협정이 타결되었으며, 이 중 7개가 발효에 들어갔다.

반면에 FTA로 인하여 유발되는 국내 산업의 구조조정의 조화롭고 효과적인 운용은 커다란 숙제로 남아 있다. 동시다발적인 FTA 추진 과정에서 국내 산업 구조조정은 불가피하게 추진된다. 정책적으로도 FTA를 통한 글로벌 통상

네트워크 구축이 중소기업의 역량 강화, 성장 프론티어의 확충 등으로 연결되도록 대내외 시너지효과를 제고하는 것이 중요하다.

FTA의 체결로 인한 수입증가에 따라 발생할 수 있는 무역피해를 입은 기업과 그 근로자의 지원대책과 구조조정과 산업의 고도화를 유도하기 위하여 2006년 4월 28일 「제조업 등의 무역조정 지원에 관한 법률」을 제정하였다. 이 법에 따르면, 제조업 등을 영위하는 기업이 자유무역협정의 이행으로 심각한 피해를 입었거나 입을 것이 확실하고 해당 기업의 무역조정계획이 경쟁력 확보에 적합한 경우에는 무역조정기업으로 지정하여 무역조정에 필요한 정보의 제공 및 단기 경영안정자금 융자 등의 지원을 받을 수 있도록 되었다. 또한 무역피해를 입은 근로자가 무역조정기업 또는 무역조정기업에 납품을 하는 기업 등의 소속 근로자로서 실직 또는 근로시간 단축의 상황에 처한 경우에는 전직·재취업에 필요한 정보 제공 및 상담과 전직·재취업을 위한 각종 지원을 받을 수 있도록 되었다.

2. 외자도입정책

1) 차관의 도입

1950년대 우리나라의 산업재건과 경제부흥을 위한 막대한 자금은 대부분 대외원조에 의존하고 있었으나, 1957년 미국의 대외원조 규모가 축소됨에 따라 우리나라에 대한 원조도 축소되었다. 이에 공업화를 통한 경제성장을 위해서는 외자의 도입이 절실히 요구되었다.

정부는 1960년 1월 1일 「외자도입촉진법」을 제정하여 외자도입을 체계적으로 추진할 수 있는 법적인 기반을 갖춘다. 이 법에서는 외자도입은 외국인의 단독 또는 공동투자나 대한민국 국민·법인과의 합작투자방식으로 할 수 있되, 재무부 장관에게 등록하도록 하였다. 그 밖에 기술원조계약과 차관계약을 통해서도 외자도입이 가능하였는데, 이들 경우에는 외자도입촉진위원회의 의결을 거쳐 재무부 장관이 허가하도록 하였다. 외국 투자기업에 대해서는 일정 기간 소득세 및 법인세를 감면하고 외국 차관의 이자소득세를 일정 기간 면제하며, 외국 투자가가 이익의 배당이나 또는 잉여금의 분배를 받는 경우 일정 기간 소득세를 감면하도록 하였다. 외국 투자가가 투자한 업종에 관련된 물품을 수입하는 경우 일정 기간 관세를 감면하며, 도입한 외국 투자의 원본의 회수는 투자일로부터 2년이 경과한 후에 매년 원본액의 20%까지 회수를 허용하였다.

이처럼 외자도입의 방법으로 외국인의 직접투자와 차관도입을 모두 인정하는 법체계를 갖추었으나, 정부는 외국인 직접투자보다는 냉전시대 일본과 미국과의 특수한 관계에서 원활하게 외자를 도입할 수 있는 여건에 따라 주로 차관에 의한 외자조달을 통하여 외채의존적인 성장전략을 추진하였다. 이는 외국인의 직접투자가 국내 산업에 대한 외국 기업의 지배를 우려함과 동시에 차관에 의한 자금조달이 국내 자금흐름을 통제하기 용이하였기 때문이다.

이 당시 열악한 국내 산업이 외국으로부터의 차관을 보다 용이하게 유치하도록 하기 위해서 정부는 1962년 7월 31일 「차관에 대한 지불보증에 관한 법률」을 제정하였다. 이 법에서는 기간산업부문에 속하는 사업, 국제수지의 개선에 현저히 기여하는 사업, 국민생활에 필수적인 물품을 생산하는 사업과 외국 자본의 도입이 허가된 사업 등의 경우에는 정부가 그 지불을 보증할 수 있도록 하되, 지불보증을 하는 경우 해당 사업자는 2개월 이내에 한국산업은행에 그 금액에 상당하는 담보를 제공하도록 하였다. 또한 국내 자원의 개발 등을 위한 자본재의 도입을 원활하게 하기 위하여 외국으로부터 도입한 자본재의 대금을 3년 이상에 걸쳐 2회 이상 분할하여 결제하는 경우 외자도입촉진위원회의 심의를 거쳐 경제기획원 장관의 허가를 받도록 하였다. 그 경우 자본재 도입에 따른 이자에 대해서 소득세의 전액을 면제하도록 하는 내용의 「장기결제방식에 의한 자본재 도입에 관한 특별조치법」이 1962년 7월 31일 제정되고, 1963년 4월 11일 개정되기도 하였다.

외국 자본의 도입에 관하여 각각의 역할을 하던 3개 법률은 1966년 8월 3일 「외자도입법」으로 통폐합되었다.

2) 「외자도입법」

「외자도입법」 초기에는 종전의 3개 법률에서 취하던 입장을 계수하여 외국인이 국내 기업의 주식 또는 지분을 인수하려는 경우 인가를 받고, 인수한 후에는 경제기획원에 등록하도록 하며, 현금차관, 자본재 도입계약, 기술도입계약의 경우 인가를 받도록 하되, 원리금 등 송금을 보장하고 조세를 감면하도록 하였다. 그런데 1983년 12월 31일 외자 및 선진기술을 원활히 도입하여 이를 경제정책 운용방향과 부합되는 방향으로 활용이 되도록 외자도입제도를 합리적으로 개편하는 방향으로 동 법률이 개정되었다.

개정법률에 따라, 정부는 외국인 투자가 가능한 업종을 확대하기 위하여 원칙인가 예외신고방식(positive system)에서 원칙신고 예외인가방식(negative system)으로 전환하여 외국인 투자 개방을 위한 기틀을 다졌다. 그래서 이후에는 주식소유 비율이 50% 이상이거나, 주식소유 금액이 일정 금액 이상인 경우 또는 외국인 투자가 제한되는 업종에 투자하는 경우 등 외에는 주무부 장관과의 협의 없이 인가하도록 의무화하였다. 기술도입계약의 경우에는 인가제에서 신고제로 전환하였다. 외국 투자가의 투자원본은 투자 후 2년이 경과되어야 회수가 가능하여 필요에 따라서는 매년 원본회수액의 20% 범위 안에서 대외송금을 제한할 수 있었으나 이를 철폐하였다. 외국 투자가의 배당금도 당해 투자기업에 대하여만 재투자가 가능하였으나, 다른 신규 사업에도 투자를 허용하는 등 외국인 투자의 규제를 완화하였다. 또한 외국인 투자기업에 대한 법인세 · 재산세 및 취득세와 외국 투자가의 배당소득에 대한 법인세 또는 소득세에 대하여는 원칙적으로 감면지원을 배제하고, 예외적으로 신청에 의하여 조세지원을 허용하되 감면기간을 8년에서 5년으로 단축하는 등 외국인 투자에 대한 조세감면을 합리적으로 조정하였다.

1991년도 1월 14일 개정법률에서는 외국인 투자사업을 인가대상으로 하던 것에서 외국인 투자 제한업종, 법령에 따라 외국인의 주식소유가 제한되는 업종을 제외하고는 신고제로 전환하여 외국인 투자절차를 간소화하였고, 외국인 투자 및 차관이자 등에 대한 조세감면의 범위를 축소하였다. 1992년 12월 8일 개정에서는 외국인 투자 절차를 더욱 간소화하여 외국인 투자를 원칙인가 예외신고에서 원칙신고 예외인가로 전환하였다. 이에 따라 외국인 투자가 제한되는 사업이거나 노동관계 법령을 위반한 외국 투자가가 재투자하는 경우 그 밖에 국내 산업상 긴절한 필요가 있는 경우 외에는 신고만 하면 외국인 투자가 가능하도록 외국인 투자가 더욱 개방되었다.

1994년 12월 22일 개정법률에서는 고도기술을 수반하는 외국인 투자기업에 대한 법인세 또는 소득세의 감면에 있어서, 그 대상을 국내 산업의 국제경쟁력 강화에 긴요한 고도기술을 수반하는 외국인 투자에 한정하였다. 그러나 감면기간을 더 늘리고, 그 사업에 소요되는 자본재의 도입에 대하여 관세 등을 면제하도록 하는 등 고도기술을 수반하는 외국인 투자기업 및 외국 투자가에 대한 조세감면을 확충하였다. 외국인 투자에 관련된 민원 · 고충처리 등 행정지원업무를 종합적으로 수행하도록 하기 위하여 중앙부처 공무원이 합동으로 근무하는 외국인 투자 종합지원센터를 운영할 수 있도록 하였다. 또한 지방자치단체에도 외국인 투자 유치활동을 강화하고 외국인 투자기업을 효율적으로 지원하기 위하여 시 · 도에 외국인투자진흥관실을 설치할 수 있도록 하였다. 그리고 외국인 투자기업의 공장설립과 관련된 복합민원을 관계기관이 합동으로 일괄심의하여 신속하게 처리하도록 하여, 원칙적으로 45일 이내(경미한 사항은 15일)에 처리하도록 하였다.

3) 「외국인 투자 및 외자도입에 관한 법률」

1996년 12월 우리나라가 OECD에 가입하였다. 이에 따라 「외자도입법」은 1997년 1월 13일 개정되면서 「외국인 투자 및 외자도입에 관한 법률」로 제명을 바꾸었고, 외국인 투자 수준도 선진국 수준에 걸맞게 개선하려는 적극적인 노력을 기울이기 시작하였다. 먼저, 외국인 투자는 법령에서 제한하는 경우 외에는 제한을 받지 않는다고 규정하여 외국인 투자가 대한민국에서 원칙적으로 자유임을 천명하였다.

OECD 규범에 따라 직접투자의 성격을 갖는 5년 이상의 장기차관을 외국인 투자로 보아 원칙적으로 자유화하였다. 신주 등의 취득에 의한 외국인 투자의 절차에 있어서 종전에는 원칙적인 신고와 예외적인 인가였으나, 이를 전면적인 신고제로 전환하고, 공장설립 관련 복합민원 처리기간도 45일에서 원칙적으로 30일 이내로 단축하는 등 외국인 투자절차를 간소화하였다. 또한 외국인 기업 전용단지 등에서 국가가 소유하는 토지 등을 외국인 투자기업에게 임대하는 경우에는 20년의 범위에서 임대료를 감면할 수 있도록 함으로써 외국인 투자가의 높은 지가부담을 완화하였다.

한편, 국내 산업의 구조조정과 고용안정 및 기업경쟁력 강화 측면에서 필요한 선진국 기업의 투자를 적극 유치하기 위하여 이사회의 양도결의가 있으면 이미 발행된 기존의 주식을 외국인이 인수할 수 있도록 하고, 국민경제에 중대한 영향을 미치는 일정 규모 이상의 기업이 아닌 한 신고만 하면 되도록 하였다. 나아가 1998년 2월 24일 개정법률에서는 외국인이 취득하는 주식이 전체의 3분의 1 미만인 경우에는 이사회의 결의도 필요 없는 것으로 하여 기업의 인수 · 합병에 관한 외국인 투자절차를 대폭 간소화하였다.

4) 「외국인투자촉진법」

1997년 외환위기를 겪은 후 외국인 투자를 적극적으로 유치하기 위하여 1998년 9월 16일 「외국인투자촉진법」이 제정되었다. 이 법의 가장 큰 특징 중 하나는 광범위한 투자 인센티브의 제공이다. 이는 크게 조세 인센티브, 재정지원 인센티브, 외국인 투자지역에 대한 인센티브와 지방자치단체의 외국인 투자 유치활동에 대한 국가의 지원 강화 등의 내용으로 구성되어 있다.

먼저, 조세감면의 대상이 되는 외국인 투자와 관련하여 「외자도입법」 초기에는 외국인 투자 전반에 대해 조세감면 혜택을 부여하다가 점차 줄여 1994년 개정시에는 국내 산업의 국제경쟁력 강화에 긴요한 고도기술을 수반하는 외국인 투자로 한정하여 조세감면 혜택을 주었었다. 그러나 외국인 투자를 촉진하기 위하여 「외국인투자촉진법」은 조세감면 대상을 다시 확대하여 고도기술 수반사업, 국내 산업의 국제경쟁력 강화에 긴요한 산업지원사업과 외국인 투자지역에 입주하는 외국인 투자기업이 영위하는 사업으로 하였다. 조세감면의 기간도 지방자치단체의 조례까지 포함하여 15년까지 연장이 가능하도록 하였다.

재정지원에 있어서는 외국인 투자기업이 국 · 공유 재산을 수의계약을 통해 임대하거나 매각할 수 있도록 하고, 임대하는 경우에는 임대기간을 최대 50년까지로 하고 임대료도 감면받을 수 있도록 하였다. 대규모의 외국인 투자를 효과적으로 유치하기 위하여 시 · 도지사는 외국인투자위원회의 심의를 거쳐 외국인 투자지역을 지정할 수 있도록 하였다. 그리고 외국인 투자지역을 공장 등의 설립을 위한 부지로 조성할 필요가 있는 경우에는 지방산업단지로 개발할 수 있도록 하여, 그 개발비용, 기반시설의 설치비용 지원 등 각종 지원이 가능하도록 하였다. 또한 외국인 투자지역의 조성, 외국인 투자기업에 대한 임대료 감면이나 보조금을 지급하는 등 외국인 투자 유치활동을 적극적으로 시행하는 지방자치단체에 대해서는 그 비용을 국가에서 지원할 수 있도록 하였다.

한편, 대한무역투자진흥공사에 외국인투자지원센터를 설치하여 외국 투자가 및 외국인 투자기업의 투자상담과 투자사업에 필요한 민원업무의 대행 등 종합적인 지원업무를 수행하도록 하였다. 또한 외국인 투자와 관련된 민원사무를 신속하게 처리하기 위하여 민원사무를 민원의 성격 및 처리기관에 따라 몇 개의 민원군으로 분류하였다. 그 중 주된 인 · 허가가 있는 경우에는 관련되는 인 · 허가가 있는 것으로 보도록 하고, 민원사무처리기간이 경과할 때까지 인 · 허가처분 또는 그 거부처분이 없는 경우에는 해당 인 · 허가가 있는 것으로 보도록 하는 자동인 · 허가제도를 도입하여 투자절차가 신속하게 마무리되도록 하였다.

5) 전략적인 외국인 투자 유치

2000년대 들어서는 전략적인 외국인 투자 유치로 목표를 전환해 나갔다. 이에 따라 2000년 12월 29일 개정법률에서는 외국인이 출자할 수 있는 목적물의 범위를 확대하였다. 즉, 종전에는 기존의 현금, 자본재 또는 산업재산권으로 한정되어 있었으나 외국인이 소유하는 국내 부동산, 주식 및 지식재산권이 새로 추가되었다. 또한 2인 이상의 외국인 투자가가 각각 외국인 투자기업을 설립하여 공동으로 진출하는 경우에도 외국인 투자지역으로 지정할 수 있도록 하였다. 그리고 외국인 투자기업의 애로사항 처리 업무를 지원하기 위하여 외국인 투자업무에 관하여 학식과 경험이 풍부한 자 중에서 외국인 투자 옴부즈만을 위촉할 수 있도록 하였다.

2003년 12월 31일 개정법률에서는 심화되고 있는 국가 간 외국인 투자의 유치경쟁에 대응하여 우리나라가 동북아 투자거점으로 발돋움할 수 있도록 공장신설을 수반하는 외국인 투자로서 국민경제의 건전한 발전에 기여할 수 있는 자에게는 고도기술의 이전효과 및 고용창출효과 등을 고려하여 국가가 일정한 현금지원(2004년 12월 31일 개정을 통하여 현금지원은 지방자치단체까지 확대)을 할 수 있도록 하였다. 외국인을 위한 학교 및 의료기관 등 외국인 투자환경의 개선을 위한 시설운영자에게도 국유재산 수의계약에 의한 임대와 임대료 감면 등의 혜택을 받을 수 있도록 하였다.

2007년 4월 27일 개정법률에서는 교육 · 의료분야 등에서의 비영리법인 설립, 민간국제기구의 국내 유치 등의 수요가 예상됨에 따라 외국인 투자의 범위를 고도의 기술을 수반하고 기술이전효과가 큰 연구개발분야의 비영리법인에 대한 투자까지로 확대하고, 외국인 투자기업에 대한 현금지원 요건을 완화하였다. 또한 2009년 1월 30일 개정법률에서는 외국인 투자 옴부즈만의 권한을 강화하였다. 즉, 외국인 투자기업의 애로사항을 해소하기 위하여 필요한 경우

관계 행정기관의 장에게 자료를 요청할 수 있도록 하는 자료요청권을 부여하여 외국인 투자 옴부즈만이 외국인 투자기업의 애로사항을 실효성 있게 해결할 수 있도록 하였다. 이후에도 외국인 투자기업에게 수의계약으로 임대할 수 있는 토지의 범위 확대, 현금지원의 범위 확대, 외국인 투자지역의 지정범위 확대 등의 외국인 투자를 적극 유치할 수 있는 입법적인 보완이 이어졌다.

6) 외국인의 토지소유 제한 완화

외국인 또는 외국 기업에 대한 투자여건을 개선하기 위하여 그 업무에 필요한 국내 토지를 보다 쉽게 취득할 수 있도록 하는 것은 매우 중요한 일이다. 그러나 외국인의 국내 토지 취득에 대해서 우리나라는 매우 제한적인 입장을 취해 왔다. 1961년 9월 18일 제정된 「외국인토지법」에서는, 외국인 또는 외국 법인에 대하여는 상호주의를 취하여 해당 국가 토지의 취득에 제한이 동일 또는 유사한 금지를 하거나 조건 또는 제한을 가할 수 있도록 하였다. 또한 법인으로서 사원 · 주주 또는 임원의 반수 이상, 자본의 반액 이상 또는 의결권의 과반수가 외국인 또는 외국 법인에 속하는 것에 대하여는 이를 외국인 또는 외국 법인과 동일한 국가에 속하는 것으로 간주하도록 하였다. 국방, 산업 기타 공공의 목적에 필요한 지구는 외국인의 토지에 관한 권리의 취득을 금지하거나 조건 또는 제한을 가할 수 있도록 하였고, 토지에 관한 권리를 가진 자가 이 법에 의하여 그 권리를 향유할 수 없게 된 경우에는 1년 이내에 이를 양도하여야 하며, 양도하지 아니할 경우에는 본인 또는 이해관계인의 신청이나 법원의 직권에 의하여 경매하도록 하였다.

1994년 1월 7일 외국 기업의 투자여건을 개선하기 위하여 외국인이 업무에 필요한 토지를 보다 쉽게 취득하도록 하고, 외국인이 취득한 토지를 투기목적에 사용할 수 없게 사후관리를 강화할 목적으로 「외국인토지법」을 대체하는 「외국인의 토지 취득 및 관리에 관한 법률」을 제정하였다. 이 법에서는, 외국인 또는 외국 법인이 토지에 관한 권리를 취득하고자 하는 경우에는 건설부 장관의 허가를 받거나 신고하도록 하되, 외국인 투자가 허용되는 업종을 영위하는 외국 법인이 그 업무에 필요한 실수요 범위 내에서 토지에 관한 권리를 취득하는 경우에는 이를 허가하여 주도록 하였다. 다만, 외국인 등이 취득한 토지를 당초 목적대로 사용하지 아니할 때에는 건설부 장관은 취득목적대로 사용할 것을 권고하도록 하였다. 그러나 이러한 권고를 받고도 이에 응하지 아니하는 때에는 토지에 관한 권리의 처분을 명하거나, 국가 · 지방자치단체 또는 정부투자기관이 당해 토지에 관한 권리를 매수할 수 있도록 하여 외국인 소유 토지가 투기의 대상이 되지 않도록 사후관리를 강화하였다.

외국인의 토지소유 제한은 우리나라가 외환위기를 겪으면서 대폭으로 완화되었다. 즉, 외국인의 적극적인 국내 투자활동을 유도하여 외환위기 이후 외환부족사태를 극복함과 동시에 외국인의 자본력을 주택 및 건설시장에 유치하여 침체되어 있는 국내 주택산업과 건설산업을 활성화할 필요가 있었다. 이에 1998년 5월 25일 「외국인의 토지 취득 및 관리에 관한 법률」을 「외국인토지법」으로 전부개정하였다. 이 법에 따라 외국인이 토지를 취득하기 위하여 시 · 도지사의 허가를 받도록 하던 것을, 군사시설보호구역 · 문화재보호구역 · 생태계보전구역 등의 일부 지역에 한정하여 시장 · 군수 또는 구청장의 허가를 받도록 하고 그 외의 지역에서는 토지취득계약을 체결한 후 시장 · 군수 또는 구청장에게 신고하도록 완화하였다. 또한 외국인들은 종전에는 개인의 경우에는 국내 거주자에 한하여 660m^2 이하의 주거용지와 165m^2 이하의 상업용지를 취득할 수 있고, 법인은 공장부지 · 사무소용 토지 · 사택용 토지 등 업무용 토지에 한하여서만 취득할 수 있었으나, 토지 취득범위에 대한 제한을 폐지하여 국내 거주 여부, 용도 및 면적 등에 관계없이 자유롭게 토지를 취득할 수 있도록 하였다.

2008년 12월 26일 개정법률에서는 외국인의 토지 취득에 있어서 최혜국대우라는 세계무역기구의 협정원칙에 맞추기 위하여 헌법과 법률에 따라 체결된 조약의 이행을 위하여 필요한 경우에는 상호주의를 배제하도록 하였다. 또한 외국인의 토지취득 절차를 보다 간소화하기 위하여 부동산거래 신고를 외국인의 토지취득신고로 갈음하도록 하였다.

3. 국제개발협력

한국은 광복 이후 국제사회로부터 많은 원조를 받았으며, 미군정시기 및 6.25전쟁을 거쳐 1950년대 말까지 무상원조는 인플레이션 억제와 재정안정, 그리고 경제재건에 크게 기여 하였다. 1957년 미국의 대외원조 축소 방침에 따라 1957년을 정점으로 감소하기 시작한 무상원조는 1959년 말 이후 유상원조로 대체되기 시작하여 1960년 「외자도입촉진법」이 제정되면서 미국 이외의 선진국으로부터 적극적인 외자도입이 이루어졌고, 1962년 경제개발 5개년계획의 수립과 함께 차관 중심의 경제원조가 본격화되기 시작하였다. 이를 토대로 1970년대 중반에 이르러서는 신흥공업국으로 부상하였다. 1980년대 들어서 한국은 개발차관 중심의 원조를 공여받으면서도 한국의 경제규모 증가와 국제무대에서의 위상제고로 경제력에 상응하는 국제적인 책임수행이 요청되었다. 특히, 우리나라와 개발도상국 간의 수출규모가 1960년대에는 11%에 불과하던 것이 1985년에 이르러서는 30%로 크게 늘었고, 수입의 경우에도 9%에 불과하던 것이 36%로 급증하였다. 또한 원유, 철, 석탄 등 10대 원자재수입의 80%를 개발도상국에 의존할 정도로 부존자원이 부족한 우리나라로서는 개발도상국이 원자재 공급지역으로서도 중요성이 컸다. 더욱이 해외건설 진출지역도 대부분 중동이나 동남아 등이므로 개발도상국에 대한 국제협력사업을 추진하고 경제적인 협력을 강화하는 것은 우리의 국익을 위해서도 중요한 일이었다.

그리하여 1986년 12월 26일 「대외경제협력기금법」이 제정되었다. 이 법은 정부나 정부투자기관의 출연금, 장기차입금이나 채권발행을 통하여 대외경제협력기금을 조성하도록 하였다. 기금은 개발도상국의 산업발전에 이바지하는 동시에 대한민국과 이들 국가와의 경제교류를 증진하는 데 긴요하다고 인정되는 사업에 유상으로 대출되거나 출자되도록 하였다. 이 법에 따라 정부는 대외경제협력기금을 운용하게 된 한국수출입은행을 통하여 개발도상국에 대한 양허성 차관을 지원하고자 300억 원을 출연하여 대외경제협력기금을 조성하였고, 이는 우리나라 개발원조 유상협력의 본격적인 계기를 마련하였다.

무상원조와 관련하여 1990년까지는 연수생 초청, 전문가 파견, 무상원조, 무상기술개발, 직업훈련 지원, 의료단 및 태권도사범 파견, 한국청년해외봉사단 등 각종 협력사업이 외교부, 경제기획원, 과학기술처, 건설부, 문교부 등 여러 부처로 분산되어 있었다. 이 때문에 각 협력사업이 유기적으로 연계되지 못해 협력사업의 내실과 효과를 기대하기 어려운 문제가 있었다. 이에 1991년 1월 14일 「한국국제협력단법」을 제정하였다. 이 법은 개발도상 지역으로부터의 점증하는 협력요청에 능동적으로 대처하고 국제사회에서 우리나라의 국력에 상응하는 역할과 책임을 효율적으로 수행하기 위하여 각종 국제협력사업을 총괄적으로 전담 수행하는 정부출연기관인 한국국제협력단을 설립하도록 하였다. 한국국제협력단은 무상자금협력과 기술협력을 본격적으로 추진해 왔다. 그 동안 신흥원조공여국으로서 개발도상국의 개발과 복리증진에 기여하기 위하여 ODA를 지속적으로 증대시켜 온 결과, 1998년 1.8억 달러에 불과하던 원조규모는 2008년 약 8억 달러를 기록하였다.

한편, 공적 개발원조 업무가 합의된 기본이념이나 원칙 수립이 미흡한 상태에서 부처별로 분산 추진되어 추진기관 간 사업중복 등 비효율이 발생하고, 유 · 무상 원조 간의 연계가 저해되어 공적 개발원조의 효율성이 저해되는 문제가 있었다. 이러한 문제를 해소하기 위하여 ODA사업의 기본법인 「국제개발협력기본법」이 2010년 1월 25일 제정되었다. 이 법에서는 국제개발협력에 관한 정책이 종합적 · 체계적으로 추진될 수 있도록 주요 사항을 심의 · 조정하기 위하여 국무총리 소속으로 국제개발협력위원회를 두도록 하였다. 개발협력사업의 주관과 관련하여서는 양자 간 개발협력 중 유상협력은 기획재정부 장관이, 무상협력은 외교통상부 장관이 각각 주관하되, 다자 간 개발협력 중 「국제금융기구에의 가입조치에 관한 법률」에 규정된 국제기구와의 협력은 기획재정부 장관이, 그 밖의 기구와의 협력은 외교통상부 장관이 주관하도록 하였다.

제4절 에너지

1. 석탄산업의 부침

광복 이후 우리 경제는 에너지 공급처가 주로 북한쪽에 치우쳐 있어 남한의 에너지 공급은 장작이나 숯 등에 의존하는 비율이 80%에 이를 정도로 열악하였다. 정부는 민생과 경제활동의 원동력인 연료난을 타개하기 위하여 비교적 국내에 풍부하게 매장된 석탄의 증산에 심혈을 기울였다. 이러한 목적으로 1950년 5월 4일 「대한석탄공사법」을 제정하여 그 해 11월 공사를 설립하였다. 석탄의 생산증가와 분배업무를 목적으로 공사가 설립되었으나, 그 해 발생한 6.25전쟁의 발발로 계획은 무산되고 많은 탄광이 피해를 입었다.

1962년 시작된 제1차 경제개발 5개년계획에서의 석탄정책은 석탄의 증산을 통한 연료의 자급자족 달성으로서 산업용 수요를 충족하고 남은 석탄을 민수용으로 사용하여 장작, 숯 등을 대체함으로써 산림녹화를 달성한다는 것이었다. 여기에 석탄광산의 종합적인 개발을 위하여 1961년 12월 31일 「석탄개발임시조치법」이 제정되었다. 이 법에 따라 연간 30만 톤 이상의 석탄을 생산할 수 있는 지역 내의 광구의 집합체를 개발탄좌로 지정하고 해당 탄좌의 개발회사 설립을 의무화하며, 개발회사에 대해서는 5년간 법인세 등 세금을 면제하도록 하여 탄광개발을 적극 독려하였다. 그 결과 석탄 생산량은 비약적으로 늘어나 1953년 86만 7,000톤에 불과하던 것이 1963년 885만 8,000톤으로 거의 자급수준에 이르렀고, 1967년에는 1,200만 톤을 달성하게 되었다. 여기에 정부는 민영광산의 합리적이며 획기적인 개발을 촉진하기 위하여 1967년 3월 30일 「대한광업진흥공사법」을 제정하여 공사로 하여금 민영광산에 대한 기술지도와 조성업무를 담당하게 하였다.

그런데 1960년대 중반 수송 문제 등으로 연탄파동을 거치면서 정부의 정책은 주탄종유에서 주유종탄으로 변경되고 석탄에 대한 수요는 감소되었다. 이에 정부는 1969년 8월 4일 「석탄광업 육성에 관한 임시조치법」을 제정하여 벙커시유의 유류세 수입을 재원으로 하여 석탄산업 육성자금을 조성하였다. 이 자금은 석탄산업을 보호 · 육성하고 석탄수요의 확보와 유통의 원활화를 위하여 석탄의 수송비, 시설의 근대화 자금, 대량소비처에 대한 가격보조 등에 사용하도록 하였다. 이런 조치는 주유종탄정책으로의 변경에 따른 석탄산업의 합리화를 위한 최초의 정책이 되었다. 1970년대 1 · 2차 석유파동을 거치면서 석탄에 대한 관심이 증대되기도 하였으나, 국내 석탄산업은 제한된 부존량, 경제발전에 따른 인건비 상승, 그리고 국민생활 수준의 향상에 따른 수요의 감소로 결국 합리화 정리 과정에 들어가게 된다.

1969년 최초의 석탄산업 합리화 정책이 추진된 이래 1986년 1월 8일 제정된 「석탄산업법」에서도 석탄자원의 합리적인 개발과 수급안정을 위한 석탄산업 합리화 정책이 추진되었다. 즉, 국민의 소득 수준이 향상됨에 따라 석탄 및 연탄의 소비가 급격하게 감소되었고, 1989년부터 본격적으로 비경제탄광의 정비가 시작되면서 석탄산업에 의존도가 큰 탄광지역의 경제가 급격하게 위축되었다. 이에 따라 폐광지원 대상 광산의 기준을 설정하여 해당 광산이 광업권 등의 소멸등록을 마치면 광산의 퇴직근로자 및 광산사업자에게 폐광대책비를 지급하도록 함으로써 폐광을 정리하여 나갔다. 또한 이들 지역에 주민의 소득 증대와 생활환경개선사업, 관광단지 개발 등 대체산업의 육성에 관한 사업 등 탄광지역 진흥사업의 추진대상 지역을 선정하고 사업을 실시하도록 하였다.

예산확보와 관련하여 당초 재원으로는 벙커시유 수입에 대한 부가가치세액의 일정 비율에 해당하는 금액으로 한정하였다. 그러나 정부가 세출예산에 계상하여야 할 사업비의 규모가 지나치게 커서 실제 예산에 계상되는 사업비와 차이가 있고, 선탄산업의 안정을 위하여 향후 계속적인 사업비 지원이 필요하다는 판단 아래 2007년 4월 27일 개정법률에서 벙커시유와 관련된 세입에 관계없이 사업비를 매 회계연도 세출예산에 계상하도록 하였다.

한편, 「석탄산업법」 외에 폐광지역에 대한 특단의 지원대책을 마련함으로써 지역의 경제를 진흥시키고 폐광지역 주민의 생활을 향상하기 위하여 1995년 12월 29일「폐광지역 개발 지원에 관한 특별법」이 제정되었다. 이 법은 석탄산업의 폐광으로 위축된 지역경제의 진흥을 위하여 폐광지역진흥지구를 지정하고 그 개발 촉진을 위하여 특례를 인정하고, 특히 경제사정이 열악한 폐광지역 1개소에 예외적으로 내 · 외국인이 출입할 수 있는 카지노사업을 할 수 있도록 허용하였다. 이에 따라 2000년 10월 강원도 정선 지역에 카지노가 개장되어 운영 중에 있다.

2. 석유파동과 위기의 극복

제2차 경제개발 5개년계획이 중화학공업의 육성에 치중하게 되고, 1966년과 1967년 석탄파동을 거치면서 기존의 석탄으로는 에너지 수요를 충당하는 것이 불가능하다는 판단 아래 정부는 주탄종유에서 주유종탄으로 정책을 전환하였다. 그런데 1970년대 들어 세계석유시장은 제4차 중동전쟁을 계기로 석유수출국이 석유무기화를 내세워 산유량 감축과 원유가격 70% 인상 등의 조치를 감행함에 따라 제1차 석유파동으로 치달았다. 이어서 1978년 이란의 회교혁명을 계기로 제2차 석유파동이 발생함에 따라 정부는 다방면의 대응조치를 시행하였다.

우선, 석유중시 정책을 일시중단하기도 하고, 석유비축의 필요성에 따른 조치를 추진하였으며, 석유 외의 에너지로의 전환과 대내외 산유국이 되기 위한 유전개발에도 나섰다. 자원빈국으로서 에너지 확보라는 사명을 위하여 에너지 확보 전담 부처를 설치하기도 하였고, 석유수요를 합리적으로 조절하기 위해서 강도 높은 에너지 이용 합리화 정책을 펼치기도 하였다. 아래에서는 석유파동을 극복하기 위해서 정부가 취한 중요한 정책 중 입법 관련 정책을 살펴보기로 한다.

1) 에너지 이용의 합리화

1973년 배럴당 2.59달러에 불과하던 원유가격이 제1차 석유파동을 겪으면서 1974년 11.65달러로 4배 폭등하자 정부는 주유종탄정책을 전환하지 않을 수 없었다. 우선 에너지 소비대책을 실시하고, 석유의존도를 줄이며, 에너지를 합리적으로 이용하는 방안을 강구하였다. 그 대표적인 예로 1974년 1월 4일 「열관리법」이 제정되었다. 이 법은 대량의 열을 사용하는 공장 또는 사업장 중에서 그 사업주를 열관리대상자로 지정하여 필요한 경우 열 또는 연료를 사용하여 만든 제품의 단위당 열 또는 연료사용의 목표량을 설정하여 관리하게 할 수 있도록 하고, 열관리를 합리적으로 하기 위하여 열관리사를 의무적으로 두도록 하였다. 또한 연료를 사용하여 열을 발생시키는 내연기관 등을 제조하려면 공업진흥청장의 허가를 받고 일정한 시설 기준을 갖추도록 할 뿐만 아니라 내연기관 등에 대해서는 공업진흥청장의 형식승인을 받도록 하여 그 품질을 향상시켜 열의 유효한 사용이 되도록 하였다. 이 밖에도 차량의 경제속도 운행, 산업체들의 에너지절약운동 등의 소비절약 대책이 추진되었다.

제2차 석유파동시 1979년 17.96달러 하던 원유도입단가가 1981년 35.51달러로 치솟았다. 이에 정부는 기존의 「열관리법」을 폐지하고 1979년 12월 28일 강력한 수요관리정책을 담고 있는 「에너지이용합리화법」을 제정하였다. 먼저, 동력자원부 장관은 에너지 관리의 적정을 기하기 위하여 에너지이용합리화기본계획을 수립하고, 시 · 도지사는 기본계획에 따라 시 · 도별로 에너지 소비절감목표를 설정 · 실시하도록 하였다. 일정한 에너지 사용 기자재의 제조업자에 대하여 그 기자재에 에너지 소비효율을 표시하게 하고, 광고시에도 에너지 소비효율의 표시사항을 포함하도록 하였다. 동력자원부 장관은 에너지 수급상 부득이한 경우에는 사용 에너지의 전환 및 사용할 에너지의 지정 등의 제한조치를 할 수 있도록 하였다. 일정 규모 이상의 에너지를 사용하는 공장 등을 신설하거나 증설할 때에는 에너지 사용계획을 동력자원부 장관에게 신고하도록 하고, 에너지절약형 기자재의 제조 · 설치 · 시공 등의 사업을 하는 경우 금융 · 세제상 지원 또는 보조금 지급 그 밖의 행정지원 등을 할 수 있도록 하였다. 또한 에너지이용합리화사업을 재정적으로 지원하기 위하여 석유류의 특별소비세로부터의 징수금과 정부출연금을 주요 재원으로 하는 에너지이용합리화기금을 설치하도록 하고, 사업의 효율적인 추진을 위하여 에너지관리공단을 설립하도록 하였다.

이후에도 경제규모의 확대에 따른 에너지 소비가 급증하는 추세에 걸프전 같은 급변사태, 세계적인 지구환경 보호 문제와 국제 에너지 수급 상황, 지구온난화와 기후변화협약, 국제유가의 급등 등 상황에 능동적으로 대응하기 위한 에너지 절약과 수급조절 등에 관한 정책을 담아내며「에너지이용합리화법」은 개정에 개정을 거듭하고 있다.

2)「석유사업법」의 개정

1970년 1월 1일「석유사업법」이 제정될 당시에는 법의 목적이 석유정제사업 등의 사업활동을 조정하여 석유를 안정되고 저렴하게 공급할 수 있도록 하기 위하여 석유정제업은 허가제로 하되, 석유수입업과 석유제품 판매업을 신고제로 하였다. 다만, 국방상 또는 국민경제상 긴요한 필요가 있는 때의 사업조정에 관한 명령을 두고 있으나 그 구체적인 방법을 적시하지는 않았다.

그런데 중동전 이후 산유국들이 원유를 무기화하고 원유의 생산량을 축소하고 고가격으로 하여 원유를 정책수단으로 함에 따라 이에 능동적인 대처를 할 필요가 있어 1975년 7월 25일「석유사업법」을 개정하였다. 우선 석유판매업 신고제를 허가제로 전환하였다. 국제석유사정의 변동으로 국내 소요 석유의 확보가 곤란할 때 석유수급의 안정을 기하기 위하여 석유정제업자, 석유수입업자 또는 석유판매업자에게 석유배정, 시설의 가동, 유종별 생산 비율, 비축과 저유, 석유의 도입방법과 수출입 등에 관한 사항을 조정명령할 수 있도록 구체적으로 규정하였다. 특히, 석유의 비축을 위해서 당초 석유정제업자에게 임무를 부여하는 것으로 하였으나, 막대한 비용을 정부의 보조 없이 수행할 수 없다는 판단 아래 1978년 12월 5일 「한국석유개발공사법」을 제정하여 공사로 하여금 석유자원의 개발, 비축 및 유통구조의 개선에 관한 사업을 수행하도록 하였다. 이러한 석유의 비축 및 저장시설의 설치에 드는 비용은 1977년 개정된 「석유사업법」에 도입한 석유사업기금을 사용하도록 하였다.

비축과 관련하여 초기에는 동력자원부 장관의 조정명령에 따라 석유정체업자에게만 의무를 부여하였으나, 1991년 1월 14일 「석유사업법」의 개정을 통하여 정식으로 석유의 비축의무에 관한 규정을 신설하였다. 이에 따르면 석유정제업자 외에 일부의 석유수입업자 및 석유판매업자도 비축의무를 부여받게 되었다. 1995년 12월 29일 개정에서는 석유비축 의무자가 비축의무를 원활히 이행할 수 있도록 하기 위하여 석유비축 대행업자를 통해서도 가능하게 하여 비축의무자의 편의를 도모하였다.

3) 동력자원부의 신설

1977년 12월 16일 정부는 에너지 · 자원개발의 촉진과 안정적 확보 및 수급의 원활을 도모하고, 자원행정의 전문화와 효율적 집행을 위하여 상공부에 분산되어 있던 에너지 행정기능을 통합 · 보강하여 에너지 행정전담기구로서 동력자원부를 신설하는 내용의 「정부조직법」 개정을 단행하였다. 이에 따라 1978년 1월 출범한 동력자원부는 기획관리실과 기획국, 자원개발국, 전기국, 석유국, 석탄국 등 5개국 공보관 등 3관 광업등록사무소, 광산보안출장소 등 총 309명의 정원으로 업무를 개시하였다. 동력자원부는 기관 설치 직후 발생한 제2차 석유파동의 후폭풍을 잠재우고 국내 석유수급의 안정과 자원외교 활성화에 기여하다가 1993년 김영삼 정부의 간소하고 능률적인 정부구현이라는 개혁의지에 따라 산업자원부와 통폐합되게 된다.

4) 해외자원 개발사업의 추진

석유파동을 경험하면서 부존자원이 빈약한 우리나라는 자원확보의 중요성을 절감하면서 국내외 자원개발사업을 적극 추진하게 된다. 우선, 1974년 한일대륙붕 공동협정이 체결됨에 따라 석유개발이 본격적으로 추진되었다. 한편, 해외에서 산유국의 꿈을 실현한다는 목표 아래 해외유전 개발에도 적극 참여하였는데, 해외에서의 자원개발사업을 체계적으로 지원하기 위하여 1978년 12월 5일 「해외자원개발촉진법」이 제정되었다. 이 법은 해외자원의 개발은 대한민국 국민이 해외자원에 대한 개발권을 취득하고 이를 직접 개발하는 경우, 외국 정부 또는 외국인과 공동으로 개발하는 경우, 해외자원 개발에 기술용역을 제공하는 경우, 외국인에게 개발자금을 융자하는 경우 등에만 할 수 있도록 하였다. 해외개발사업자의 자격은 대한광업진흥공사 등 정부투자기관이거나 일정한 자본과 기술능력을 가진 법인으로 한정하고, 사업을 하려면 동력자원부 장관의 허가를 받도록 하였다. 정부는 해외자원의 개발을 촉진하기 위하여 해외자원의 개발조사비 등을 보조할 수 있고, 해외자원개발기금을 조성하여 해외자원 개발에 소용되는 자금을 융자하는 등에 사용하도록 하여 해외자원 개발사업이 원활히 추진될 수 있도록 하였다.

이 법은 1982년 12월 31일 제명을 「해외자원개발사업법」으로 바꾸고 전부개정되었다. 이후 정부의 지원대상이 되는 해외개발사업의 범위를 확대하고, 해외개발사업 허가제를 신고제로 전환하며, 해외자원개발기금을 폐지하는 대신 민간의 풍부한 유동자금을 활용하기 위하여 해외자원 개발 펀드를 도입하는 등 해외자원 개발사업을 용이하게 수행하기 위한 규제완화조치가 잇따랐다. 반면에 국내외 자원수급의 악화로 자원수급에 중대한 차질이 생길 경우 자원수급의 안정을 기하기 위하여 해외자원 개발사업자에 대하여 그가 개발한 해외자원에 대한 반입명령제도를 도입하여 국가비상상황에 대비할 수 있도록 하였다.

3. 에너지 수급의 안정화

1983년 이후 시작된 국제유가의 대폭적인 하락에 힘입어 국내 에너지정책은 수급의 안정화에 중점을 두었다. 국제유가가 하락하자 동력자원부는 국내유가를 인하하되, 하락한 금액 중 일부를 석유사업기금으로 별도 징수하여 석유비축, 에너지산업 개편, 에너지 절약시설 투자 등에 지원하고, 국제유가 인상시 국내 유가를 안정시키기 위한 유가안정자금으로 관리하였다. 석유사업기금은 1977년 12월 31일 석유사업법의 개정으로 도입된 것으로서, 석유수입 또는 석유제품 판매시에 석유수입업자 또는 석유정제업자로부터 징수하는 수입금과 국제원유가의 현저한 차이로 인하여 국내 석유정제업자가 취득한 차등이윤 중에서 징수하는 수입금을 주요 재원으로 구성하도록 하였다. 후자의 유가차등이윤 징수금은 당초 석유정제업자에게만 징수하였으나, 1991년에 가서는 석유수입업자(1998년 개정으로 석유수출업자를 포함)의 경우에도 국제유가의 변동으로 현저한 차등이윤을 얻을 수 있기 때문에 석유수입업자를 포함하도록 개정하였다. 석유사업기금은 1994년 정부의 신경제 5개년계획의 일환으로 유사 특별회계기금의 통폐합정책에 따라 에너지 및 자원사업특별회계로 통폐합되고 각 업자에게 부과하는 수입금도 1994년 3월 24일 「석유사업법」의 개정으로 석유의 수입 · 판매부과금으로 명명되었다.

한편, 발전소의 폐열을 이용하기 위하여 도입된 지역난방이 에너지 이용효율화에 유용한 것으로 인식됨에 따라 집단에너지사업을 확대하는 방안을 검토하게 되었다. 당초 집단에너지사업은 1979년 「에너지이용합리화법」 제정당시에 최초 도입되었으나, 에너지 절약과 국민생활의 편익 증진에 이바지하는 집단에너지 공급을 확대하기 위한 제도적 기반을 마련하고, 집단에너지사업을 합리적으로 운영하기 위하여 1991년 12월 14일 「집단에너지사업법」으로 분리 제정되었다. 동법에서는, 동력자원부 장관은 집단에너지공급기본계획을 수립하여 공고하고, 주택건설 · 택지개발 및 공업단지개발 등 개발사업에 관한 계획을 수립하는 관계기관의 장은 집단에너지의 공급 타당성에 관하여 미리 동력자원부 장관과 협의하도록 하여, 그 결과에 따라 동력자원부 장관은 집단에너지 공급대상 지역을 지정하도록 하였다. 국가 · 지방자치단체는 집단에너지의 공급을 확대하기 위하여 집단에너지사업의 시행에 필요한 자금 · 부지 확보 등의 지원을 할 수 있도록 하였고, 주거 및 상업지역 등에 대한 집단에너지의 공급을 효율적으로 수행하기 위하여 한국난방공사를 설치하도록 하였다.

4. 에너지산업의 경쟁체제 도입

1990년대 세계적인 개방화 · 국제화의 추세 속에서 에너지산업도 예외일 수 없고, 이에 에너지분야에서 가장 큰 화두로 등장한 것이 에너지산업의 자율화를 위한 구조개편이었다. 정부는 1980년대 후반부터 경제운용기조를 민간주도로 전환하기 위하여 규제완화를 추진하였고, 1995년 12월 29일 개정된 「석유사업법」은 이러한 추세를 반영하여 석유산업의 경쟁을 촉진하고 대외경쟁력을 확보하기 위하여 석유산업의 자율화를 위한 제도적 장치를 마련하였다. 석유정제업의 신규 진입을 자유롭게 하기 위하여 석유정제업의 허가제를 등록제로 변경하면서 외국인의 직접투자를 제한하던 규정을 삭제하였고, 정제시설의 신 · 증설 역시 허가제에서 신고제로 전환하였다. 석유를 수출입하고자 하는 자에 대하여 매년 그 수입계획을 신고하도록 하던 것을 석유수출입업 등록제로 변경하고, 석유판매업의 경쟁촉진을 위하여 석유판매업의 허가제를 등록제로 변경하였다. 다만, 석유정제업의 등록제 전환시점을 1999년 1월 1일로 하여 국내 정유업계의 충격을 완화할 상당한 완충기간을 두도록 하였다. 그러나 외환위기 등 국내 경제상황이 달라짐에 따라 석유정제업에 대한 대외개방을 앞당겨 외자유치와 석유산업의 구조조정을 촉진시킬 필요성이 제기되었다. 이에 1998년 9월 23일 석유정제업 허가제의 등록제로의 전환시점을 1999년 1월 1일에서 1998년 10월 1일로 변경하는 개정을 단행하였다.

전력산업의 구조개편도 추진되었다. 1999년 1월 정부는 전력산업 구조개편과 관련 단계적 방안을 제시하였는데, 단기적으로는 발전부문을 수개의 발전회사로 분할하여 경쟁을 도입하고, 분할된 발전회사의 단계적 민영화로 효율성 증진을 통한 발전비용의 절감을 도모하며, 장기적으로는 배전부문도 수개의 배전회사로 나누어 전력 도 · 소매부문의 본격적인 경쟁을 도입하고, 송전망을 개방하여 발전사업자도 송전망을 자유로이 이용하도록 보장하여 공정한 경쟁여건을 조성한다는 것이다. 이러한 방침에 따라 전력산업구조 개편안이 국회에 제출되었으나, 부분적인 성과를 거두는 데 그친다. 즉, 한국전력공사가 독점하고 있는 전력산업에 경쟁체제를 도입하기 위하여 한국전력공사의 발전사업 등을 수개의 회사로 분할하여 단계적으로 민영화하는 전력산업의 구조개편을 지원 · 촉진하기 위하여 2000년 12월 23일 「전력산업구조 개편 촉진에 관한 법률」이 제정되었다. 이 법은 한국전력공사의 분할의 편의를 위하여 상법상의 분할 절차에 관한 특례를 인정하여 분할 절차를 간소화하고, 전기사업을 인수한 분할된 회사에 대해서 한국전력공사가 가지고 있던 인 · 허가를 의제하도록 하며, 신설회사에 대해서 국민주택채권 등 매입의무를 면제하도록 하였다. 이에 따라 한국전력공사는 발전부문이 6개의 자회사로 분할되었다.

2000년 12월 23일에는 「전기사업법」이 전부개정되었다. 동법에서는 한국전력공사가 독점하고 있는 전력산업에 경쟁체제를 도입하기 위하여 전기사업을 발전사업, 송전사업, 배전사업 및 전기판매사업으로 세분화하고, 전기사업자 등을 회원으로 하는 한국전력거래소를 설립하며, 전력은 한국전력거래소가 개설하는 전력시장에서 경쟁을 통하여 거래되도록 하였다. 또한 전기사업의 공정한 경쟁환경 조성 및 전기사용자의 권익보호에 관한 사항의 심의와 전기사업과 관련된 분쟁의 재정을 위하여 산업자원부에 전기위원회를 두고, 전기사업과 관련된 산업자원부 장관의 각종 인 · 허가권와 감독권 행사에 앞서 심의권을 행사하도록 하였다.

그러나 진정한 경쟁체제를 구축하기 위하여 추진된 발전자회사의 매각이 무산되고, 전력노조의 반대로 배전부문의 분할논의가 중단되면서 전력산업의 구조개편 논의는 진전되지 않았다. 이명박 정부에서는 공기업 선진화 추진방향에 따라 국민생활에 필수적인 전기, 가스, 수도 등은 민영화 대상에서 제외되었고, 이에 따라 발전자회사는 경영효율화를 유도하는 방향으로 추진될 전망이다.

5. 기후변화에의 대응

기후변화 문제는 21세기 전 지구촌이 해결해야 할 중요한 문제이며, 그 문제의 핵심은 온실가스의 배출량을 줄이는 데 있다. 이는 곧 화석연료의 사용을 줄이는 문제에 직면하게 되고, 화석연료를 대체할 새로운 에너지원을 찾아 보급시키는 노력으로 연결된다. 이에 따라 정부는 에너지 절약과 에너지 이용 효율의 극대화 등 에너지 이용 합리화 정책을 추진하면서, 한편으로는 기존의 화석에너지를 대체할 새로운 에너지를 개발하고 보급하는 정책을 더욱 강화하게 된다.

대체에너지에 대한 본격적인 정책은 1987년 12월 4일 「대체에너지개발촉진법」이 제정되면서부터이다. 이 법은 대체에너지의 범위를 태양에너지, 바이오에너지, 풍력, 소수력, 연료전지, 해양에너지, 폐기물에너지로 규정하고, 대체에너지의 기술개발을 종합적으로 추진하기 위하여 연도별로 사업비를 예산에 계상하도록 하였다. 1997년에는 대체에너지의 기술개발 결과, 태양에너지 등 일부 대체에너지가 상업화됨에 따라 우선 국가, 지방자치단체, 정부투자기관 등은 대체에너지의 이용을 권고하도록 하여 대체에너지의 기본적인 수요를 창출하도록 하였다. 이어 2002년에는 아예 국가 등의 신축건물에 대체에너지 이용을 의무화하였다. 이 밖에도 2002년에는 대체에너지 설비의 인증제를 도입하여 대체에너지 설비의 품질을 국제 기준에 맞게 향상시킬 수 있도록 하였다. 그리고 대체에너지 발전비용이 아직은 고비용임을 감안하여 대체에너지 발전으로 공급한 전기의 전력거래가격이 일정 기준에 미달한 경우에는 그 차액을 지원하도록 함으로써 고비용구조에도 불구하고 대체에너지 발전이 계속되도록 유도하였다.

2004년 12월 31일 다양한 에너지원의 개발 및 환경친화적인 에너지 구조로의 전환 추진이라는 법의 취지에 맞게 법의 제명이 「신에너지 및 재생에너지 개발 · 이용 · 보급 촉진법」으로 바뀌었다. 개정법에서는 특히 막대한 자금이 투입되어 개발된 신 · 재생 에너지기술의 사업화를 위해서 산업자원부 장관이 자금융자, 산업재산권의 무상양여, 교육 · 홍보 등의 지원을 할 수 있도록 하여 신 · 재생 에너지가 조기에 상용화되고 국산화될 수 있도록 하였다. 또한 신 · 재생 에너지 설비의 설치사업을 전문으로 하는 기업의 등록제를 도입하여 수요자의 신뢰를 얻을 수 있는 일정 수준 이상의 신 · 재생 에너지 설비의 설치 전문기업이 육성될 수 있도록 기반을 조성하였다.

한편, 이명박 정부는 2008년 8.15 경축사를 통하여 대통령이 국가비전으로 제시한 '저탄소 녹색성장'에 부응하기 위한 기후변화 대응 종합기본계획을 발표함으로써 기후변화에 수동적으로 대응할 것이 아니라 미래의 성장동력으로서 기회창출적인 방향으로 적극 활용한다는 방침을 정하였다. 이에 따라 「저탄소녹색성장 기본법」을 제정하여 시행 중에 있으며, 2011년 현재 탄소배출권 거래제도에 관한 정부의 방침을 확정하고 관련 법안인 「온실가스배출권의 할당 및 거래에 관한 법률안」을 국회에 제출하고 심의를 기다리고 있는 상황이다.

제5절 정보통신

1. 통신관리체제의 개편

정부는 특정산업 중점육성정책의 일환으로 1969년 「전자공업진흥법」을 제정하고 전자산업을 국가 중추산업으로 육성함에 따라 국내 전자산업은 비약적인 성장을 하였고, 이는 국내 정보통신산업 발전의 근간이 되었다. 그러나 1970년대까지 국가가 통신사업을 직접 경영하고 통신기기를 독점적으로 공급하는 체제는 자연독점의 성격을 지닌 통신산업에서 규모의 경제효과를 거두는 데는 성공하였으나, 비효율적인 경영체제와 적절한 재투자의 부족 문제 등을 유발하여 산업화에 의한 수요의 급증에 제대로 대처하지 못하는 결과를 낳았다. 뿐만 아니라 신기술 및 기기의 도입이 지연되고, 고급인력이 제대로 확보되지 못해 이후 도래할 디지털 정보통신시대를 대비하는 데 미흡할 수밖에 없었다.

1980년대 들어 매년 100만 회선 증설 등 통신시설의 대량공급과 신기술 도입에 따른 막대한 재원과 인력의 확보 등을 위해서는 관청조직으로 구성되어 있는 통신공급체계로는 한계가 있었다. 이에 정부는 공중전기통신사업의 합리적이고 책임 있는 경영체제를 확립하기 위하여 1981년 3월 14일 「한국전기통신공사법」을 제정하고, 이듬해인 1982년 1월 1일 정부가 자본금 2조 5,000억원 전액을 출자하여 한국전기통신공사를 발족시켰다. 대신에 체신부에 통신정책국을 신설하여 전기통신정책을 국가이익과 국민편익 증진의 방향에서 설정 · 추진하고 통신업체, 생산업체 등을 지원 · 육성하는 역할을 담당하도록 하였다.

한국전기통신공사가 발족함에 따라 통신역무를 관장하는 법체계가 기존의 「전기통신법」 단일체제에서 전기통신의 발전과 여건의 변화에 부응하여 전기통신의 효율적인 관리와 발전을 촉진하기 위하여 전기통신의 기본적인 관리에 관한 사항을 정하는 「전기통신기본법」과 서비스 이용관계에 관한 사항을 정하는 「공중전기통신사업법」으로 분리되었다. 각 법률은 1983년 12월 30일 제정되었다. 「전기통신기본법」은, 먼저 전기통신의 원활한 발전과 정보화 사회의 촉진을 위하여 전기통신기본계획을 수립하도록 하여 정부 차원의 뚜렷한 정책을 제시하고, 이를 계획적으로 추진하도록 하였다. 공중전기통신사업은 한국전기통신공사가 독점적으로 수행하되, 일부 역무에 대해서는 공사 아닌 자도 경영할 수 있게 하였다. 체신부 장관에게 전기통신기술의 연구 · 발전을 위한 기술진흥계획을 수립하여 시행하도록 하고, 통신기자재의 품질 향상을 위하여 반드시 형식승인을 얻도록 하였다. 그 동안 체신부에서 독점해 오던 전기통신사업이 정책수립, 사업운영과 연구개발 등으로 각기 전담조직을 중심으로 분리되는 것으로 통신관리체계가 개편된 것이다.

2. 전산망의 보급 확장

1980년대 세계경제의 흐름은 물질 중심 구조에서 정보를 기반으로 하는 구조로 이행되고, 정보재나 정보 서비스의 정보자원을 생산 · 공급하는 산업, 즉 정보의 산업화 현상이 두드러져 갔다. 이에 우리나라도 정보화 사회의 기반을 조성하기 위하여 각 부처에 분산되어 있는 전산망에 관한 기능을 통합하여 전산망의 보급과 이용에 관한 종합적이고 체계적인 법제도를 마련할 필요성이 제기되었다. 이에 1986년 5월 12일 「전산망 보급 확장과 이용 촉진에 관한 법률」이 제정되었다.

이 법에서는, 체신부 장관이 전산망의 개발보급과 이용 등을 촉진하고 정보화 사회의 기반을 조성하기 위한 기본계획을 수립하고, 연도별로 시행계획을 수립 · 공고하도록 하였다. 또한 전산망의 개발보급과 이용 촉진에 관한 업무를 조정하기 위해서 대통령 소속하에 전산망조정위원회를 두도록 하였다. 정부는 전산망에 관련된 이용기술의 개발과 표준화 및 기술지원 등을 위하여 한국전산원을 법인으로 설립하며, 정부 · 정부투자기관 등은 한국전산원의 설립 · 시설 · 운영에 필요한 비용을 출연하거나 국유재산을 무상양여 또는 대부할 수 있도록 하였다. 전산망 관련 기기 및 기술에 관한 형식승인을 제도화하여 기기 및 기술의 호환성과 연동성을 확보할 수 있도록 하였으며, 정부는 전산망의 이용 확대와 관련 분야의 육성기반 조성을 위하여 국가기관, 공공단체의 국가기간전산망의 구축 등 전산화 촉진을 위한 대책을 강구 시행하도록 하였다. 국가기간전산망사업의 구축사업은 전산망사업자를 지정하여 미리 사업을 추진하게 하거나 관련 기기를 일괄하여 공급하게 하는 방식으로 추진되었고, 추진과 기기의 공급에 소요된 자금은 정부가 예산에 계상하여 일정 기간 내에 사업자에게 상환하도록 하였다. 이에 따라 국가기간전산망은 같은 법 시행령 제20조에 따라 행정전산망, 금융전산망, 교육 · 연구전산망, 국방전산망, 공안전산망 등으로 나누어 추진되었고, 그 중 1987년부터 1991년까지 총 1,479억 원의 예산이 투입된 행정전산망사업은 국가기간전산망 구축의 핵심사업이 되었다.

3. 정보통신부의 탄생

1994년 12월 23일 개정된 「정부조직법」에 따라 미래 국가발전의 핵심전략산업인 정보통신사업 추진체계를 보강하기 위하여 체신부가 정보통신부로 확대 개편되었다. 당시 정보통신부문은 상공자원부에서 기기를, 과학기술처에서 소프트웨어를, 체신부에서 통신망을 관장하면서 정보통신 관련 업무를 서로 중복해서 수행하였기 때문에 부처 간 소모적이고 중복적인 정책추진 사례가 많았다. 정보통신부는 1995년 8월 4일 제정된 「정보화촉진기본법」에 근거하여 설치된 정보화촉진기금의 운용을 주도하면서 국가사회의 정보화와 정보통신산업의 현황에 대한 정확한 분석을 토대로 기존에 산재해 있던 정보통신산업을 종합적으로 육성시켜 국내외 환경의 변화에 능동적으로 대처하는 데 중심적인 역할을 수행하였다.

정보화촉진기금은 정부의 출연금, 기간통신사업자와 정부 외의 자의 출연금, 한국전기통신공사의 적립금 등을 재원으로 설치되었는데, 초고속정보통신 기반의 구축 및 이용 활성화 사업, 공공 · 산업 등 각 분야의 정보화 촉진사업, 정보통신에 관한 연구개발사업, 정보통신 관련 표준의 개발 · 제정 및 보급사업, 정보통신기술 인력의 양성사업 등 정보통신산업의 기반을 조성하는 데 사용하도록 되어 있다. 이러한 기금의 존재는 경직적인 예산의 제약에서 벗어나 별도의 사업기간 설정 및 소요재원의 신축적인 조정이 가능해 기술 · 환경의 변화가 정보화 사업에 신속하게 반영될 수 있도록 하여, 우리나라가 세계 최고 수준의 정보통신 인프라를 구축하여 세계 IT시장을 선도할 수 있는 주도권을 확보하는 데 밑거름이 되었다. 정보화촉진기금은 2004년 12월 30일 개정에서 명칭이 정보통신기금으로 변경되었고, 그 용도도 이후로는 정보화 촉진 지원사업을 기금의 용도에서 제외하도록 하여 기금사용이 정보통신 관련 연구개발사업에 한정되도록 하였다.

2008년 이명박 정부의 출범과 더불어 정보통신부는 우리 경제에 새로운 활력을 창출하기 위하여 해체되고 정보통신부의 기능은 방송통신위원회, 행정안전부, 지식경제부, 문화체육관광부 등으로 재편되었다.

4. 정보통신 서비스의 경쟁체제 구축

우리나라 정보통신 발전의 역사상 1980년대를 정보통신에 대한 기본수요를 충족시키기 위한 기간으로 규정할 때, 1990년대는 정보통신시장의 구조변화 모색과 경쟁체제의 구축기라고 할 수 있다. 정보통신산업의 경쟁체제 구축은 정보통신의 하부구조를 규율하는 「전기통신기본법」과 서비스 이용관계를 규율하는 「전기통신사업법」(「공중전기통신사업법」이 1991년 개정시 제명을 바꿈)의 개정을 통하여 이루어졌다.

먼저, 1991년 이전까지는 전기통신역무는 원칙적으로 한국전기통신공사만이 사업자로서 제공할 수 있었으나, 1991년 8월 10일 「전기통신기본법」의 개정을 통하여 한국전기통신공사가 기간통신사업자의 하나로 지위가 변모되면서 경쟁체제 구축의 신호탄이 되었다. 전기통신사업자 간의 경쟁을 전제로 하여 기간통신사업자 간에 전기통신설비의 제공에 관한 협정이 체결되지 않은 경우에는 체신부 장관이 공공의 이익을 위하여 그 협정의 체결을 명할 수 있도록 하였다. 그리고 전기통신사업자 간의 적정한 경쟁의 확보 및 전기통신역무

이용자의 권익보호와 중요 통신정책의 수립 등을 심의 · 의결하기 위하여 체신부에 통신위원회를 두도록 하였다.

한편, 기간통신사업자에게는 전기통신을 연구하는 기관 및 단체에 재정적 지원을 하게 하거나 매출액의 일정 비율을 전기통신의 연구 및 개발 등에 투자하거나 출연하도록 하였다. 그러나 이 규정은 정부가 기간통신사업자로 하여금 대학 등 연구기관에 재정적 지원을 하도록 권유하는 수단으로 이용되어 사업자의 경영자율을 저해하는 요인으로 작용되었다. 그리하여 통신시장의 경쟁체제 구축에 따라 재정적 지원 여부는 사업자의 자율적 결정에 맡기는 것이 규제개혁 차원에서 바람직하다는 판단 아래 2000년 1월 28일 법개정시에 폐지되었다.

정보통신 서비스 이용에서의 경쟁체제 구축을 위하여 전기통신사업의 구분, 사업에의 진입조건, 서비스 영역의 신설, 한국전기통신공사의 민영화 등의 다양한 수단이 단계적으로 동원되었다. 이를 「전기통신사업법」의 개정순서에 따라 구분하여 살펴보기로 한다.

1991년 8월 10일 기존의 「공중전기통신사업법」이 전부개정되어 「전기통신사업법」으로 제명을 바꾸었다. 우선, 전기통신사업은 전기통신회선 설비를 설치하고 전기통신역무를 제공하는 기간통신사업과 기간통신사업자로부터 전기통신회선 설비를 임차하여 전기통신역무를 제공하는 부가통신사업으로 구분되었다. 또 기간통신사업은 제공하는 전기통신역무가 기술적 · 지역적으로 제한된 것인지의 여부에 따라 일반통신사업 및 특정통신사업으로 세분하도록 하였다. 기간통신사업을 할 수 있는 자는 자격제한이 있었는데, 그 중 일반통신사업은 체신부 장관의 지정을 받은 법인이어야 하고, 국가 또는 지방자치단체 외의 주주는 주식의 소유제한이 있으며(100분의 10), 외국인의 사업참여를 금지하고, 전기통신설비 제조업자의 참여를 주식의 소유 한도를 부여(주식의 100분의 3)함으로써 제한하였다. 특정통신사업은 체신부 장관의 허가를 받은 법인이어야 하고, 주주 1인의 주식소유 한도(3분의 1)를 두었으며, 외국인의 참여는 허용하되, 주식의 소유 한도(3분의 1)를 두어 제한하였으며, 국가 · 지방자치단체 · 정부투자기관 또는 전기통신설비 제조업자에게 주식의 소유 한도 (100분의 10)를 두었다. 한편, 부가통신사업은 체신부 장관에게 등록한 자가 경영할 수 있도록 하였다.

1995년 1월 5일 개정법률에서는 기간통신사업자의 구분을 폐지하고 기간통신사업자의 지분소유 한도를 종전의 특정통신사업자의 수준으로 완화하였다. 다만, 전화사업만은 공공성을 참작하여 종전의 일반통신사업자 수준의 제한을 두도록 하여 통신사업자가 사업의 다각화를 통하여 경쟁력을 강화할 수 있도록 유도하였다. 또한 부가통신의 활성화를 위하여 등록제를 신고제로 전환하였다. 그리고 이전까지는 기간통신사업자의 이용약관이 체신부 장관의 인가대상이었으나, 서비스의 시장점유율이 20% 미만 등 일정 요건에 해당되는 경우에는 신고로 완화하고, 부가통신사업자의 경우에는 약관신고제를 아예 폐지하는 등 전기통신사업자의 이용약관에 대한 규제를 완화하였다.

1997년 8월 28일 개정법률에서는 WTO 기본통신협상 결과를 반영하여 기간통신사업에 대한 외국인의 주식소유 한도를 2000년 12월 31일까지는 총발행주식의 100분의 33(한국전기통신공사의 경우에는 100분의 20)으로, 2001년 1월 1일부터는 총발행주식의 100분의 49(한국전기통신공사의 경우에는 100분의 33)로 정함으로써 국내외 통신사업자 간의 활발한 경쟁을 유도하였다. 또한 종전에는 전기통신회선 설비를 설치하지 아니하고 전화역무를 제공하는 사업 등 새로운 방식에 의한 통신사업과 대형건물 등에 대한 구내통신사업은 할 수 없도록 규제하고 있었다. 그러나 새로운 방식에 의한 통신역무를 이용하는 국민의 편익 증대와 대형건물 등의 구내통신망 고도화 및 관련 기술 발전과 산업을 육성하기 위하여 별정통신사업을 신설하고, 이 사업을 경영하고자 하는 자는 일정 요건을 갖추어 등록만 하면 사업을 수행할 수 있도록 하여 통신역무 서비스의 범위를 넓혔다.

이처럼 여러 차례의 법개정을 통하여 1995년 제시한 통신시장의 경쟁체제 구축을 제도화하고, 1997년 시내전화, 시외전화, 전용회선 임대, 주파수공용통신, 무선호출분야에서 신규 사업자를 허가하였다. 이로써 정보통신시장은 국민에게 양질의 경제적인 통신 서비스를 제공할 수 있는 기반을 마련하고 WTO 체제 아래 시장개방에 적극적으로 대비할 수 있는 체제를 구축하였다.

그런데 1997년 말 외환위기를 겪으면서 정보통신분야는 외자유치와 민간의 자율적인 구조조정의 촉진을 위하여 기간통신사업의 동일인 지분 한도를 폐지하고, 기간통신사업자 간에 주식소유를 허용하고 기간통신사업자가 아닌 경우에도 기간통신사업을 양수할 수 있도록 하는 등 전기통신사업의 경쟁력 제고와 책임경영체제 구축이 가능하도록 하였다(1998년 9월 17일 개정). 나아가 기간통신사업에 대한 외국인의 지분한도를 49%로 조기 확대함으로써 적극적인 투자유치와 선진 통신기업의 경영기법 도입을 촉진하였다(1999년 5월 24일 개정). 또한 한국전기통신공사의 효율적인 민영화 추진을 위하여 공사에 대한 외국인의 지분 한도를 종전의 33%에서 49%로 확대(2001년 1월 8일 개정)하였다.

5. 「정보화촉진기본법」의 제정과 초고속정보통신망의 구축

1990년대 세계 각국은 21세기의 고도정보화 사회에서 국가경쟁력을 확보하기 위하여 정보통신 하부구조의 고도화와 정보통신산업의 전략적인 육성계획을 국가 주도하에 강력히 추진하고 있었다. 우리나라도 국가기간전산망사업과 초고속정보통신망 구축사업을 의욕적으로 추진하였으나, 단위부처별, 단위업무별로 정보화를 추진함으로써 추진방향의 혼선과 중복투자는 물론, 정작 필요한 분야의 정보화가 부진한 현상이 야기되었다. 또한 정보통신산업 부문에서도 전화 서비스, 통신기기 및 메모리 반도체 등 일부 분야에서는 선진국 수준에 도달하였으나, 컴퓨터, 방송장비 등 정보기기와 데이터베이스, 소프트웨어 등 정보처리산업 분야 등에서는 선진국에 비하여 낙후된 실정이었다. 이에 정보화와 관련된 정책 및 기능의 추진체계를 체계화하여 국가사회 전반의 정보화를 촉진하고, 정보통신산업을 전략적으로 육성할 수 있는 기반을 조성하며, 1994년부터 범국가적으로 추진하고 있는 초고속정보통신사업을 일관성 있고 효율적으로 추진하기 위하여 1995년 8월 4일 「정보화촉진기본법」을 제정하였다.

이 법은 우선 정보통신시책의 6대 원칙을 천명하였다. 민간투자의 확대와 공정경쟁의 촉진, 환경변화에 능동적으로 대응하는 제도의 수립 · 시행, 정보통신 기반에 대한 자유로운 접근과 활용, 지역적 · 경제적 차별이 없는 균등한 조건의 보편적 역무제공, 개인의 사생활 및 지식소유권의 보호와 각종 정보자료의 안전성 유지 및 국제협력의 촉진이 그것이다. 이러한 원칙에 입각하여 정부로 하여금 정보화촉진기본계획을 수립하게 하고, 관계 중앙행정기관은 연도별 시행계획을 수립하도록 하였다. 또한 관계 중앙행정기관 간에 정보화 촉진정책 추진시 조정이 필요한 사항에 대해서는 정보통신부 장관과 협의한 후 정보화추진위원회의 조정을 거치도록 하였다. 또한 1994년부터 범정부적으로 추진하고 있는 초고속정보통신 기반 구축사업의 원활한 추진을 위해서 홍보, 국제협력, 기술개발 등 그 업무를 전담할 전담기관을 분야별로 지정하고, 정보통신부 장관은 초고속정보통신 기반 구축 및 이용 촉진과 관련된 업무를 수행하는 전담기관에 정보화촉진기금을 출연하거나 융자할 수 있도록 하였다.

초고속정보통신망을 구축한 지 10년이 되는 2004년, 속도면에서 괄목할 성과를 이루었으나 통신 · 방송 · 인터넷이 융합되는 미래의 정보통신환경에 대응하기에는 아직 한계가 있었다. 따라서 통신 · 방송 · 인터넷이 융합된 고품질의 서비스를 고속 · 대용량으로 이용할 수 있는 광대역통합정보통신망을 구축할 필요성이 증대되었다. 이에 2004년 12월 30일 개정법률에서 광대역통합정보통신 기반의 구축을 촉진하기 위해 전담기관을 지정하고 국가재정으로 광대역통합연구개발망을 구축 · 운영하도록 하였다.

6. 정보통신산업 활용기반의 취약성 극복 노력

정부가 최우선적으로 추진한 초고속정보통신망의 구축으로 일반생활에서의 정보에의 접근 및 활용이 용이해졌으나, 경제력의 차이에 따라 정보의 이용의 차이가 발생하는 문제가 나타났다. 이에 2001년 1월 16일 저소득자 · 장애인 · 노령자 등 경제적 · 신체적 또는 사회적 여건으로 인하여 정보이용에 있어 취약한 지위에 있는 자들에게 정보를 이용할 수 있는 기회를 제공하고 정보이용의 환경을 조성함으로써 삶의 질을 향상할 수 있도록 하기 위하여 「정보격차 해소에 관한 법률」이 제정되었다. 이 법에 따라 정부는 5년마다 정보격차 해소를 위한 종합계획을 수립하도록 하였다. 그 구체적인 실행방안으로 국가 또는 지방자치단체는 장애인, 국민기초생활보장법상의 수급권자 등에게 유상 또는 무상으로 정보통신기기를 지원하도록 하고, 정부는 정보격차 해소를 위한 정보화 교육을 실시하며, 정보이용의 편익 증진을 위하여 필요하면 지방자치단체의 시설 등을 정보이용시설로 지정하여 관련 설비 등을 이용할 수 있도록 하였다.

한편, 정보화의 진전에 따라 주요 사회기반시설의 정보통신 시스템에 대한 의존도가 심화되면서 해킹 · 컴퓨터 바이러스 등을 이용한 전자적 침해행위가 21세기 지식기반국가의 건설을 저해하고 국가안보를 위협하는 새로운 요소로 대두되었다. 이러한 전자적 침해행위에 대비하여 주요 정보통신 기반 시설을 보호하기 위한 체계적이고 종합적인 대응체계를 구축하기 위하여 2001년 1월 26일 「정보통신기반보호법」이 제정되었다. 주요 정보통신 기반 시설의 보호를 위한 범정부적인 대응체제를 구축하기 위하여 국무총리 소속하에 정보통신기반보호위원회를 설치하도록 하였다. 중앙행정기관의 장은 정보통신기반보호위원회의 심의를 거쳐 전자적 침해행위로부터의 보호가 필요하다고 인정되는 정보통신 기반 시설을 주요 정보통신 기반 시설로 지정하도록 하였다. 그 중에서 국가안전보장에 중대한 영향을 미치는 도로 · 지하철 · 공항 · 전력시설 등 주요 정보통신 기반 시설의 관리기관의 장은 국가보안업무를 수행하는 기관의 장에게 우선적으로 기술적 지원을 요청하도록 하되, 요청이 있을 때까지 기다린다면 그 피해를 회복할 수 없게 될 경우에는 국가보안업무를 수행하는 기관의 장이 관계 중앙행정기관의 장과 협의하여 지원을 할 수 있도록 하였다.

다만, 금융정보통신 기반 시설 등 개인정보가 저장된 정보통신 기반 시설에 대해서는 기술적인 지원을 수행하지 못하도록 하였다.

2000년대 들어 우리나라의 초고속인터넷 이용률은 세계 최고 수준인데, 건전한 인터넷 이용환경 조성 정도가 약해서 바이러스, 스팸 등 인터넷 역기능 문제도 심각한 수준에 이르러 사회문제화되었다. 이에 「전산망 보급 확장과 이용 촉진에 관한 법률」에서 1999년 2월 8일 개정으로 제명이 바뀐 「정보통신망 이용 촉진 등에 관한 법률」은 2000년대 이후로 스팸메일에 대한 규제 강화, 인터넷상의 개인정보 보호를 위한 조치 등 인터넷 활용상의 위해요소들을 제어하기 위한 법적 개선조치를 하였다.

2002년 12월 18일 개정에서는 급증하고 있는 스팸메일 등 악성 광고성 정보 전송행위와 개인정보 침해행위에 적절히 대응하기 위한 방안을 마련하였다. 전화 · 모사전송 등을 통한 영리성 광고행위에 대한 규제를 강화하고, 수신거부를 고의로 회피하는 행위를 금지하며, 연락처 자동 생성을 통한 광고 전송행위나 전자우편주소를 추출하는 행위를 금지하는 등 악성 광고성 정보 전송행위에 대한 규제를 강화하고, 불법하게 개인정보를 제공받은 자를 처벌함으로써 국민의 사생활을 보호하도록 하였다. 이후에도 여러 차례의 개정을 통하여 인터넷상에서 개인정보의 수집 · 이용 · 제공 등에 관한 절차를 강화하고, 정보통신망의 특성상 익명성에 따른 역기능현상에 대한 예방책으로 사회적 영향력이 큰 정보통신사업자의 책임성을 강화하기 위하여 제한적인 본인확인제도를 도입하는 등 건전한 인터넷 이용환경을 조성하는 입법조치를 꾸준히 추진하였다.

7. 소프트웨어산업의 진흥

한국 정보통신산업의 가장 큰 취약점으로는 소프트웨어산업의 상대적인 지체를 꼽을 수 있다. 정부는 1980년대 소프트웨어산업의 중요성을 인식하고

1987년 「소프트웨어개발촉진법」을 제정하여 소프트웨어의 개발은 경쟁과 협동의 원리에 따라 개발자가 자율적으로 추진하도록 하되, 정부는 이에 필요한 여건 조성에 주력하도록 하였다. 이후 1994년 정보통신부의 출범으로 소프트웨어산업의 조타수 역할을 함으로써 소프트웨어산업은 성장기를 맞이하였다.

2000년대에 접어들어 외환위기를 극복하고 닷컴붐과 함께 소프트웨어 기업들도 재도약의 시기를 맞이하였다. 정부도 2000년 1월 21일 「소프트웨어개발촉진법」을 「소프트웨어산업진흥법」으로 전부개정하면서 지식과 정보가 고부가가치를 창출하는 21세기 지식정보화 사회에서 국가의 경쟁력을 가늠하는 핵심산업인 소프트웨어산업을 종합적으로 육성 · 발전시키려는 노력을 기울였다. 이 법에서는, 종전에는 일정한 조건을 갖춘 건물단위로 소프트웨어 진흥구역을 지정하던 것을 앞으로는 시설 위주의 소프트웨어 진흥시설과 지역 위주의 소프트웨어 진흥단지로 구분하여 지정하도록 하였다. 그 중 소프트웨어 진흥시설의 경우에는 「벤처기업 육성에 관한 특별조치법」상의 벤처기업 집적시설로 지정된 것으로 보아 세제상의 혜택을 받을 수 있도록 하였다. 또한 국가기관의 장은 소프트웨어사업의 낙찰자로 결정되지 않은 자라도 제안서 평가에서 우수한 평가를 받은 자에게는 제안서 작성비의 일부를 보상할 수 있도록 함으로써 소프트웨어 개발의욕을 고취시키도록 하였다.

한편, 2003년 7월 25일 개정에서는 국가기관 등이 발주하는 정보시스템 구축사업에 중소 소프트웨어 사업자의 참여기회를 확대하기 위하여 대기업인 소프트웨어 사업자가 참여할 수 있는 사업금액의 하한을 정하는 수주제한제를 도입하였다. 소프트웨어사업에 관한 분쟁을 효율적으로 조정하기 위하여 소프트웨어사업분쟁조정위원회도 설치하도록 하였다. 또한 2007년 12월 21일 개정에서는 소프트웨어사업의 부실 방지와 국내 소프트웨어 기업의 국제경쟁력 제고 등을 위하여 소프트웨어 프로세스에 대한 품질인증제도를 도입하였다. 이는 소프트웨어 사업자의 소프트웨어사업 수행능력을 강화하고, 소프트웨어사업의 부실화를 방지하며, 국내 소프트웨어 기업의 해외진출에 유리한 환경을 조성할 수 있도록 하기 위한 것이다.

제6절 과학기술

1. 과학기술 발전의 기반 구축

한국경제의 발전 과정에서 과학기술은 기간산업 육성의 불씨를 지폈고, 산업발전과 경제사회의 질적 고도화에 크게 기여하였다. 한국 산업기술의 발전은 선진기술의 도입단계에서 도입기술의 내재화 단계를 거쳐 핵심요소기술의 창출단계로 발전해 왔다. 이렇게 과학기술이 산업의 발전에 기여할 수 있었던 데에는 1950년대 과학기술의 불모지에서 과학기술의 기반을 조성하려는 정부의 적극적인 노력이 크게 작용하였다.

우리나라 과학기술 연구의 모태가 된 것은 원자력이다. 1958년 원자력의 연구 · 개발 · 이용과 관리에 관한 사항을 규정하여 학술의 진보와 산업의 진흥을 도모하고자 제정된 「원자력법」에 따라 원자력원과 그 산하에 원자력연구소가 설치되었다. 이 연구소는 우리나라 최초로 현대적인 연구시설을 갖추고 국내의 모든 이공 · 의학 · 농학의 중견연구자들을 한 곳에 모으는 구심점 역할을 하였다.

이후 군사정부를 거쳐 등장한 박정희 정부는 과학기술 문제에 적극적인 태도를 보였고, 이는 각 부처에 흩어져 있던 국립연구기관을 우수인력의 채용이나 예산상의 자율성이 큰 민간기관으로 개편하려는 시도로 나타났다. 이러한 정부의 시도는 1966년 12월 27일 「한국과학기술연구소육성법」의 제정으로 결실을 얻었다. 이 법은 우리 정부와 미국 정부와의 공동사업으로 설립된 재단법인 한국과학기술연구소로 하여금 과학기술 및 산업경제에 관한 조사 · 연구와 시험을 종합적으로 수행하고 그 성과를 보급하도록 함으로써 과학진흥과 산업기술의 개발에 기여하도록 하고 있다. 이를 위해서 정부는 연구소에 건설비와 운영자금을 출연하고, 국유재산을 무상으로 대부할 수 있도록 하였다. 이 법에 따라 1966년 2월 설립된 한국과학기술연구소는 대통령의 뜻에 따른 정부의 확고한 지원으로 빠른 성장을 이룩할 수 있었고, 이는 과학기술자가 자신의 전공분야에서 전문적인 능력을 발휘하고 사회적인 권위를 인정받을 수 있는 계기가 되었다.

1970년대 들어 중화학공업 발전에 따른 산업성장을 지원하기 위해서 높은 수준의 기술인력이 소요되기 시작하였다. 이에 따라 과학기술인력정책은 이공계 대학의 확충 및 특성화를 강조하였으며, 이와 더불어 정부가 주도하여 연구개발과 산업기술 혁신을 주도할 고급 과학기술 두뇌를 양성하기 위하여 1970년 8월 7일 「한국과학원법」을 제정하였다. 한국과학원은 과학기술분야의 심오한 이론과 실제적인 응용력을 갖춘 자를 양성하기 위하여 과학기술처 장관이 문교부 장관의 동의를 얻어 설립등기한 법인으로서 대학원 과정의 학교이다.

한국과학원은 연구개발체제의 정비와 운영개선방안에 따라 1980년 12월 31일 「한국과학기술원법」의 제정으로 한국과학기술연구소와 통합되기까지 고급 과학기술자의 양성을 표방하며 강도 높은 교육을 통해서 우수한 인력을 배출해 냈다.

2. 과학기술 개발지원을 위한 법제

정부가 과학기술 발전을 위한 정부 차원의 기반을 적극적으로 구축하는 외에 민간기구의 자연적인 과학기술 진흥활동을 장려 · 육성할 수 있는 제도적 적극성을 고양하기 위한 노력도 병행하여 진행되었다. 먼저, 1967년 1월 16일 「과학기술진흥법」이 제정되었다. 이 법은 국가와 지방자치단체로 하여금 과학기술 진흥에 관한 시책을 강구하여 국민의 자발적인 과학기술 연구활동을 장려하며 보호 · 육성하고, 과학기술에 관한 인식앙양과 산업의 현대화를 촉구하기 위하여 과학기술 조사와 새 기술의 보급 및 지도에 필요한 시책을 강구하도록 의무를 부여하였다. 정부는 장기적인 측면에서 과학기술 발전의 기본방안을 세우도록 하였고, 이를 심의하기 위하여 경제기획원 장관 소속하에 과학기술진흥위원회를 두도록 하였다. 구체적인 지원방안으로 외국의 원조금 등으로 과학기술기금을 조성하여 국가적으로 필요로 하는 과학기술사업에 종사하는 단체 또는 개인에게 필요한 자금 또는 장려금을 교부할 수 있도록 하였다. 또한 과학기술에 관한 발명 · 연구 · 응용 또는 그 진흥 및 기업화에 공로가 현저한 자에 대하여 이를 장려하기 위하여 포상하는 등 민간에 대한 과학기술의식 고취를 위한 시책을 추진하였다.

또한 국내 자원의 제약을 극복하고 산업경제의 국제경쟁력 강화와 국민생활의 향상을 꾀하는 길은 산업발전에 필요한 기술을 개발하고 혁신을 도모하는 길임을 인식하고 산업기술의 자주적인 개발과 선진기술의 도입을 통한 기술개량 등을 촉진하기 위한 입법도 강구되었다. 1972년 12월 28일 제정된 「기술개발촉진법」이 그것이다. 이 법에서는 외국으로부터 기술을 도입한 자에게 기술개발준비금을 적립하도록 하는 대신에 이들에게 산업육성을 위하여 조성된 장기저리자금을 우선지원받도록 하고 조세를 감면하도록 하였다. 또한 국내 기술에 의한 국산화가 가능한 물품을 수입한 자가 그 수입액의 일정률을 수입물품의 국산화를 위한 기술개발에 사용하였을 때에도 정부가 지원할 수 있도록 함으로써 외국 기술이나 물품의 수입이 국내 기술의 개발 · 개량에 연관되어 발전할 수 있도록 유도하였다.

「기술개발촉진법」은 1977년 개정을 통하여 국내 기술 개발을 촉진하기 위한 조치를 강화하였다. 우선, 국산신기술 보호에 투자된 자본의 회수와 적정이윤을 보장하기 위하여 일정 기간 동안 유사제품의 수입을 규제하는 보호조치를 할 수 있도록 하였다. 그리고 동일한 제품을 생산하는 사업자들이 협동적으로 연구개발, 선진기술의 일괄도입, 도입기술의 개량, 기술지도사업 등을 수행하도록 하기 위하여 산업기술연구조합을 설립할 수 있도록 하여 동종 사업자 간 공동연구개발의 토대를 마련하였다.

한편, 1980년 12월 31일 기업의 기술개발투자를 촉진하고 기술개발 성과의 기업화를 유도하기 위한 새로운 기술개발지원제도가 마련되었다. 바로 「한국기술개발주식회사법」의 제정을 통해서이다. 이 법에 따라 정부와 국제금융기구가 주주로 참여하고, 그 외의 자는 7% 이상의 주식을 소유하지 못하게 하여 전문벤처캐피탈회사로서 한국기술개발주식회사를 설립하였다. 회사는 기업의 기술개발비를 융자해 주고, 연구개발 성과의 최초 기업화를 위하여 융자, 투자, 조사 및 알선 등을 해 주고, 기업의 판매액의 일정 비율을 지급받아 투자비를 회수하는 방법으로 융자할 수도 있도록 하여 융자조건에 유연성을 부여하였다. 대신에 정부는 회사의 기술개발비 융자 및 투자업무를 지원하기 위하여 장기저리로 자금을 융자할 수 있도록 하여 회사의 기업에 대한 투 · 융자가가 위축되지 않도록 하였다.

3. 민간기업에 대한 연구인력의 확보 지원

1980년대 들어 민간부문의 과학기술투자가 확대된 가운데 정부의 적극적인 기술개발지원제도가 중요한 역할을 담당하였다. 이 시기에 우리나라의 기술개발지원제도는 조세지원, 금융지원, 정부구매제도 및 연구인력 병역특례제도 등으로 광범위하고 체계적인 지원의 모습을 갖추었다. 이 가운데 병역특례제도는 기업에 과학기술을 개발할 수 있는 우수한 인력을 지속적으로 제공하는 데 중요한 역할을 수행하였다.

정부는 헌법상의 병역의무를 대체하는 병역특례제도를 도입 · 확산함으로써 기업에 과학기술인력의 공급이 원활히 이루어지도록 하였다. 이를 위해서 1973년 3월 3일 「병역의무의 특례 규제에 관한 법률」을 제정하였다. 이 법은 모든 국민에게 병역의무를 평등 · 공평하게 부과하도록 하기 위하여 「병역법」에 대한 특례를 억제하면서도, 특수한 기술분야에 종사하는 병역의무자에게는 당해 분야에서 국가에 공헌할 기회를 보장하고, 이로써 병역의무를 마친 것으로 보게 함으로써 국토방위와 경제자립의 국가적 목적을 균형 있게 달성하려는 데 목적을 두고 제정되었다. 당초 제정시에는 병역특례를 인정받은 과학기술인력은 한국과학원의 학생과 군수업체 및 연구기관에 종사하는 기술자 등만으로 한정하고, 5년(한국과학원생은 3년) 동안 종사함으로써 병역의무를 마친 것으로 제도를 운영해 왔다. 그러나 1981년 법의 개정을 통하여 기간산업체선정위원회에서 선정한 연구기관에 종사하는 자연계 연구요원으로서 연구요원심사위원회가 선발한 자에게까지 그 대상이 확대되었다. 국가의 산업발전을 위하여 특수한 기술분야나 연구기관에 종사하는 병역의무자에 대해서는 해당분야에서 일정한 기간(5년) 종사하게 한 후 병역의무를 마친 것으로 함으로써 산업발전에 기여하게 하기 위한 것이었다. 이에 따라 병역특례의 대상이 되는 연구기관은 시행령 개정을 통하여 기업체의 부설연구기관을 포함하여 의학계를 제외한 자연계 분야의 학사 이상의 학위를 가진 연구전담요원 30명 이상을 상시 확보하고, 독립된 연구용 시설과 기자재를 보유하고 있는 연구기관으로 결정되었다. 이 제도는 1991년부터는 석사학위 이상의 연구요원과 기술자격을 가진 기능요원으로 재분류되어 운영되었다.

4. 과학기술 개발주체 간의 협력체제 구축

1980년대 우리 산업계는 임금상승과 노동집약적 산업의 퇴조, 그리고 원화절상으로 수출경쟁력이 크게 저하됨에 따라 독자적인 기술개발에 대한 관심이 높아졌고 기업부설 연구소의 설립붐이 조성되는 등 기술혁신 분위기는 점차 활성화되고 있었다. 그러나 각 산업분야에 있어서 기술인력 · 자금 · 연구시설 등이 부족하고 기술축적이 빈약하여 기업의 공통애로기술 타개 및 당면첨단기술에의 과감한 도전을 위한 기업 간 협동연구의 필요성이 또한 절실히 요청되었다. 당초 1977년 「기술개발촉진법」의 개정으로 산업기술연구조합의 법적 근거를 마련하였으나, 이를 보다 제도적으로 육성하기 위하여 산업기술연구조합의 육성을 주목적으로 하는 단일법이 제정되었다. 1986년 제정된 「산업기술연구조합육성법」이 그것이다.

산업기술연구조합은 조합원을 위한 기술을 개발하고 그 성과를 관리하며, 조합원에 대한 기술을 지도하고, 신기술의 일괄 도입과 그 배분, 선진기술 개량을 위한 연구개발, 시험연구용 시설기자재의 공동이용 등의 사업을 수행한다. 정부는 동 조합이 연구성과를 기업화하는 사업에 소요되는 자금을 우선적으로 지원하고, 조합원이 조합에 납부한 비용 등에 대해서 소득세 또는 법인세를 감면해 주는 등 조세상의 지원을 하도록 하였다. 나아가 동 조합의 연구성과를 기업화하여 생산한 제품에 대해서는 관계기관의 장에게 우선구매나 시장보호를 위한 조치를 취하도록 할 의무를 과학기술처 장관에게 부여함으로써 조합의 활용도를 극대화하는 방향으로 유도해 나갔다.

산업기술 주체 간의 협력 강화는 다양한 형태로 확장되었다. 정부는 1990년대 들어 산업계, 학계와 연구소의 협동연구를 위한 여러 시책을 강구하였다. 그 일환으로 1994년 1월 5일 「협동연구개발촉진법」을 제정하여 국가의 연구개발활동을 산업계 · 학계 · 연구계의 협동연구개발체제 중심으로 개혁하였다. 이 법은 기술혁신에 수반되는 위험부담을 감소하고 성공 가능성을 향상시키는 동시에, 국내의 제한된 연구개발비 · 인력 · 정보 · 시설 등을 효과적으로 활용하도록 제반 조치를 강구하였다. 즉, 대학 · 연구소 및 기업에 소속된 연구개발요원의 상호 파견 및 겸직을 허용하고, 연구개발 정보의 공동이용을 촉진하며, 대학 또는 연구소는 당해 기관의 연구개발 시설 또는 기자재 등을 실비의 사용료를 받는 조건하에 다른 기관이 공동이용할 수 있도록 하는 규정을 마련하였다. 또한 대학의 재학생을 기업의 연구개발에 참여시키고, 기업은 기업의 연구개발요원이 참여한 대학에 기업위탁과제를 우선적으로 수행하게 하는 등 기업, 연구소와 대학의 협력체제를 강화하였다.

기술개발주체 간의 협력강화는 군사분야에까지 확장되었다. 1998년 4월 10일 「민 · 군겸용기술사업촉진법」이 제정되었다. 이 법은 군사부문과 비군사부문에서 공통적으로 활용할 수 있는 민 · 군 겸용 기술의 개발과 활용을 촉진하기 위해 마련되었다. 이를 위해 국방과학연구소에 전문지원기관을 설치하고,

기업의 참여를 촉진하기 위한 여러 가지 조치를 할 수 있도록 하였다. 그 밖에도 민 · 군 기술이전사업을 추진하고 민 · 군 규격통일화 사업을 추진하며 민 · 군 기술정보 교류 등을 추진함으로써 산업의 경쟁력과 국방력의 강화에 기여하도록 체제를 갖추었다.

5. 과학기술 혁신을 위한 새로운 패러다임의 설정

1990년대 들어 경제사회 전반이 지식 · 정보를 중시하는 시스템으로 전환되고, WTO체제의 출범에 따라 세계화의 흐름이 우리 사회에 밀려들어 왔다. 이에 따라 우리 경제는 국제경쟁력을 갖춘 고효율 · 고부가가치 생산체제로 전환하는 것이 중요한 과제로 부상하였고 선진국 기술을 도입하던 단계에서 벗어나 독자적인 제품과 기술들을 개발하기 위한 노력이 필요하였다. 그런데 1970~1980년대에 제정된 과학기술법률체제로는 단기간 내에 국가과학기술 혁신을 추진하기에는 미흡하고, 국가연구개발 예산의 확대와 연구개발 부처 다원화는 국가과학기술 혁신을 종합적으로 추진하기 위한 새로운 법적 조치가 필요하다는 인식을 하기에 이르렀다. 그래서 5년간 한시적으로 정부연구개발비를 확대하고, 기업연구개발활동을 촉진하며 과학기술자의 사기를 앙양하기 위한 특별조치로서 「과학기술 혁신을 위한 특별법」이 1997년 4월 10일 제정되었다. 여기에는 1997년 4월 국가과학기술자문위원 초청간담회 때에 과학기술 혁신을 위한 범정부적인 특별입법이 필요하다는 당시 김영삼 대통령의 특별지시가 큰 역할을 하였다.

이 법에 따라 과학기술처 장관은 국가연구개발사업의 투자재원 확대 등을 포함하는 과학기술 혁신 5개년계획을 수립하고, 정부는 정부연구개발투자가 최대한 확대되도록 노력하고 5개년계획에 투자확대 목표치를 반영하도록 의무화하게 하였다. 또한 정부는 과학기술 혁신을 위하여 중요하다고 인정되는 중점국가연구 개발사업을 선정하여 연구공동체로 하여금 이를 실시할 수 있게 하고, 개발성과를 산업화하는 기업에 대해서는 정기저리자금의 우선지원이나 병역특례 혜택을 받는 전문연구요원의 배정 등의 특혜를 주도록 하였다. 뿐만 아니라 신기술 개발 결과의 산업화 촉진 및 기술집약적인 중소기업의 지원을 위하여 기술력 평가에 의한 기술담보대출을 활성화하기 위한 지원시책을 강구하도록 하고, 기술력 평가의 전문성과 공신력 제고를 위하여 기술력 평가를 전담하는 기술력 평가기관을 설립할 수 있도록 하였다.

1999년 1월 29일 개정법률에서는 당초 과학기술부 장관이 의장인 과학기술장관회의를 대통령이 위원장인 국가과학기술위원회로 개편하여 과학기술 진흥을 위한 주요 정책과 국가연구개발사업의 우선순위 설정 및 예산의 효율적 운영 등에 관한 사항을 심의하도록 하였다. 관계 중앙행정기관의 장은 국가과학기술위원회의 심의 결과를 소관 과학기술 시책 및 과학기술 관련 예산에 반영하도록 하여 국가과학기술위원회의 결정에 사실상의 구속력을 부여하였다.

한시법이었던 과학기술 혁신을 위한 특별법은 2001년 1월 16일 「과학기술기본법」으로 대체되었다. 이 법은 과학기술이 핵심이 되는 지식기반 경제 · 사회에 걸맞게 과학기술에 관한 이념과 발전방향을 새로이 정립하고, 과학기술 관련 정책을 종합적 · 체계적으로 추진할 수 있는 제도적 장치를 마련하는 등 과학기술 발전의 기반을 조성함으로써 과학기술 선진국으로 진입할 수 있는 제도적 기틀을 마련하기 위하여 제정되었다. 이 법에 따라 과학기술부 장관은 과학기술 발전의 중 · 장기 정책목표 및 방향을 설정하는 과학기술기본계획을 세우도록 하였다. 또한 정부는 과학기술정책을 우선적으로 고려하여 과학기술이 국가발전의 중추적인 역할을 할 수 있도록 하고, 기업 · 대학 · 연구기관 등이 과학기술의 혁신과 관련된 활동을 적극 수행하기 위한 국가과학기술혁신체제를 구축하도록 하였다. 기본법에도 국가과학기술위원회가 과학기술 관련 주요 정책의 조정과 예산의 효율적 운영에 관한 사항 등을 심의하도록 하고 각 기관은 위원회의 심의 결과를 정책에 반영하도록 하였다.

이후 기본법의 개정에 따라 국가과학기술위원회는 국가과학기술정책과 국가연구개발사업의 예산의 배분 및 조정의 중추로서 위상을 강화하는 과정을 거쳤다. 특히, 2008년 이명박 정부에서 정부개편에 따라 과학기술부의 기능이 교육과학기술부로 통폐합된 후 과학기술정책의 효율적인 추진을 위한 구심점의 기능을 복원하기 위한 개편을 단행하였다. 즉, 비상설이었던 국가과학기술위원회는 2011년 상설 중앙행정기관인 행정위원회로 그 위상이 크게 강화되었다. 이에 따라, 종전에는 국가과학기술위원회가 국가연구개발사업 예산의 배분방향 등을 심의만 하였으나, 국가연구개발사업 예산의 배분 · 조정 등에 관하여 의결까지 하도록 명시하였다. 또한 국가과학기술위원회는 국가연구개발사업 예산의 배분방향 및 대통령령으로 정하는 주요 국가연구개발사업 예산의 배분 · 조정 내역을 검토 · 심의하여 기획재정부 장관에게 알리도록 하고, 기획재정부 장관은 특별한 경우를 제외하고는 국가과학기술위원회의 검토 · 심의 결과를 반영하여 다음 연도 예산을 편성하도록 하는 등 그 기능을 강화하였다.

6. 과학기술 중심 사회와 국가 신성장동력의 기반 강화

2003년 출범한 참여정부는 과학기술 중심 사회 구축을 주요 국정과제의 하나로 제시하고, 제2의 과학기술입국, 동북아 R&D 허브 구축 등을 국정의 핵심과제로 내세웠다. 이를 위해서는 창조적인 인재강국을 실현하기 위한 이공계 인력의 중점 육성이 필요하였다. 그런데 21세기에 들어와서는 청소년들의 이공계 기피 및 과학기술자의 사기저하현상이 심화되었다. 이에 대처하기 위하여 국가과학기술위원회를 중심으로 청소년의 이공계 진흥방안이 강구되었다. 이러한 정책을 입법적으로 확고히 지원하기 위하여 2004년 3월 22일 「국가과학기술 경쟁력 강화를 위한 이공계 지원 특별법」이 제정되었다. 이 법은 이공계 인력이 그들의 창의성과 능력을 충분히 발휘하며, 공직진출 기회의 확대를 포함하여 사회적 · 경제적인 적절한 지위와 처우를 받을 수 있도록 정부가 시책을 강구하도록 하였다. 또한 국가 또는 지방자치단체는 중소기업이나 벤처기업이 미취업상태에 있는 이공계 학위취득자 또는 기술자격자를 채용하는 경우에 재정지원을 하거나 세금감면 등 필요한 지원을 하도록 함으로써 이공계 인력의 취업을 촉진하도록 하였다. 정부는 이공계 인력의 전주기적인 활용, 공직기회 제공, 처우개선 등을 종합적으로 검토하여 5년마다 이공계 인력을 육성 · 지원하는 기본계획을 세우고, 관계 기관의 장은 구체적인 시행계획을 수립하여 시행하도록 하였다.

한편, 기존의 한국과학기술원 등을 중심으로 대학, 연구소와 기업이 집중되어 있는 대덕연구단지를 연구개발특구로 지정하여 연구개발과 혁신, 신기술의 창출 및 연구개발 성과의 확산과 사업화를 촉진하여 국가 신성장동력을 창출하려는 법률이 제정되었다. 2005년 1월 27일「대덕연구개발특구 등의 육성에 관한 특별법」이 그것이다. 이 법은 당초 선택과 집중 전략에 입각하여 기존의 연구기능이 모여 있는 대덕연구단지만을 특구로 하려는 의도로 정부가 법안을 제출하였으나, 다른 지역에 대한 역차별론, 국가균형발전론 등에 밀려 대덕은 법률상으로, 다른 지역은 심의를 거쳐 지정될 수 있는 여지를 주도록 하는 방향으로 정리되었다.

"특구"란 특별한 정책목표를 위하여 특별한 정책수단을 강구하는 한정된 지역을 의미하는데, 이 법은 특히 연구개발 성과의 사업성을 강화하기 위한 입법조치를 강구하였다. 즉, 국립연구기관이나 정부출연 연구기관에 연구소기업을 설립할 수 있게 하여 연구개발 성과를 직접 사업화할 수 있도록 하였다. 또한 특구 안에 첨단기술 기업의 창업을 촉진하기 위하여 고용유지지원금이나 국유재산의 무상대부 등의 지원을 하도록 하였고, 특히 외국인의 투자를 활성화하기 위하여 특구에 입주하는 외국 연구기관 등에는 경제자유구역에 준하는 혜택을 주고, 외국인 학교 설립 · 운영 등을 지원하도록 하였다. 그리고 특구 안의 개발사업을 신속히 추진하기 위하여 개발사업의 승인시에 토지형질 변경 등의 필요한 인 · 허가를 같이 받은 것으로 보는 인 · 허가의제제도를 도입하여 개발사업에 소요되는 기간을 단축할 수 있도록 하였다.

이러한 과학기술 연구개발의 촉진을 위한 법적 · 제도적 기반을 바탕으로 첨단과학기술의 집약인 우주개발을 위한 중장기계획을 수립하고 우주선발사 계획을 세우는 등 과학기술은 우리나라의 미래를 선도하는 중추로서의 기능을 수행하고 있다.

제7절 건설업

1. 건설업 면허제

건설업은 1950년대 전후복구와 1960년대 경제개발 5개년계획 및 1970년대 해외건설 수주 등을 통하여 성장하면서 수출과 함께 우리나라 산업진흥의 양대 축으로 성장하였다. 그러나 광복 이후 미군정시대, 6.25전쟁 및 전후복구기를 치르는 동안 건설업체는 영세하고 무질서하게 난립하는 풍토가 만연하였다. 이에 1958년 3월 11일 「건설업법」을 제정하여 건설업 면허제를 도입하면서 건설업의 건전한 발전을 위한 토대를 만들었다. 이때 도입된 면허제는 1999년 등록제로 전환될 때까지 40년 동안 유지되었다.

1958년 3월 11일 「건설업법」의 제정 당시 건설업은 건설업자심사위원회의 심사를 거쳐 유효기간 2년의 면허를 받도록 규정되었다. 당시 전국에는 1,500여 개의 건설업체가 있었는데, 시공능력도 되지 않는 부실업체가 상당수 있어 부실공사도 빈번하여 건설업자의 자격을 규제하기 위해 건설업의 면허제를 채택하게 된 것이다. 그런데 건설업면허는 그 6개월 후에 등급제를 도입하게 된다. 즉, 건설업면허를 4개 등급으로 나누고, 2급 이하 건설업은 일정액 이상의 공사를 하지 못하도록 하는 등 등급별로 공사를 할 수 있는 범위를 제한하는 제도를 도입하였다. 그러나 1961년도 개정에서 건설업 등급제는 폐지되고, 1975년에 가서는 건설업면허가 일반공사업, 특수공사업 및 단종공사업으로 구분하여 면허하게 변경되었다. 이 경우 일반공사업이나 특수공사업은 단종건설업면허(1981년 전문공사업으로 변경됨)를 중복하여 받을 수 없도록 하여 대규모 사업자와 소규모 사업자 간에 진입장벽을 두었다. 건설업의 종류는 1996년 「건설산업기본법」으로 전부개정되면서 일반건설업과 전문건설업으로 단순화되었다.

면허의 유효기간의 경우 최초 2년에서 3년으로 연장되었다가 유효기간이 폐지되기도 하였으나, 3년마다 갱신하도록 하는 면허의 주기적 갱신제도를 채택하게 되고, 이후 갱신기간이 5년으로 늘어났다. 또한 면허를 주는 시기와 관련하여 초기에는 면허를 수시로 부여하였으나, 1년에 두 번, 1년에 한 번, 심지어는 1975년부터 1994년 6월까지는 3년에 한 번으로도 면허부여 주기를 극히 길게 하여 신규 발급을 억제하고 기존의 업체를 육성하는 방향의 정책을 추진하였다. 이는 1994년 1월 7일 개정을 통하여 다시 1년에 한 번 면허를 주는 것을 거쳐 1996년 「건설산업기본법」하에서 수시발급제로 전환되었다.

건설업면허를 가진 자가 공사를 수주할 수 있는 한도를 정하는 방법도 변화를 거듭하였다. 건설업 등급제를 시행하던 시기에는 등급에 따라 공사할 수 있는 범위를 제한하였다. 등급제가 폐지된 이후에는 최근 2년간 건설공사 실적에 따른 영업세 연평균액의 300배 이상이거나 해당 건설업자의 자본금액 이상의 공사를 도급할 수 없도록 가능한 건설공사를 건설업자의 실적에 연동하는 제도를 신설하였다. 다시 1971년부터 1995년까지는 건설업자의 자본금이나 공사실적에 따라 매년 건설부 장관이 결정하는 도급한도액을 초과하여서는 원칙적으로 수주를 하지 못하도록 하는 도급한도제를 시행하였다. 1996년 「건설업법」이 「건설산업기본법」으로 바뀌면서 도급한도제는 폐지되고, 건설업자의 건설공사 실적, 자본금, 건설공사의 안전 · 환경 및 품질관리 수준 등을 종합적으로 평가하여 건설교통부 장관이 공시하는 시공능력평가제에 따라 건설공사의 수급을 제한할 수 있도록 하는 제도로 개정되었다.

건설업의 영업범위는 일반건설업과 전문건설업 간의 장벽을 설정하여 양면허를 동시에 가질 수 없도록 할 뿐 아니라 일반건설업자는 전문건설업자만이 할 수 있는 공사를 수주하지 못하도록 하여 각각의 업역이 침해되지 않도록 하였다. 다만, 전문건설업자가 일반건설업자가 되려는 경우 일부 요건을 완화하여 일반건설업에 보다 쉽게 진출할 수 있게 하였다.

2. 건설업 등록제로의 변화

1996년 12월 30일「건설업법」은 건설시장의 개방 등 건설환경의 변화에 부응하여 건설업체의 경쟁력을 강화하고 부실공사를 근원적으로 방지할 수 있도록 건설산업 관련 제도를 전반적으로 재정비하는 방향으로 전부개정된「건설산업기본법」으로 바뀌었다. 이어 1999년 4월 15일 면허제를 등록제로 전환하는 개정을 단행하게 된다. 건설업계의 자율성을 바탕으로 하는 경쟁력 향상과 건설산업의 건전한 발전을 위해서다. 그러나 건설업이 등록제로 전환되면서 건설업 등록 후 등록요건에 미달된 상태로 영업을 하는 부실 · 부적격 업체의 양산이 문제되었다. 따라서 부적격업체의 퇴출을 원활히 하기 위하여 건설업 등록 후 일정 기간이 경과할 때마다 건설업의 등록사항을 신고하도록 하고, 허위로 신고를 하거나 시정명령을 받고도 신고하지 아니한 경우에는 건설업의 등록을 말소하여 건실한 건설업체만 영업할 수 있도록 하였다.

건설업법의 제정 당시부터 하도급 문제는 엄격한 규제의 대상이 되어 원칙적으로 일괄하여 하도급을 주는 것을 금지하였다. 그러나 하도급으로 인한 문제가 끊임없이 제기되었고, 2004년 12월 31일 개정에서는 일괄하도급으로 인한 부실시공 등의 문제점을 개선하기 위한 새로운 제도가 도입되었다. 즉, 건설업자가 공사금액이 100억 원 이하로서 일정 금액 미만(30억 원)인 건설공사를 도급받은 경우에는 해당 건설공사의 일정 비율 이상(30%)을 직접 시공하도록 의무화하였다. 이때 저가 하도급으로 인한 부실시공을 방지하기 위하여 국가 등이 하도급계약의 적정성을 의무적으로 심사하여 하수급인 또는 하도급계약의 내용을 변경요구할 수 있도록 하는 등 하도급으로 인한 부실공사를 방지하기 위한 강력한 입법조치를 같이 하였다.

한편, 건설업면허시는 물론 등록제로 바뀐 이후에도 유지되던 건설업종 간의 겸업제한은 면허건설업체가 자율적으로 사업범위를 선택할 수 있도록 하기 위하여 폐지되었다.

3. 해외건설 촉진

1970년대 중동의 오일머니를 바탕으로 한 건설붐에 힘입어 우리나라 건설업은 해외진출에 붐을 이루었다. 이에 1971년 「건설업법」을 개정하여 해외건설공사를 도급받고자 하는 자는 건설부 장관의 허가를 받도록 하고, 국내 업자 상호간의 과잉경쟁의 방지, 능력을 초과하는 해외건설공사 도급의 방지 등을 위하여 특히 필요할 때에는 허가를 거부하거나 진출지역을 제한할 수 있도록 입법화하였다. 그러나 건설업법의 규정만으로는 해외건설을 온전히 지원하기 어렵다는 판단 아래 1975년 12월 31일 「해외건설촉진법」을 제정하였다.

우선, 해외건설업을 할 수 있는 능력을 가진 자만이 해외건설업을 영위할 수 있도록 하기 위하여 면허제를 도입하였다. 그리고 무엇보다도 해외건설을 수주하기 위하여 국내 건설업체 간의 과당경쟁을 방지하는 장치를 하는 데 중점을 두었다. 이를 위하여 해외건설업 면허 외에 해외공사를 도급받을 때 건설부 장관의 허가를 받도록 하고, 건설부 장관은 신규 해외시장을 개척한 건설업자에게 해당 지역의 해외공사의 도급을 우선적으로 허가할 수 있도록 하였다. 동일한 해외공사에 2 이상의 업자 간에 수주경합이 있을 때에는 필요한 조정이나 명령을 할 수 있도록 하고, 해외건설업자의 국제경쟁력 강화와 대규모 공사의 수주를 위해서 2인 이상의 해외건설업자의 합작을 권고할 수도 있도록 하였다. 뿐만 아니라 해외건설업자 상호간에 과당경쟁의 방지를 위하여 국가별 · 지역별 진출업체수를 제한할 수 있도록 하였다. 정부의 해외건설에 대한 지원도 전폭적이었다. 신규 시장 개척비, 해외시장 조사비 및 해외에 종사시킬

요원의 훈련비 등의 비용을 보조할 수 있도록 하였으며, 해외건설업자를 수출입업자로 보고 수출보험 등 정부의 지원을 받을 수 있도록 하였다.

해외건설의 촉진을 위하여 이후 개정을 통하여 수주경합시에 조정명령제를 도입하고, 해외도급 한도액을 설정하기도 하는 등 과당경쟁이 이루어지지 않도록 하는 규제를 통하여 적정한 해외건설 수주가 이루어지도록 하였다. 그러다가 1993년 8월 5일 「해외건설촉진법」의 전부개정을 통하여 정부의 규제를 완화하였다. 즉, 국내 건설업체의 해외진출을 유도하기 위하여 면허제를 등록제로 변경하고, 해외공사의 도급한도액제도를 폐지하며, 해외공사 허가제를 신고제로 전환하는 등의 완화조치를 하였다. 1999년에는 한 걸음 더 나아가 정부가 수주경합의 방지를 위하여 조정명령을 할 수 있던 것과 해외진출 국가와 지역을 제한할 수 있도록 하는 등의 경쟁제한적인 규정들을 폐지하여 업체가 자율적으로 규제하여 해외건설활동을 할 수 있도록 하고, 해외건설업 등록제도 신고제로 전환하여 해외건설업의 자율경쟁 영업환경을 조성하였다.

4. 건설기술의 관리

우리나라 건설기술정책의 발전은 대형사고와 관련이 있다. 1986년 8월 발생한 독립기념관 화재사건을 계기로 건설기술에 관한 정부 정책의 부재가 사회적인 이슈가 되었다. 또한 건설업의 양적인 성장에 비해서 정부나 건설업계의 관심 부족으로 건설기술의 발전 수준이 미미하고 기술집약형 복합공사에 관한 경험과 기술축적이 미약하여 이를 중점적으로 육성할 필요가 있었다. 이에 건설기술의 국제경쟁력을 강화시키고 건설공사의 적정한 시공과 품질향상을 기하기 위하여 건설기술의 연구 · 개발 기반과 관리체계를 확립하기 위하여 1987년 10월 24일 「건설기술관리법」을 제정하였다.

이 법에서는, 건설기술의 진흥 · 개발 · 활용과 건설공사 설계의 타당성 및 시공기술의 적정성 확보 등 건설기술에 관한 사항을 심의하기 위하여 건설부에 중앙건설기술심의위원회를 두도록 하고, 건설기술의 연구 · 개발과 선진건설기술의 도입 · 보급을 위하여 한국건설기술연구원을 설립하도록 하였다. 국내에서 개발된 건설기술 또는 외국에서 도입하여 소화 · 개량된 건설기술에 대하여 이를 개발 또는 개량한 자의 요청이 있는 때에는 중앙건설기술심의위원회의 심의를 거쳐 신기술로 고시하고, 이를 사용하는 자로 하여금 기술사용료를 지급하게 하는 등의 방법으로 건설신기술을 보호하고 보급할 수 있도록 하였다. 또한 건설공사의 적정한 시행과 구조물의 안전을 위하여 일정 규모 이상의 공공발주공사(국가 · 지방자치단체 및 정부투자기관이 발주하는 공사)에 있어서는 설계의 타당성 등에 관하여 건설기술심의위원회의 심의를 받도록 하여 건설공사의 품질을 보장할 수 있도록 유도하였다. 건설공사의 감리는 안정성 확보를 위하여 중요한 과정인바, 국가 또는 지방자치단체가 발주하는 공사 중 일정 규모 이상의 공사에는 반드시 설계도서대로 시공되고 있는지를 감리전문회사에게 받도록 의무화(시공감리)하였다. 또한 그 중 일부는 발주자의 권한을 위탁받아 시공감리 외에 기술사항에 대한 감리까지 받도록 하여 공사가 안전하게 관리되도록 하였다.

한편, 1994년 성수대교 붕괴사고를 통하여 시공 과정에서의 품질관리 미흡과 준공 후의 유지관리 미흡이 문제라는 점을 인식하였다. 이에 정부는 시공과정에서 철저한 현장감독을 통한 건설품질을 확보함으로써 문제를 해결하고, 건설공사의 부실방지를 위하여 설계감리제도를 도입하는 등의 내용으로 1995년 1월 「건설기술관리법」을 개정하였다. 또한 건설공사를 통하여 만들어진 시설물의 안전점검 및 적정한 관리를 통하여 국민의 생명과 재산을 보호하고 시설물의 효용성을 증진시키기 위하여 1995년 1월 5일 「시설물의 안전관리에 관한 특별법」을 제정하였다. 이를 통하여 시설물은 그 구분에 따라 주기적으로 안전점검 또는 정밀안전점검을 받도록 의무화함으로써 시설물의 구조상 안전한 이용에 미치는 영향을 미리 대비할 수 있도록 규정하였다. 또한 시설물의 시공자는 시설물에 대하여 일정한 기간 동안 하자담보책임을 지도록 하여 해당 시설물에 대하여 의무적으로 정밀안전점검을 하도록 하고 결과에 따라 비로소 하자담보책임을 종료할 수 있도록 하여 시공자의 책임을 강화하였다.

5. 민간자본에 의한 사회기반시설의 건설

1980년대 후반 국제수지가 흑자임에도 불구하고 정부는 경제규모의 확대에 따른 사회기반시설의 수요를 예측하지 못하고 투자를 소홀히 한 결과 도로, 철도, 항만 등 부족이 심각하여 물류비용 상승으로 인한 국제경쟁력의 약화와 시간지체 등의 국민불편을 야기하였다. 이에 따라 사회기반시설에 대한 투자를 조속히 확대해야 한다는 국민의 공감대가 있었다. 그러나 사회기반시설은 막대한 초기비용이 소요되므로 현실적으로 재정에서 이를 모두 보전하기는 어렵고, 그 때문에 민간기업의 적극적인 투자를 끌어낼 필요성이 있었다. 1990년대 초반 당시에도 「유료도로법」, 「항만법」, 「철도법」 등 각 개별 법률에서 민자유치의 근거가 있었지만, 너무 소극적이고 단순한 선언적인 규정만이 존재하고 수익성 보장의 근거가 미비하거나 실효성이 없어 철도청 민자역사 건설 정도의 소수의 사례가 있었을 뿐이다. 이에 국가의 현안 문제인 사회기반시설의 대폭적인 확대를 위하여 민간의 참여를 촉진하는 「사회간접자본시설에 대한 민간자본유치 촉진법」이 1994년 8월 3일 제정되었다.

이 법은, 우선 사회간접자본시설사업의 업무를 관장하는 각 행정기관의 장에게 사회간접자본시설사업의 추진을 위하여 민간자본 유치가 필요하다고 인정하는 때에는 민자유치시설사업기본계획을 수립하여 고시하도록 하였다. 이 계획에는 민자유치 대상 사업의 투자소요, 건설기간, 예정지역, 수익성 보장 및 지원사항 등이 포함되도록 하였다. 사업시행자가 민자유치사업을 시행함에 있어서 그 투자비 보전 또는 정상적인 운영을 위하여 필요한 경우에는 주택건설사업 · 도시계획사업 등의 부대사업을 함께 시행할 수 있도록 하고, 실시계획이 고시된 때에는 그 부대사업과 관련되는 각종 인 · 허가를 받은 것으로 보아 동 사업이 원활히 추진될 수 있도록 하였다. 또한 건설된 시설은 원칙적으로 준공과 동시에 국가 또는 지방자치단체에 귀속되거나 사업시행자가 소유하되, 국가 또는 지방자치단체에 귀속될 경우에는 사업시행자에게 시설을 유지 · 관리하고 시설사용자로부터 사용료를 징수할 수 있는 사회간접자본시설 관리운영권을 부여받도록 하였다. 민자유치사업자금의 융자를 받은 사업자의 신용을 보증하기 위하여 정부, 지방자치단체의 출연금 등으로 조성된 산업기반신용보증기금을 설치 · 운영하도록 하였다.

법의 제정 이후 대대적인 민간자본의 유치를 기대하였으나, 금융시장 여건의 미성숙, 민자사업의 추진경험 부족 등과 1997년 외환위기 등으로 해당 기간 동안 민간투자사업의 추진실적은 저조하였다. 특히, 기존의 법체계가 특혜시비를 우려하여 사업의 수익률을 제한하는 등 지나치게 경직적으로 운용되었다는 문제가 있어 수익성 제고 등 적극적 유인체계를 제공함으로써 외국 자본 등 민간자본을 적극 활성화하기 위하여 1998년 12월 31일 법의 제명을 「사회간접자본시설에 대한 민간투자법」으로 바꾸고 그 내용도 전부개정하였다. 먼저, 민간투자사업의 사업추진방식을 다양화하였다. 즉, 종전에는 주요 시설의 경우 소유권을 국가 등에 귀속하고 운영권만을 갖는 방식이나 사회간접자본시설의 준공과 동시에 사업시행자에게 당해 시설의 소유권이 인정되는 방식만 인정하였다. 그러나 법개정에 따라 그 방식 외에 사회간접자본시설의 준공 후 일정 기간 동안 사업시행자에게 시설의 소유권이 인정되며 그 기간의 만료시 시설소유권이 국가 또는 지방자치단체에 귀속되는 방식이나 그 밖에 주무관청이 민간투자시설사업기본계획에 제시한 방식이 추가되었다. 또한 사회간접자본시설에 대한 금융지원을 강화하기 위하여 국내외 금융기관이 사회간접자본시설에 출자 등을 목적으로 하는 사회간접자본투융자회사를 설립할 수 있는 근거규정을 마련하였다.

2005년 1월 27일 개정법률은 제명을 다시 「사회기반시설에 대한 민간투자법」으로 바꾸고 민간투자사업을 더욱 활성화하기 위한 개선사항을 마련하였다. 먼저, 이전의 법에서는 민간투자사업 대상이 주로 산업기반시설 위주였으나, 개정법에서는 교육 · 의료 · 복지 · 문화시설이 대상에 추가되었다. 또한 이러한 시설은 민간투자사업자가 직접 운영하기 곤란하거나 운영수입만으로는 투자비의 회수가 어렵기 때문에 이에 적합한 새로운 사업시행방식(사업자는 자금투자와 건설을 담당, 정부가 시설운영을 담당, 민간투자비는 정부의 시설임대료 및 부대사업수익 등으로 회수: "건설－이전－임대"방식)을 추가하였다. 이로써 교육·복지·문화시설 분야 등에 대한 민간투자의 활성화를 기대할 수 있게 되었다.

민간투자사업의 자금조달방식도 개선하였다. 기존의 사회간접자본시설 투융자회사는 단기분산투자에 적합하게 구성되어 있어서 장기적인 집중투자에 부적합하므로 이를 장기투자에 적합한 사회기반시설 투융자회사로 바꾸도록 하였다. 다만, 통상의 사회기반시설 투융자회사는 투자자산을 확보하는 데에 오랜 시간이 소요되고 단기간에 신규 펀드를 설립하기 어려운 점이 있으므로 이를 보완하는 입법조치를 하였다. 일반증권투자회사보다 신축적으로 투자자금을 조달할 수 있도록 하기 위하여 투융자회사의 신주발행 및 자금의 차입을 허용하고, 사회기반시설 투융자회사가 증권시장의 상장요건을 갖춘 경우에는 지체없이 상장하도록 함으로써 투자자가 증권시장을 통하여 출자금을 보다 쉽게 회수할 수 있도록 한 것이다.

제8절 공정거래

1. 「독점규제 및 공정거래에 관한 법률」의 제정 과정

1970년대까지 우리나라 경제는 비약적인 발전을 이루었다. 그러나 다른 한편으로는 정부주도형 경제성장정책의 한계와 부작용을 인식하게 되었다. 1980년대 초 과거의 과도한 정부의 시장개입에 따른 부작용에 대한 반성을 바탕으로 정부는 경제운용의 방식을 정부 주도에서 민간 주도로 전환하고자 하였다. 민간 주도의 경제방식은 시장기능의 활성화를 의미하고, 이는 자유로운 경쟁을 촉진하기 위한 규칙을 제정하는 것으로 귀결된다.

「독점규제 및 공정거래에 관한 법률」을 제정하기까지는 네 번에 걸친 입법 시도와 좌절이 있었다. 1963년 시멘트, 밀가루와 설탕을 생산하는 대기업들이 독점시장을 형성하고 공동으로 가격과 시장을 조작한 데서 비롯된 이른바 "삼분폭리사건"을 계기로 독과점의 폐해를 규제하여야 한다는 여론이 높아져 법 제정논의가 있었으나 무산되었다. 이후에도 1971년까지 독과점의 폐해로 사회물의가 일어날 때마다 독과점 규제와 소비자 보호를 위한 명목으로 공정거래에 관한 법률의 제정논의가 있었지만, 근본적인 시장경제질서의 확립이나 경제 전반에서 경쟁촉진이라는 「독점규제 및 공정거래에 관한 법률」의 본래 취지와는 달리 물가안정을 위한 하나의 정책수단으로서의 의미밖에 없었다. 「독점규제 및 공정거래에 관한 법률」의 도입이 정부 내에서도 시기상조라는 견해가 지배적이었던 것이다.

이러한 정부의 입장이 감안되어 우선 1975년 12월 31일 「물가안정 및 공정거래에 관한 법률」이 제정되었다. 이 시기는 1973년 중동전쟁의 발발로 제1차 석유파동이 나면서 우리나라의 경제상황이 국제수지 악화 등으로 어려움을 겪던 때로서 물가불안과 함께 독과점의 폐해가 다시 나타난 와중이었다. 이에 따라 물가통제를 탄력적으로 운영할 수 있도록 함과 동시에 경쟁제한행위 및 불공정거래행위를 구체적으로 규정하여 보다 효과적으로 물가안정을 꾀하고자 하였다. 주요한 가격통제정책으로는 주요 생필품에 대한 최고가격제 지정과 공공요금 인상시에 물가안정위원회, 국무회의의 심의와 대통령의 승인을 얻도록 하는 등의 강력한 물가안정책 등을 들 수 있다. 여기에는 공정거래에 관한 정책도 일부 포함되어 있는바, 다른 사업자와 담합하여 가격을 유지·변경하는 등의 경쟁제한행위를 금지한다거나 부당하게 거래상대방을 차별취급하는 행위 등 불공정거래행위를 금지하는 것이 그것이다.

1970년대 후반 우리 경제는 정치적인 혼란과 함께 심각한 경제적인 어려움을 겪게 되었다. 그간의 경제규제방식으로는 이러한 혼란에 적절하게 대응할 수 없었고, 물가불안 요인의 근본적인 해결과 경제효율의 증대를 위해 시장기능이 제대로 작동할 수 있는 기본규칙으로서 공정거래에 관한 법률의 제정논의가 본격적으로 추진되었다. 여기에 1979년 10.26사태로 인한 정치적인 격변은 이에 좀더 유리한 환경이 되었다. 과거의 법 제정시도 당시에는 경제계나 정부 내 규제당국의 조직적인 반발이 있었다. 그러나 1980년 5월 이후 전면에 등장하여 국민의 지지를 필요로 하였던 신군부가 민간 주도의 경쟁적인 경제운영체제를 도입하려던 개혁세력의 도입건의를 수용함으로써 「독점규제 및 공정거래에 관한 법률」의 입법은 신속하게 추진될 수 있었다. 그리하여 당시 국회를 대체한 비상입법기관인 국가보위입법회의를 통과한 「독점규제 및 공정거래에 관한 법률」(이하 "공정거래법")은 1980년 12월 31일 공포되었다.

2. 공정거래법의 특성 및 주요 내용

1) 공정거래법의 특성

공정거래법은 1980년 10월 27일 개정된 헌법 제120조 제3항 "독과점의 폐단을 적절히 규제 · 조정한다"는 조항에 근거를 두고 제정되었다. 이에 따라 이 법은 "사업자의 시장지배적 지위의 남용과 과도한 경제력의 집중을 방지하고, 부당한 공동행위 및 불공정거래행위를 규제하여 공정하고 자유로운 경쟁을 촉진함으로써 창의적인 기업활동을 조장하고 소비자를 보호함과 아울러 국민경제의 균형 있는 발전을 도모함을 목적"으로 하고 있다. 그래서 그 구체적인 내용으로 시장지배적 지위의 남용 금지, 경쟁제한적 기업결합의 제한, 부당한 공동행위의 제한, 불공정거래행위의 금지, 사업자단체의 경쟁제한행위의 금지, 재판매가격 유지의 제한 및 경쟁제한적 국제계약의 체결 등을 규정하였다. 그러나 법의 목적에서 밝힌 바 있는 "과도한 경제력의 집중을 방지"하기 위한 규정은 제정시에 포함되지 않았다.

공정거래법의 모든 조항은 공정하고 자유로운 경쟁의 촉진, 즉 시장경제의 원리를 추구하고 있다. 이때의 자유로운 경제활동이 경제적인 강자가 자유방임적으로 무엇이든 할 수 있다는 것을 의미하지는 않는다. 자유롭고 공정한 경쟁을 위하여 필요한 정부의 역할도 직접 개입하는 것에서 탈피하여 행동의 준칙을 만들고 이를 지키도록 조장하는 감시자의 역할을 강화하도록 요구된다.

1970년대까지 우리나라는 경제성장을 최대화하기 위해서 한정된 자원의 경쟁적 낭비를 막기 위하여 산업정책이라는 이름으로 정부의 개입을 당연시하였다. 그 결과 외적인 경제성장은 이루었으나, 그 과정에서 행정편의 위주의 각종 경쟁제한적인 제도가 지나치게 많이 생겨났고, 선별적인 지원책은 사회구성원 간의 기득권이 고착화되어 소위 정경유착이 발생하고 자유 · 공정한 경쟁이 저해되었다. 공정거래법은 이러한 우리나라 시장경제체제의 위기에 대한 자각으로부터 출발하였다. 이 법을 통하여 정부 · 시장 간의 관계가 근본적으로 전환되었고, 궁극적으로는 자유시장경제체제의 발전을 도모하기 위한 제도적인 기반이 된 것이다.

공정거래법의 운영은 법의 제정시에는 경제기획원 소속의 의결기관으로서 공정거래위원회로 출발하였으나, 1990년 제2차 개정시에 별도의 중앙행정기관인 행정위원회로서 공정거래위원회가 독립하여 출범하게 되었다. 다음에서는 공정거래법이 담고 있는 주요 내용을 주요 개정연혁에 따라 살펴보도록 한다.

2) 시장지배적 지위의 남용 금지

경쟁사업자가 없는 경우이거나 경쟁사업자와의 관계에서 압도적인 지위를 점하고 있는 경우 또는 소수의 사업자가 당해 시장에서 압도적인 시장점유율을 점하고 있는 경우 해당 사업자를 시장지배적 사업자로 매년 지정 · 고시하여 이들이 시장지배력을 남용하는 것을 금지하였다. 구체적으로 금지가 되는 남용행위로는 상품이나 용역의 가격을 부당하게 결정 · 유지 또는 변경하는 행위, 상품의 판매 또는 용역의 제공을 부당하게 조절하는 행위, 다른 사업자의 사업활동을 부당하게 방해하는 행위, 새로운 경쟁사업자의 참가를 방해하거나, 일정한 거래분야에서 경쟁사업자를 배제하기 위하여 시설을 신설 또는 증설하는 행위 등을 들고 있다.

1996년 12월 20일 개정에서는 그 동안의 독과점관리제도가 사건 위주의 폐해규제방식으로 운영됨에 따라 독과점 시장구조의 개선에는 미흡한 점이 있었다는 반성하에 공정거래위원회로 하여금 독과점적 구조가 장기간 유지되고 있는 시장에 대하여 이를 개선하고 경쟁을 촉진하기 위한 시책을 수립 · 시행하도록 의무를 부여하였다.

시장지배적 사업자의 남용행위제도는 큰 개정 없이 근간을 유지하다가 1999년 2월 5일 개정시에 시장지배적 사업자를 매년 지정하는 제도를 폐지하였다. 지역독과점이나 수요독점 사업자와 같이 지정에서 누락되는 사업자는 원천적으로 규제대상에서 빠지는 문제점이 있어 왔기 때문이다. 대신에 일정요건을 갖춘 사업자를 시장지배적인 사업자로 추정하는 제도를 도입하였다.

3) 기업결합의 제한

일정 규모 이상의 회사로서 일정한 거래분야에서 경쟁을 실질적으로 제한하는 주식의 취득, 임원의 겸임, 합병, 영업의 양수, 새로운 회사의 설립 등의 행위를 하려고 하는 자는 독과점의 출현을 방지하는 원인규제적인 입장에서 신고하도록 하였다. 다만, 산업합리화와 국제경쟁력 강화를 위하여 필요하다고 당사자가 입증하는 경우에는 기업결합이 가능하도록 예외를 인정하였다.

1996년 12월 20일 개정에서는 기업의 규모에 관계없이 경쟁제한적인 기업결합을 금지하도록 하고, 기업결합을 하려는 기업의 해당 행위가 경쟁을 실질적으로 저해하는 기업결합에 해당하는지를 사전심사요청할 수 있도록 하였다.

1999년 2월 5일 개정에서는 기업결합의 예외 기준을 정비하였다. 종전의 산업합리화나 국제경쟁력 강화요건을 삭제하고, 결합의 효율성이 경쟁제한으로 인한 폐해보다 큰 경우, 기업결합 당사 회사가 회생불가능한 부실기업인 경우 등으로 그 기준을 명확히 하였다. 아울러 경쟁제한적인 기업결합 시정조치에 대한 실효성을 높이기 위하여 1회성의 과징금제도 대신에 이행될 때까지 계속 부과할 수 있는 이행강제금제도를 도입하였다.

4) 부당한 공동행위의 제한

사업자 간의 부당한 공동행위(카르텔)를 하려는 경우 등록을 하도록 하고 등록하지 않는 경우 무효로 하였고, 등록신청된 경우라도 경쟁을 실질적으로 제한하면 등록을 거부할 수 있도록 하였다. 등록의 대상이 되는 카르텔은 가격, 거래조건, 수량, 시장분할, 설비제한 및 상품의 종류, 규격제한 등 6개 유형으로 구분하였다. 다만, 불황극복이나 산업합리화 또는 산업구조조정을 위해 필요한 경우나 중소기업의 경쟁력 향상과 거래조건을 합리적으로 개선하려는 경우에는 예외적으로 카르텔을 인정하였다.

1986년 1차 개정에서는 부당한 공동행위 등록제를 인가제로 전환하고, 인가 없이 한 공동행위에 대해서는 시정조치를 하며, 부당한 공동행위로 부당이득을 취한 경우에는 이를 환수하도록 과징금제도를 도입하였다.

1992년 개정에서는 부당한 공동행위의 성립요건 중에 행위의 실행요건을 제외하여 공동행위의 합의와 경쟁제한성이라는 요건만이 있으면 규제가 가능하도록 하였다. 공동행위 합의사실만 알려지면 행위의 실행이 있기 전에 제재를 가할 수 있어 사전에 부당한 공동행위를 방지할 수 있도록 개선된 것이다.

1996년 12월 20일 개정에서는 부당한 공동행위가 대부분 은밀히 이루어져 적발이 어렵다는 현실을 감안하여 이를 효율적으로 규제하기 위하여 자진신고자 감면제도를 도입하였다. 부당한 공동행위에 참여하였다 하더라도 이를 최초로 신고한 자(2001년 개정시 증거제공 등의 방법으로 공정거래위원회의 조사에 협조한 자까지 포함)에게는 시정조치, 과징금 등의 제재를 면제하거나 완화해

줌으로써 공동행위의 단서나 증거를 보다 용이하게 확보하려는 의도이다.

5) 불공정거래행위의 금지

불공정거래행위의 금지는 거래행태의 공정화를 위한 규제로서 개별 기업의 거래행위가 거래질서를 저해하는 경우 이를 시정함으로써 공정한 거래질서를 유지하려는 제도이다. 불공정거래행위의 구체적인 유형은 부당하게 거래상대방을 차별하는 행위, 부당하게 경쟁자를 배제하기 위하여 거래하는 행위, 부당하게 경쟁자의 고객을 자기와 거래하도록 유인하는 행위, 자기의 거래상의 지위를 부당하게 이용하여 상대방과 거래하는 행위, 거래상대방의 사업활동을 부당하게 구속하는 행위, 상품에 대한 광고를 허위나 과장되게 하는 행위 등 6가지이다. 세부유형은 경제기획원 장관(1990년 이후에는 공정거래위원회)이 고시하도록 하였다.

불공정거래행위의 유형과 관련하여 1996년 12월 30일 개정시에는 부당하게 특수관계인 또는 다른 회사에 대하여 가지급금 · 대여금 · 인력 · 부동산 · 유가증권 · 무체재산권 등을 제공하거나 현저히 유리한 조건으로 거래하여 특수관계인 또는 다른 회사를 지원하는 행위가 추가되어 7가지 유형이 되고, 그 세부유형도 대통령령에서 정하도록 하여 보다 예측 가능하게 하였다. 다만, 1999년 2월 5일 「표시광고의 공정화에 관한 법률」의 제정에 따라 이와 관련된 불공정거래행위는 소관이 바뀜에 따라 1999년 이후 공정거래법상 불공정거래행위의 수는 6가지를 유지하였다.

6) 사업자단체의 금지행위

사업자단체는 그 명칭 여하를 불문하고 2 이상의 사업자가 공동의 이익을 증진할 목적으로 조직한 결합체를 말한다. 사업자단체가 주체가 되어 경쟁제한적인 행위를 하는 경우 마치 카르텔을 형성한 것과 같은 효과를 가져올 수 있기 때문에 일정한 행위를 금지하였다. 그 유형은 일정한 거래분야에서 사업자수를 제한하는 행위, 구성사업자의 사업내용을 부당하게 제한하는 행위와 구성사업자에게 불공정한 거래행위 또는 재판매가격 유지행위를 하게 하는 행위 등 4개 유형으로 하고 있다.

7) 재판매가격 유지행위의 제한

재판매가격 유지행위란 사업자가 상품을 판매할 때 거래단계별 가격을 미리 정하여 재판매하는 사람에게 그 가격대로 판매할 것을 강제하는 행위를 말한다. 재판매가격 유지행위는 금지되는데, 이것이 독립적 유통업자들의 자유로운 가격 결정을 구속하여 가격경쟁을 감소시키며 결국에는 시장 전체에 수평적 가격협정을 조장하여 가격상승을 초래하고 유통조직의 효율성을 저해하게 되기 때문이다. 다만, 출판물 같은 저작물 등 일정한 요건을 갖춘 상품으로서 공정거래위원회의 지정을 미리 받은 것은 예외적으로 재판매가격 유지행위가 허용되도록 하였다.

8) 경제력집중억제제도

경제력집중 억제를 위한 제도는 공정거래법의 제정 당시에는 규정하지 않았다가 1986년 12월 31일 제1차 개정시에 내용이 추가되었다. 이는 대규모 기업집단의 팽창수단이 될 수 있는 거래나 관행에 제약을 가하는 것이었다. 당시 정치 · 경제적인 민주화가 진행되면서 국민들의 균형성장에 대한 관심이 높고, 정부도 대규모 기업집단이 균형성장의 최대 장애가 되어 왔다는 인식하에 경제력집중 억제에 초점을 맞추었다. 경제력집중억제제도는 공정거래법이 개정될 때마다 가장 변화가 심한 분야로서 경제환경의 변화에 따라 재벌 문제의 부정적인 측면이 부각될 때에는 규제를 강화하는 모습을 보였고, 국민경제에 대한 대기업의 기여가 요구되는 사회분위기가 조성될 때에는 규제가 완화되는 경향을 나타냈다.

(1) 대규모 기업집단에 대한 출자총액 제한의 신설과 폐지 등

먼저, 일정한 규모 이상의 자산총액 등 기준을 갖춘 기업집단을 대규모 기업집단으로 지정하여 그 집단의 계열회사 간에는 직접적인 상호출자를 전면 금지하고, 기업집단 내 한 소속회사가 다른 회사에 출자할 수 있는 한도를 정하는 출자총액한도제를 도입하였다. 또한 대규모 기업집단에 소속된 금융·보험회사는 자신이 보유하는 국내 계열회사의 주식에 대하여 의결권을 행사할 수 없도록 하였다. 고객의 자금으로 계열회사의 주식을 사들어 지배력을 강화하는 것은 금융자본의 산업자본에 대한 지배를 초래할 수 있다고 보았기 때문에 이를 방지하려 한 것이다.

1992년 12월 8일 개정에서는 경제력집중 억제를 보다 효과적으로 추진하기 위하여 대규모 기업집단 계열회사 간에 채무보증제한제도(자기자본의 200% 이내)를 도입하였다. 대신에 산업의 국제적 경쟁력 강화를 위하여 불가피한 투자의 경우에는 5년간 한시적으로 출자총액 제한의 예외를 인정하도록 규정을 보완하였다.

1994년 12월 22일 개정에서는 대규모 기업집단 소속회사의 다른 회사에 대한 출자총액 한도를 순자산의 40%에서 25%로 강화하는 한편, 대규모 기업집단의 소속회사가 주식소유 분산 및 재무구조와 관련하여 일정 요건을 갖춘 경우에는 출자총액 제한을 받지 않도록 하였다. 또한 사회기반시설의 유치를 위하여 철도, 도로 등 국가에 귀속되는 시설을 건설하는 사업자에게도 출자총액 제한을 한시적으로 배제하도록 하였다.

1996년 12월 20일 개정에서는 대규모 기업집단 간의 채무보증이 편중여신을 초래하고 한계계열기업의 퇴출을 저해하며, 연쇄도산의 위험이 높다는 판단하에 채무보증 한도를 200%에서 100% 이내로 더욱 강화하였다.

1998년 2월 24일 IMF경제위기를 조속히 극복하기 위하여 출자총액제한제도를 폐지하였다. 그것은 출자총액제한제도가 신규 유망사업으로의 진출, 기

업분할 등 기업의 자율적인 구조조정에 장애가 되고, 적대적인 기업의 인수·합병을 노리는 외국 기업에 역차별이 된다는 이유에서였다. 또한 계열회사 간 신규 채무보증을 1998년 4월 1일부터 전면적으로 금지하였다. 그러나 1999년 12월 28일 개정에서는 외환위기 극복과 기업의 구조조정을 원활하게 하기 위하여 폐지되었던 출자총액제한제도를 다시 부활시켰다. 제도의 폐지 이후 계열회사 간 순환출자를 통하여 내부지분율이 크게 상승하였기 때문이다. 또한 계열회사 간 부당내부지원행위를 감시하기 위하여 일정 규모 이상의 대규모 내부거래행위를 하는 경우 의무적으로 이사회의 의결을 거친 후 이를 공시하도록 하였다.

2002년 1월 26일 개정에서는 대규모 기업집단으로 지정되면 모든 규제를 획일적으로 받게 되는 불합리함이 있어 이를 폐지하는 대신에 상호출자, 채무보증, 출자총액 제한 등 행태별로 규율대상 기업집단을 차등화하여 지정하는 방식으로 전환하였다. 출자총액제한제도도 개정되었는데, 기업의 경쟁력 강화와 핵심역량 집중을 위한 출자는 자유롭게 하고, 기업의 지배력 확장과 관련이 적은 출자에 대해서는 예외를 넓게 인정하여 기업의 자유로운 경제활동 여건이 마련될 수 있도록 하였다.

출자총액제한제도는 이후 개정을 통하여 합리적으로 완화되는 과정을 거치다가 2009년 3월 25일 개정을 통하여 다시 폐지되었다. 다만, 시장에 의한 자율감시를 강화하기 위하여 상호출자기업집단에 대하여 공시제도를 도입하였다. 기존의 개별 회사단위의 공시에서 전체의 현황을 일괄 공시하는 제도를 도입함으로써 대규모 기업집단에 대한 시장감시기능을 강화하고 기업 스스로 투명성 제고 노력을 유도하려는 조치인 것이다.

한편, 그 동안 대규모 기업집단의 계열회사인 금융·보험회사는 자기 계열회사 보유 주식에 대하여 의결권을 행사하지 못하게 하였으나, 외국인의 지분이 꾸준히 늘어남에 따라 경영권 방어 목적으로는 의결권을 행사할 수 있도록 예외를 인정하였다.

(2) 지주회사 설립의 제한과 완화

1986년 1차 개정 당시 지주회사는 소액의 자본으로 다수의 기업을 지배하여 경제력집중의 수단이 될 수 있다는 이유로 그 설립이 금지되었다. 그러다가 1999년 2월 5일 개정에서는 기업들이 지주회사의 장점을 최대한 활용하여 구조조정을 원활히 추진할 수 있도록 하기 위하여 그 동안 금지되었던 지주회사의 설립을 제한적으로 허용하였다. 대신에 기업의 구조조정을 가로막는 계열회사 간 부당지원행위를 차단하기 위하여 2년간 한시적(2001년, 2004년 개정시 각각 3년씩 추가연장)으로 공정거래위원회가 금융기관에 금융거래정보의 제출을 요구할 수 있도록 하였다.

2001년 1월 16일 개정에서는 지주회사의 설립요건을 완화하였다. 당초 지주회사는 자회사의 주식을 50% 이상 보유하도록 하였으나, 이를 30%로 완화하고, 특히 벤처기업의 활성화를 위하여 벤처기업을 자회사로 두는 벤처지주회사에 대하여는 자회사 발행주식 총수의 100분의 20 이상을 소유하도록 하였다. 이후에도 지주회사의 설립에 대해서는 2007년 증손회사의 설립이 허용되는 등 지주회사의 설립요건을 계속하여 완화하는 입법조치를 하였다.

9) 실효성 담보수단의 확보

법의 실효성을 담보하기 위해서는 그 위반에 대한 가벌성을 확보하여야 한다. 공정거래법의 제정시 시정조치와 벌칙을 주요한 실효성 확보수단으로 두었으나, 법이 개정을 거듭하면서 다양한 수단들이 도입되었다.

앞에서 언급하였듯이 부당한 공동행위에 대해서 부당이득 환수 성격의 과징금제도가 도입되었고, 1990년 개정시에는 법위반시 제재의 실효성을 높이기 위하여 벌칙을 크게 강화하였다. 또한 시정조치 수단으로서 정정광고와 법위반 사실의 공표제도가 도입되고, 과징금은 사업자단체의 부당한 공동행위에까지 확대되었다.

한편, 초기 과징금의 부과 기준은 최고상한액을 정하여 처분을 하게 하였으나, 최고상한액을 부과하더라도 경제적으로 크게 부담이 되지 않는 경우가 많아 제재의 실효성을 확보하기가 어려운 측면이 있었다. 그래서 1994년 12월 22일 개정에서는 과징금 부과 기준을 매출액 기준으로 전환(매출액 대비 1~5%)하여 과징금제도의 실효성을 기하도록 하였다.

3. 카르텔 일괄정비법

과거 개발시대에는 특정 산업의 보호 · 육성, 수출지원, 소비자 보호 등을 이유로 가격, 생산량, 판매지역 등에 대한 카르텔을 정부가 묵인하거나 법령에서 허용하는 예가 많았다. 그러나 이미 경제발전이 상당한 수준에 와 있는 시점에서 볼 때 카르텔이 과거에 가졌던 효율성 증진효과는 크게 약화되고 각종 부작용이 노정되어 오히려 기업과 산업의 경쟁력 제고를 통한 경제발전에 걸림돌이 된다는 지적이 꾸준히 제기되었다. 국제적으로 볼 때도 1998년 4월 18일 OECD 각료이사회는 우선 경성카르텔 금지를 위한 권고를 채택함으로써 각국의 경성카르텔을 규제하기 위한 노력을 구체화하였다.

이에 정부가 법령으로 허용하여 오던 공동행위 중에서 경쟁제한성이 크거나 국제적 기준에 비추어 정당성이 인정되기 어려운 공동행위 등을 폐지 또는 보완함으로써 시장경제를 활성화하는 입법을 강구하게 되었다. 그런데 많은 규제들이 개별 특별법에서 규정되어 있었는데, 개별 법률을 각각 개정하여 경쟁제한적인 요소를 제거하는 데는 많은 제도적 · 현실적 어려움이 있었다. 경쟁제한적인 규제를 일거에 정리하기 위하여 1999년 2월 5일 「독점규제 및 공정거래에 관한 법률의 적용이 제외되는 부당한 공동행위 등의 정비에 관한 법률」(일명 "카르텔일괄정비법")이 공포되었다. 이 법은 변호사법 등 18개 법률에서의 자격자 보수 수준 결정, 막걸리의 공급구역 제한, 해외공사 수주경합 조정 등의 폐지와 보험요율 공동산출제도, 중소기업에 대한 단체수의계약제도, 수출입 질서 유지를 위한 산업자원부 장관의 조정명령제도의 개선 등의 내용으로 구성되었다.

4. 그 밖의 공정거래를 위한 법제도

하도급거래에 있어서 원사업자(대기업)는 우월한 지위를 남용하여 경제적인 약자인 수급인(중소기업)과 계약을 하는 과정에서 지위의 불균형으로 불공정거래행위가 발생하게 된다. 이러한 부당한 행위를 억제하고 수급사업자의 열위적 지위를 보완하여 하도급거래가 상호 보완적인 협조관계에서 이루어지도록 유도하여 분업화와 전문화를 통한 생산성의 향상에 기여하도록 하려는 목적으로 1984년 12월 31일「하도급거래 공정화에 관한 법률」이 제정되었다. 실제 현실에서는 이 법이 공정거래법보다 그 적용횟수가 많은 것을 보면 하도급 규제의 필요성이 높다 하겠다.

약관에 의한 거래는 현대의 대량생산 · 대량소비사회에서 등장하게 된 새로운 현상으로서 여러 가지 유용한 기능을 해 온 것이 사실이다. 그러나 약관도 상대적으로 우월한 지위인 사업자가 일방적으로 불공정 내용을 작성하고 통보하는 문제가 되어 왔다. 이에 1986년 12월 31일「약관의 규제에 관한 법률」을 제정하였다. 이 법에 따라 신의성실의 원칙에 반하여 공정을 잃은 조항들을 무효화하고, 약관심사위원회를 설치하여 이 법에 위반되는 조항을 적용한 사업자에 대하여는 약관심사위원회의 심의를 거쳐 시정권고를 하도록 함으로써 경제적 약자인 소비자를 보호하고 있다.

1999년 2월 5일「표시 · 광고의 공정화에 관한 법률」이 제정되었다. 이 법은 소비자를 기만하거나 오인시키는 부당한 표시 · 광고를 방지하고 소비자에게 올바른 정보가 제공되도록 함으로써 공정거래질서를 확립하고 소비자를 보호하려는 목적으로 제정되었다. 이 법에 따라 소비자의 선택에 꼭 필요한 정보는 반드시 공개하도록 하고, 사실 여부가 문제된 표시 · 광고의 경우에는 실증자료를 제시하도록 하였다.

2000년대 들어 정보통신수단의 발달로 전자상거래 및 통신판매가 활성화되었으나, 그것이 비대면거래라는 특성상 사업자의 소재파악과 상품의 실체 확인이 어려워 소비자가 일방적으로 피해를 볼 가능성이 있다. 이에 2002년 3월 30일「전자상거래 등에서의 소비자 보호에 관한 법률」이 제정되었다. 이 법은 전자상거래분야에서 소비자 권익을 보호하고 시장의 신뢰도를 높이는 것을 목적으로 하고 있다. 이를 위해 소비자가 전산조작의 실수를 방지할 수 있는 장치를 마련하고 소비자 정보가 도용되는 것에 대비한 보호규정과 전자화폐 등 전자결제수단 발행자의 소비자피해보상보험 가입의무 등을 규정하고 있다.

소비자의 권익과 관련하여 당초에는 1980년에 제정된 소비자보호법이 있었다. 그러나 종래 소비자 보호 위주의 소비자정책에서 탈피하여 중장기 소비자정책의 수립, 소비자안전 · 교육의 강화 등으로 소비자 권익을 증진하고 소비자주권을 강화하기 위하여 2006년 9월 27일「소비자보호법」은「소비자기본법」으로 전부개정되었다. 이때 시장환경 변화에 맞게 한국소비자원의 관할 및 소비자정책에 대한 집행기능은 재정경제부에서 공정거래위원회로 이관되었다. 이 법은 또한 소비자 피해를 신속하고 효율적으로 구제하기 위하여 일괄적 집단분쟁조정 및 단체소송제도를 도입하여 소비자 피해 구제를 강화하였다.

제5장 국토 · 해양 법제

Chapter

5 국토 · 해양 법제

한국의 국토개발은 국가발전의 실현수단으로서 사회간접자본의 확충을 통하여 경제성장의 기반을 조성하는 역할을 하는 동시에, 국민들에게 더 나은 삶을 보장하는 터전을 제공하는 기능을 해 왔다. 건국헌법이 모든 국민에 대하여 "생활의 기본적 수요의 충족"과 "균형 있는 국민경제의 발전"을 표방하고 있었지만, 1950년대에는 내세울 만한 근대적 법제조차 마련되지 않은 상태에서 절대빈곤의 해결과 전후복구에 중점을 둘 수밖에 없었다.

본격적인 국토개발은 1962년부터 시작된 경제개발 5개년계획부터라고 할 수 있다. 산업기반을 구축하기 위하여 「국토건설종합계획법」(1963), 「수출산업공업단지개발조성법」(1964), 「수출자유지역설치법」(1970) 등이 마련되었으며, 경제개발에 따른 용지를 확보하기 위하여 「토지개량사업법」(1961), 「개간촉진법」(1962) 및 「공유수면매립법」(1962), 「토지구획정리사업법」(1967) 등이 활용되었다. 한편, 도시로의 인구집중으로 말미암아 계획적인 도시설계가 필요하게 되어 「건축법」(1962)과 「도시계획법」(1962)이 제정되었다. 수자원 및 산림과 같은 자연의 활용에 관해서는 「하천법」(1961), 「특정다목적댐법」(1966), 「수도법」(1962), 「산림법」(1962) 등이 마련되어 지금까지 맥을 이어오고 있다.

1970년대에는 중화학공업 육성시책에 따라 국토개발정책도 공업화 기반을 마련하고, 배후도시를 건설하는 데 초점을 두게 되었는데, 「산업기지개발촉진법」(1973), 「공업배치법」(1977) 등이 이때 제정된 대표적 법률이다. 또한 도시와 주택 문제 해결을 위하여 「도시재개발법」(1976) 및 「주택건설촉진법」(1977) 등이 제정되었다.

1980년대에는 국토의 균형발전에 역점을 두어 「특정지역 종합개발 촉진에 관한 특별조치법」(1980), 「수도권정비계획법」(1982), 「농어촌지역개발기금법」

(1986) 등이 마련되었다. 또한 「택지개발촉진법」(1980)을 제정하여 도시지역의 시급한 주택난 해소를 위한 주택건설에 필요한 토지수요에 대응하였다. 1980년대 후반에는 토지의 공공성이 강조되어 3대 토지공개념 법제인 「택지소유상한에 관한 법률」, 「개발이익 환수에 관한 법률」, 「토지초과이득세법」이 등장하였다. 한편, 「해양개발기본법」(1987)과 「도서개발촉진법」(1986)이 마련되는 등 해양개발도 본격화되었다.

1990년대에는 세계화 · 지방화에 대응한 지방분산형 국토개발이 추진되었다. 이 시기에 「특정지역 종합개발 촉진에 관한 특별조치법」이 「지역균형개발 및 지방중소기업 육성에 관한 법률」(1994)로, 「산업기지개발촉진법」 및 「지방공업개발법」이 「산업입지 및 개발에 관한 법률」(1990)로 각각 개편되었다. 해양관리에 있어서는 「해양오염방지법」의 개정(1991)과 「습지보전법」(1999) 및 「연안관리법」(1999)의 제정 등 친환경적인 법제가 마련되었다.

2000년대 이후에는 분권화와 지속 가능한 성장에 기초한 삶의 질에 기반을 둔 국토정책이 추진되고 있는바, 「국토기본법」(2002)과 「국가균형발전특별법」(2004) 등 국토정책의 근간이 되는 법제가 마련되었다. 이 시기에는 종전의 분야별 입법을 종합입법으로 개편하는 작업이 행해졌는데, 「국토이용관리법」과 「도시계획법」을 통합하여 「국토의 계획 및 이용에 관한 법률」(2002)을 제정함으로써 전 국토를 일관된 관리체계하에 두도록 한 것이 대표적인 예이다. 그 밖에도 「도시재개발법」 및 「도시 저소득주민의 주거환경 개선을 위한 임시조치법」을 통합한 「도시 및 주거환경정비법」(2002)과 「공유수면관리법」 및 「공유수면매립법」을 통합한 「공유수면 관리 및 매립에 관한 법률」(2010)이 제정되었다. 한편, 해양법제에 있어서는 「무인도서의 보전 및 관리에 관한 법률」(2007) 및 「해양심층수의 개발 및 관리에 관한 법률」(2007) 등 새로운 형태의 자원개발을 위한 법제가 등장하였다.

제1절 국토개발

한국의 국토개발정책은 경제정책과 맞물려 전개되어 왔다. 국토개발은 국토를 성질에 따라 일정한 단위로 나누어 적절한 용도를 부여하는 지역지구제에 기반을 두고 있는데, 이에 따라 도시의 분포, 도시기능의 배분, 공업지역의 배치 등이 결정되었다. 지역지구제는 1934년의 「조선시가지계획령」 이래 1962년의 「도시계획법」, 1972년의 「국토이용관리법」 및 2002년의 「국토의 계획 및 이용에 관한 법률」로 이어지고 있다.

전후복구에 중점을 두었던 1950년대와는 달리 1960~1970년대에는 경제성장과 수출촉진을 우선시하였고, 이를 위한 보조적 지원수단으로서 물적 인프라 위주의 국토개발정책이 추진되었다. 1963년에는 장기적 · 체계적인 국토개발을 위하여 「국토건설종합계획법」이 제정되었으며, 이 법에 따라 댐건설, 수리간척사업, 재해방지를 위한 치수사업과 도로 · 항만 · 상하수도 등 공업화와 도시화를 지원하기 위한 사회간접자본이 집중적으로 건설되었다. 1972년에는 「국토이용관리법」을 제정하여 비도시지역에 대하여도 용도를 부여함으로써 토지의 계획적 이용을 전 국토로 확대하는 계기를 만들었다. 또한 공업지역의 적절한 배치를 위하여 「산업기지개발촉진법」(1973)과 「공업배치법」(1977)이 제정되었다.

1970년대에 추진되었던 성장거점을 위주로 한 불균형적 국토개발정책은 공업화 기반을 조성하는 데 있어서는 어느 정도 성공을 거두었다고 볼 수 있다. 그러나 수도권과 동남권으로의 집중이 심화되어 1980년대에 이르러서는 지역 간 개발 수준의 격차와 대도시 집중의 해소가 주된 정책과제로 떠오르게 되었다. 이에 지방의 성장거점도시를 중심으로 투자를 집중하는 "분산적 집중발전전략"(decentralized concentration strategy)이 채택되었는데, 「특정지역 종합개발 촉진에 관한 특별조치법」(1980), 「수도권정비계획법」(1982), 「농어촌지역개발기금법」(1986) 등이 제정되어 경제성장의 부작용 해소와 균형개발에 역점을 두게 되었다.

개방화 · 지방화 · 첨단화를 화두로 한 1990년대에는 선진경제로 진입하기 위한 세계화의 요청에 따라 경제개방이 가속화되었다. 1995년 「지방자치법」에 따른 지방선거가 실시되어 지방자치단체장을 주민의 손으로 뽑게 되자 국토개발방식도 중앙정부 위주의 하향식에서 지방이 주가 되는 상향식으로 전환될 필요성이 대두되었다. 또한 국민경제가 성숙단계에 접어들면서 「산업입지 및 개발에 관한 법률」(1990)과 「지역균형개발 및 지방중소기업 육성에 관한 법률」(1994) 등을 활용하여 지방의 주요 지역에 첨단산업단지의 조성이 추진되었다. 한편, 제주도에 대한 관광수요가 급격히 증가함에 따라 관광기반시설을 확충하고 자연경관과 향토문화를 보존하기 위하여 「제주도개발특별법」(1991)이 제정되었다.

2000년대에 들어와서는 사회의 성숙화와 다양화에 따라 국토정책도 국경 없는 세계화, 지구환경 문제와 지속 가능성, 삶의 질 향상, 분권화와 지역경제화 등 시대적 조류 변화의 영향을 받게 되었다. 이에 따라 2002년에는 종전의 「국토이용관리법」과 「도시계획법」을 통합하여 「국토의 계획 및 이용에 관한 법률」을 제정하였다. 그리고 「국토건설종합계획법」을 「국토기본법」(2002)으로 재편하여 국토정책의 기본방향을 제시하는 한편, 국토계획과 도시계획의 연계를 강화하였다. 또한 「국가균형발전특별법」(2004)의 제정과 「지역균형개발 및 지방중소기업 육성에 관한 법률」의 개정 등을 통하여 당시 노무현 정부의 국정과제인 국가균형발전과 수도권과 지방의 상생전략(win-win strategy)을 뒷받침하였다. 2008년 출범한 이명박 정부는 산술적 · 결과적 균형발전에서 탈피하여 창조적 광역발전과 실질적 지방분권을 국정과제로 삼았는데, 이를 뒷받침하기 위하여 「국가균형발전특별법」을 개정(2009)하여 광역단위의 계획체계를 도입하였다.

낙후지역 또는 성장잠재력이 있는 지역의 개발을 집중적으로 지원하기 위한 입법도 행하여졌다. 2007년에는 우수한 입지여건과 풍부한 관광자원을 가진 해안권을 개발구역, 첨단과학기술단지 또는 투자진흥지구 등으로 지정하여 체계적이고 종합적으로 개발하기 위하여 「동 · 서 · 남해안권발전특별법」이 제정되었다. 이후 이 법은 내륙 발전축의 종합개발을 위하여 2010년 「동 · 서 · 남해안 및 내륙권발전특별법」으로 바뀌었다. 한편, 2008년에는 산업 및 생활기반시설 등이 다른 지역에 비하여 낙후되어 있으나 성장잠재력을 보유한 지역을 종합적 · 체계적으로 발전시키고 투자를 촉진함으로써 성장동력을 창출하고 국가균형발전에 기여하게 할 목적으로 「신발전지역 육성을 위한 투자촉진특별법」이 제정되었다.

1. 계획적 국토개발체제의 수립과 특정지역의 개발

1953년 6.25전쟁이 종료되자 전쟁으로 인하여 붕괴된 단일국가의 경제체제를 극복하고 공업 중심의 경제구조였던 북한 지역에 비하여 농업 중심이었던 남한 지역의 국토를 재편성할 필요가 있었다. 이승만 정부의 전쟁피해 복구작업이 어느 정도 끝나 가던 1960년에 경제개발 3개년계획(1960~1963)이 수립되었으나 4.19혁명으로 실행으로 옮겨지지 못하였다. 1960년대는 국토개발의 발아기로서 빈곤 및 실업 해소를 위해 체계적인 국가발전전략이 필요한 시점에서 체계적인 법적 뒷받침이 요청되는 상황이었다. 1962년 11월에는 국토건설종합계획의 수립과 그 근거법을 마련하기 위하여 「내각수반지시각서」 제53호가 시달되었는데, 이에 따라 1963년 10월 14일 「국토건설종합계획법」이 제정되었다.

1) 「국토건설종합계획법」

「국토건설종합계획법」은 국토의 자연조건을 종합적으로 이용 · 개발 및 보전하고, 산업입지와 생활환경의 적정화를 기하기 위하여 토지 · 물 등의 천연자원의 이용 · 개발 및 보전, 재해방제, 도시와 농촌의 배치, 산업입지의 선정과 조성 등에 관한 사항을 내용으로 하는 국토건설종합계획을 수립하도록 규정하였다. 이 법에 따라 1972년부터 2020년까지 제1차부터 제4차까지의 국토건설종합계획이 수립되어 한국의 경제성장에 있어서 제도적 기반이 되었다. 국토건설종합계획은 전국 · 특정지역 · 도 및 군건설종합계획의 4가지 수준으로 구분되었고, 전국건설종합계획은 특정지역건설종합계획과 도건설종합계획의 기본이 되도록 하여 계획 간의 질서와 조화를 도모하였다. 또한 대통령 소속하에 국토건설종합계획심의회를 두어 국토계획의 종합적 조정, 전국계획안, 특정지역의 지정 및 특정지역계획안, 도계획의 승인, 국토조사의 성과에 관한 사항을 심의하도록 하였다.

특히, 자원의 이용이나 개발이 충분히 되어 있지 아니한 지역, 산업의 조성이나 재해의 방제를 특히 필요로 하는 지역 그 밖에 국가의 특별한 경제적 · 사회적 목적을 달성하기 위하여 필요한 지역을 '특정지역'으로 지정할 수 있었다. 특정지역으로 지정되면 건설부 장관이 특정지역건설종합계획을 작성하였다. 1965년부터 1993년까지 12개의 특정지역이 지정 · 개발되었는데, 그 중 서울 · 인천 특정지역(1965년 지정)과 울산 특정지역(1966년 지정)은 산업화 촉진을 위한 특정지역으로서 공업단지가 조성되었다.

2002년에는 이 법의 후속으로 국토의 지속 가능한 발전을 기본이념으로 하는 「국토기본법」이 제정되어 2003년부터 시행되고 있다.

2) 「특정지역 종합개발 촉진에 관한 특별조치법」

1980년 1월 4일 제정된 「특정지역 종합개발 촉진에 관한 특별조치법」은 「국토건설종합계획법」에 따른 특정지역의 자원을 종합적으로 이용 · 개발 및 보전하며, 산업입지와 생활환경의 적정화를 기하려는 법이었다. 이 법은 특정지역이 국가의 특별한 경제적 · 사회적 목적을 달성하기 위하여 개발이 필요한 지역인데도 도로 등 기반시설이 부족하고 국가의 재정 · 세제지원이 미약하며, 특히 기존의 개발법령이 다원화되어 지역개발에 지장을 준다는 인식하에 의원제안으로 발의되었다.

이 법은 「국토건설종합계획법」에 의하여 지정된 특정지역을 합리적 · 효율적으로 개발하기 위하여 개발촉진지구, 개발예정지구 및 개발규제지구라는 개념을 도입하였다. 개발촉진지구는 집중개발하되, 개발규제지구는 자연환경을 보전하도록 하여 특정지역의 조화로운 개발을 도모하였다. 개발촉진지구는 특정지역 중 특히 집중개발이 필요한 부분으로서 건설부 장관이 직권이나 도지사의 신청에 의하여 지정하도록 되어 있었다. 개발촉진지구가 지정 · 고시되면 건설부 장관이나 도지사가 기본계획을 입안하고, 국가 · 지방자체단체 · 정부투자기관이나 건설부 장관의 지정을 받은 자가 개발사업을 시행하였다. 개발촉진지구 안의 토지소유자에게는 개발의무가 부과되었는데, 건설부 장관은 개발촉진지구의 토지소유자에게 토지의 개발을 명할 수 있었으며, 명령을 받은 토지소유자가 자력으로 개발할 수 없을 때에는 사업시행자를 지정하여 공동개발 또는 대리개발을 할 수도 있게 하는 등 다양한 개발방식을 규정하였다.

특정지역의 무질서한 개발집중현상을 완화하고 합리적인 이용 · 개발을 유도함으로써 균형 있는 발전을 도모하기 위하여 특히 필요하다고 인정할 때에는 건설부 장관이 특정지역 안의 일정 부분을 개발예정지구로 지정할 수 있었다. 개발예정지구의 지정도 개발촉진지구의 경우와 같은 절차에 따라 지정되었는데, 지정 후 3년 이내에 개발촉진지구로 확정되지 않으면 개발예정지구의 지정이 무효가 되었다.

건설부 장관은 개발촉진지구의 주변이나 그 밖의 곳으로의 지역개발의 무질서한 확산을 방지하고 자연자원을 보전하여 건전한 생산 및 생활환경을 유지하기 위하여 개발을 규제할 필요가 있다고 인정되는 때에는 개발규제지구를 지정할 수 있었다. 개발규제지구에서는 지정목적에 위배되는 건축행위, 토지의 형질변경, 토지분할 또는 도시계획사업 그 밖에 이와 유사한 사업을 시행하지 못하도록 하였다.

이 법은 1994년 지역 간 균형 있는 개발과 지역별 특성에 맞는 광역개발을 위하여 제정된 「지역균형개발 및 지방중소기업 육성에 관한 법률」로 통합되었고, 이에 따라 특정지역제도도 폐지되었다.

2. 「국토이용관리법」과 지역지구제의 보편화

「국토이용관리법」은 토지의 용도에 따른 분업화를 통하여 국토의 경제적 효용을 증대시키고, 나아가서는 공업화 및 도시화에 따른 용지의 수요증가에 대비하기 위하여 1972년 12월 30일에 제정되었다. 당시 도시지역에 대해서는 1962년 제정된 「도시계획법」에 따라 토지이용질서가 규율되고 있었지만, 비도시지역에는 적용할 아무런 법률이 없는 상태였다. 하지만 이 법의 제정으로 비로소 도시계획구역 이외의 지역에 대해서도 계획적인 개발과 이용이 가능하게 되었다. 이 법은 2002년 「국토의 계획 및 이용에 관한 법률」의 제정으로 「도시계획법」과 함께 폐지될 때까지 경제개발시대에 있어 국토의 계획적이고도 체계적인 활용과 관리를 위한 법제로서 기능하였다.

1) 용도지역제와 기준지가제

「국토이용관리법」은 국토건설종합계획에 따른 토지이용계획의 입안 및 결정과 그 시행에 관한 사항을 규정하였는데, 그에 따라 전 국토를 기능과 적성에 따라 용도지역 및 용도지구로 구분하고, 용도지역을 단위로 산업을 분업적으로 배치하도록 하였다. 「국토이용관리법」에 따라 결정된 토지이용계획은 다른 법령에 의한 토지이용계획의 기본이 되었는데, 관계 행정기관의 장이 다른 법령에 의하여 토지의 이용에 관한 각종 구획을 정하려는 때에는 건설부 장관과 협의하도록 하였다. 이는 근대화 시기를 맞아 각종 개발법제가 쏟아져 나올 경우에 대비하여 법령 간의 적용관계를 명확히 함으로써 집행상 혼란을 방지하고, 개발사업 간 조화를 도모하려는 것이었다.

토지이용계획은 건설부 장관이 입안하는 토지이용기본계획과 도지사가 입안하는 토지이용시행계획으로 구분되었다. 토지이용기본계획에서는 국토를 그 기능과 적성에 따라 용도지역으로 구분 · 지정하였고, 토지이용시행계획에서는 용도지역을 보다 효율적으로 이용 · 관리하기 위하여 건축물의 용도, 높이, 건폐율, 용적률 등을 별도로 규제하는 용도지구로 세분하였다. 제정 당시 용도지역은 도시지역, 농업지역, 산림지역, 공업지역, 자연 및 문화재보전지역, 유보지역의 6개로 구분되었다. 또한 농업지역은 경지지구와 취락지구로, 산림지역은 산림보전지구와 개간촉진지구로, 공업지역은 공업전용지구와 준공업지구로, 자연 및 문화재보전지역은 자연환경보전지구 · 문화재보전지구 · 관광휴양지구 · 해안보전지구 · 수산자원보전지구로 각각 구분되었다. 용도지역과 용도지구에서는 행위제한을 두었는데, 예를 들면 농업지역의 취락지구 안에서는 공해의 위험이 있는 공장 · 유류저장소 · 화약류저장소 등 대통령령으로 정하는 시설 · 건축물 그 밖의 공작물의 설치가 원칙적으로 금지되었다.

한편, 국토개발로 인한 지가의 급등을 예방하기 위하여 기준지가고시제도를 두었다. 이에 따라 건설부 장관은 지가의 부당한 변동을 억제하고 토지이용계획의 원활한 수행을 도모하기 위하여 지가가 현저히 변동될 우려가 있는 일정 지역의 지가를 조사 · 평가하여 중앙토지수용위원회의 확인을 받은 후 기준지가로 고시할 수 있었다. 또한 기준지가는 공공시설용지를 매수하거나 토지를 수용하는 경우에 보상액의 기준으로 활용되었다.

2) 토지거래규제 및 개발이익환수제의 도입

1978년 12월 5일에는 토지소유의 편중 및 무절제한 사용을 시정하고 투기로 인한 비합리적인 지가형성을 방지하기 위하여 토지거래의 공적 규제를 강화하고 개발부담금 및 개발이익환수제도를 도입하는 내용으로 법을 개정하였다.

첫째, 토지거래허가제를 도입하여 건설부 장관이 토지의 투기적인 거래가 성행하거나 성행할 우려가 있고, 지가가 급격히 상승하거나 상승할 우려가 있는 구역을 국토정책심의회의 심의를 거쳐 5년 내의 기한으로 규제구역으로 지정할 수 있도록 하였다. 규제구역 내의 토지거래계약에 대하여는 시 · 도지사의 허가를 받도록 하였으며, 규제구역 외의 토지거래계약에 대해서는 시 · 도지사에게 신고하도록 하였다.

둘째, 개발이익환수제를 도입하여 주택지조성사업 및 공업용지조성사업 등의 개발사업에 대하여 개발부담금을 부과할 수 있는 근거를 마련하였다. 또한 국가는 개발사업에 의하여 토지소유자가 자신의 노력과 상관없이 지가가 상승되어 현저한 이익을 받은 때에는 이를 개발이익으로서 환수할 수 있도록 하였다.

셋째, 유휴지통지제도를 도입하여 허가 · 신고대상인 일정 규모 이상의 일단의 토지가 장기간 적절하게 이용되지 아니할 때에는 유휴지로 통지하여 개발을 촉진하였다. 토지소유자는 유휴지의 통지를 받은 날로부터 3개월 내에 개발 · 이용계획서나 처분계획서를 시 · 도지사에게 제출해야 하였는데, 이를 제출하지 않거나 시 · 도지사의 변경권고에 응하지 않는 경우에는 매수협의 또는 수용으로 연결되었다.

그러나 1999년 2월 8일에는 토지거래신고제 및 유휴지제도를 폐지하는 등 토지거래와 관련된 규제를 완화하였다

3) 용도지역제의 변화

1980년대에 들어서자 복지사회 건설을 위한 국토자원의 수요증가에 대응하기 위하여 국토의 효율적 이용과 집약적 관리가 당면과제로 제기되었다. 이에 1982년 12월 31일에는 용도지역과 용도지구를 통합하여 용도지역제로 일원화하고, 용도지역의 목적에 맞추어 지역 · 지구를 지정하도록 하였다. 또한 "토지이용계획"의 명칭을 "국토이용계획"으로 변경하고, 용도지역을 도시지역, 취락지역, 경지지역, 산림보전지역, 공업지역, 자연환경보전지역, 관광휴

양지역, 수산자원보전지역, 개발촉진지역, 유보지역의 10종으로 확대개편하였다. 다른 법령에 따른 각종 개발지구는 일정한 용도지역 내에서만 설정될 수 있는 제한을 받도록 하였는데, 예를 들면 「산업기지개발촉진법」에 따른 산업기지개발구역이나 「지방공업개발법」에 따른 공업개발장려지구는 공업지역 안에서만 설정될 수 있었다.

1990년대에 들어와서 국민경제활동이 급격히 증가하자 이에 필요한 토지를 원활하게 공급하기 위하여 용도지역을 단순화하고, 보전 위주로 되어 있는 국토이용관리체제를 보전과 개발이 조화를 이룰 수 있는 체제로 개편할 필요가 있었다. 이에 1993년 8월 5일에는 용도지역이 도시지역, 준도시지역, 농림지역, 준농림지역 및 자연환경보전지역의 5종으로 축소되었다.

3. 「수도권정비계획법」에 따른 분산정책

수도권 집중현상의 해소는 1960년대부터 시작된 산업화의 초기부터 현재까지 지속적인 정책과제가 되어 왔다. 1964년 "대도시 인구집중 방지책"을 통하여 서울의 인구집중 억제를 시도하였지만, 경제성장 위주의 정책에 밀려 제대로 성과를 거두지 못하였다. 1969년에도 수도권 인구집중 억제방안으로 서울의 공간적 확산을 방지하기 위한 개발제한구역의 설정, 조세에 의한 인구집중 억제, 학교증설 억제, 중앙관서의 지방 이전 등의 대책이 제시되었고, 1970년대에도 대도시 인구분산시책이 수차례 수립되었으나 그 집행은 미진하였다.

1980년대에 들어서서 지속적인 경제성장으로 절대빈곤의 문제가 어느 정도 해소되자 경제성장 위주의 산업화 과정에서 나타난 지역격차 문제에 정책적 관심이 쏠렸다. 하지만 20여 년 간 진행되어 온 공업화 시책과 거점개발전략에 따라 전 국토면적의 11.8%에 불과한 서울과 수도권에 인구 및 산업의 35% 이상이 과도하게 밀집되어 국가안보상 취약성, 지역 간 격차유발과 교통난 · 주택난 · 공해 · 범죄 등 도시 문제의 심화현상이 두드러지게 나타나고 있었다.

이 같은 수도권의 인구와 산업의 과도한 집중을 억제하고 선별적 분산을 통하여 국토의 균형 있는 개발을 유도하기 위하여 1982년 12월 31일 「수도권정비계획법」이 제정되었다. 이 법은 단순히 수도권 내의 문제를 해결하는 데서 더 나아가 국토의 균형발전이라는 차원에서 제정된 것이었으며, 행정조치에 그치던 수도권 정책에 강력한 법적 지위를 부여하는 계기가 되었다.

이 법에서는 "수도권"을 서울특별시, 인천광역시 및 경기도 일원으로 정의하고, 건설부 장관으로 하여금 수도권의 인구규모 · 산업배치 · 토지이용 · 도시정비 등을 내용으로 하는 수도권정비계획을 수도권정비심의위원회의 심의, 국무회의의 심의 및 대통령의 승인을 얻어 결정하도록 하였다. 그리고 수도권정비계획에 우선적 지위를 부여하여 이에 저촉되는 토지이용계획 · 건설계획 및 개발계획이 제한되었다.

이 법은 수도권을 이전촉진권역 · 제한정비권역 · 개발유도권역 · 자연보전권역 및 개발유보권역으로 세분하여 각 권역 간의 균형개발과 이전촉진지역인 서울특별시의 인구와 산업을 다른 권역으로 이전하도록 유도하고 있다. 특히, 학교나 공장, 업무용 건축물 등 인구집중 유발시설의 정비를 유도하기 위하여 국가 · 지방자치단체 또는 정부투자기관이 조성한 대지의 우선분양과 기존 인구집중 유발시설 이전적지의 매수와 같은 지원제도를 마련하였다. 또한 관계 행정기관의 장은 이전촉진권역 · 제한정비권역 등에서 중요 공공사업이 시행되는 경우에는 해당 사업이 수도권 인구집중현상에 미칠 인구영향평가를 실시하도록 하였다.

1994년 1월 7일에는 인구와 산업의 수도권 집중을 효율적으로 억제하고 수도권 안의 지역 간 불균형을 해소하기 위하여 수도권의 권역을 과밀억제권역 · 성장관리권역 · 자연보전권역의 3개로 조정하였다. 그리고 나아가 인구집중 유발시설에 대한 규제방법을 해당 시설의 신 · 증축을 물리적으로 억제하는 직접규제방법에서 과밀부담금을 부과하는 경제적 · 간접적인 규제방법으로 전환하였다.

이 법에 따른 수도권 집중 억제시책의 지속적인 추진에도 불구하고 수도권으로의 집중현상은 별로 해소되지 못하였다. 오히려 이러한 문제가 광역적으로 확산되면서, 성장 위주의 정책으로 말미암아 환경오염과 지역 간 불균형이 심화되었다. 이러한 상황은 수도권 내에 한정된 문제를 해결하기보다는 전국적 차원에서 지역 간 균형개발을 촉진하는 쪽으로 수도권 시책이 변화되는 계기가 되었다.

4. 세계화에 대응한 지역경쟁력의 구축

1990년에 들어서자 정부는 정책의 주안점을 지역균형발전과 지역경쟁력 강화를 위하여 지역별 대규모 집적경제 기반을 구축하는 데 두었다. 한정된 국토를 보다 경제적으로 이용 · 개발 · 보전하기 위해서는 지역 간 균형 있는 개발을 촉진해 나가는 것이 무엇보다 절실하였기 때문이다. 1994년 1월 7일에는 지역개발사업을 추진하기 위한 대표적 입법으로서 「지역균형개발 및 지방중소기업 육성에 관한 법률」이 제정되어 지방대도시를 거점으로 하는 동일생활권을 광역적으로 개발하는 데 초점을 맞추었다. 이 밖에도 1993년에는 「국토이용관리법」을 개정하여 용도지역제를 단순화하고 각종 규제를 완화하였으며, 1994년에는 사회간접자본시설을 효율적으로 확충하고자 「사회간접자본시설에 대한 민간자본 유치 촉진법」을 제정하였다.

1) 「지역균형개발 및 지방중소기업 육성에 관한 법률」

「지역균형개발 및 지방중소기업 육성에 관한 법률」은 발전잠재력이 있는 지방대도시와 대규모 공업단지를 그 주변지역을 포함하여 광역적으로 지역별 특성에 맞추어 개발함으로써 수도권에 대응할 수 있는 지방거점으로 발전시키고, 낙후지역에 대한 개발이 촉진될 수 있도록 지원조치를 강화하여 지방경제를 활성화하고자 하는 목적을 가진 법이었다.

첫째, 건설부 장관은 지방 대도시와 그 주변지역, 공업단지와 그 배후지역 또는 여러 도시가 상호 인접하여 동일한 생활권을 이루고 있는 지역 등을 광역적으로 개발할 필요가 있을 경우 그 지역을 광역개발권역으로 지정할 수 있도록 하였다. 또한 개발사업의 원활한 시행을 위하여 민간자본을 유치할 수 있도록 하였다.

둘째, 건설부 장관은 개발 수준이 다른 지역에 비하여 현저하게 낮은 지역의 개발을 촉진하기 위하여 필요하다고 인정되는 경우에는 직접 또는 직할시장이나 도지사의 요청을 받아 개발촉진지구를 지정할 수 있도록 하였다. 다만, 개발 관련 특별법이 있는 제주도와 분산정책이 시행되고 있는 수도권은 개발촉진지구로 지정될 수 없었다. 한편, 건설부 장관은 지역 간의 균형 있는 개발을 위하여 필요하다고 인정되는 경우에는 직할시 · 도별로 개발촉진지구의 총면적을 정할 수 있도록 하였다.

셋째, 주거단지, 공업단지, 교육 · 연구단지, 문화단지, 관광단지, 유통시설, 기반시설 등을 "복합단지"로서 종합적으로 개발할 수 있도록 하였다. 특히, 민간개발자는 수도권 이외의 지역에서 대학, 주거단지, 상업시설 등을 갖춘 대학단지를 개발할 수 있도록 하였다.

넷째, 지방경제의 활성화를 통하여 인구의 지방정착을 유도하고 나아가서는 국토의 균형 있는 발전에 기여하기 위하여 지방중소기업 육성에 관한 규정을 두었다. 예를 들면, 상공자원부 장관은 공업의 배치 현황과 그에 따른 공업생산 실적이 「공업배치 및 공장설립에 관한 법률」에 따른 공업배치기본계획에 현저히 미달하는 시 · 도 안의 공업단지를 지방중소기업특별지원지역으로 지정할 수 있도록 하고, 각종 정책 추진시 그 지역 중소기업의 발전을 우선적으로 고려하도록 하였다.

2) 특정지역제도의 부활

2002년 1월 26일 「지역균형개발 및 지방중소기업 육성에 관한 법률」의 개정으로 1994년에 폐지되었던 특정지역제도가 부활되었다. 이는 지방자치의 발전으로 증가하는 지역개발 수요에 대응하여 문화 · 관광자원의 개발 등 특정한 목적으로 지역을 개발하려는 취지였다.

종전의 「국토건설종합계획법」에 따른 특정지역은 자원개발, 사회간접자본시설 확충 또는 공단조성 등의 단위사업에 초점을 맞추고, 국가의 개발 필요성에 따라 대부분 2,000km^2 이상 대단위 면적으로 지정 · 개발되었다. 반면에 새로운 제도하에서는 광역권 및 개발촉진지구와 보완관계를 중시하여 해당지역의 요구와 필요성을 반영한 실제적 필요면적으로 대부분 1,000km^2 내외로 지정되었다. 또한 광역개발권역의 대상지역을 확대하여 대도시와 그 주변지역, 산업단지와 그 배후지역 또는 여러 도시가 동일한 생활권을 이루고 있는 지역 외에도 자원의 공동개발 및 관리가 필요한 지역도 광역개발권역으로 지정 · 개발할 수 있도록 하여 현재까지 시행되고 있다.

5. 새로운 균형발전정책과 선성장동력의 창출

2000년대에 들어서자 세계화에 따른 지구환경 문제의 대두, 삶의 질 향상과 지식경제화, 분권화와 같은 시대적 조류가 사회 전반에 걸쳐 영향을 주게 되었다. 2003년에 출범한 노무현 정부는 국가균형발전을 국정과제로 삼고 성장과 균형이 병행하는 새로운 분권-분산 발전 모델로 패러다임의 전환을 추구하였다. 이러한 국가균형발전정책에서는 자립형 지방화를 핵심전략으로 채택하고, 지역혁신체제의 구축과 향토산업의 육성에 주안점을 두었다. 2004년에는 일관성 있고 지속적인 국가균형발전을 도모하기 위하여 「국가균형발전특별법」을 제정하여 공공기관의 지방이전을 추진하였다.

2008년에 출범한 이명박 정부는 전 국토의 성장잠재력을 극대화하고, 선(先)성장동력을 발굴하여 지역특화발전을 도모하며, 수도권과 지방의 동반상생 발전을 지역발전정책의 추진전략으로 삼았다. 지방분권과 자율을 위하여 개별법에 있는 중앙정부의 권한을 대폭 지방으로 이양하는 작업이 있었다. 특성화된 지역발전을 위하여 2009년에는 행정구역을 뛰어넘어 광역적 지역발전 체계를 구축하고, 국가균형발전특별회계를 대폭 개편하는 등의 내용으로 「국가균형발전특별법」을 개정하였다.

1) 「국토기본법」

「국토기본법」은 지역혁신 역량의 강화와 국가균형발전이라는 정책목표에 부응하는 지속 가능한 발전을 국토관리의 기본이념으로 선언하고, 그 체계적인 실천에 필요한 국토계획체계를 확립하며, 난개발을 근본적으로 방지하기 위한 목적으로 2002년 2월 4일 제정되었다. 이 법은 국토에 관한 계획 및 정책의 수립 · 시행에 관한 사항을 정한 기본법으로서 현재까지 국토관리의 근본규범이 되고 있다.

이 법은 국토계획을 국토종합계획 · 도종합계획 · 시군종합계획 · 지역계획 및 부문별 계획으로 구분하고, 계획 상호간의 관계를 명확히 하는 등 조화와 일관성을 도모하였다. 국토종합계획은 국토 전역을 대상으로 하여 장기적인 발전방향을 제시하는 종합적인 계획으로서 국토공간구조의 정비, 지역별 기능분담, 국토기간시설의 확충, 지하공간의 합리적 이용 및 관리, 국토환경의 보전 및 개선 등에 관한 장기적인 정책방향이 포함되었다. 이 계획은 건설교통부 장관이 수립하여 국토정책위원회 및 국무회의의 심의를 거친 후 대통령의 승인을 얻어 확정되었다. 도종합계획은 도지사가 도의 장기적인 발전목표 및 전략을 제시하기 위하여 지역공간구조의 정비, 지역 내 기능분담, 토지의 용도별 이용 및 계획적 관리에 관한 사항 등을 포함하는 내용으로 수립하였다. 또한 중앙행정기관의 장이나 지방자치단체의 장이 지역특성에 맞는 정비나 개발을 위하여 수도권발전계획 · 광역권개발계획 · 특정지역개발계획 · 개발촉진지구개발계획 등의 지역계획을 수립할 수 있도록 하였다. 한편, 중앙행정기관의 장은 국토 전역을 대상으로 하여 소관 업무에 관한 부문별 계획을 수립할 수 있도록 하였다.

이 법은 그 동안 수차례의 개정이 있었는데, 국토계획평가제도를 도입하고 국토정책위원회를 설치한 2011년 5월 30일의 개정이 두드러진다. 동 개정에서는 국토계획이 서로 중복되거나 상충되는 문제점을 방지하고, 국토종합계획을 중심으로 상호 유기적으로 연계될 수 있도록 하기 위하여 지역계획 및 부문별 계획의 수립권자가 해당 계획을 수립하거나 변경한 때에는 이를 국토해양부 장관에게 알리도록 하였다. 또한 국토계획 평가에 관한 규정을 신설하여 국토해양부 장관으로 하여금 대통령령으로 정하는 중장기적 · 지침적 성격의 국토계획에 대하여 국토의 균형 있는 발전, 경쟁력 있는 국토여건의 조성 및 환경친화적인 국토관리의 측면에서 국토의 지속 가능한 발전에 이바지하는 바를 평가하도록 하였다.

2) 「국토의 계획 및 이용에 관한 법률」

「국토의 계획 및 이용에 관한 법률」이 시행되기 전까지는 국토를 도시지역과 비도시지역으로 구분하여 도시지역에는 「도시계획법」을 적용하고, 비도시지역에는 「국토이용관리법」을 적용하는 이원적 방식으로 운영되고 있었다. 그런데 보전과 개발 용도로 모두 쓸 수 있던 준농림지역에 대한 난개발이 사회문제화되자 이를 해소하고자 국토이용 및 관리체제를 선계획–후개발체제로 전면 개편하기 위하여 양법을 통합하여 2002년 2월 4일 이 법을 제정하게 되었다.

이 법은 행정구역을 단위로 하여 기본적인 공간구조와 발전방향에 관한 도시계획을 수립하도록 하고, 비도시지역에도 도시계획기법을 도입하여 국토관리를 일원화하였다. 또한 다른 법률에 따른 토지의 이용 · 개발 및 보전에 관한 계획에 대하여 도시계획에는 기본적 지위가 부여되었다.

첫째, 용도지역과 용도지구제를 개편하였다. 용도지역과 관련하여 토지의 이용실태 및 특성, 장래의 토지이용 방향 등을 고려하여 전 국토를 도시지역 · 관리지역 · 농림지역 및 자연환경보전지역으로 구분하였다. 용도지역은 필요시 더 세분될 수 있었는데, 예를 들면 도시지역은 주거지역 · 상업지역 · 공업지역 · 녹지지역으로 구분되었다. 특히, 종전에 난개발 문제가 제기되었던 준농림지역이 편입되는 관리지역을 보전관리지역 · 생산관리지역 · 계획관리지역으로 세분하여 관리하도록 함으로써 난개발 문제의 해소를 도모하였다. 한편, 건설교통부 장관 또는 시 · 도지사로 하여금 경관지구 · 미관지구 · 고도지구 · 방화지구 · 방재지구 · 보존지구 · 시설보호지구 · 취락지구 · 개발진흥지구 · 특정용도제한지구와 같은 용도지구를 도시관리계획으로 결정하도록 하였다. 용도지역과 용도지구에서는 토지의 경제적 · 효율적 이용을 위하여 토지이용 및 건축물의 용도 · 높이, 건폐율, 용적률 등이 제한되었다. 한편, 시가지의 무질서한 확산을 방지하고 계획적인 토지이용을 도모하기 위하여 용도지역과 용도지구의 제한을 조정하여 적용할 수 있는 "용도구역"도 설정할 수 있도록 하였다.

둘째, 「도시계획법」에 있던 광역계획의 개념을 도입하여 건설교통부 장관은 2 이상의 특별시 · 광역시 · 시 또는 군의 공간구조 및 기능을 상호 연계시키고 환경을 보전하며 광역시설을 체계적으로 정비하기 위하여 필요한 경우에는 해당 지역을 광역계획권으로 지정할 수 있도록 하였다. 광역계획권이 지정되면 건설교통부 장관 또는 시 · 도지사가 기초조사 · 공청회 및 지방자치단체의 의견청취 절차를 거쳐 광역도시계획을 수립해야 하였다.

셋째, 난개발 방지를 위하여 건축물의 건축, 토지의 형질변경 등의 경우에 허가를 받도록 하는 개발행위허가제도의 적용범위를 전국으로 확대하는 한편, 개발행위 허가를 하고자 하는 경우에는 도시계획위원회의 심의를 거치도록 하였다. 또한 기반시설을 더 이상 설치할 수 없을 정도로 개발이 진행된 지역에서는 추가적인 개발행위로 인하여 기반시설의 용량이 부족하지 않도록 건폐율 · 용적률을 강화하는 개발밀도관리구역제도를 도입하였다.

넷째, 기반시설부담구역제도를 도입하여 개발행위가 집중되어 도로 · 하수도 등 기반시설의 설치가 새로이 필요한 지역에서 개발행위를 하는 자는 기반시설을 직접 설치하거나 설치에 필요한 비용을 부담하도록 하였다.

이 법은 제정 이후 거의 매년 개정되어 보완되었다. 2011년 4월에 있은 가장 최근의 개정에서는 국가균형발전위원회를 지역발전위원회로 개편하고, 국가균형발전특별회계를 광역 · 지역발전특별회계로 변경하는 등 지역발전에 중점을 두었으며, 지역개발에 있어서 포괄보조금의 근거를 마련하여 투자의 효율성을 향상시키고 시 · 도의 자율적 운영이 가능하도록 하였다.

제2절 도시개발

우리나라에 근대적 도시계획기법이 최초로 도입된 법제로는 1934년「조선시가지계획령」이라 할 수 있으나, 도시계획에 의하여 본격적으로 도시의 정비 · 개발이 이루어진 것은 경제개발이 적극적으로 추진되어 급격한 도시화 현상이 나타나기 시작한 1960년대부터라 하겠다. 1960년 39.1%에 불과하였던 도시화율은 1970년에 도시인구와 농촌인구가 서로 비슷한 50.1%를 지나 2009년에는 90.8%에 이르고 있다. 한국의 빠른 도시인구 증가는 산업화에 따른 막대한 이농의 결과라 할 수 있으며, 도시로의 인구유입은 수도권 집중과 도시빈곤 등 도시 문제의 근원이 되고 있다.

1950년대는 전후복구의 과정에서 도시의 과밀화 문제의 해소와 특히 학교시설에 대한 정비가 쟁점화되면서 체계적인 도시정비 법제의 필요성을 인식하게 된 시기로서 도시개발정책의 태동기였다. 1962년「도시계획법」의 제정 이전까지는 전쟁복구 업무의 일환으로 25개 도시에 대한 도시계획이 마련된 바 있다.

1960년대와 1970년대는 도시정책을 경제성장이라는 최우선 과제를 구현하는 수단으로 인식하였던 시기였다. 이 시기에는 경제성장이라는 패러다임을 기조로 하여 수도권 등 대도시 인구집중과 그로 인해 파생되는 도시 문제에 대처하는 것이 도시정책의 주요 과제였다. 이를 위하여 1962년에는 「도시계획법」이 제정되어 도시개발사업이 탄력을 받게 되었다. 1970년대에는 중화학공업 위주의 공업화 정책이 추진되면서 1973년 「산업기지개발촉진법」이 제정되어 대규모 공업단지 조성사업이 추진되었는데, 그 결과 반월, 여천, 구미, 창원, 포항, 광양 등의 공업도시가 조성되었다. 「산업기지개발촉진법」에서는 국영기업인 산업기지개발공사에 토지수용권을 부여하고, 산업기지개발사업에 관한 실시계획의 승인을 얻은 때에는 다른 법률에 의한 인 · 허가를 의제하는 강력한 수단을 규정함으로써 토지구획정리사업에만 의존해 왔던 시가지 조성사업의 한계를 탈피하고 현대도시의 면모를 갖춘 대규모 신시가지를 단기간에 건설할 수 있도록 하였다.

인구와 산업의 대도시 집중현상을 막기 위한 노력이 별다른 효과를 거두지 못하자 1971년 「도시계획법」을 개정하여 대도시 주변에 개발제한구역을 지정할 수 있는 근거를 마련하였다. 한편, 저소득층의 불량주거지 문제가 사회적으로 부각되는 등 도시정책에 있어서 사회적 배려와 환경에 대한 관심이 높아짐에 따라 1976년에는 「도시계획법」으로부터 불량주택 밀집지역에 대한 재개발사업에 관한 규정이 분리되어 「도시재개발법」이 제정되었다.

효율적인 도시정비를 위한 특별법도 제정되었다. 1972년에는 대도시 주변지구에서 시행되는 신시가지 조성사업을 촉진함으로써 질서 있는 도시의 발전을 도모하고, 기존 시가지에 있어 가구단위의 건축물을 건축하게 하거나 그 높이 · 모양 등을 정비하여 도시미관을 조성하고 도시기능을 증진시키기 위하여 「특정지구 개발 촉진에 관한 임시조치법」이 제정되어 1975년까지 시행되었다. 1973년에는 「건축법」을 비롯한 관계 법령의 규정에 위반하거나 기준 미달 건축물을 정비 · 개량하기 위하여 「도시계획법」상 재개발사업에 관한 특례를 둔 「주택개량 촉진에 관한 임시조치법」이 제정되어 1981년까지 시행되었다.

1980년대와 1990년대는 도시개발의 중흥기였다. 이 시기에 도시지역의 시급한 주택난 해소를 목적으로 주택건설에 필요한 택지를 대량으로 확보하기 위하여 「택지개발촉진법」(1980)이 제정되었고, 「도시계획법」의 개정(1981)으로 대도시에 대한 도시기본계획의 수립이 의무화되었다. 「건축법」의 개정(1980)으로 기존 도시의 체계적 관리를 위한 방안으로서 도시설계제도가 도입되었는데, 건축물을 도시설계에 적합하게 건축하도록 의무화되었다. 도시설계제도는 도시계획시설 및 토지이용계획 등을 구체화하고 건축물 및 공공시설의 위치 · 규모 · 용도 · 형태와 공간의 활용 등을 규제함으로써 도시의 기능과 미관을 증진하려는 목적을 가지고 있었다. 1991년에는 「건축법」을 대대적으로 개편하면서 특별개발사업구역에서의 계획적 개발제도를 도입하였다. 특별개발사업구역은 대규모 개발사업의 시행구역으로서 주거환경의 개선과 토지의 효율적인 이용을 위하여 지정되었으며, 질 높은 환경 조성에 대한 사업자의 적극적인 참여를 유도하고자 대규모 주택건설에 대한 건축기준 완화 등의 조치를 하기도 하였다. 한편, 이 시기의 새로운 도시의 개발을 위한 법제로는 「택지개발촉진법」을 들 수 있다. 이 법의 시행으로 주택용지의 대량공급이 가능해지자 1980년대 후반부터 본격적인 신도시 개발이 시작되었다.

2000년대에 들어와서는 무분별한 난개발을 방지하고 지속 가능한 도시공간을 창출하기 위한 도시정책이 추진되고 있다. 이를 위하여 「도시개발법」(2000), 「국토의 계획 및 이용에 관한 법률」(2002), 「도시 및 주거환경정비법」(2002) 등 기존 법제의 통합현상이 나타났다. 또한 도시발전에 있어서 지역적 균형 및 수도권과 지방의 상생발전을 위하여 「기업도시개발특별법」(2004), 「신행정수도 후속대책을 위한 연기 · 공주지역 행정중심복합도시 건설을 위한 특별법」(2005) 및 「공공기관 지방이전에 따른 혁신도시 건설 및 지원에 관한 특별법」(2007)이 제정되었다.

1. 「도시계획법」과 계획적인 도시건설

1950년대에는 피난민과 전재민의 도시집중현상을 보였다. 전쟁으로 파괴된 도시기반시설을 복구하고 도시로 인구가 집중되는 현상에 대처하기 위한 도시계획의 필요성이 커지고 있었지만, 법제화의 여건이 마련되지 못하였다. 1950년대 후반에 들어서서 농 · 공업 생산기반시설에 대한 복구사업이 일단락되면서 경제발전에 대한 각성과 도시계획제도 정비의 필요성이 인식되기 시작하였다. 이에 1962년 1월 20일 도시의 창설 또는 개량에 관한 사항을 규정함으로써 도시의 건전한 발전을 도모하고 공공복리의 증진에 기여하기 위하여 「도시계획법」이 제정되었다. 「도시계획법」이 제정되면서 건축분야는 따로 「건축법」으로 분리되었고, 토지구획정리사업 분야는 1966년 「토지구획정리사업법」으로 독립되었다.

1) 「도시계획법」에 따른 도시기능의 배분

「도시계획법」은 도시계획구역을 지정하여 교통, 위생, 보안, 산업, 후생 및 문화에 관한 생활기반시설과 지역 및 지구의 지정 등에 관한 도시계획을 수립하는 체제로 되어 있었다. 도시계획구역 및 도시계획은 국토건설청장이 관계 지방의회의 의견을 들은 후 중앙도시계획위원회의 의결을 거쳐 결정하였다. 도시계획사업은 행정청이 이를 집행하는 것을 원칙으로 하되, 필요시 민간이 참여할 수 있도록 길을 터놓았다.

도시의 기능분배와 관련하여서는 지역지구제에 바탕을 두어 국토건설청장은 도시계획구역 내에 주거지역, 상업지역, 공업지역, 녹지지역을 지정하거나, 풍치지구 · 미관지구 · 방화지구 · 교육지구 · 위생지구 및 공지지구를 설정할 수 있도록 하였다.

2) 「토지구획정리사업법」의 제정

도시화의 진전에 따라 기존의 토지분포가 불규칙하게 되자 토지의 상호 유기적 기능을 증진하고 미관을 유지하기 위해서는 토지의 구획과 분포를 반듯하게 함과 동시에 공공시설의 부지를 확보할 필요가 있었다. 「토지구획정리사업법」이 시행되기 전에는 토지구획정리사업에 관하여 당시 「도시계획법」에 규정된 사항 외에는 농경지 정리를 위한 「토지개량사업법」(1961)을 준용하고 있었는데, 양법의 혼용에서 오는 혼란을 예방하기 위하여 단행법의 필요성이 제기되었다. 이에 따라 1966년 8월 3일 토지구획정리사업의 집행절차 · 방법 및 비용부담 등에 관한 사항을 규정하는 「토지구획정리사업법」이 제정되어 2000년 「도시개발법」으로 흡수될 때까지 기존의 들쭉날쭉한 시가지를 획기적으로 바꾸는 근거로 기능하였다.

토지구획정리사업의 주체는 토지소유자를 기본으로 하되, 국가 등 공공부문도 개입할 수 있도록 하였다. 즉, 토지구획정리사업은 토지소유자나 토지소유자가 설립하는 토지구획정리조합이 실시하되, 도시계획으로 결정된 구획정리사업은 대한주택공사가 할 수 있도록 하였다. 지방자치단체도 위법행위로 인하여 토지소유자 또는 토지구획정리조합의 사업시행 인가가 취소되는 경우 등에는 직접 사업을 실시할 수 있도록 하였다. 토지구획정리사업을 시행하기 위해서는 사업계획을 수립하여 건설부 장관의 인가를 받도록 하였다. 토지의 권리변동은 환지처분에 의하도록 하였는데, 그 과정에서 공공용지를 확보하도록 하였다.

3) 현대적 도시계획제도의 기본구조 형성

1960년대에 추진되었던 강력한 공업화 정책으로 산업구조의 고도화를 이루었으나 도시 주변에 많은 인구가 집중하게 되었고, 이로 인한 도시의 급격한 팽창으로 각종 도시 문제를 야기하게 되자 기존의 법 규정은 한계를 노정하게 되었다. 이에 1971년 1월 19일 도시기능의 재활성화와 부도심 및 신도시의 계획적 조성 등을 위하여 「도시계획법」이 전면 개정되었다.

첫째, 재개발사업의 집행절차에 관한 규정을 신설하였다. 기존 시가지 내에 있어서 도로가 협소하고 건물이 노후한 불량지구는 이를 개량하는 수준으로는 한계가 있으므로 도로를 정비하고 새로운 건물을 건축할 수 있도록 재개발사업을 실시하여 도시기능을 되찾게 하였다.

둘째, 도시교외부의 새로운 도시 형성이 예상되는 지역을 찾아내 주도심의 기능 일부를 분산흡수시킬 수 있는 부도심 또는 신도시의 개발에 관한 규정을 두었다. 이를 위하여 대도시의 인구 및 산업의 집중현상을 완화하고 적정한 배치를 함으로써 도시의 균형 있는 발전을 도모하기 위하여 특히 필요하다고 인정할 때에는 건설부 장관이 해당 도시의 인근 지역에 일정한 면적과 요건을 갖춘 지역을 도시개발예정구역으로 지정할 수 있도록 하였다. 개발예정구역이 지정된 때에는 건설부 장관이 3년 이내에 해당 구역에 대한 도시계획을 결정하도록 하였다.

셋째, 지구 및 구역제도를 개편하면서 해당 지역의 특성에 맞게 행위규제를 조정하였다. 도시계획구역 안의 지구에 고도지구 · 업무지구 · 보존지구 · 임항지구 · 주차장정비지구를 추가하였고, 산업 · 인구의 과도한 집중을 방지하기 위하여 필요한 때에는 특정시설제한구역을 지정하여 일정 규모 이상의 공장 · 학교 · 중앙도매시장 등의 설치를 제한하였다.

넷째, 토지를 일정 면적 이하로 과도하게 분할할 경우 소규모 건축물이 난립하게 되어 도시 전체의 계획적 이용에 지장을 줄 수 있으므로 영세토지 분할에 대하여는 허가를 받도록 하였다.

다섯째, 사권을 보호하기 위하여 도시계획의 실효, 도시계획시설부지 소유자의 토지매수청구권 설정, 조성대지의 원토지소유자에 대한 우선양도제도 등을 신설하였다. 도시계획의 실효제도는 사업이 장기간 시행되지도 않으면서 행위제한만 받게 되는 문제를 해소하고자 마련된 것으로, 도시계획의 결정고시가 있은 날로부터 2년 이내에 도시계획사항이 명시된 지형도면의 작성이나 승인신청이 없는 때에는 그 도시계획 결정의 효력이 없어졌다. 또한 개발예정구역에서 실시될 도시계획의 결정고시가 있은 때에는 그 도시계획시설에 필요한 토지의 소유자는 시장 또는 군수에게 그 토지의 매수를 청구할 수 있도록 하였다. 개발예정구역 안의 조성사업 시행자는 조성된 대지를 토지의 원소유자에게 우선양도하도록 하였다.

1972년 12월 30일에는 도시미관의 확보와 도시기능의 증진을 목적으로 가구(街區)를 단위로 하여 건축물의 높이, 규모, 모양 및 벽면의 위치 등을 정비하는 특정가구정비지구제를 도입하였다.

4) 개발제한구역제도의 도입

개발제한구역제도는 도시가 무질서하게 외곽으로 확산하는 것을 방지하고 도시 주변의 자연환경을 보전하기 위하여 도시 주변의 녹지지역 일부를 대상으로 지정목적에 위배되는 도시계획사업을 할 수 없도록 규제하는 제도이다. 이 제도는 1971년 1월 19일 「도시계획법」의 개정으로 도입되었으며, 2000년 7월 1일 「개발제한구역의 지정 및 관리에 관한 특별조치법」이 제정되면서 단행법으로 분리되었다.

개발제한구역은 1971년부터 수도권 지역을 중심으로 지정된 이래 2011년 3월 기준으로 전국에 걸쳐 약 3,895km^2가 지정되어 있다. 개발제한구역에 대하여 지정 초기에는 강력한 행위규제가 행하여졌으나, 1998년 이후에는 구역조정과 해제가 추진되고 있다. 개발제한구역제도는 강력한 규제를 통하여 도시의 무질서한 확산 방지라는 본래의 목적에는 충실하였지만, 과도한 재산권 침해라는 비판을 받기도 하였다.

5) 도시기본계획 수립의 의무화 및 주민참여의 강화

1981년 3월 31일에는 산업구조와 생활양식의 급격한 변화에 능동적으로 대처하기 위하여 도시계획에 대한 주민참여와 전문성 확보를 위한 규정을 추가하였다. 첫째, 시지역의 도시계획구역에 대하여 20년을 단위로 하는 도시기본계획의 수립을 의무화하고, 도시기본계획의 수립 및 도시계획의 입안 과정에서 주민의 의견을 청취하도록 하였다. 둘째, 도시계획의 집행성을 확보하기 위하여 시장 또는 군수는 도로 · 광장 그 밖에 대통령령으로 정하는 사항에 관한 도시계획에 대하여는 도시계획의 결정고시가 있은 날로부터 2년 이내에 연차별 집행계획을 수립하도록 하였다. 셋째, 건설부 장관은 도시의 무질서한 시가화를 방지하고 도시의 계획적 · 단계적인 개발을 도모하기 위하여 일정 기간 동안 시가화를 유보할 필요가 있다고 인정될 때에는 시가화 조정구역의 지정을 도시계획으로 결정할 수 있도록 하였는데, 동 구역 안에서는 각종 공사나 사업의 시행이 제한되었다.

6) 도시계획의 광역화와 정밀화

1991년 12월 14일에는 도시 상호간의 연계성을 강조하는 광역계획제도를 신설하고, 도시계획구역 안에 상세계획구역을 두어 도시계획의 정밀성을 확보하였다.

첫째, 건설부 장관은 도로 · 철도 등 광역적인 정비체계가 필요한 시설을 합리적으로 배치하고, 여러 도시의 기능을 상호 연계시킴으로써 도시 전체의 균형 있는 발전과 효율적인 환경보전을 도모하기 위하여 필요한 때에는 2 이상의 도시계획구역을 대상으로 광역계획구역을 지정할 수 있도록 하였다. 특히, 혐오시설의 설치를 둘러싼 지역갈등을 해결하기 위하여, 지방자치단체는 환경오염이 심하게 발생하거나 해당 지역의 개발이 현저하게 위축될 우려가 있는 광역시설을 다른 지방자치단체의 관할구역에 설치하려는 경우에는 환경오염 방지사업이나 주민편익 증진사업을 시행하거나 이에 필요한 자금을 해당 지방자치단체에 지원하도록 하였다.

둘째, 일정 지역 안의 건축물에 대하여 도로 · 수도 등의 처리능력에 적합하도록 그 용적과 용도를 정하는 상세계획제도를 도입하였다. 건설부 장관은 토지이용의 합리화 및 도시미관의 증진을 위하여 택지개발예정지구, 공업단지, 재개발구역 등에 대하여 상세계획구역으로 지정할 수 있도록 하였다. 또한 시장 또는 군수는 상세계획구역이 지정된 날부터 2년 이내에 도시계획시설의 배치와 규모, 가구 및 획지의 규모와 조성계획, 건축물의 용도제한 등을 내용으로 하는 상세계획을 입안하여 건설부 장관에게 도시계획 결정을 신청하도록 하였다.

7) 도시계획 관련 규제개혁

1999년 2월 8일에는 김대중 정부의 규제개혁정책에 따라 실효성이 없거나 국민의 토지이용을 과도하게 제한하는 각종 도시계획 관련 규제를 폐지 또는 개선하였다. 예를 들면, 특정시설제한구역과 도시개발예정지구는 지정사례가 없을 정도로 활용되지 못하고 있었는데, 이들 제도가 폐지되면서 조성대지에 대한 처분계획의 인가 등 그에 수반된 규제도 함께 철폐되었다. 또한 공공시설의 무상귀속 요건으로 새로운 시설이 종전 시설의 기능을 대체해야 한다는 기능대체성 요건을 삭제하여 사업시행자의 부담을 경감하였다.

8) 도시계획체계의 일원화

2000년 1월 28일에는 지방화 · 광역화 등의 여건 변화에 따라 도시계획제도를 전면 개편하였는데, 도시계획사업의 장기 미집행으로 인한 주민 불편을 해소하기 위하여 대지소유자에게 매수청구권을 부여하고, 광역도시계획제도를 활성화하는 것이 주요 내용이었다. 또한 「건축법」에 규정되었던 지역 · 지구에서의 건축제한 및 도시설계에 관한 규정을 「도시계획법」으로 편입하였다.

첫째, 도시 간의 기능분담 및 환경보전과 광역시설의 설치 등 도시의 확대에 따른 문제를 효율적으로 해결하기 위하여 연접한 2 이상의 도시를 광역도시권으로 지정하여 건설교통부 장관이나 시 · 도지사에게 광역도시계획을 수립하도록 하였다.

둘째, 도시계획의 집행성을 확보하고, 장기 미집행 도시계획으로 인한 피해를 줄이기 위하여 매수청구 및 실효제도를 두어, 도시계획시설 결정의 고시일로부터 10년 이내에 해당 사업이 시행되지 아니하는 경우 대지의 소유자는 특별시장 · 광역시장 · 시장 또는 군수에게 그 토지의 매수를 청구할 수 있도록 하였다. 이 경우 2년 이내에 매수청구에 응하지 아니하면 해당 대지에 건축물을 신축 또는 증축할 수 있었다. 또한 도시계획시설에 관한 도시계획이 결정고시된 후 20년이 경과될 때까지 해당 시설을 설치하지 아니하는 경우에는 그 도시계획 결정이 실효되도록 하였다. 한편, 매수청구에 대한 대금의 지급방법과 관련하여, 소유자가 원하거나 부재지주 또는 비업무용 토지로서 매수대금이 일정 금액을 초과하는 부분에 대하여는 도시계획시설채권으로 지급할 수 있도록 하여 재정부담을 완화하였다.

셋째, 유사제도의 중복운영에 따른 혼선과 불편을 해소하기 위하여 「도시계획법」상 상세계획과 「건축법」상 도시설계제도를 지구단위계획제도로 통합하였다. 지구단위계획에는 지역 · 지구의 세분, 도시기반시설의 배치와 규모, 가구(도로로 둘러싸인 일단의 지역) 및 획지(계획적인 개발 또는 정비를 위하여 구획된 일단의 토지)의 규모와 조성계획, 건축물의 용도 · 건폐율 · 용적률 · 높이 제한, 건축물의 배치 · 형태 · 색채와 건축선에 관한 계획, 경관계획, 교통처리계획이 포함되었다.

2. 「도시재개발법」과 도시의 재건

1) 계획적인 도시재개발

「도시계획법」에 따른 재개발사업은 재개발구역 지정요건이 불충분하고 영세권리자 보호규정이 미흡하다는 점 등의 문제가 있다는 인식하에 보다 효율적으로 재개발사업을 수행하기 위하여 「도시계획법」 중 재개발사업 관계 조항을 보완하여 1976년 12월 31일 「도시재개발법」이라는 새로운 법률을 탄생시켰다.

첫째, 인구 100만 이상의 대도시뿐만 아니라 중소도시의 경우에도 도시기능과 환경개선을 위하여 도시재개발에 관한 기본계획을 수립할 수 있도록 하였다. 재개발사업계획은 도시계획의 공공시설 배치와 건축제한을 고려하여 고도의 이용형태가 되도록 하였으며, 도시계획과 연계되도록 하였다.

둘째, 재개발구역의 지정요건과 관련하여 최저고도지구·방화지구에서의 건축물의 구성, 내화구조가 아닌 건축물의 비율, 건축대지로서의 효용성, 노후·불량건축물의 분포 등 종전「도시계획법」에 있던 기준에 "인구·산업 등의 과도한 집중으로 도시기능 회복을 위하여 토지의 고도이용이 요청될 때"를 추가함으로써 과밀해소를 위한 재개발의 길을 열었다.

셋째, 재개발사업은 토지 등의 소유자 또는 그들이 설립하는 재개발조합이 시행하되, 일정한 사유가 있을 때에는 지방자치단체·제3개발자가 시행하도록 하였다. 토지 등의 권리변환을 내용으로 하는 관리처분계획에 대해서는 종전「도시계획법」과 같이 건설부 장관의 인가를 받도록 하여 공정성을 확보하였다. 특히, 주택개량을 위한 재개발사업에 관해서는 사업계획의 결정과 관리처분계획 등의 절차나 구비서류를 생략할 수 있도록 하여 신속한 사업추진이 될 수 있도록 하였다. 그 밖에 재개발사업의 원활한 수행을 위하여 재개발사업기금의 설치·운용, 도시재개발심의회의 설치 등에 관한 규정을 두었다.

이 법은 다음에 나오는 개정사항을 포함하여 몇 차례의 보완을 거쳐「도시저소득주민의 주거환경 개선을 위한 임시조치법」및「주택건설촉진법」의 재건축 관련 규정과 함께 2002년에「도시 및 주거환경정비법」으로 통합되었다.

2) 재개발사업 분할시행의 근거 마련 및 사업유형의 세분화

1981년 3월 31일에는 재개발사업을 분할하여 시행할 수 있는 근거를 신설하고, 재개발사업의 시행에 필요한 토지소유자 및 건축물소유자의 동의요건을 강화하였으며, 철거되는 주택의 주민을 임시수용하기 전에는 재개발사업을 시행하지 못하도록 개정하였다.

1982년 12월 31일에는 재개발사업을 그 성질에 따라 도심지재개발사업과 주택개량재개발사업으로 구분하고, 재개발구역 안의 공공시설은 시행자가 설치하도록 하였다. 다만, 지방자치단체는 재개발사업에 의하지 아니하고 도시계획사업으로 공공시설을 설치할 수 있도록 하였다.

3) 재개발사업의 계획성 및 공공성 강화

1995년 12월 29일에는 주택재개발사업의 경우에도 도심재개발사업과 같이 재개발기본계획을 수립하도록 함으로써 무분별한 개발을 방지하고, 재개발사업 시행시 주거생활 안정을 위한 순환재개발방식을 도입하였으며, 재개발사업을 원활히 추진하기 위하여 국 · 공유지의 매각절차를 간소화하는 등의 보완이 이루어졌다.

첫째, 재개발기본계획의 수립대상 도시를 인구 100만 이상의 시에서 대통령령으로 정하는 시 · 군으로 확대하여 기반시설을 강화할 수 있도록 하였다. 둘째, 노후 · 불량 공장이 있는 공업지역의 기능회복을 위하여 공장재개발사업을 재개발사업의 유형으로 추가하였다. 셋째, 순환재개발방식을 도입하여 순환용 주택을 활용하여 재개발구역을 순차적으로 개발하거나, 재개발사업 시행지구를 수 개의 공구로 분할 시행함으로써 사업기간 중 주민의 주거안정을 도모하고 인근 재개발주택과 연계할 수 있도록 하였다. 넷째, 주민의 주거안정과 도시의 체계적인 개발을 유도하기 위하여 공공부문이 사업주체가 되는 요건을 확대하였다. 즉, 천재 · 지변 등 긴급한 시행이 필요한 때, 도시계획과 병행하여 시행할 필요가 있을 때, 순환재개발방식에 의할 때, 국 · 공유지 면적이 전체 토지면적의 2분의 1 이상인 때, 일정 비율 이상의 토지 · 건축물 소유자가 요청할 때 등의 경우에는 시장 · 군수 또는 구청장이 재개발사업을 직접 시행하거나 일정한 공기업에게 시행하도록 하였다. 다섯째, 투기방지대책의 일환으로 과소토지나 재개발구역 지정 후에 분할된 토지에 대해서는 현금청산을 할 수 있도록 하였다.

3. 주택건설을 위한 신도시 개발

1980~1990년대의 도시정책은 밀려드는 인구를 수용하기 위한 주거 문제에 관심을 두었는데, 이를 공급 측면에서 해결하고자 하였다. 1980년 개정 「건축법」에서 도시설계제도를 도입하고, 1981년 개정 「도시계획법」에서 도시기본계획과 연차별 집행계획체제를 도입하였다. 그러나 이와 같은 기존 도시구조의 개편을 위한 제도개선은 인구와 산업의 대도시로의 집중, 특히 수도권으로의 집중현상으로 인한 주택난을 해소하기 위해서는 역부족이었다. 따라서 새로운 도시를 개발하여 주택공급의 양적 목표를 단기간에 달성함으로써 시급한 주택난을 해결하고 저소득 무주택 국민의 주거안정을 도모하고자 1980년 12월 31일 「택지개발촉진법」이 제정되었다.

「택지개발촉진법」은 효율적인 개발계획과 조속한 사업추진을 위하여 사업주체를 국가 · 지방자치단체 · 한국토지개발공사 또는 대한주택공사 중에서 건설부 장관이 지정할 수 있도록 다양화하고, 「도시계획법」과 「주택건설촉진법」 등 관계 법률에 따른 인 · 허가를 관계 기관과의 사전협의로 갈음하였다. 이 법은 다른 개발법제와 유사하게 지구 지정과 그 후속조치로서 사업계획의 시행이라는 체제를 따르고 있다.

건설부 장관은 「주택건설촉진법」에 의한 택지수급계획이 정하는 바에 따라 택지를 집단적으로 개발하기 위하여 필요한 지역을 택지개발 예정지구로 지정하도록 하였다. 사업시행자에게는 토지수용권을 부여하고, 토지 등을 수용당한 자는 예정지구 지정의 해제나 실시계획 승인의 취소시 환매권을 행사할 수 있도록 하였다.

2006년 3월 24일에는 분양가 과다책정에 따르는 부동산가격 상승 문제를 해소하기 위하여 택지를 공급하고자 하는 자에 대하여 용지비 · 조성비 · 이주대책비 등의 항목에 따라 택지조성원가를 공시하도록 하였다.

2007년 4월 20일에는 택지개발 예정지구 안에서 보상을 노린 건축행위 등을 제한하기 위하여 택지개발 예정지구의 지정에 관한 주민의견 청취를 위한 공고가 있은 지역도 건축행위 제한지역에 포함시키고, 민간부문의 주택건설 사업을 효율적으로 추진하기 위하여 공공 · 민간 공동사업시행제도를 도입하였다. 또한 택지의 전매차익을 차단하기 위하여 택지를 공급받은 자는 소유권 이전등기시까지 전매할 수 없도록 하고, 이를 위반하여 당해 택지를 전매한 경우 해당 법률행위를 무효로 하면서 당초의 택지공급자가 해당 택지를 환매할 수 있도록 하였다.

「택지개발촉진법」의 시행으로 주택건설에 필요한 토지를 대량으로 취득하고 저렴한 가격으로 택지를 개발 · 공급할 수 있게 되어 1980년대 후반부터 1990년대 중반까지 신도시 개발의 중흥기를 맞게 되었다. 이에 따라 1996년까지 평촌, 산본, 분당, 일산, 중동과 같은 수도권 5대 신도시가 건설되었는데, 이들 신도시는 어느 정도 행정적 · 경제적 자족성을 갖출 수 있도록 인구규모와 그에 따른 도시기반시설 등을 계획적으로 개발하였다.

4. 지속 가능한 도시개발과 지역균형발전

2000년대에 들어와서는 무분별한 난개발을 방지하고 지속 가능한 도시공간을 창출하기 위한 도시정책이 추진되고 있다. 도시환경에 대한 의식 수준도 발전되어 청계천 복원 등 도심부의 공공 공간에 대한 개선을 필두로 도시 문제에 대한 양적 대응으로부터 도시재생과 지속 가능한 도시발전정책으로 질적인 전환이 이루어지고 있다.

1) 난개발 관리대책

준농림지역의 난개발을 방지하고자 기존의 「국토이용관리법」과 「도시계획법」을 통합하여 제정된 「국토의 계획 및 이용에 관한 법률」(2002)은 도시지역과 비도시지역이라는 이분법적 국토관리정책에서 벗어나 통합관리체제로 전환하는 계기가 되었다. 도시지역과 농촌지역이 통합되어 도농복합 형태의 도시관리체계로 전환되었고, 이것은 지속 가능한 도시를 향한 디딤돌이 되었다. 이 법은 비도시지역의 난개발을 방지하기 위하여 농촌과 도시의 관리를 일원화하였는데, 이로 인하여 도시계획을 국토관리의 차원에서 다루게 되는 패러다임의 전환이 일어났다.

2) 「도시개발법」과 자족도시의 건설

1960년대 초부터 추진되었던 대규모 개발사업들은 주택단지 개발, 산업단지 개발 등과 같은 단일목적의 개발방식으로 추진되어 복합적 기능을 갖는 도시를 종합적 · 체계적으로 개발하는 데는 한계를 드러내고 있었다. 그 일례로 주택단지 개발사업에 국한되어 자족성을 갖추지 못한 베드타운(bedtown)이 생겨났다. 이에 토지개발의 성격을 자족성이 갖추어진 도시개발로 전환할 필요성이 제기되었으며, 2000년 1월 28일에는 「도시계획법」 중 도시계획사업에 관한 부분과 「토지구획정리사업법」을 통합 · 보완한 「도시개발법」이 제정되어 종합적 · 체계적인 도시개발을 위한 법적 기반이 마련되었다. 이 법의 제정으로 21세기를 지향하는 종합적 · 체계적인 도시개발을 위한 토대가 마련되었을 뿐만 아니라, 도시개발에 대한 민간부문의 참여를 활성화함으로써 다양한 형태의 개발이 가능하게 되었다.

이 법에서는 "도시개발사업"을 주거 · 상업 · 산업 · 유통 · 정보통신 · 생태 · 문화 · 보건 및 복지 등의 기능을 가진 단지 또는 시가지를 조성하기 위하여 시행하는 사업으로 정의하여 자족성을 전제로 삼고 있다. 이 법 또한 전통적인 개발법제의 경우와 마찬가지로 "도시개발구역의 지정–개발계획의 수립–도시개발사업의 시행"이라는 체제를 따르고 있다.

첫째, 도시개발구역은 원칙적으로 시 · 도지사가 직권으로 지정하거나 시장 · 군수 · 구청장의 요청을 받아 지정하도록 하되, 국가가 도시개발사업을 시행하거나 시 · 도지사 사이의 협의가 성립되지 않는 경우에는 건설교통부 장관이 도시개발구역을 지정하도록 하였다. 또한 다양한 도시개발 수요에 부응하기 위하여 개발대상 토지면적의 5분의 4 이상에 해당하는 토지의 소유자의 동의를 받으면 민간법인도 도시개발구역의 지정을 제안할 수 있도록 하였다.

둘째, 도시개발사업은 국가, 지방자치단체, 정부투자기관 등이 시행하되, 민간의 자본 · 기술을 활용하기 위하여 민간도 조합, 순수민간법인 또는 민관합동법인 등의 형태로 도시개발사업의 시행자가 될 수 있도록 하였다.

셋째, 도시개발사업의 성격에 따라 사업의 시행방식을 수용 또는 사용에 의한 방식, 환지방식 또는 양자 혼용방식으로 자유롭게 선택할 수 있게 하여 도시개발사업을 탄력적으로 시행할 수 있도록 하였다.

넷째, 도시개발사업이 원활하게 진행되도록 민간사업 시행자에게 토지수용권을 부여하되, 사업대상 토지면적의 3분의 2 이상을 매입하고 토지소유자 총수의 3분의 2 이상의 동의를 받은 경우에 한하여 수용권을 갖게 함으로써 수용권 행사로 인한 토지소유자 재산권을 침해할 소지를 최소화하도록 하였다.

다섯째, 사업시행자는 토지소유자가 원하는 경우 토지의 매수대금 일부를 사업시행으로 조성된 토지로 토지소유자에게 지급하는 토지상환채권을 발행할 수 있도록 하였다.

여섯째, 도시개발사업과 도시계획시설사업에 필요한 재원조달을 위하여 지방자치단체에 도시개발특별회계를 설치하였다. 이 회계는 도시개발채권의 발행으로 조성된 자금과 개발부담금 등의 재원으로 조성되었는데, 도시개발사업의 시행자는 지방자치단체가 발행하는 도시개발채권을 의무적으로 매입해야 하였다.

3) 「도시 및 주거환경정비법」과 도시환경의 개선 노력

(1) 도시기능의 회복과 주거환경의 개선

「도시 및 주거환경정비법」은 2002년 12월 30일 제정되어 현재까지 시행되고 있다. 1970년대 이후 산업화 · 도시화 과정에서 대량 공급된 주택들이 노후화됨에 따라 이들을 체계적이고 효율적으로 정비할 필요성이 대두되었으며, 「주택건설촉진법」에 따른 재건축사업, 「도시재개발법」에 따른 주택재개발사업, 「도시 저소득주민의 주거환경 개선을 위한 임시조치법」에 따른 주거환경개선사업 등 서로 다른 법률에 근거하여 개별적으로 추진되어 오던 사업에 대한 일관성 있고 체계적으로 관리하기 위하여 이 법이 제정되었다. 정비사업은 정비기반시설 및 건축물의 상태 등을 기준으로 주거환경개선사업, 주택재개발사업, 주택재건축사업 및 도시환경정비사업으로 구분되며, 도시 · 주거환경정비기본계획에 따라 정비구역을 지정하고 정비계획을 수립 · 시행하는 방식으로 추진된다.

첫째, 특별시장 · 광역시장 또는 시장은 정비사업의 기본방향, 계획기간, 개략적인 정비구역의 범위가 포함된 정비기본계획을 10년 단위로 수립하고, 5년마다 그 타당성 여부를 검토하도록 하였다. 이때 주민의견과 지방의회의 의견을 듣고, 지방도시계획위원회의 심의를 거치도록 함으로써 도시 전체적인 환경 및 기능의 조화성을 도모하였다.

둘째, 정비구역은 시장 · 군수의 신청에 의하여 시 · 도지사가 도시계획 절차에 따라 지정하게 되는데, 정비구역지정 신청시 공동이용시설의 설치계획, 건축물의 주용도 · 건폐율 · 용적률, 도시경관 · 환경보전 · 재난방지계획 등이 포함된 정비계획을 수립하도록 하였다.

셋째, 정비구역으로 지정된 지역에서는 정비계획의 내용에 위배되는 건축물이나 공작물의 설치를 제한하여 사업시행시 건축물의 철거로 인하여 발생할 수 있는 주민의 불이익을 예방하고 정비계획이 실효성을 갖도록 하였다.

넷째, 사업시행의 방식은 정비사업의 종류에 따라 수용방식, 환지방식 등으로 다양하게 규정하였다. 특히, 주거환경개선사업은 정비기반시설이 극히 열악하고 노후 · 불량건축물이 과도하게 밀집된 지역을 대상으로 하는 것이어서 시장 · 군수가 정비기반시설을 새로이 설치하거나 확대하고 토지 등 소유자가 스스로 주택을 개량하는 방법도 채택할 수 있도록 하였다.

다섯째, 정비사업은 시장 · 군수나 주택사업을 하는 공기업과 토지 · 건축물의 소유자로 구성된 조합이 시행할 수 있도록 하였다. 다만, 민간부문에서 시행하는 경우에는 정비사업의 추진위원회에서 조합의 설립을 포함한 사업추진 준비를 하도록 제도화하고, 그 역할을 명확히 규정하여 사업추진과 관련된 분쟁 및 비리요인을 제거하였다. 또한 조합의 정관 및 관리처분계획에 정비사업비와 조합의 부담비용 등 사업시행과 관련된 사항을 구체적으로 명시하도록 하고, 관리처분계획 수립시의 재산평가방법을 구체적으로 정함으로써 조합과 시공자 간의 분쟁을 예방하였다.

여섯째, 조합원의 피해를 방지하기 위하여 시공보증을 의무화하였다. 공공부문에 속하지 않는 자가 시공사로 선정된 경우에는 공사를 이행하지 못하게 되면 보증기관에서 시공사를 대신하여 계약이행의무를 부담하거나 일정 금액을 납부할 것을 보증하는 내용의 시공보증서를 조합에 제출하도록 하였다.

일곱째, 지방자치단체 등의 사업시행자가 세입자 등을 위한 임대주택을 건설하기 위하여 국 · 공유지를 사용하고자 하는 때에는 「국유재산법」 또는 「지방재정법」의 규정에도 불구하고 장기임대하여 사용할 수 있도록 하였다.

(2) 투기방지대책의 도입

2003년 12월 31일에는 재건축주택에 대한 투기수요를 차단하기 위하여 투기과열지구 안에서 주택재건축조합 설립 인가 후 재건축단지 안의 주택 또는 토지를 양수한 자에 대하여는 조합원 자격을 취득할 수 없도록 하고 조합설립인가일을 기준으로 현금으로 청산하도록 하였다.

2006년 5월 24일의 개정은 주거환경 개선이나 안전확보보다는 재산증식을 목적으로 행하여지는 무분별한 재건축을 방지하려는 것이었다. 시장 · 군수는 안전진단 신청이 있는 경우 안전 관련 공공기관인 한국시설안전기술공단이나 한국건설기술연구원의 의견 청취를 거쳐 안전진단의 실시 여부를 결정하도록 하고, 안전진단 결과에 대한 재검토를 통하여 유지 · 보수가 가능한 주택단지에 대하여 무리하게 재건축을 추진하는 것을 억제하였다.

2009년 2월 6일의 개정에서는 지분쪼개기의 폐해를 막기 위하여 토지 또는 건축물을 하나의 세대 내에서 분할하여 수인이 토지 등의 소유자가 되거나, 조합이 설립된 이후 1명의 조합원으로부터 토지 또는 건축물이나 지상권을 양수하여 수인이 소유하는 때에는 그 대표자 1명만을 조합원으로 인정하도록 하였다. 또한 기본계획을 공람 중인 정비예정구역이나 정비계획을 수립 중인 지역에 대하여는 지방자치단체장으로 하여금 3년 이내의 기간을 정하여 건축물의 건축이나 토지의 분할행위를 제한할 수 있도록 하였다.

(3) 임대주택 공급의 의무화

2005년 3월 18일에는 주택재건축구역 내 거주하는 무주택 세입자들의 주거 안정을 도모하고, 임대주택의 수요가 높은 도심지에서 임대주택의 공급을 확대하기 위하여 주택재건축사업 시행시에 임대주택의 공급을 의무화하였다. 우선 주택재건축사업이 대형 분양주택 위주로 시행됨에 따라 재건축사업 구역 내에 거주하던 무주택 세입자의 주거불안이 가중되고, 주택가격이 상승하는 등 문제점이 발생함에 따라 이를 해소하기 위하여 수도권 과밀억제권역 안에서 시행하는 주택재건축사업에 대하여 일정량의 임대주택을 공급하도록 하였다. 또한 건설교통부 장관이 고시하는 도시저소득 주민을 위한 주택규모별 공급 기준을 정비계획에 반영하도록 하여 소형주택과 임대주택의 공급을 일정 수준으로 유지하고, 입주비 부담을 완화함으로써 저소득층의 정착을 지원하였다. 2008년 3월 28일에는 재개발사업 시행자의 부담을 경감하고, 사업지구 내 세입자의 주거안정을 위하여 주택재개발사업으로 건설되는 임대주택을 공공기관이 인수할 수 있는 근거를 마련하였다.

2009년 4월 22일의 개정은 당시에 재건축이 집값 상승의 주원인으로 지목되어 있어서 과도한 중복규제를 받고 이로 인하여 사업이 제대로 추진되지 못하였다는 반성에서 비롯되었다. 이 개정에서는 장기적인 주택수급 안정을 통하여 도심지 내 소형주택의 공급 기반을 구축하고 경기를 활성화하기 위하여 재건축사업시 임대주택 건설의무가 폐지되었다.

(4) 정비사업의 효율적 시행 및 객관성 확보

2007년 12월 21일에는 주민의 권익을 강화하기 위한 조직 및 운영적 측면의 개정이 이루어졌다. 주민대표회의에 주민의 다양한 의견수렴 및 권익대변이 가능하도록 주민대표회의 구성원의 수를 확대하고, 정비사업의 투명한 추진과 조합원 등의 알권리 충족을 위하여 추진위원회 및 사업시행자의 정비사업 관련 자료를 인터넷 등을 통하여 공개하도록 하였다. 한편, 주택재개발사업 및 도시환경정비사업의 추진위원회가 조합을 설립하고자 하는 때에는 토지 등의 소유자 5분의 4 이상의 동의를 받도록 하던 것을 4분의 3 이상의 동의로 인가를 받을 수 있도록 요건을 완화하여 정비사업이 원활히 추진될 수 있도록 하였다. 이에 더하여 정비계획 및 사업시행계획서에 정비구역 주변의 교육시설에 대한 교육환경 보호에 관한 사항을 포함시키도록 하였다.

(5) 정비사업 절차의 간소화와 규제완화

2009년 2월 6일의 개정에서는 도심에서의 안정적인 주택공급 확대의 기반을 구축하기 위하여 재개발 · 재건축사업에 대한 복잡한 사업절차와 불합리한 중복규제를 정비하였다. 또한 투기세력의 유입을 근본적으로 차단하면서 부동산가격을 안정시키기 위하여 정비구역 지정 · 고시 이전의 일정 시점에서 행위를 제한하고 신축 주택의 분양권을 제한하도록 하였다.

첫째, 규제개혁의 일환으로 인구 50만 이상의 대도시 시장은 시 · 도지사의 승인 없이 직접 기본계획을 수립할 수 있도록 하고, 정비계획 수립시 건축위원회의 심의를 생략함으로써 사업기간을 단축할 수 있도록 하였다.

둘째, 사업의 원활한 진행을 위하여 조합의 설립요건으로서의 동의요건을 조정하였는데, 재개발사업 및 도시환경정비사업의 경우 토지면적 2분의 1 이상의 동의요건을 신설하여 많은 토지를 소유한 자의 권리침해를 방지하였다. 또한 공동주택의 각 동별 의결권 3분의 2 이상의 동의를 토지면적 2분의 1 이상의 동의로 완화하여, 의결권(지분면적)이 큰 소수 소유자의 알박기 때문에 재건축사업이 지연되는 것을 방지하였다. 동의방식에 있어서도 조합설립추진위원회의 구성에 동의한 경우에는 조합설립에 동의한 것으로 의제하여 간소화하였다.

셋째, 정비사업의 과도한 지연으로 인한 주민의 피해를 최소화하기 위하여 공공기관의 개입근거를 마련하여 사업성이 부족하거나 주민 간의 갈등으로 장기간 사업추진이 지연되는 지역에는 공공기관이 사업시행자로 참여할 수 있도록 하였다.

넷째, 종전에는 정비구역의 분리에 관한 규정만 있었으나, 정비구역의 결합에 관한 근거 규정을 추가하여 인접하지 않은 지역 간에도 정비구역의 지정이 가능하도록 함으로써 다양한 정비계획의 수립을 통하여 토지이용을 극대화하고 정비사업의 활성화를 도모하였다.

(6) 세입자보호제도 및 정비사업의 공공성 강화

2008년 3월 28일에는 재개발사업 시행자의 부담을 경감하고, 사업지구 내 세입자의 주거안정을 위하여 주택재개발사업으로 건설되는 임대주택의 경우 이를 공공기관이 인수할 있는 근거를 마련하였다. 2009년 5월 27일에는 더 나아가 조합이 요청하는 경우에는 국토해양부 장관 등이 주택재개발사업으로 건설된 임대주택을 의무적으로 인수하도록 하고, 인수한 재개발 임대주택을 정비구역 안의 세입자와 영세주택 소유자를 위한 토지임대부 분양주택으로 활용할 수 있도록 하였다. 또한 세입자의 이주대책을 사업시행계획에 반영하도록 하고, 일정 기준 이상의 세입자 보호대책을 마련한 정비사업에 대해서는 용적률을 완화할 수 있도록 하였다.

2009년 5월 27일에는 조합의 내부적 절차 정비를 통하여 정비사업의 공정성을 강화하였다. 총회 의결시 조합원의 의사를 명확하게 반영하기 위하여 일정 비율의 조합원이 총회에 출석한 경우에 한하여 의결을 할 수 있도록 하고, 조합원의 재산에 중대한 영향을 미치는 관리처분계획을 수립하거나 변경하는 경우에 필요한 의결정족수를 엄격히 하였다.

2010년 4월 15일에는 정비사업의 투명성과 효율성을 높이기 위하여 공공관리제도를 도입하고, 조합장 선거를 선거관리위원회에 위탁할 수 있도록 하는 등 공공부문의 역할을 강화하도록 개정되었다. 공공관리제도는 시장 · 군수가 시 · 도 조례로 정하는 정비사업에 대하여 사업시행 과정을 지원할 수 있도록 하는 체제이다. 공공관리자는 추진위원회나 주민대표회의 구성을 위한 업무 지원, 정비사업 전문관리업자의 선정, 설계자 및 시공자 선정방법 등에 대한 지원 등의 업무를 수행하도록 하였다.

4) 「도시재정비 촉진을 위한 특별법」

(1) 기존 시가지의 정비

「도시재정비 촉진을 위한 특별법」은 신도시에 비해 낙후된 기존 구시가지의 재개발 등 각종 정비사업을 보다 광역적으로 계획하여 효율적으로 개발할 수 있는 체계를 확립하고 도시기반시설을 획기적으로 개선함으로써 기존 도시에서의 주택공급 확대와 도시의 균형발전을 도모하기 위하여 2005년 12월 30일 제정되었다. 도시화의 과정을 거치면서 새로 개발된 신시가지는 도로 · 공원 · 학교 · 문화시설 등 도시기반시설을 계획적으로 조성하여 교통 · 주거 · 교육여건 등 생활환경이 양호한 반면, 기존의 구시가지는 상대적으로 생활환경이 열악하였다. 그런데 낙후된 구시가지에서 시행되고 있는 재개발 등 각종 정비사업은 소규모 구역단위로 시행되었기 때문에 도시기반시설 등을 계획적으로 설치하는 데 한계가 있어서 생활환경을 근본적으로 개선하기가 어려웠다. 따라서 기존 도시의 구시가지를 광역적 · 체계적으로 개발하기 위하여 「뉴타운특별법안」, 「도시구조개선특별법안」, 「도시광역개발특별법안」이 제안되었는데, 국회 심사 과정에서 앞의 3개 법안을 통합하여 이 법이 탄생되었다.

이 법은 재정비촉진지구의 지정과 재정비촉진계획의 수립 · 시행이라는 구조로 되어 있다. 노후 · 불량주택 밀집지역, 역세권 등으로서 도시기능의 회복이 필요한 지역이나 다수의 개발사업의 체계적 수행이 필요한 경우에 재정비촉진지구를 지정하였다. 재정비촉진지구는 시장 · 군수 · 구청장이 주민공람과 지방의회의 의견을 청취한 후 시 · 도지사에게 신청하고, 시 · 도지사는 관계 행정기관과의 협의와 시 · 도도시계획위원회 등의 심의를 거쳐 지정하도록 하였다. 재정비촉진지구는 지구의 특성에 따라 주거지형과 중심지형으로 구분된다.

재정비촉진계획은 시장 · 군수 · 구청장이 주민공람과 공청회 등을 거쳐 시 · 도지사에게 신청하고, 시 · 도지사는 관계 행정기관과의 협의와 시 · 도도시계획위원회 등의 심의를 거쳐 결정하도록 하였다. 재정비촉진지구에서 시행되는 「도시 및 주거환경정비법」에 의한 주거환경개선사업 · 주택재개발사업 · 주택재건축사업 · 도시환경정비사업, 「도시개발법」에 의한 도시개발사업, 「재래시장 육성을 위한 특별법」에 의한 시장정비사업, 「국토의 계획 및 이용에 관한 법률」에 의한 도시계획시설사업 등을 재정비촉진사업으로 규정하였다. 재정비촉진사업에 대해서는 건축규제 완화, 주택규모에 대한 특례, 과밀부담금의 면제 등의 지원이 따르게 된다.

또한 세입자 및 소규모 주택 또는 토지 소유자의 주거안정을 위하여 임대주택 건설계획을 재정비촉진계획에 포함하도록 하였다. 한편, 개발이익의 환수방법으로서 기반시설의 설치비용은 원칙적으로 사업시행자가 부담하도록 하되, 증가된 용적률의 일정 비율을 임대주택으로 건설 · 공급하도록 하였다.

(2) 소규모 도시에서의 정비사업 활성화 및 투기방지

2007년 12월 21일에는 소규모 도시에서의 정비사업을 활성화시키기 위하여 재정비촉진지구 지정의 최소면적 기준을 완화할 수 있도록 하였다. 2008년 12월 31일의 개정에서는 해당 기초자치단체의 재정자립도가 전국 평균 이하인 경우 도시 영세민 집단이주지역의 기반시설 설치에 대한 국가의 지원을 의무화하였다. 또한 분양권 확보를 목적으로 한 투기적인 토지분할(일명 지분쪼개기)에 대하여는 재정비촉진계획의 고시 이전에 행해진 것이더라도 주택분양권 부여를 제한함으로써 도시재정비사업의 안정적인 추진을 도모하였다.

(3) 교통요지의 고밀복합형 개발

2009년 12월 29일에는 직주근접 및 보행 중심의 생활환경을 조성하기 위하여 교통중심지에 대하여 고밀복합형 개발유형을 신설하였다. 즉, 주요 역세권 · 간선도로 교차지 등 대중교통 이용이 용이한 지역은 그 토지이용의 합리화를 위해 용도지역을 변경하거나 용적률을 상향하는 등의 방법으로 고밀개발을 유도하고 소형주택을 중심으로 주택공급을 확대하도록 하였다.

5) 균형도시발전정책

2000년대 이후에는 위와 같은 도시 자체의 개발과 정비를 위한 법제 외에도 도시발전에 있어서 지역적 균형을 이루고, 특히 수도권과 지방이 상생발전하는 국가 시스템을 구축하기 위하여 다양한 도시개발 법제가 마련되었다. 2004년에는 민간투자를 통하여 기업활동에 필요한 지역에 도시를 개발 · 운영하기 위한 「기업도시개발특별법」이 제정되었고, 2005년에는 수도권의 행정기능을 지방으로 이전하기 위하여 「신행정수도 후속대책을 위한 연기 · 공주 지역 행정중심복합도시 건설을 위한 특별법」이 제정되었다. 한편, 2007년에는 수도권에서 지방으로 이전하는 공공기관을 수용하는 혁신도시의 개발을 위하여 「공공기관 지방이전에 따른 혁신도시 건설 및 지원에 관한 특별법」이 제정되었다.

6) 도시건설에 있어서의 정보통신기술의 활용

2000년대에 들어서서 정보통신기술이 급속히 발달하자 첨단정보통신 인프라와 도시 서비스를 융합하려는 시도가 곳곳에서 이루어졌다. 이에 따라 행정 · 교통 · 복지 · 환경 · 방재 등 도시의 주요 기능별 정보를 수집한 후 그 정보를 연계하여 도로, 공원, 상수도 등의 기반시설 및 공공시설에 건설 · 정보통신 융합기술을 적용하여 지능화된 서비스를 제공하는 “유비쿼터스도시”

(ubiquitous city; U-City)라는 개념이 등장하게 되었으며, 2008년 3월 28일에는 「유비쿼터스도시의 건설 등에 관한 법률」이 제정되기에 이른다. 실제로 2007년 12월 이 법의 제안 당시에 이미 중앙정부 차원에서 행정중심복합도시나 혁신도시를 이러한 유형으로 건설하려는 계획을 가지고 있었고, 다수의 지방자치단체에서도 같은 계획을 가지고 있었다. 따라서 난개발과 중복비용 발생을 방지하려면 체계적인 계획수립과 기술표준화 등을 위한 제도적 기반을 마련할 필요성이 제기되고 있는 실정이었다.

이 법의 제정으로 첨단정보 인프라와 유비쿼터스 기술을 융합한 IT 기반의 새로운 패러다임의 정보통신 융합도시인 유비쿼터스도시 건설에 필요한 근거가 마련되었다. 유비쿼터스도시는 고도의 정보통신기술 등에 의한 효율적인 도시관리 등으로 자체 경쟁력을 담보할 수 있으며, 국가 전체적으로는 새로운 IT산업의 지속적인 수요창출을 통해 IT산업의 성장토대를 마련하게 되는 효과도 기대되었다.

이 법은 도시개발사업, 택지개발사업, 혁신도시개발사업, 기업도시개발사업, 행정중심복합도시건설사업에 있어서 대통령령으로 정하는 일정 규모 이상의 유비쿼터스도시건설사업을 시행하는 경우에 적용된다. 유비쿼터스도시 건설을 위한 행정계획의 체계는 유비쿼터스도시의 기본방향, 단계별 추진전략, 사업추진체계, 재원의 조달 및 운용방안 등을 담아 국토해양부 장관이 5년 단위로 수립하는 유비쿼터스도시종합계획, 특별시장 · 광역시장 · 시장 또는 군수가 수립하는 유비쿼터스도시계획 및 사업시행자가 수립하는 유비쿼터스도시건설사업계획 등으로 구성된다. 또한 동법은 국토해양부 장관이 건설 · 정보통신 융합기술의 기준을 제정 · 고시할 수 있도록 하고, 유비쿼터스도시 서비스 과정에서 침해될 수 있는 개인정보 보호에 관한 규정을 두고 있다.

제3절 토지

일제시대의 토지 법제는 「토지수용령」과 「조선시가지계획령」에 토지의 수용 · 사용과 도시계획 · 건축분야를 포괄하고 있어 법제의 체계가 비교적 간단하였다. 그러나 해방 이후에는 토지수용 관련법, 토지공개념 관련법, 도시계획 관련법 및 토지이용 관련법으로 다기화되면서 발전되어 왔다. 토지 법제의 변천 과정은 해방 이후부터 1950년대까지의 농지개혁과 전후복구의 시기, 1960년대의 도시화 및 산업화에 대응하여 토지 법제의 기초가 마련된 시기, 1970년대의 중화학공업 중심의 고도성장과 투기방지를 위한 토지 법제의 전환기, 1980년대의 공영개발과 토지공개념이 도입된 토지 법제의 공공성 강화기, 1990년대의 토지규제 완화와 토지시장의 투명화 기반 구축기, 2000년대 이후의 토지공개념의 완화와 선계획–후개발체제의 확립기로 구분할 수 있다.

1. 경제발전과 토지 법제의 변천

1) 농지개혁과 전후복구

1948년 건국헌법에서 사유재산권 보장을 천명하자 자본주의적 경제 · 사회질서 속에서 토지에 대한 사적 지배권이 정착되었다. 그 과정에서 식민지 유제를 청산하기 위하여 귀속재산의 처분과 농지개혁이 단행되었다. 특히, 농지개혁은 해방 당시 소작농이 대다수를 차지하였던 봉건적 사회관계를 청산하기 위한 필수적인 과정이었는데, 1949년 6월 21일의 「농지개혁법」 제정은 농지를 농민에게 분배하도록 한 건국헌법의 이념을 구현하려는 첫 시도라고 볼 수 있다.

6.25전쟁으로 도시기반시설의 절반 이상이 훼손되고, 산업시설이 황폐화되자 이승만 정부는 토지정책의 제1차적 목표를 전후복구사업 지원에 두었다. 전쟁피해가 상대적으로 적은 농촌지역에서 복구재원을 확보하려는 목적으로 1950년 11월 30일 「지세법」을 제정하였다. 1950년 12월 1일에는 일제의 「토지조사령」을 대체하는 「지적법」을 제정하여 토지대장, 임야대장, 지적도 등의 지적공부를 정비할 수 있는 토대를 마련함으로써 토지행정의 기초를 마련하였다. 전쟁의 피해를 복구하는 과정에서 토지구획정리사업이 활용되었는데, 토지구획정리사업은 토지소유자의 부담으로 도시개발을 할 수 있었기 때문에 정부의 재정지출을 최소화할 수 있다는 장점이 있었다.

2) 도시화 및 산업화와 토지 법제의 기초 마련

정부수립기와 1950년대의 토지정책이 사회 · 경제적 형평성을 강조한 데 비하여 1960년대에는 자본축적을 강조하는 방향으로 운영되었다. 1960년대에는 제1차 경제개발 5개년계획(1962~1966)에 따라 경공업 중심의 산업구조 개편에 필요한 도시개발과 정비를 지원하기 위한 토지 법제가 순차적으로 마련되었다. 1962년에는 「조선시가지계획령」(1934)을 개편하여 「도시계획법」과 「건축법」을 제정하였고, 이에 따라 소규모 경공업단지가 우선 조성되었다. 「도시계획법」에서는 도시의 합리적인 기능분배를 위하여 지역 및 지구제를 규정하였는데, 토지이용을 제한하는 동시에 도시기능에 따른 토지이용을 조화시키는 근거가 되었다.

1962년 1월 15일에는 공업단지와 공공사업에 필요한 토지를 확보하기 위하여 「토지수용법」이 제정되었다. 그리고 이와 별도로 공업지구 조성을 위한 토지의 수용 또는 사용을 효율적으로 하기 위하여 손실보상의 기준시점을 특정공업지구의 결정 당시로 하는 등 「토지수용법」에 대한 특례를 둔 「공업지구조성을 위한 토지수용특례법」이 1962년 1월 20일에 제정되었다. 또한 국토개발에 필요한 투자재원을 조달하기 위하여 토지 관련 조세제도도 정비하였는데, 1961년 12월 8일에는 「지방세법」에 재산세를 신설하여 토지나 가옥 등에 과세하도록 하였다. 한편, 외국인 또는 외국 법인의 토지에 관한 권리의 득실 변경에 관한 사항을 정하기 위하여 1961년 9월 18일 제정된 「외국인토지법」은 상호주의를 기조로 하여 현재까지 시행되고 있다.

산업화와 도시화가 진행되면서 도시용지 공급으로 농경지가 부족해지는 현상이 발생하였고, 토지공급 방안의 하나로 간척사업이 제시되었다. 1962년 제정된 「공유수면매립법」은 대규모 간척사업은 건설부가, 농업용지 조성사업은 농림부가 각각 추진하도록 기능을 분배하였다. 이에 따라 1963년의 동진강 간척사업을 시작으로 1960년대에만 1,136개 지구에서 간척사업이 진행되었으며, 1980년대로 들어서자 간척사업이 농지조성 위주에서 벗어나 공업지구 조성, 관개용수 제공 등 다목적 사업으로 변모하였다. 1966년 8월 3일에는 「도시계획법」과 「토지개량사업법」 등에 흩어져 있던 토지구획 정리에 관한 규정들을 모아 단행법으로 「토지구획정리사업법」을 제정하였다. 이 법은 서울의 강남 3구 개발 등 1970년대와 1980년대의 대단위 주택단지의 조성과 도시계획시설의 확충에 활용되었다.

공업화와 도시화는 도시용지에 대한 수요와 공급의 불일치를 초래하여 부동산투기라는 부작용을 낳게 되었다. 1967년 11월 29일에는 「부동산투기 억제에 관한 특별조치세법」을 제정하여 토지양도차익에 대하여 과세함으로써 부동산투기를 막고자 하였다. 그러나 1967년 12월 경부고속도로 건설계획과 1970년 1월 강남개발계획이 발표되자 투기가 전국 대도시지역으로 확산되었다. 이에 1971년 1월 19일 「도시계획법」을 전면개편하면서 개발제한구역제도가 등장하게 되었다.

3) 고도성장과 국토의 계획적 이용

1970년대의 경제개발 목표는 자본집약적 중화학공업 중심의 수출지향적인 산업전략으로 전환하는 것이었다. 두 차례에 걸친 경제개발계획의 시행으로 공업화와 도시화가 진전되자 도시지역뿐만 아니라 비도시지역까지 체계적으로 관리할 필요가 생겼다. 이에 대처하고자 1972년 헌법에서는 국가에 대하여 국토의 균형 있는 개발과 이용을 위한 계획을 수립할 의무를 부과하고, 농지와 산지의 효율적 이용을 위하여 필요한 제한과 의무를 과할 수 있도록 한 1962년 헌법 규정의 대상 범위를 국토 전체로 확대하였다. 1972년 12월 30일에는 「국토이용관리법」을 제정하여 전국을 도시지역, 농업지역, 산림지역, 공업지역, 자연 및 문화재보전지역과 유보지역이라는 6개 용도지역과 이를 세분한 11개 용도지구를 대상으로 토지이용을 규제하는 국토이용계획제도를 도입하였다. 특히, 도시지역에 대해서는 「도시계획법」으로, 농업지역에 대해서는 「농지의 보전 및 이용에 관한 법률」에 따라 특별히 관리하였다.

「산업기지개발촉진법」(1973), 「공업단지관리법」(1975), 「공업배치법」(1977) 등에 따른 대규모 중화학공업단지 조성에 수반되는 대규모 보상 문제를 해소하기 위하여 「국토이용관리법」에 따른 기준지가제도가 활용되었다. 기준지가는 시세에 비하여 현저히 낮은 가격이었으나 공공사업을 위한 수용보상의 기준으로 채택되었다. 1973년 12월 31일에는 부동산 등에 대한 담보평가를 위하여 「감정평가에 관한 법률」을 제정하였다. 1975년 12월 31일에는 공공사업에 필요한 토지의 협의매수에 관한 일반적인 법적 준칙으로서 「공공용지의 취득 및 손실보상에 관한 특례법」을 제정하였는데, 이 법은 토지수용에 대한 특례를 부여함으로써 협의매수를 촉진하려는 목적을 가지고 있었다. 이에 따라 이후에는 90% 이상의 공공용지가 협의매수방식으로 확보되어 공공사업의 시행기간이 대폭 단축되는 효과를 가져왔다. 한편, 농지이용에 관해서는 1972년 12월 18일 「농지의 보전 및 이용에 관한 법률」을 제정하여 농지전용을 제한하고, 농지소유자에게 경작의무를 부과하였다.

4) 공영개발과 토지공개념의 도입

1980년대에는 1979년을 전후한 제2차 석유파동으로 말미암아 경제회복과 안정화가 당면과제로 대두되었다. 고용증진과 경기부양을 위하여 대규모 토지개발사업이 제시되었는데, 종전의 토지구획정리사업이 지가상승과 개발이익의 사유화 및 단독주택 중심의 토지이용으로 한계를 보이게 되자 토지개발에 있어서 공공의 역할을 증대시키자는 대안이 제시되었다. 이에 따라 제정된 법이 1980년의 「택지개발촉진법」이었으며, 대부분의 주택단지와 신도시가 공영개발방식으로 개발되었다. 한편, 도심재개발사업은 민간부문이 주로 담당하였는데, 이는 1982년 12월 31일 「도시재개발법」의 개정으로 사업시행자의 범위가 확대되고, 행정기관이 아닌 사업시행자에게도 토지수용권이 인정되는 등 민간기업의 사업시행요건 완화와 1984년 도심재개발구역의 건축행위 기준이 완화하는 등의 사업환경 개선에 기인한다.

1960년대 이후 인구증가와 경제개발로 인하여 상대적으로 좁은 국토에서 토지수요는 지속적으로 늘어나고 있었으나, 공급이 이에 따라가지 못해 지가가 급상승하고 있었다. 특히, 1980년대 후반에는 각종 개발사업과 용도지역 변경 등으로 발생한 막대한 개발이익이 해당 토지소유자에 사유화됨으로써 토지로 인한 소득분배구조가 왜곡되고, 불로소득을 노리는 투기가 성행하는 등 사회 · 경제적 폐해가 심각한 실정에 놓이게 되었다. 이에 1989년 12월 30일에는 「택지소유 상한에 관한 법률」, 「개발이익 환수에 관한 법률」, 「토지초과이득세법」이라는 토지공개념을 천명한 3대 법률이 제정되기에 이른다. 토지공개념이란 국가가 공익을 위하여 개인 토지의 사유재산권을 제한할 수 있다는 관념으로 향후 여러 법률에 직 · 간접적으로 반영되었다. 하지만 헌법재판소는 재산권 및 평등권을 침해한다는 등의 이유로 「택지소유 상한에 관한 법률」에 대하여는 위헌 결정을, 「토지초과이득세법」에 대하여는 헌법불합치 결정을 내리기도 하였다.

부동산투기 억제를 위한 정책은 1980년대에도 지속되었다. 정부에서는 1989년 6월 16일에 「지방세법」을 개정하여 종합토지세제를 도입하였는데, 이는 전국에 있는 모든 토지를 소유자별로 합산한 후 누진세율을 적용함으로써 과다한 토지보유를 억제하여 지가안정과 토지소유의 저변확대를 도모하려는 것이었다. 1990년 4월에는 토지거래허가제와 신고제를 확대하는 내용의 부동산투기 억제대책을 발표하였으며, 5월에는 기업의 부동산 과다보유를 억제하기 위하여 비업무용 부동산 판정 기준을 강화하였다. 한편, 1990년 8월 1일에는 부동산투기의 수단으로 이용되는 허위 · 부실등기신청행위와 거래제한법령을 회피하는 수단인 각종 편법 · 탈법행위를 직접적으로 규제함으로써 부동산투기를 억제하기 위하여「부동산등기특별조치법」을 제정하여, 부동산 거래시에 소유권이전등기신청을 의무화하였다.

5) 토지평가 법제의 발달

각종 개발사업에 있어서 다원화되어 있는 토지평가제도를 체계화하기 위하여 1989년 4월 1일「지가공시 및 토지 등의 평가에 관한 법률」이 제정되었다. 이 법에서는 정부에서 매년 전국의 토지 중에서 표준지를 선정하고 이에 대한 적정 가격을 조사 · 평가 공시하여 각 관련 기관에서 토지를 평가할 때에 이를 기준으로 삼도록 하는 공시지가제도를 도입하였다.

표준지는 건설부 장관이 토지이용 상황이나 주변 환경 기타 자연적 · 사회적 조건이 일반적으로 유사하다고 인정되는 일단의 토지 중에서 선정하도록 하였다. 이러한 표준지에 대하여 매년 공시기준일 현재의 적정 가격을 조사 · 평가하고, 토지평가위원회의 심의를 거쳐 공시한 것이 공시지가이다. 공시지가는 공공용지의 매수 및 토지의 수용 · 사용에 대한 보상이나 국 · 공유 토지의 취득 또는 처분 등에 있어서 토지가격 산정의 기준이 되었다.

아울러 감정평가자격을 일원화하여 감정평가사제도가 도입되었다. 감정평가사제도는 국토개발을 위한 기준지가를 조사 · 평가하기 위하여 1978년「국토이용관리법」에 도입된 토지평가사제도와 금융기관의 담보평가를 위하여 1973년 제정된「감정평가에 관한 법률」의 공인감정사제도가 통합된 것이었다.

이 법은 몇 차례의 보완을 거쳐 시행되다가 2005년 1월 14일「부동산가격 공시 및 감정평가에 관한 법률」로 전면개편되었다.「부동산가격 공시 및 감정평가에 관한 법률」에서는 주택에 대한 토지 · 건물 통합과세를 내용으로 하는 부동산 보유세제 개편에 따라 세부담의 형평성을 제고하기 위하여 공시지가 제도 외에 토지와 건물의 적정 가격을 통합평가하여 공시하는 주택가격공시 제도를 도입하고, 공시된 주택가격을 과세 기준으로 활용할 수 있도록 하였다.

6) 토지규제의 완화

1990년대에는 세계화와 정보화가 진전되면서 정부 주도의 양적 성장보다 민간 주도의 질적인 생산성 · 경쟁력의 제고를 중시하게 되었다. 따라서 규제 완화와 민영화가 대세로 나타났고, 토지규제의 경우 또한 예외가 아니었다. 도시용지의 공급을 늘리고 민간의 토지개발규제를 완화하기 위하여 1993년 「국토이용관리법」을 전면 개편하였다. 10종의 용도지역을 5종으로 축소하고 준도시지역과 준농림지역을 신설하였는데, 이에 따라 개발 가능한 토지가 종전에 국토면적의 15%에서 42%로 크게 늘어났다. 용적률과 용도규제가 완화되었고, 규제방식도 허용행위 열거방식에서 제한행위 열거방식으로 전환되었다. 1994년 1월 7일에는 「수도권정비계획법」을 전면 개정하여 종전의 5개 권역을 3개 권역으로 단순화하여 개발 가능한 부분이 종전의 37%에서 50%로 늘게 되었다. 규제방식도 종전의 물리적 규제로부터 부담금 형태의 간접규제로 변경되어 과밀억제권역 내에서는 건설비용의 5~10% 가량의 과밀부담금만 납부하면 대형 건물의 신 · 증축이 가능하게 되었다. 수도권 내 공장 신설은 공장 총량이 허용하는 한도 내에서 더욱 유연하게 적용되었다.

1993년 6월 11일에는 「기업활동 규제완화에 관한 특별조치법」을 제정하여 공장설립 유도지역을 지정하는 등 기업의 국제경쟁력 강화를 위하여 기업활동과 관련된 토지이용규제를 완화하였다. 우루과이라운드로 인하여 농산물시장의 개방압력이 커지면서 농업경쟁력 제고를 위하여 농지규제도 완화되었다. 1994년 12월 22일에는 「농지법」을 제정하여 1949년부터 「농지개혁법」에 따라 3정보로 제한되었던 농지소유 제한을 완화하였고, 영농규모를 확대하기 위하여 농업진흥지역 안의 농지소유 상한을 폐지하였다. 또한 농업진흥지역 밖의 농지소유 상한을 3만m^2로 하여 투기적 목적의 농지소유를 방지하되, 재배작목, 경영능력, 농지의 집단화, 농업기계의 효율적 이용 등을 고려하여 5만m^2까지 소유할 수 있도록 하였다. 이와 같은 조치는 건국헌법 이래 유지되어 왔던 경자유전의 원칙과 농지소유상한제를 완화하여 형평성에 기반한 농지정책에서 효율성 중심의 농지정책으로 전환하는 계기가 되었다. 같은 날 제정된 「농어촌정비법」에서는 영농조건이 불리하여 생산성이 낮은 한계농지를 농림수산업적 이용, 농어촌 휴양자원 이용, 다목적이용 등의 형태로 개발할 수 있도록 하였다.

토지이용규제 완화와 더불어 토지초과이득세에 대한 헌법불합치 결정으로 인하여 부동산가격이 상승 조짐을 보이자 정부에서 투기억제대책을 논의하였다. 부동산 정보의 투명성을 확보하기 위하여 토지거래, 공시지가, 지적 및 주민등록에 관한 전산자료를 통합하여 종합토지전산망을 구축하는 과정에서 1995년 국가지리정보체계 구축계획이 수립되었으며, 이는 2000년 「국가지리정보체계의 구축 및 활용 등에 관한 법률」의 입법으로 발전하게 되었다. 1995년 3월 30일에는 「부동산 실권리자 명의 등기에 관한 법률」이 제정되어 명의신탁을 무효로 하고, 부동산 물권을 실제의 권리자 명의로 등기하게 하는 부동산실명제가 실시되기에 이른다.

1997년 11월 외환위기가 발생하게 되자 경제구조조정을 원활히 추진하기 위하여 부동산시장을 안정시킬 필요가 있었다. 당시 김대중 정부는 토지거래 활성화를 위하여 각종 규제완화조치를 단행하였다. 1997년과 1998년에 토지거래신고구역과 토지거래허가구역을 순차적으로 해제하였고, 1999년에는 비업무용 토지에 대한 규제를 완화하였다. 토지공개념도 약화되어 1998년에는 「택지소유 상한에 관한 법률」과 「토지초과이득세법」을 폐지하였고, 「개발이익 환수에 관한 법률」에 따른 개발부담금의 부과율도 1999년까지는 한시적으로 면제하였다가 2000년부터는 50%에서 25%로 낮추었다. 또한 민간의 토지수요를 증가시키기 위하여 부동산 조세제도를 완화하는 한편, 한국토지공사로 하여

금 기업의 미매각토지를 매입하도록 하는 등 공공부문의 토지비축기능을 강화하였다.

한편, 경제위기 상황에서 시장에 쏟아져 나온 과잉공급 토지를 국내 자본으로 해소하는 데 한계를 보임에 따라 외국인의 투자를 활성화시킬 필요가 있었다. 이에 따라 1998년 5월 25일에는 외국인의 국내 토지 취득을 극히 제한적으로 허용하던 「외국인의 토지 취득 및 관리에 관한 법률」을 「외국인토지법」으로 개편하여 군사시설보호구역 등 외국인의 토지 취득을 특별히 제한할 필요가 있는 지역 외에는 토지 취득에 관한 제한을 전면적으로 폐지하였다.

7) 새로운 부동산투자제도의 도입

외환위기 이후 부동산가격이 폭락하고 금리가 급등하게 되자 건설경기가 침체되었고, 위기 극복을 위한 기업과 금융기관의 구조조정을 촉진시킬 필요가 있었다. 부동산을 처분하여 부채를 줄이는 등 구조조정을 하려는 기업으로서는 유동화가 어려운 부동산의 특성상 어려움에 처하게 되어 대책이 필요하였다. 이에 「자산유동화에 관한 법률」(1998)에 따른 자산담보부채권 유동화제도(ABS) 및 「주택저당채권유동화회사법」(1999)에 따른 주택저당채권 유동화제도(MBS)와 같이 부동산에 유동성을 부여하는 새로운 제도들이 선보이기 시작하였다.

이러한 과정에서 다수의 투자자로부터 모은 자금을 부동산에 투자한 후 그 수익을 투자자에게 배분하는 부동산투자회사를 설립하여 소액투자자가 부동산에 간접적으로 투자할 수 있는 기회를 확대하고 건전한 부동산투자를 활성화하기 위하여 2001년 4월 7일 「부동산투자회사법」이 제정되었다. 부동산투자회사는 자본금 500억 원 이상 등 일정한 요건을 갖추고 건설교통부 장관의 인가를 받아 설립하도록 하였다. 투자자 보호를 위하여 주주의 주식소유 한도를 정하고, 부동산의 취득 · 관리 · 임대차나 개발, 유가증권의 매매 등으로 자산운용방식을 제한하였으며, 배당가능이익의 100분의 90 이상을 의무적으로 배당하도록 하였다. 또한 총자산의 100분의 70 이상을 부동산으로 구성하도록 하고, 유가증권시장의 상장 기준을 갖추게 된 때에는 지체 없이 주식을 상장하도록 하는 등 경영의 건전성 및 투명성을 확보하기 위한 규정도 두었다. 단기보유에 따른 투기를 방지하고자 취득한 부동산은 일정 기간 보유하도록 하였다.

이 법은 기업의 구조조정을 촉진하기 위하여 시행일인 2001년 7월 1일이 되기도 전에 첫 번째 개정을 맞이하였다. 그 내용은 기업이 구조조정을 위하여 매각하는 부동산을 매입하여 이를 전문적으로 관리·운용하는 기업구조조정 부동산투자회사의 설립 및 운용에 관한 사항을 신설하는 것이었다.

2004년 10월 22일에는 부동산투자회사의 설립 및 영업활동에 대한 규제를 완화하고, 부동산투자회사의 형태를 다양화하여 부동산시장의 선진화 및 부동산 간접투자의 활성화에 필요한 제도적 기반을 마련하였다. 먼저, 부동산투자회사를 자산의 투자·운용방법에 따라 자기관리부동산투자회사·위탁관리 부동산투자회사 및 기업구조조정부동산투자회사로 세분화하였다. 또한 부동산투자회사 설립에 관한 규제를 완화하고 설립 과정의 투명성 및 예측 가능성을 높이기 위해서 설립시 현물출자를 부분적으로 허용하였으며, 예비인가제도를 도입하였다. 부동산투자회사 설립에 필요한 최저자본금도 500억 원에서 250억 원으로 인하되었고, 이후 2007년에는 10억 원, 2010년에는 5억 원으로 낮추어졌다. 2010년 4월 15일에는 대토보상을 원활히 하고 개발전문 부동산투자회사의 설립을 활성화하기 위하여 대토보상지에서 개발사업을 실시하는 개발전문 부동산투자회사에 대해 대토보상권을 현물출자할 수 있도록 하였다.

8) 토지이용의 종합적 접근

2000년대 초 외환위기의 극복 과정에서 준농림지역의 난개발이 사회 문제로 떠오르자 친환경적 국토관리를 위한 통합적 접근의 필요성이 대두되었다. 2002년에는 「국토기본법」과 「국토의 계획 및 이용에 관한 법률」을 제정하여 선계획-후개발에 입각한 친환경적 국토관리체계를 구축하였다. 이로써 용도지역 체계가 전면 개편되고, 개발행위 허가제가 비도시지역으로 확대되었으며, 토지의 토양, 입지, 활용 가능성 등을 종합적으로 검토하여 개발대상과 보존대상을 판단하는 토지적성평가제도를 도입하였다. 토지의 활용 측면에서도 주택단지를 위한 토지개발에서 자족성을 갖춘 도시개발로 토지개발의 중심이 이동함에 따라 「도시계획법」에 따른 도시계획사업에 관한 부분과 「토지구획정리사업법」이 「도시개발법」(2000)으로 통합되었다. 도시개발 과정에서 요구되는 토지의 확보에 관해서도 「토지수용법」과 「공공용지의 취득 및 손실보상에 관한 특례법」이 통합되어 「공익사업을 위한 토지 등의 취득 및 보상에 관한 법률」(2002)이 제정되었다. 개발 관련 부담금도 정비되었는데, 2001년 12월 31일 「부담금관리기본법」이 제정되어 농지전용부담금과 산지전용부담금이 폐지되었고, 개발부담금은 2004년부터 부과가 일시 중지되었다.

우리 국토의 기본적 관리체제는 지역지구제인데, 경제개발 과정에서 개별 개발법들의 제정 및 개정으로 말미암아 국토관리의 기조로 삼아 왔던 지역지구제가 복잡해지게 되었다. 2007년 말 현재 74개 법률에서 지정한 지역 · 지구는 397개에 이르고, 지리적으로 중첩되는 곳도 많아서 토지이용에 대한 중복규제가 되고 도시용지 개발을 어렵게 하는 문제가 있었다. 이에 노무현 정부는 2003년 2월 발표한 신국토구상의 실천과제로서 2004년 1월 토지규제를 원점에서 재검토하여 토지규제 개혁 로드맵을 마련하겠다고 발표하였다. 토지규제를 관리자 입장에서 이용자인 국민 입장으로 전환하기 위하여 2005년 12월 7일에는 「토지이용규제기본법」을 제정하였으며, 이에 따라 토지이용규제를 수반하는 지역 · 지구를 단순화 · 투명화 · 전산화하는 작업이 추진되었다.

농지규제도 WTO체제 이후 급변하는 농업환경을 반영하여 대폭 변하였다. 2002년 1월 14일에는 「농지법」을 개정하여 농업보호구역 안에서 숙박시설 · 위락시설 등의 설치를 제한하여 농지의 관리를 강화하였다. 2002년 12월 18일에는 농지소유 제한을 완화하는 「농지법」의 개정이 있었다. 합명 · 합자 · 유한회사 형태의 영농조합법인에게만 농지소유를 허용하던 것을 주식회사 형태의 영농조합법인에게도 농지를 소유할 수 있도록 하였고, 도시민에게도 1,000m^2

까지 농지소유가 허용되었으며, 농업진흥지역 밖에서는 농지소유상한제가 폐지되었다. 2008년 6월 5일에는 「농지법 시행령」의 개정으로 농업진흥지역 대체지정제도가 폐지되어 용도지역 변경 등으로 농업진흥지역이 변경되거나 해제되는 경우 그 면적에 상응하는 새로운 지역을 농업진흥지역으로 지정하지 않아도 되었다.

외환위기가 극복되면서 규제완화의 틈새를 노리고 부동산시장이 다시 과열되기 시작하였다. 부동산투기로 인한 소득 양극화가 사회 문제로 대두되자 노무현 정부는 토지공개념을 부동산공개념으로 확대하였다. 부동산투기가 우려되는 지역에 대해서는 토지거래허가구역이나 투기과열지구 등으로 지정하였다. 2005년 1월 5일에는 고액의 부동산 보유자에 대하여 과세하는 「종합부동산세법」을 제정하였고, 2005년 12월 31일에는 「소득세법」을 개정하여 2006년부터는 양도소득세의 과세 기준을 종전의 기준시가에서 실거래가격으로 전환하였다. 또한 2005년 7월 29일에는 부동산시장의 투명성을 높이기 위하여 「부동산중개업법」을 「공인중개사의 업무 및 부동산 거래신고에 관한 법률」로 전면개편하여 부동산 실거래가격 신고를 의무화하였다.

한편, 역대 헌법에서 토지에 대한 사유재산권을 보장함으로써 사유지의 경우 지가 상승, 개발이익의 사유화, 공공사업 시행시 수용보상가격의 급등, 난개발 등 각종 토지 문제가 점점 커지고 있었다. 이러한 상황에서 공익사업용지의 원활한 공급과 토지시장의 안정에 이바지하기 위하여 2009년 2월 6일에는 「공공토지의 비축에 관한 법률」이 제정되기도 하였다.

2. 공익사업용 토지의 확보를 위한 법제

1) 「토지수용법」

건국헌법에 따르면, 공공필요에 의하여 국민의 재산권을 수용 · 사용 또는 제한하는 경우 법률이 정하는 바에 의하여 상당한 보상을 지급하도록 하였고, 이러한 헌법정신은 오늘날에도 이어져 내려오고 있다. 1962년 1월 15일 제정된 「토지수용법」은 이러한 헌법 규정을 구현하기 위하여 공익사업에 필요한 토지의 수용과 사용에 관한 사항을 규정하여 공공복리의 증진과 사유재산권과의 조절을 도모하려는 목적을 가지고 있었다.

제정 당시에는 토지를 수용 또는 사용할 수 있는 공익사업의 범위를 국방 · 군사에 관한 사업, 그리고 법률에 따른 도로 · 철도 · 항만 등 사회기반시설과 공공용 시설 등에 관한 사업으로 정하였다. 또한 사업준비를 위한 출입, 토지소유자의 인용의무, 증표의 제시 등 재산권을 보장하기 위한 규정도 두었다.

기업자가 공익사업을 위한 토지를 취득하기 위해서는 우선적으로 토지소유자와 협의를 하고, 협의가 성립되지 않을 때에는 관할 토지수용위원회에 재결을 신청하도록 하였다. 토지수용위원회는 중앙과 각 지방에 두었는데, 중앙토지수용위원회는 국가나 시 · 도가 기업자인 사업과 수용 · 사용할 토지가 2 이상의 시 · 도에 걸치는 사업을 관할하였다. 손실보상에 관해서는 토지를 수용 또는 사용함으로 인하여 토지소유자 또는 관계인이 입은 손실을 기업자가 보상하도록 하였다. 그 밖에 중앙토지수용위원회의 재결에 대한 이의신청 절차를 규정하였다. 이 법은 여러 번의 보완을 거쳐 시행되다가 「공공용지의 취득 및 손실보상에 관한 특례법」과 함께 2002년 「공익사업을 위한 토지 등의 취득 및 보상에 관한 법률」로 통합되었다.

(1) 절차의 효율화와 토지소유자의 권리 강화

1963년 4월 2일의 개정에서는 협의성립 후 토지수용위원회에 의한 확인제도를 신설하였는데, 협의성립의 확인에 대하여 재결과 같은 효력을 부여하여 이를 다툴 수 없도록 하였다. 또한 토지의 수용 또는 사용에 관한 재결에 위산 · 오기와 같은 오류가 있는 것이 명백한 때에는 경정재결을 할 수 있도록 하고, 이의신청의 재결에 대하여 불복하는 자는 행정소송을 제기할 수 있도록 하였다.

1971년 1월 19일의 개정에서는 토지소유자 및 관계인의 권리를 강화하여 피수용자에게 재결신청촉구청구권을 부여하여 법률관계의 조속한 안정을 위해 기업자에 대하여 재결신청을 조속히 할 것을 청구할 수 있도록 하였다. 또한 지가고시가 있은 경우에 기업자가 재결신청을 한 때에는 토지소유자 및 관계인이 재결신청에 기재된 기업자의 예정보상액의 지급을 우선 청구할 수 있도록 하는 예정보상액선급청구권을 인정하였다.

1981년 12월 31일에는 토지수용에 있어 기업자와 토지소유자 등을 대등한 당사자관계로 발전시켰다. 종전의 재결신청촉구청구권에서 한 걸음 더 나아가서 기업자가 재결신청 청구를 받은 날로부터 2월 이내에 재결신청을 하지 아니한 경우에는 보상금에 이자를 가산하여 지급하도록 하였다. 또한 보상금의 재결에 있어서는 불고불리의 원칙에 대한 예외로 하여 토지수용위원회의 증액재결을 허용하였고, 협의취득된 토지에 대해서 환매를 허용하였다.

(2) 지가고시제의 도입

1971년 1월 19일의 개정으로 지가고시제도를 도입하였다. 개정 전의 규정은 토지수용에 대한 보상액 산정에 대하여 재결 당시의 인근 토지의 거래가격을 고려한 적정 가격으로 하고 있었는데, 기업자가 보상해야 할 금액에 개발이익이 포함되어 폭등된 투기가격으로 보상하여야 하는 부당한 결과가 빚어지고 있었다. 따라서 그 해결책으로 기업자가 국가나 지방자치단체인 경우에는 중앙토지수용위원회가 수용할 토지에 대한 지가를 조사하여 고시하도록 함으로써 토지수용의 적정한 보상을 기하도록 하였다. 지가고시제는 1981년 12월 31일 삭제되어 「국토이용관리법」에 의한 기준지가고시제도로 일원화되었다.

(3) 보상제도의 변천

1990년 4월 7일에는 보상금 소송에 당사자소송제도를 도입함으로써 직접적인 이해관계를 가진 법률관계의 당사자를 상대로 소송을 제기하는 것을 허용하고, 법원은 직접 보상금을 결정하여 기업자로 하여금 토지소유자에게 지급할 것을 명할 수 있도록 하여 신속한 보상이 이루어지도록 하였다.

1991년 12월 31일에는 공공사업에 필요한 용지보상비가 사업비에서 차지하는 비율이 증가함에 따라 보상금 채권지급제도를 도입하였는데, 사업시행자가 국가 · 지방자치단체 등인 경우로서 토지소유자 및 관계인이 원하는 때에는 보상금을 채권으로 지급할 수 있도록 하였다. 또한 토지의 보상액은 개발이익이 포함되지 아니하는 사업인정고시일 당시의 공시지가를 기준으로 하도록 명확히 규정하되, 공시기준일부터 협의성립시 또는 재결시까지의 당해 사업과 관계 없는 지역의 지가변동률 등을 참작하여 평가한 적정 가격으로 정하도록 하였다.

2) 「공공용지의 취득 및 손실보상에 관한 특례법」

「공공용지의 취득 및 손실보상에 관한 특례법」은 공공사업에 필요한 토지를 협의에 의하여 취득하는 경우 손실보상의 기준과 방법을 통일하여 규정하였다. 이 법의 제정 이전에는 공공사업에 필요한 토지의 대부분이 민사법에 의한 협의매수방식으로 취득되고 있었다. 그러나 이에 관한 일반적인 법적 준칙이 없었으므로 사업의 종류 또는 시행청별로 보상대상이나 기준이 상이하여 민원이 제기되고 때로는 보상비보다 보상금 청구에 필요한 서류를 작성하는 비용이 더 드는 문제가 있었다. 예를 들면, 댐 건설시 수몰지구의 용지보상은 「댐 건설 수몰지구 용지매수 및 손실보상 요강」이라는 건설부 훈령에 따라 행하여졌고, 도로 건설의 경우 이 요강을 유추해석하거나 「토지수용법」을 준용하여 업무를 집행하였다. 그 후 1971년 「건설부 사업용지 보상규정」과 1975년 「공공사업용지 보상규정」을 시행하였으나, 이들은 모두 건설부 훈령인 관계로 다른 행정기관에 대하여는 영향을 주기 어려웠다. 따라서 이러한 문제를 해결하고 손실보상의 적정을 기하기 위하여 1975년 12월 31일 「공공용지의 취득 및 손실보상에 관한 특례법」이 제정되었다.

이 법은 토지취득의 대상이 되는 공공사업을 「토지수용법」에 따른 공익사업으로 한정하여 법률 사이의 일관성을 추구하였다. 공공사업용 토지의 취득은 토지수용에 앞서 협의매수를 위한 절차를 활용하도록 하였다. 협의취득시 손실보상의 원칙으로 현금보상을, 보상액 산정은 계약체결 당시의 가격을 기준으로 하였다. 소유자를 알 수 없는 토지는 공시송달로써 협의에 갈음하고 보상금을 공탁하는 방법으로 취득할 수 있도록 하였다. 한편, 사업시행자로 하여금 공공사업에 토지를 제공함으로써 생활근거를 상실하는 주민들에 대하여 이주대책을 수립하도록 하고, 토지취득일로부터 10년 이내에 당해 공공사업이 폐지되어 해당 토지가 필요없게 되면 환매권을 행사할 수 있도록 하였다.

1991년 12월 31일에는 보상금을 채권으로 지급할 수 있는 근거를 마련하였다. 한편, 소유자불명 토지의 취득 · 사용시 공시송달로서 협의에 갈음하도록 한 규정이 비례의 원칙을 위반한다는 이유로 헌법재판소에서 위헌판결을 받게 되자 1996년 12월 30일 해당 규정을 삭제하였다.

3) 「공익사업을 위한 토지 등의 취득 및 보상에 관한 법률」

「공익사업을 위한 토지 등의 취득 및 보상에 관한 법률」은 「토지수용법」과 「공공용지의 취득 및 손실보상에 관한 특례법」으로 이원화되어 있는 공익사업용지의 취득과 손실보상에 관한 제도를 통합하여 손실보상에 관한 절차와 기준을 체계화하고 공익사업의 효율적인 추진을 도모하기 위하여 2002년 2월 4일 제정되었다.

첫째, 토지를 취득 · 사용할 수 있는 공익사업의 범위를 철도 · 공항 · 항만 · 공영차고지 · 폐수처리 등에 관한 공익사업과 국가 또는 지방자치단체가 시행하는 공공용 시설사업 등으로 한정하고, 제철 · 비료 · 전자 · 조선 등에 관한 사업을 제외하여 국민의 재산권 보장을 강화하였다.

둘째, 공익사업을 위하여 토지 · 물건 등을 취득 · 사용하고자 하는 경우에는 토지조서 및 물건조서의 작성, 보상계획의 공고 및 열람, 보상협의 등을 거치도록 명시적으로 규정하여 국민의 재산권에 대한 절차적 보호를 강화하였다.

셋째, 보상액 산정시에는 감정평가업자 2인 이상에게 평가를 의뢰하도록 하되, 토지소유자의 요청이 있는 때에는 토지소유자가 추천하는 감정평가업자 1인을 추가로 선정할 수 있도록 하였다.

넷째, 재결에 불복이 있는 경우 이의신청을 거치지 아니하고는 행정소송을 제기하지 못하던 것을 개정된 「행정소송법」의 취지에 맞추어 이의신청의 재결을 거치지 아니하고도 행정소송을 제기할 수 있도록 함으로써 국민의 권리구제를 확대하였다. 또한 보상금증감소송의 당사자로 되어 있던 재결청을 소송당사자에서 제외하여 사업시행자와 피보상자 간 당사자주의에 충실하도록 하였다. 한편, 환매금액에 관한 다툼은 법원에 그 금액의 증감을 청구할 수 있도록 일원화하였다.

다섯째, 보상의 전문화를 통하여 분쟁의 소지를 줄이고 공익사업이 원활하게 수행될 수 있도록, 사업시행자의 보상 또는 이주대책에 관한 업무를 지방자치단체나 보상전문기관에 위탁할 수 있도록 하였다.

2007년 10월 17일에는 공익사업에 필요한 토지 등의 손실보상 자금을 효율적으로 관리하고 해당 지역 주민이 개발혜택을 공유할 수 있도록 토지소유자가 원하는 경우 현금 대신 공익사업으로 조성된 토지로 보상할 수 있는 대토보상제도(代土補償制度)를 도입하였다. 또한 건축물 소유자의 적정한 재산권 보호를 위하여 잔여 건축물의 가치하락에 대한 보상 및 매수청구제도를 마련하였고, 공익사업 보상절차에 주민참여를 확대하기 위하여 일정한 경우 토지소유자 · 사업시행자 및 법관 · 변호사 등으로 구성되는 보상협의회의 설치를 의무화하였다.

2010년에는 택지개발사업 등 각종 대규모 개발사업 시행으로 인하여 지급된 보상금의 규모가 최근 몇 년 사이 큰 폭으로 증대하면서 이러한 보상자금이 부동산시장의 불안요인이 될 수 있다는 우려가 제기되고 있었다. 이에 동년 4월 5일에 공익사업의 시행에 따른 과잉 유동성을 흡수하고 토지소유자의 탄력적인 보상자금 운용을 지원하기 위하여 현금보상 외에 대토보상 및 채권보상을 활성화하도록 제도를 개선하였다. 우선, 토지로 보상할 수 있는 주택용지상한 면적을 330m²에서 990m²로 확대하고, 토지로 보상받기로 결정된 권리를 개발전문 부동산투자회사에 현물출자할 수 있도록 하였다. 또한 토지로 보상받기로 한 보상계약 체결일부터 1년이 경과하면 토지소유자는 이를 현금으로 전환하여 보상하여 줄 것을 요청할 수 있도록 하여 토지소유자의 선택의 폭을 넓혔다.

제4절 주택

우리나라의 주택정책은 가격안정과 주거복지 수준의 향상을 주요 목표로 시행되어 왔다. 그러나 주택정책이 당시의 경제 상황에 대처하는 수단으로서 활용되면서 정책의 일관성과 신뢰성에 대한 의문이 제기되어 왔으며, 최근에는 그 부작용으로 정책효과성이 거의 없거나 오히려 역효과가 나타나기도 하였다. 주택정책의 목표는 1960년대의 주택의 양적 공급에서 출발하여 현재는 국민의 주거안정과 주거복지 수준의 향상으로 변화하고 있다. 이러한 과정에서 공공주택 및 서민주택 공급의 확대와 더불어 대규모 택지개발과 「주택건설촉진법」에 따른 주택의 대량공급이 이루어졌다. 다른 한편으로는 부동산투기를 방지하기 위하여 주택청약 자격의 제한이나 세법상 조치가 병행되기도 하였다.

1960년 이전까지는 주로 귀속재산의 처리나 국제원조에 의한 전후복구 차원에서 주택공급이 이루어졌다. 본격적으로 주택정책이 시행된 시기는 경제개발계획이 시행된 1960년대 이후라고 할 수 있는데, 초기에는 양적 부족 문제의 해결에 우선순위를 두고 저소득층을 위한 공영주택의 건설에 주력하였다. 경제개발계획기인 1962년부터 1981년까지 총 274만 3,000호(공공부문 83만 4,000호, 민간부문 190만 9,000호)의 주택이 건설되었다. 1970년대에는 「주택건설촉진법」(1972)의 제정과 주택건설 10개년계획(1972~1981)의 수립으로 본격적인 주택공급을 위한 법제적 기반이 마련되었다. 1980년부터 1997년까지는 주택의 대량공급시대라고 할 수 있는데, 제5차 경제개발 5개년계획(1982~1986)기간 중에도 115만 5,000여 호의 주택이 건설되었으며, 아파트의 대량공급, 신도시의 건설 등이 추진되었다.

2000년을 전후해서는 임대주택 공급 등 무주택 서민을 위한 주택정책과 더불어 주택의 다양화와 주거 수준의 질적 향상이 추구되었다. 2003년에는 주택의 건설과 관리를 포괄하는 종합적 주택정책을 위하여 「주택법」이 제정되었다.

1. 경제개발기의 주택공급 확대

해방 이후 1961년까지의 경제재건기에는 주택부문에서 이렇다 할 법적 근거를 가지지 못한 채, 전쟁으로부터 회생하기 위한 긴급수요에 대처하기에 급급하였다. 1962년부터 경제개발 5개년계획이 시작되자 주택의 양적 확대가 급선무였기 때문에 저소득층을 위한 공영주택 건설에 주력하였다.

1963년 「공영주택법」이 제정되어 주택사업에 있어서 공공부문의 역할 증대를 위한 토대가 조성되었다. 1967년에는 서민주택 자금의 자조적 조성을 위하여 「한국주택금고법」이 제정되었다. 부동산투기로 택지가격이 폭등하자 1967년 「부동산투기 억제에 관한 특별조치세법」에서 부동산투기억제세를 도입하여 주택가격 안정을 위한 조세적 기반을 마련하였다.

1960년대에 고도성장을 경험한 한국경제는 1970년대에 들어서서 국토의 효율적 이용에 대한 필요성을 인식하게 되자 제1차 국토종합개발계획(1972~1981)을 수립하여 경제개발계획과 건설계획을 분리하여 운영하기 시작하였다. 1972년에는 「주택건설촉진법」이 제정되어 동 계획을 원활하게 추진하는 근거로 기능하였다. 이와 별도로 10년간 250만 호의 주택을 건설하여 주택 부족을 근원적으로 해결하기 위하여 주택건설 10개년계획(1972~1981)이 수립되었다.

이 계획은 주택산업, 자재개발 및 생산업, 유통업의 육성을 통하여 주택산업을 진흥하고, 신도시 개발, 아파트지구의 지정, 공장부지의 택지화를 통하여 대규모 주택공급을 하는 것을 정책수단으로 삼고 있었다. 이에 맞추어 1973년부터는 국민주택자금과 AID 등 외국 차관에 의한 계획적 주택공급에 주력하였다. 1973년 석유파동의 여파로 주택공급의 목표치가 203만 호로 수정되었지만, 계획기간이 끝나는 1981년에는 전국 주택보급률을 88.4%로 높이는 것을 목표로 삼고 있었다. 이를 위하여 「도시재개발법」(1976) 및 「주택공급에 관한 규칙」(1978)을 제정하였다.

1960년대부터 1970년대 중반까지는 대부분의 택지를 토지구획정리사업을 통하여 확보하였다. 그런데 1970년대 후반 부동산 붐이 일어나면서 주택건설을 위한 토지매수가 어려워지게 되자 주택건설지역이 도시 외곽으로 옮겨 가게 되면서 도로나 상하수도와 같은 간선시설의 설치 문제를 놓고 중앙정부와 지방자치단체 사이에 대립이 발생하기도 하였다. 이러한 문제를 해소하기 위하여 1977년 개정 「주택건설촉진법」에 근거한 대지조성사업과 1980년 「택지개발촉진법」에 근거한 택지개발사업이라는 새로운 주택용지의 공급방식이 도입되었다. 그러나 이러한 공영개발방식은 낮은 보상가격으로 토지가 수용되는 데 반발한 토지소유자들의 개발계획 반대운동을 낳게 되고, 무허가주택 소유자와 세입자들이 이에 가세하게 되자 한계에 봉착하게 되었다. 이러한 저항은 그 후 보상비 상승의 계기가 되었고, 현금보상 외에 아파트 분양권이 추가로 주어지면서 매수대상 토지나 주택에 대한 투기가 성행하였다. 이에 대처하기 위하여 해당 지역을 토지거래신고지역과 재산세를 중과하는 투기억제지역으로 지정하기도 하였지만, 투기를 종식시키는 데는 한계가 있었다. 공영개발방식을 보완하기 위해서 1989년 「택지개발촉진법」 개정안이 발의되기도 하였으나, 주택의 대량공급에 따라 부동산가격이 안정되면서 공영개발방식의 대안에 관한 논의가 수그러들었다.

1) 「주택건설촉진법」의 제정

「주택건설촉진법」은 공공부문에 의한 계획적인 주택공급을 확대하고, 주택의 품질을 확보하기 위하여 1972년 12월 30일 제정되었다. 이 법이 제정되기 전에는 「공영주택법」에 따라 국민의 주거생활의 안정을 도모하기 위하여 주로 정부 자금의 대부 또는 보조를 통하여 무주택국민에게 주택을 공급하였다. 이 법은 제정 이후 여러 차례의 개정을 통하여 한국의 경제발전 과정에서 주택공급의 주된 법원(法源)으로 기능하다가 2003년 5월 29일 「주택법」으로 전면개편되었다.

「주택건설촉진법」은 주택을 재원에 따라 공공자금이 투입되는 국민주택과 민간자본으로 건설되는 민영주택으로 구분하였다. 국민주택은 한국주택은행과 지방자치단체가 조달하는 자금으로 건설하여 무주택자에게 저렴한 가격으로 임대 또는 분양하도록 하였다. 민영주택은 민간이 일정 규모 이상 집단적으로 건설하는 주택으로서 공급대상자의 선정, 국공유지의 우선대부, 사업계획의 승인 등에 관한 규정을 준용하도록 하였다.

국민주택의 건설은 정부에 의한 계획과 공공사업주체에 의한 집행이라는 체제로 되어 있었다. 즉, 건설부 장관이 국민주택의 건설계획 및 자금운용지침을 작성하고, 사업주체가 국민주택을 건설하고자 할 때에는 사업계획을 작성하여 건설부 장관의 승인을 받도록 하였다. 국민주택 건설에 필요한 재원은 한국주택은행과 지방자치단체의 국민주택사업특별회계로 확보하도록 하였다. 한국주택은행은 국민주택채권의 발행, 정부로부터의 차입, 외국 자본의 차입, 주택복권의 발행 등의 방법으로 국민주택자금을 조달하였다. 안정적인 재원확보를 위하여 국가 또는 지방자치단체로부터 면허 · 허가 또는 등기 등을 받거나 신청하는 자로 하여금 국민주택채권을 매입하도록 하였다. 국민주택자금은 국민주택의 건설과 이를 위한 대지조성, 국민주택채권의 상환 등으로 그 용도를 제한하였다.

주택의 품질확보를 위해서는 건설부 장관으로 하여금 표준설계도서를 작성 · 보급하도록 하고, 국민주택의 주요 구조부용 자재 생산업에 대한 면허제도를 규정하였으며, 건설부령으로 정하는 품질 및 규격에 따라 주택자재를 생산하도록 하였다.

2) 주택공급질서의 재정비

1977년 12월 31일에는 제4차 경제개발 5개년계획의 주요 역점사업인 주택건설사업을 효율적으로 시행하기 위하여 필요한 자금의 조달 · 운용과 택지의 개발 · 공급 및 주택의 공급질서 등을 재정비하는 「주택건설촉진법」의 전부개정이 있었다. 주택건설을 영업으로 하는 자에 대해서는 주택건설사업자로서 건설부 장관에게 등록하게 하였으며, 건설부 장관은 주택건설사업의 전문화와 대형화를 도모하고 등록업자의 공신력 제고를 위하여 자본 · 기술 · 실적 등이 우수한 주택건설사업자를 '지정업자'로 지정하는 제도를 신설하였다. 한편, 대한주택공사 또는 지정업자는 주택으로 상환하는 사채를 발행할 수 있도록 하였다.

1987년 12월 4일의 개정에서는 주택조합을 도시재개발구역 내의 무주택주민과 동일 직장 내의 무주택근로자의 경우에 한하여 설립할 수 있도록 하던 이전까지의 제약을 풀었다. 도시재개발구역 외의 무주택주민도 주택조합을 설립할 수 있도록 하였으며, 기존의 노후 · 불량주택을 철거하여 새로운 주택을 건설하고자 하는 경우에도 주택조합을 설립할 수 있도록 하였다. 한편, 주택건설의 계속성을 확보하기 위하여 주택건설등록업자가 등록말소 또는 영업정지의 처분을 받은 경우에도 그 처분 전에 사업계획의 승인을 얻은 사업은 계속 수행할 수 있도록 하였다.

1997년 12월 13일에는 재건축사업의 공공성을 확보하고, 투기방지를 위하여 원칙적으로 1가구 1주택만 공급하도록 하였다. 또한 주택조합의 비리예방과 감독을 위하여 회계감사제도를 도입하였다. 한편, 2002년 8월 26일에는 건설교통부 장관 또는 도지사로 하여금 주택가격의 안정을 위하여 필요한 경우에 일정 지역을 투기과열지구로 지정하도록 하여 해당 지역에서 입주권의 전매를 제한하였다.

3) 공동주택의 관리

1978년 12월 5일에는 당시 급격히 증가하던 공동주택의 관리에 관한 규정을 법에 명시하여 공동주택의 주거생활 질서를 확립하고, 시설물을 안전하게 유지 · 관리하기 위하여 부대시설과 복리시설의 용도제한 등 입주자의 행위제한사항 및 사업주체의 관리책임을 정하였다. 또한 공동주택의 주요 시설의 교체 및 보수에 따른 일시적 부담을 경감하기 위하여 특별수선충당금을 적립하도록 하였다. 공동주택의 관리 기준 및 관리비 등 법률이 위임하는 사항을 구체적으로 정하기 위하여 1979년 11월 21일 「공동주택관리령」이 제정되었다.

4) 국민주택기금의 설치

1981년 4월 7일의 개정에서는 복지사회의 구현을 위하여 정부가 역점사업의 하나로 추진하고 있던 주택건설종합계획을 성공적으로 달성하기 위하여 필요한 주택자금의 조달재원을 확대하고 이를 효율적으로 적용하게 하기 위하여 국민주택기금을 설치하였다. 국민주택기금은 국민주택의 건설 및 택지의 개발 등 주택건설사업과 관련한 사업에 한하여 운용하도록 그 용도를 제한하였다.

5) 입주자의 보호

1992년 12월 8일에는 입주예정자의 권리보호를 위하여 주택의 입주자 모집공고 후부터는 주택을 공급받는 자의 동의 없이 주택 또는 대지에 저당권을 설정하지 못하도록 하였다. 또한 주택조합을 설립할 때와 마찬가지로 주택조합을 해산하는 경우에도 인가를 받도록 하고, 무자격자가 있는 주택조합에 대하여는 설립인가를 취소할 수 있도록 하였다. 한편, 주택공급질서 교란행위를 구체화하여 입주자저축증서 및 주택조합원 명의 등을 양도하거나 양도를 알선하는 자에 대하여는 주택공급의 신청을 제한하거나 주택공급계약을 취소할 수 있도록 하였다.

1994년 1월 7일의 개정에서는 공동주택에 대한 설계 · 시공 · 감리 및 하자보수책임을 강화하여 부실시공으로 인한 하자 발생을 방지하도록 하였다. 공동주택의 주요 구조부에 대한 하자보수책임기간을 3년에서 10년으로 연장하고, 부실시공으로 인하여 주택의 내력구조부에 중대한 하자가 발생한 경우에는 부실시공을 한 설계자 · 감리자 · 시공자 및 사업주체를 처벌하도록 하였다.

1999년 2월 8일의 개정에서는 주택경기를 활성화하기 위하여 주택투기 방지 위주로 되어 있는 주택 관련 규제를 대폭 완화하였는데, 특히 주택을 분양받은 자에게 일정 기간 당첨된 지위나 주택을 전매할 수 없도록 한 전매제한을 폐지하여 생계곤란에 따른 불편을 해소하였다. 한편, 주택사업자들에게 부도가 발생하는 경우에는 채권자들이 사업대지를 압류하여 입주예정자들이 많은 피해를 입고 있었다. 따라서 사업대지에 대하여 제한물권이나 압류 · 가압류 · 가처분 등의 대상이 될 수 없음을 부기등기하도록 의무화하고, 부기등기일 이후의 압류 · 가압류 · 가처분 등을 무효로 하여 사업자의 부도에 대비한 입주예정자 보호조치를 두었다.

2. 주택의 대량공급기

1980년대와 1990년대는 주택의 대량공급시대라 할 수 있다. 인구의 증가와 도시집중, 핵가족화의 가속화, 통화팽창, 국민소득의 증대와 삶의 질 향상 욕구는 주택수요를 폭발적으로 증가시켰다. 특히, 부족한 주택난을 조기에 해소하기 위하여 아파트 위주의 주택공급이 이루어졌는데, 1990년에는 공급된 주택유형 중 아파트의 비중이 66%를 넘었다.

1980년대는 부동산경기에 대하여 냉온양면전략을 취한 시기였다. 1982년에는 위축된 주택경기를 활성화하기 위하여 양도소득세 면제기간을 연장하고, 양도소득세를 대폭 완화하였으며, 국민주택의 전매제한기간을 단축하였다. 그러나 이와 같은 대책의 여파로 부동산가격이 불안조짐을 보이자 1983년 2월 다시 특정지역에 대하여 양도소득세 과세표준으로 실거래가 적용, 분양가 상한제의 재도입, 채권입찰제 도입 등이 실시되었다. 노태우 정부에서도 1988년 토지공개념을 도입하였고, 「부동산등기법」에 규정만 되고 시행은 유보되어 왔던 부동산검인계약서제도를 본격적으로 시행하여 매매나 교환으로 인한 등기신청시에는 행정기관으로부터 검인을 받은 계약서를 제출하도록 함으로써 투기를 막고자 하였다. 부동산검인계약서제도는 1990년 8월 1일 제정된 「부동산등기특별조치법」으로 이어졌다.

1988년에 출범한 노태우 정부는 주택의 매매 및 전세가격의 급등으로 인해 가중되는 주거비 부담을 해소하고자 "주택 200만 호 건설계획"(1988~1992)을 발표하였다. 이 계획은 기존의 총량 위주의 주택정책에서 탈피하여 사회복지 차원에서 주택 문제를 인식하는 계기가 되었으며, 소득계층별 주택공급의 차등화와 빈곤층의 주택지원책 마련 등의 다양한 접근방법을 제시하였다.

서민주거복지 향상과 관련해서 주택구입능력이 부족한 가구의 주거생활 안정을 도모하기 위한 임대주택 공급에 대한 정부의 관심은 1981년 「주택임대차보호법」의 제정, 1984년 「임대주택건설촉진법」의 제정, 1989년 영구임대주택제도의 도입 등으로 계속되었다. 「임대주택건설촉진법」은 주택건설종합계획 수립시 임대주택 건설을 포함시키도록 하고, 국민주택기금에서 임대주택 건설자금을 지원하도록 하였다. 용지확보와 관련하여서는, 매각되는 국 · 공유지나 공영개발 택지를 임대주택을 건설하고자 하는 자에게 우선적으로 공급하도록 하고, 택지개발시 일정 비율 이상을 임대주택 건설용지로 개발하도록 하였다. 임대주택은 일정 기간 이내에는 분양할 수 없도록 하고, 임차권 양도 및 전대를 금지하였다. 「임대주택건설촉진법」은 공공부문의 임대주택 건설을 촉진시켜 입법목적을 어느 정도 달성하였으나, 주택은 여전히 부족하였고 공공부문의 공급능력에도 한계가 있어서 민간 주도의 임대주택 공급이 필요하게 되었다.

한편, 1993년부터 시작된 "신경제 5개년계획"(1993~1997)은 공공부문의 직접적인 개입을 줄이고 민간부문을 지원하여 경제활성화를 도모하는 데 초점을 맞추고 있었다. 이에 따라 영구임대주택 프로그램을 사실상 종료하고, 1994년에는 「임대주택건설촉진법」에 민간임대주택의 건설과 임차인 보호에 관한 규정을 추가하여 「임대주택법」으로 전면개편하였다. 1998년에는 임대기간이 10~20년인 국민임대주택제도가 도입되어 「국민임대주택 건설 등에 관한 특별조치법」(2003)과 「보금자리주택 건설 등에 관한 특별법」(2009)으로 발전되었다. 2007년 1월 19일에는 국민주택기금의 지원을 받아 민간사업자가 건설한 공공임대주택의 부도로 인하여 임대보증금을 환불받지 못하고 주거불안을 겪고 있는 저소득 임차인의 임대보증금 보호와 주거불안 해소를 위하여 「부도공공건설임대주택 임차인 보호를 위한 특별법」이 제정되었다.

3. 건설규제 완화와 주택수급의 변화

1) 시대적 배경

1997년 외환위기 이후에는 소득감소와 고금리로 인하여 가계의 주택수요가 크게 감소하고 가격도 20~30% 급락하는 현상이 나타났다. 수요감소에 따라 주택공급도 연간 30만 호 수준으로 낮아졌으며, 주택건설업자의 70~80%가 주택건설을 중단하였고 파산하는 업체들도 생겨나기 시작하였다. 급격히 위축된 시장에서 금융부실까지 겹치게 되자 김대중 정부는 건설경기 부양을 통한 경기회복을 추구하게 되었다. 1998년부터 1999년까지 분양가 전면 자율화, 양도세의 한시적 면세, 분양권 전매의 한시적 허용, 민영아파트 재당첨 제한기간 폐지, 외국인의 부동산소유 자유화 등의 조치가 잇따랐다. 그러나 이와 같은 규제완화로 인하여 2002년 이후 부동산가격은 또다시 치솟기 시작하였다. 주택보급률이 100% 미만이던 시절의 부동산투기 대책은 주택공급의 확대와 양도소득세의 조절을 통하여 이루어진 반면, 2003년 이후에는 주택거래신고제, 실거래가신고제, 재건축 규제, 주택담보대출 비율의 강화, 투기과열지구의 확대 등 수요억제정책이 시행되었다. 그러나 2010년대에 들어와서는 주택경기가 오히려 장기적인 침체일로를 걷고 있다.

2) 「주택법」에 따른 종합적 주택정책

「주택법」은 주택 건설과 공급 위주의 「주택건설촉진법」을 변화된 경제적 · 사회적 여건에 맞추고 주거복지 및 주택관리 등의 부분을 보강하여 2003년 5월 29일 전면개편한 법이다. 이 법은 국가에 대하여 주택개발정책 등을 통하여 모든 국민에게 쾌적한 주거생활을 보장하도록 한 헌법 규정에 따라 주택의 공평하고 효율적인 공급 및 쾌적하고 안전한 관리, 저소득자 · 무주택자와 같은 사회적 약자에 대한 주택의 우선공급 등 국가 및 지방자치단체의 의무를 명시하였다. 이를 구현하기 위하여 건설교통부 장관으로 하여금 주택건설 · 주거복지 · 주거환경 및 주택관리 등의 내용을 포함한 주택종합계획을 수립 · 시행하도록 하였다.

주택조합의 종류도 확대하여 「주택건설촉진법」에 있던 지역주택조합과 직장주택조합에 더하여 임대주택조합과 리모델링 주택조합을 추가로 인정하였다. 연간 대통령령이 정하는 호수 이상의 주택건설사업을 시행하고자 하는 자 또는 연간 대통령령이 정하는 면적 이상의 대지조성사업을 시행하고자 하는 자는 건설교통부 장관에게 등록하도록 하고, 일정한 주택건설사업이나 대지조성사업을 시행하려면 사업계획 승인을 받도록 하는 등 기본적 사업추진 체제는 「주택건설촉진법」을 계승하였다. 한편, 공동주택의 관리를 강화하기 위하여 대통령령인 「공동주택관리령」으로 운영되고 있던 공동주택관리규

약 · 장기수선계획 · 안전관리계획 · 안전교육 · 안전점검 등에 관한 사항 중 중요 사항을 법률에서 직접 규정하였다.

한편, 주택의 양적인 공급 확대에 치중하여 주거 수준의 질적 향상이 도외시되어 왔던 점을 개선하기 위하여 시행 전인 2003년 7월 25일 최저주거기준에 관한 규정을 보완하였다. 국가 · 지방자치단체는 최저주거기준 미달 가구에 대하여 주택을 우선공급하거나 국민주택기금을 지원할 수 있도록 하고, 최저주거기준 미달 가구가 밀집된 지역에 대하여는 우선적으로 임대주택을 건설할 수 있도록 하였다.

(1) 분양가상한제와 원가공개

1963년 「공영주택법」에 근간을 둔 분양가 규제는 1977년까지는 권장사항에 불과하였으나, 1977년 「국민주택 우선공급에 관한 규칙」의 제정으로 본격적으로 시행된 바 있었다. 그러나 1981년 주택경기 활성화 대책의 일환으로 분양가가 일시적으로 자율화되었다가 1983년 2월 재도입되었으며, 1989년 원가연동방식으로 변경되었고, 1999년 다시 자율화되는 등 경기조절방안으로 시행되어 왔다.

2005년 1월 8일에는 주택분양가 자율화 이후 분양가가 상승하여 중산 · 서민층의 주거비 부담이 증가함에 따라 공공택지에서 건설되는 주거전용면적 85m^2 이하인 공동주택에 대하여 분양가격을 제한하였다. 또한 분양가격의 주요 항목의 공개를 의무화하였으며, 주택의 소음 · 구조 및 환경 등에 관하여 성능등급을 표시하도록 하였다. 투기방지를 위하여 분양가상한제 적용 주택과 해당 주택의 분양권은 5년간 전매가 제한되었다. 12월 23일에는 분양가상한제 적용대상을 공공택지에서 공급되는 주거전용면적 85m^2를 초과하는 주택 등으로 확대하고, 이러한 주택에 대하여는 택지비 및 택지매입원가를 공시하도록 하였으며, 분양가격의 공시항목을 확대하였다.

2007년 4월 20일에는 신규 분양 공동주택의 분양가 인하와 분양가의 투명한 책정을 위하여 기존에 공공택지에서 시행하고 있던 분양가상한제 및 분양가격 공시를 공공택지 외의 택지로 확대하였다. 2010년 4월 5일에는 경제자유구역의 공동주택과 관광특구의 초고층 복합건축물에 대해서는 분양가를 자율화하여 외자유치를 촉진하고 관광특구 개발사업의 활성화를 도모하였다.

(2) 주택공급의 활성화

2007년 4월 20일에는 사업자가 「택지개발촉진법」에 따라 조성된 택지를 공급받아 용도대로 사용하지 않고 전매할 경우 영업정지 등을 할 수 있는 근거를 마련하였다. 또한 국가 · 지방자치단체 · 대한주택공사 및 지방공사는 대통령령으로 정하는 범위 내에서 토지임대부 분양주택 및 환매조건부 분양주택을 공급할 수 있도록 하였다. 10월 17일의 개정에서는 주택건설사업자가 주택건설 대지 면적의 100분의 95 이상에 대하여 사용권원을 확보한 경우에는 나머지 대지에 대하여 소유기간에 관계없이 매도청구를 할 수 있도록 하여 주택건설사업을 원활히 추진할 수 있도록 하였다.

2009년 2월 3일의 개정에서는 150세대 미만의 일정 규모 이하로 건설되는 도시형 생활주택에 대하여는 감리 및 분양가상한제 등의 적용을 배제하여 쾌적하고 저렴한 주택을 신속하게 공급하게 하였다. 또한 주상복합건물 건축시 일정 비율을 임대주택으로 공급하는 경우에는 용적률 완화를 허용하여 민간에 의한 도심 내 임대주택의 공급을 활성화하고자 하였다.

2010년 4월 5일에는 고령화 및 1~2인 가구의 증가 등 변화된 주택수요 여건에 대응하여 주택으로 분류되지 않으면서 주거용으로 활용이 가능한 주거시설을 "준주택"으로 정의하여 공급을 활성화하였다. 한편, 2011년 3월 30일에는 저탄소 녹색성장 기조에 맞추어 에너지절약형 친환경주택의 개념을 도입하였다.

제5절 수자원

근대적 개념의 수문조사와 토목기술이 도입된 것은 1910년대 초반부터였다. 일제는 한반도의 식량생산기지화와 북한 지역의 중공업기지화를 위하여 수력발전용 댐과 관개용 댐을 건설하였다. 또한 1914년부터 1927년까지 전국의 주요 하천에 대한 조사를 실시하여 『조선하천조사서』(1928)를 발간하였다.

해방 이후 1950년대까지는 해방 전 중단된 사업을 준공하고 미래를 위하여 수력자원을 조사하였는데, 특히 관개용 댐을 중심으로 한 농업용수 개발에 중점을 두었다. 법제에 있어서는 「조선하천령」 등 일제하의 법령을 적용하고 있었다.

1960년대와 70년대는 유역별로 수자원 종합개발을 추진하던 시기였다. 1961년에는 하천수로 인한 피해를 예방하고 하천사용의 이익을 증진시키기 위하여 하천의 지정 · 관리 · 사용 및 보전과 비용에 관한 사항을 정한 「하천법」이 제정되었다. 1966년에는 수자원의 효율적 확보 측면에서 다목적댐의 건설 및 관리에 관하여 「하천법」에 대한 특례를 규정한 「특정다목적댐법」이 제정되었다. 또한 식량증산을 위한 한발 극복, 공업용수의 공급, 홍수량 조정에 의한 국토의 유효이용, 전력공급을 위한 수력발전소 건설 등을 목적으로 수자원종합개발 10개년계획(1966~1975)을 수립하였으며, 수자원을 개발하기 위하여 한강 · 낙동강 · 금강 · 영산강에 대하여 전반적으로 4대강 유역 조사사업(1966~1972)을 실시하였다. 이때의 경험과 기술력을 바탕으로 1970~1980년대에 다목적댐들을 건설하였다. 한편, 용수 수요를 해결하기 위하여 1961년 「수도법」이 제정되었다. 1910년부터 「수도상수보호규칙」 등이 시행되고 있었으나, 국민의 일상생활 및 위생을 위하여 수질 기준, 상수보호구역의 지정, 수도사업의 경영, 급수의무 등을 포함한 「수도법」을 새로이 제정하게 된 것이었다. 하수도에 대하여는 처음에 위생관리의 측면에서 접근을 하여 1963년에 제정된 「공해방지법」에서 생활하수를 보건위생에 영향을 주는 위해로 규정하고, 하수처리장의 설치에 대하여 보건사회부 장관의 인가를 받도록 하였다. 1960년대 후반 도시화로 인하여 상수사용량이 증가하고, 수세식 화장실의 숫자가 증가하면서 공공하수도의 설치 · 관리를 규정한 「하수도법」이 1966년 제정되었다. 이들 법제는 1970년대에 경제성장의 이면에서 도시기능 및 산업기능을 지원하고 생활기반을 형성하는 역할을 하였다.

1980년대에는 산업화와 도시화의 진전에 따라 용수 수요가 크게 증가하였는데, 다른 한편으로 상수원 오염 문제와 수도사고가 발생하여 기존 수도시설의 개량과 고도정수처리시설의 필요성이 인식되기 시작하였다. 1989년 수돗물의 중금속과 세균 문제가 발생하고, 1990년 낙동강 수계의 수질오염사고 발생으로 수돗물에 대한 불신이 나타나게 되자 고도정수처리시설을 본격적으로 도입하기 시작하였다.

1990년대에는 지역균형발전정책과 병행하여 용수의 양적 · 질적 수요에 대한 대응능력을 확보하는 데 초점을 맞추었다. 1993년에는 생활 수준의 향상과 산업의 발달에 따라 수요가 증가되고 있는 지하수의 보전과 개발을 위하여 「지하수법」이 제정되었다. 또한 1995년에는 「식품위생법」에 따른 광천음료수로 관리되어 오던 먹는 샘물 등의 음용수를 통합관리하기 위하여 「먹는물관리법」이 제정되었다.

1. 「하천법」에 따른 기본적 치수 법제의 마련

「하천법」은 1961년 12월 30일 제정된 하천의 지정 · 관리 · 사용 및 보전과 비용에 관한 사항을 규율하는 기본법이다. 이 법은 적용대상 하천을 공공의 이해에 밀접한 관계가 있는 하천으로 정하고, 「하천법 제2조의 하천의 명칭 및 구간 지정의 건」에서 한강 · 금강 · 영산강 · 낙동강 등을 본류로, 그 밖의 하천을 지류로 구분하였다.

하천은 국유로 하고, 국토건설청장과 관할 지방장관이 관리하도록 하였다. 제방, 호안, 갑문 등 하천의 부속물에 대하여도 하천에 관한 규정을 준용하도록 하였다. 특히, 국토건설청장이 관리하는 하천의 보수에 관한 공사와 그 유지는 지방장관이 시행하도록 하였다.

하천구역 내에서 공작물을 신축 · 개축 · 변경 또는 제거하거나 하천을 점용하고자 하는 자는 관리청의 허가를 받도록 하고, 이때 점용료나 사용료를 징수할 수 있도록 하였다. 또한 점용기간이 만료되었거나 점용을 폐지한 경우에는 하천을 원상으로 회복시키도록 하였다.

하천공사에 관하여는 원인자부담금과 수익자부담금 제도를 도입하였다. 관리청은 다른 공사 또는 다른 행위로 인하여 하천에 관한 공사를 시행할 경우의 비용은 그 원인을 제공한 자에게 전부 또는 일부를 부담시킬 수 있도록 하였다. 또한 관리청은 하천에 관한 공사로 인하여 현저히 이익을 받는 자가 있을 때에는 그 수익의 한도 내에서 당해 공사에 필요한 비용의 전부 또는 일부를 그 이익을 받는 자에게 부담시킬 수 있도록 하였다.

하천구역의 결정, 하천구역의 변경, 토지의 출입과 사용 및 비상재해시의 토지 등의 사용 등으로 손실을 받은 자가 있을 때 또는 제방에 의하여 보호되었던 토지가 하천공사로 인하여 손실을 받은 자가 있을 때에는 국고나 지방자치단체에서 그 손실을 보상하도록 하였다. 그 밖에 하천부지의 교환에 관한 규정도 두어 관리청은 하천의 신설 또는 개축으로 인하여 불용으로 될 하천부지를 새로이 하천부지로 될 타인의 토지와 교환할 수 있도록 하였다.

1) 하천관리체제의 근대화

1971년 1월 19일에는 치수 중심으로 규제되어 있는 체제를 근대적 이수법규로 정비 · 보강하고 하천관리방식의 근대화를 도모하기 위하여 「하천법」을 전부개정하였다. 첫째, 하천구역은 원래 자연적 상태에 의하여 성립되는 것이라는 점을 고려하여 관리청의 확인 절차 없이 자연적 상태 그 자체로서 하천구역이 되도록 법정화하였다. 둘째, 하천관리청으로 하여금 수자원의 효율적인 개발이용과 하천의 정비 촉진을 위하여 하천정비기본계획을 수립하고 수문조사와 하천경제조사를 실시하도록 하였다. 셋째, 하천에 인접한 일정한 구역에서 일정 기준 이상의 동력과 시설을 사용하여 지하의 유수를 채취함으로써 하천의 수량에 영향을 미칠 우려가 있을 때에는 하천관리청의 허가를 받도록 하였다. 넷째, 수리사용에 있어서 기득권자의 권익침해가 발생하지 않도록 하기 위하여 새로운 수리사용을 허가할 경우 공익성이 있거나 손실방지시설을 한 경우가 아니면 기득수리권자의 동의를 받도록 하고, 수리사용에 관한 분쟁에 대하여 하천관리청은 당사자의 신청이나 직권에 의하여 조사 또는 제한할 수 있도록 하였다. 다섯째, 높이 15m 이상의 댐건설에 있어서는 댐설치자로 하여금 댐관리자의 배치, 관측시설의 설치 및 재해방지시설 설치 등을 하도록 하고, 하천관리청은 댐설치자에 대하여 홍수조절에 필요한 지시를 할 수 있도록 하였다.

2) 불법이용의 방지

1981년 3월 31일에는 불법적인 하천 점 · 사용을 막기 위하여 하천관리청은 하천점용허가 등을 받지 아니하고 토석, 사력 등을 채취하여 처벌을 받은 자에 대하여는 일정 기간 채취허가 등을 제한하고, 불법점용자에 대하여는 당해 점용료 등에 상당하는 금액을 부당이득금으로 징수할 수 있도록 하였다. 또한 불법채취한 토석, 사력 등을 운반한 차량의 운전자에 대하여는 운전면허를 취소 · 정지할 수 있도록 하였다. 한편, 새로이 하천구역으로 편입될 토지를 하천예정지로 지정할 수 있는 근거를 신설하였다.

3) 계획관리체제와 수량관리

1999년 2월 8일에는 건설교통부 장관으로 하여금 수자원의 안정적인 확보와 효율적인 관리를 위하여 10년 단위의 수자원장기종합계획을 수립하도록 하였고, 하천의 유역특성 · 하천수위 · 유량 등에 관한 조사를 실시하고 수계별 물의 사용실태를 파악하여 과학적인 하천수량관리를 하도록 하였다.

2001년 1월 16일에는 건설교통부 장관으로 하여금 홍수의 예방과 홍수발생시 피해의 최소화를 위하여 필요한 사항 등을 내용으로 하는 10년 단위의 하천유역종합치수계획을 수립하도록 하고, 하천 인근에서 지하수를 개발 · 이용하는 경우에는 유수사용료를 징수할 수 있게 함으로써 하천의 수량이 적정하게 유지 · 관리될 수 있도록 하였다.

4) 홍수방지조치

2004년 1월 20일에는 범정부적 수해방지대책의 일환으로 하천구역의 지정범위를 확대하고, 하천 부속물의 비상대처계획 수립 및 하천범람 상황 조사의 근거를 마련하는 등 홍수피해의 예방 및 재발방지를 위한 제도적 방안을 마련하였다. 구체적으로는 하천제방이 없는 구간에서 홍수발생시 홍수량 소통에 필요한 토지의 구역을 하천구역으로 지정할 수 있도록 하고, 이례적인 홍수의 발생으로 인한 하천 부속물의 붕괴위험에 대처하기 위하여 댐 등 대통령령이 정하는 하천 부속물의 설치자에 대하여 비상대처계획을 수립하도록 하였다. 또한 도시계획 등 각종 계획을 수립할 때에는 하천범람 상황 조사의 결과를 반영하도록 하여 도시설계 단계에서부터 홍수피해를 예방하는 기반을 마련하였다. 한편, 수해방지 등을 위하여 긴급한 조치가 필요한 경우에는 유수소통에 지장을 주는 하천구역 내의 불법점용물을 즉각 제거할 수 있도록 하였다.

5) 하천 국유화의 폐지 및 관리체계 전환

2007년 4월 6일의 전부개정에서는 하천의 국유화가 폐지됨으로써 하천관리체계가 다시 한 번 근본적으로 바뀌는 계기가 되었다. 이는 하천으로 편입되는 토지의 국유화에 따라 발생하는 사유재산권 침해의 논란을 해소하고 국가의 재정부담을 완화하기 위하여 단행된 것이었다. 하천의 국유화 폐지에 따라 국가하천으로 편입되는 토지에 대하여는 매수청구제를 도입하고, 하천을 구성하는 사유토지에 대하여는 소유권 이전 및 저당권 설정 등을 제외하고는 사권행사를 제한하였다.

홍수방지를 위한 조치로서는 하천 주변의 무분별한 건축물의 난립 등으로 인한 홍수 피해를 예방하기 위하여 지정된 연안구역을 대신하여 계획홍수위 아래에 있는 지역에 대하여 홍수관리구역으로 지정할 수 있도록 하였다. 또한 하천유역의 개발 및 이상 호우 발생의 증가로 하천유역의 홍수량이 증가하여 하류에 영향을 주고 있기 때문에 홍수량을 물길 중심에서 유역 전체로 분담하는 홍수량할당제를 도입하였다. 또한 하천환경의 보전과 휴식공간으로의 관리를 위하여 하천관리청으로 하여금 하천구역 안에서 하천환경 등의 보전 또는 복원을 위한 보전지구 또는 복원지구와 하천공간의 활용을 위한 친수지구를 지정하도록 하였다.

2. 다목적댐의 건설과 관리에 관한 법제

우리나라는 연도별 · 지역별 강수량의 편차가 심하고, 하절기에 집중되는 경향이 있어 홍수를 자원화하여 하천유량의 조절과 용수 확보를 두루 할 수 있는 다목적댐이 특히 유용하다. 1966년 4월 23일 제정된 「특정다목적댐법」은 수자원을 합리적으로 개발 · 이용하기 위한 다목적댐의 건설과 관리에 관하여 「하천법」에 대한 특례를 규정하며, 건설투자금의 회전활용으로 다목적댐의 건설을 촉진하기 위한 법이었다. 「특정다목적댐법」에서는 다목적댐을 「하천법」에 따른 하천공사로서 건설하는 댐으로서 그 저수가 발전 · 수도 · 공업 또는 농업의 용수, 홍수조절 등의 용도 중 2 이상의 용도에 쓰이는 것으로 정의하였다. 다목적댐은 건설부 장관이 기본계획을 수립하여 건설 · 관리하도록 하였고, 저수를 특정용도에 쓰고자 하는 자의 신청에 의하여 댐 사용권을 설정하도록 하였다. 1967년에는 우리나라 최대의 사력식 댐인 소양강댐이 착공되어 1973년 완공되는 등 1970~1980년대는 안동, 충주, 대청 등 이수 및 치수의 조화를 위한 대규모 다목적댐이 건설되었다.

1993년 12월 10일에는 다목적댐사업이 수몰이주민에게 고향과 생활터전을 영구히 상실하게 하여 물질적 · 정신적으로 큰 피해를 주고, 주변지역의 주민에게도 소득감소와 같은 간접피해를 발생시키는 등 다른 공공사업과는 다른 특수성이 있다는 점이 부각되어 수몰이주민과 주변지역 주민에 대한 지원방안을 마련하였다. 예를 들면, 수몰이주민의 주거 및 생활의 안정을 위하여 필요한 경우에는 국민주택기금을 지원할 수 있도록 하고, 지방자치단체의 장 또는 댐수탁관리 예정자는 수몰이주민의 생계지원을 위한 조치를 할 수 있도록 하였다.

이 법은 1999년「댐 건설 및 주변지역 지원 등에 관한 법률」로 흡수되었는데, 동법은 모든 댐을 대상으로 하는 댐 건설 장기계획을 수립하여 수자원을 종합적 · 체계적으로 개발할 수 있도록 하고, 댐 주변지역 주민에 대한 지원을 확대하는 내용으로 되어 있으며, 수차례 개정을 통하여 지원규모, 댐사용권의 관리 등에 관한 규정이 보완되어 현재까지 시행되고 있다.

3.「지하수법」에 따른 지하수의 보전 · 관리

국민생활 수준의 향상과 산업의 발달에 따라 매년 수요가 증가되고 있는 지하수의 효율적인 이용 및 관리를 규율하는 법적 장치로서 1993년 12월 10일「지하수법」이 제정되었다. 이 법은 지하수의 개발 · 이용에 관한 부분과 지하수의 보전 · 관리에 관한 부분으로 구성되어 있다.

지하수의 개발 · 이용과 관련하여 지하수의 조사, 지하수 개발 · 이용신고, 원상복구명령 등의 규정을 두었다. 첫째, 상공자원부 장관으로 하여금 지하수 부존량 등에 관한 기초적인 조사를 실시하도록 하였다. 둘째, 건설부 장관으로 하여금 지하수자원의 조사, 지하수의 보전계획, 지하수의 이용실태 및 이용계획 등을 종합하여 지하수관리기본계획을 수립하도록 하였다. 셋째, 지하수를 개발 · 이용하려면 시 · 도지사에게 신고하도록 하되, 가정용과 같은 경미한 경우에는 자유로이 개발 · 이용할 수 있도록 하였다. 넷째, 시 · 도지사는 굴착장소에서 지하수가 채취되지 아니하거나 신고 없이 지하수를 개발 · 이용한 경우 또는 생물종의 멸종 · 고사 등 자연생태계에 심각한 위해를 초래하는 경우 등에는 지하수 개발 · 이용지역의 원상복구 또는 시설의 철거 등을 명하거나 이에 필요한 조치를 할 수 있도록 하였다.

지하수의 보전 · 관리와 관련해서는 지하수보전구역의 지정 및 행위제한, 지하수오염방지명령, 수질 기준 및 수질검사 등에 관한 규정을 두었다. 첫째, 지하수보전구역을 지정할 수 있도록 하고, 그 안에서는 대규모 지하수 개발 · 이용행위나 오염물질을 버리는 행위를 제한하였다. 둘째, 지하수를 개발 · 이용하는 자는 지하수 오염방지를 위한 시설을 설치하도록 하고, 환경처 장관 또는 시 · 도지사는 지하수를 오염시키거나 현저하게 오염시킬 우려가 있는 시설의 설치자 또는 관리자에게 오염방지조치를 명할 수 있도록 하였다. 셋째, 지하수의 수질 기준을 정하고, 지하수 개발 · 이용 신고자는 정기적으로 수질검사를 받도록 하였다.

1997년 1월 13일에는 지하수의 무분별한 개발 · 이용으로 인한 지하수의 오염 및 고갈을 방지하기 위하여 지하수의 개발 · 이용을 신고제에서 허가제로 바꾸고, 지하수 개발 · 이용 시공업의 등록제를 신설하는 등 지하수관리체제를 전환하는 전부개정이 있었다.

2001년 1월 16일에는 지하수의 과도한 개발 · 이용으로 인한 지하수의 고갈과 폐공의 방치 등으로 인한 지하수의 오염을 방지하기 위하여 종합적인 대책을 마련하였다. 즉, 전국적인 지하수 관측망의 설치, 지하수 자료의 정보체계 구축, 지하수의 개발 · 이용허가에 대한 유효기간제도의 도입, 지하철 공사 등 토지굴착으로 유출되는 지하수에 대한 이용대책 수립, 오염된 지하수의 정화를 전문으로 하는 지하수정화업의 신설 등을 들 수 있다. 특히, 국가가 수립하는 지하수관리기본계획에 온천수 · 먹는 샘물 · 농어촌 용수 등에 관한 사항을 포함시키고, 지방자치단체의 지역지하수관리계획의 수립 · 시행을 의무화함으로써 종합적인 지하수 관리가 가능하도록 하였다. 또한 지하수 개발 · 이용 후에 방치된 폐공의 원상복구 의무자가 복구를 하지 아니하거나 원상복구 의무자가 불분명한 경우에는 시장 · 군수가 복구하도록 의무화하였다.

4. 용수 관련 법제

1) 「수도법」

「수도법」은 의용법령인 「수도상수보호규칙」과 「수도에 관한 건」을 폐지하고, 국민의 일상생활 내지 위생과 밀접한 관계가 있는 수도에 관한 사항을 새로이 정하기 위하여 1961년 12월 31일 제정되었다. 이 법은 수도의 조건, 수도사업의 경영 및 물의 공급 등에 관한 전반적인 사항을 규정하고 있다.

국토건설청장은 수질보전상 필요하다고 인정되는 지역에 "상수보호구역"을 지정하고 수질오염을 초래할 우려가 있는 행위를 제한할 수 있도록 하였는데, 상수보호구역은 현재의 "상수원보호구역"으로 발전되었다. 한편, 수도에 의하여 공급되는 물에 대하여 병균오염, 유독물질 함유, 맛과 냄새 및 색택 등을 기준으로 수질 기준을 정하고 있다. 또한 수도의 요건으로서 원수의 질, 양, 지리적 조건과 일정한 시설을 갖추도록 하였다.

수도사업에 대하여는 물이 인간생활에 있어서 필수재임을 고려하여 공영의 원칙을 선언함으로써 수도사업자를 원칙적으로 지방자치단체로 한정하고 있다. 수도사업의 경영은 국토건설청장의 인가를 받도록 하고, 물의 공급을 개시한 후에는 허가 없이 해당 수도사업을 폐지하거나 정지하지 못하도록 하였다. 또한 수도사업자는 물의 요율, 급수장치 공사비용 등을 포함한 공급규정을 정하여 국토건설청장의 인가를 받도록 하고, 정당한 사유 없이 물공급계약의 청약을 거절하지 못하도록 급수의무를 부과하였으며, 수도요금의 강제징수를 허용하였다. 한편, 전용수도를 부설하고자 하는 자는 국토건설청장의 인가를 받도록 하였다.

1966년 8월 3일에는 공업용수의 합리적인 공급 및 관리를 위하여 공업용 수도에도 「수도법」을 준용하도록 하고, 건설부 장관은 국가가 특정한 공업지역 내에 설치한 공업용 수도를 직접 관리할 수 있도록 하였다.

(1) 수도관리체계의 전면개편

1991년 12월 14일에는 도시화 · 산업화 및 생활 수준의 향상에 따라 날로 증가하는 용수 수요에 대처하기 위하여 수도정비기본계획을 수립하도록 하고, 국민에게 맑은 수돗물을 공급하기 위하여 수도의 공급관리체계를 확립하는 전부개정이 있었다. 첫째, 수도를 일반수도 · 공업용 수도 · 전용수도로 구분하고, 일반수도를 광역상수도 · 지방상수도 및 간이상수도로 구분하였다. 둘째, 건설부 장관과 시장 · 군수는 일반수도 및 공업용 수도를 적정하고 합리적으로 설치 · 관리하기 위하여 10년마다 수도의 정비에 관한 종합적이고 기본적인 계획을 수립하도록 하였다. 셋째, 환경처 장관은 상수원의 확보와 수질보전상 필요하다고 인정되는 지역을 상수원보호구역으로 지정하고, 시장 · 군수로 하여금 이를 관리하도록 하였으며, 관리비용을 보호구역 지정 · 관리로 인하여 이익을 받는 수도사업자가 부담하도록 하였다. 넷째, 지방자치단체는 지하수를 무분별하게 다량으로 취수함으로써 수질오염 · 수원고갈 및 지반침하 등이 발생하거나 발생할 우려가 있는 지하수 취수시설의 설치자에 대하여 취수 제한조치를 할 수 있도록 하였다. 다섯째, 중수도의 개념을 도입하여 이미 사용한 수돗물을 생활용수 · 공업용수 등으로 재활용할 수 있도록 하였다.

1997년 8월 28일의 개정에서는 용수의 효율적 이용과 수돗물의 안정적 공급을 위하여 환경부 장관으로 하여금 10년마다 전국수도종합계획을 수립하도록 하였다. 또한 시장 · 군수가 관리하던 일정 규모 미만의 간이상수도를 "소규모 급수시설"로 하여 주민이 운영하도록 하였으며, 국가 및 지방자치단체는 수질검사를 실시하고, 급수시설의 설치 및 위생관리를 지원할 수 있도록 하였다.

(2) 물 절약 시책의 추진

2001년 3월 28일에는 댐 건설에 의한 물공급정책에는 한계가 있었고 비효율적으로 이용되는 물의 양이 많아서 물수요 관리를 강화하는 개정이 있었다.

첫째, 시 · 도지사는 관할 시 · 군 · 구별 물수요 관리목표를 정하고, 이를 달성하지 못한 지방자치단체에 대하여는 수도사업, 도시 및 산업단지의 개발 등에 관한 인 · 허가 등을 제한할 수 있도록 하였다. 둘째, 수도사업자는 수도시설을 전문기관에 위탁하여 운영하거나 수도사업에 드는 비용으로 민간자본을 유치할 수 있도록 하여 공급 측면을 보완하였다. 셋째, 물 아껴쓰기 정책의 일환으로 물을 많이 쓰는 건축물을 신축하고자 하는 자는 물사용량의 10% 이상을 재이용할 수 있는 중수도를 설치 · 운영하도록 하고, 중수도를 설치한 자에 대하여는 수도요금을 경감할 수 있도록 하였다. 또한 숙박업 · 목욕장업 및 골프장업에 대하여는 기존 건물인 경우에도 절수설비 및 절수기기의 설치를 의무화하고, 의무이행을 담보하기 위하여 이행명령제도를 도입하였다.

(3) 수돗물의 안전성 및 신뢰성 확보

2005년 12월 29일에는 국민이 안심하고 마실 수 있는 깨끗한 수돗물을 생산 · 공급하기 위하여 급수설비 관리제도와 수돗물에 대한 정보공개제도를 도입하였다. 첫째, 일반수도사업자가 급수설비의 소유자 또는 관리자의 동의 또는 요구에 의하여 급수설비의 상태와 수돗물의 수질을 검사할 수 있도록 하였다. 급수설비가 노후하였거나 수돗물의 수질이 수질 기준에 위반되었을 때에는 세척 또는 교체 등의 조치를 권고할 수 있도록 하며, 이 경우 시설개선비용을 보조할 수 있도록 하였다. 둘째, 수돗물 정보공개제도를 도입하여, 일반수도사업자는 수돗물이 수질 기준을 초과하는 경우 그 내용을 주민들에게 공지함과 동시에 필요한 조치를 취하도록 하고, 매년 1회 이상 수돗물품질보고서를 주민들에게 제공하도록 하였다.

2010년 5월 25일에는 상수원의 오염 가능성을 차단하기 위하여 상수원보호구역의 상류 지역 또는 취수시설의 상류 · 하류 일정 지역에서는 공장의 설치를 제한하였다. 또한 수도용 자재 및 제품의 인증제도를 도입하여, 물에 접촉하는 수도용 자재 또는 제품을 제조 · 수입하려는 자는 환경부 장관으로부터 위생안전 기준에 관한 인증을 받도록 하고, 미인증 제품의 제조 · 유통 · 사용을 금지하였다.

2)「하수도법」

「하수도법」은 도시생활에서 생기는 오수 및 우수를 배제 · 처리하는 공공하수도의 설치 및 관리 기준을 정하여 공공하수도의 효율적인 정비와 도시의 건전한 환경을 조성하고 수자원을 보호하기 위하여 1966년 8월 3일 제정되었다. 이 법은 공공하수도의 설치 · 관리, 사용 · 보전 및 비용부담에 관한 내용으로 구성되었다.

제정 당시에는 공공하수도는 관할 시장 · 군수가 이를 관리하되, 공공하수도관리청이 사용료를 징수할 수 있도록 하였다. 또한 도시기능과의 연계를 위하여 도시계획구역 안에서는 「도시계획법」에 따른 도시계획사업으로서 공공하수도를 설치하도록 하고, 도시계획구역이 아닌 곳에서는 건설부 장관의 인가를 받아 공공하수도사업을 시행하도록 하였다. 한편, 공공하수도의 설치에 관한 기준, 구조에 관한 기술 기준 및 방류수의 수질 기준을 각각 하위법령으로 구체화하도록 하였다. 공공하수도에 관한 비용은 공공하수도관리청이 속하는 지방자치단체가 이를 부담하는 것을 원칙으로 하되, 공공하수도사업에 대하여 국고보조를 할 수 있도록 하였다. 그러나 공공하수도시설의 개축 등의 원인을 제공하거나 이를 손괴한 자가 있을 때에는 그 자에게 공사비를 부담시킬 수 있도록 하였다.

(1) 공공하수도의 정비

인구의 도시집중과 산업의 발달은 도시하수도의 정비와 확충을 시급하게 만들었다. 그에 따라 1982년 12월 31일에는 시장 · 군수로 하여금 하수도정비기본계획을 수립하도록 함으로써 체계적이고 일관성 있는 하수도 정비를 촉진하도록 하고, 사실상 사용하고 있는 공공하수도를 정비 후 정식 공공하수도로 편입하는 절차를 규정하였다.

1997년 3월 7일에는 농어촌지역에서 발생하는 소량의 하수를 처리하기 위한 마을하수도의 설치 절차를 정하였는바, 공공하수도관리청이 마을하수도를 설치하고자 할 때에는 마을하수도사업계획서를 작성하여 환경부 장관과 협의하도록 하였다.

2001년 3월 28일에는 지방자치단체가 하수종말처리시설에서 처리된 물을 재이용하는 계획을 수립하여 물부족현상에 대비한 물수요 관리정책을 적극적으로 추진하도록 하였다.

(2) 하수관리의 일원화

2006년 9월 27일의 전부개정에서는 동일한 물질임에도 「하수도법」과 「오수 · 분뇨 및 축산폐수의 처리에 관한 법률」로 이원화되어 있던 하수와 오수의 관리체계를 일원화하였다. 또한 하수처리시설에서 처리한 물 자원을 재이용할 수 있는 제도적 기반을 마련하였으며, 하수처리구역에서의 개인하수처리시설의 설치의무를 단계적으로 면제하였다.

첫째, 오수 · 분뇨를 「하수도법」에 통합하여 정의하고, 오수 · 분뇨처리계획을 하수도정비기본계획에 포함하도록 하였으며, 하수도를 공공하수도와 개인하수도로 구분하였다. 둘째, 하수처리시설 처리수의 재이용 확대 기반을 마련하고, 「수도법」에 규정되어 있던 중수도의 설치에 관련된 규정을 물의 재이용과 연계시키기 위하여 「하수도법」에 통합하여 규정하였다. 셋째, 오수나 하수를 하수처리구역 안에서 공공하수처리시설에 유입시켜 처리하는 경우 개인하수처리시설 설치의무를 면제하였다.

2009년 1월 7일에는 배수설비 사용자에 대한 조치명령제를 도입하여 배수설비를 사용하는 자가 배수설비에 다른 시설을 설치하는 등의 행위로 배수설비에 장해를 발생시킨 경우에는 공공하수도관리청이 해당 시설의 이전 등 필요한 조치를 명할 수 있도록 하였다.

제6절 산림

한국에서 산림의 변화는 경제성장의 추세와 일치하는 경향을 보여 왔다. 해방 이후 60여 년 간의 산림행정은 주로 농산촌의 임산연료를 원활히 공급하기 위한 연료림조성사업, 국토의 속성녹화를 위한 조림사업과 황폐한 임지(林地)의 복구를 위한 사방사업에 주력해 왔다. 이러한 과정은 1972년까지의 산림의 황폐 · 정체기, 1973년부터 1987년까지의 산림녹화기와 1988년 이후의 산림성장기로 나눌 수 있다.

정부수립 이후 헐벗은 산림을 녹화하기 위하여 애림사상의 고취, 5식1벌주의(五植一伐主義), 토탄(土炭)의 연료대체라는 3대 지표에 기초한 정책을 시도하였지만 6.25전쟁으로 인하여 제대로 추진되지 못하였다. 전쟁기간 중 산림의 황폐화가 더 심해지자 「산림법」이 제정될 때까지 산림보호 또는 조림에 관하여 임시적 긴급조치를 취하기 위하여 1951년 9월 21일 「산림보호임시조치법」을 제정하였다. 그러나 산림은 무분별한 임산연료 채취, 과도한 전쟁복구용재의 수용에 따른 도벌 · 남벌행위 등으로 인하여 극도로 황폐화되었다. 이를 방지하기 위하여 각종 조림 및 사방사업계획을 빈번하게 수립 · 추진하였지만 당시 국가재정의 빈약, 전문인력 및 기술 부족, 의식 부재 등으로 그 실적이 부진하였으며, 국토의 사막화를 우려하는 목소리가 들리기까지 하였다.

1960년대에 들어서자 1961년 「산림법」과 1962년 「사방사업법」을 필두로 법령과 제도가 정비되면서 비교적 체계적이고 집중적인 산림자원 조성사업을 추진하여 국토녹화의 기반이 조성되었다. 1966년에는 산림의 황폐화와 토사의 유출로 인한 기존 전답 및 산업시설의 매몰 등 수해와 한해의 근원이 되고 있는 화전을 조속히 정리하여 산림자원을 조성하고 화전민의 생활기반을 지원하기 위하여 「화전정리에 관한 법률」을 제정하였다. 이 법의 시행과 농촌인구의 도시집중현상으로 말미암아 화전은 1970년대에 완전히 정리되었다.

1973년부터는 정부 주도의 강력한 국토녹화계획인 제1 · 2차 치산녹화 10년계획을 수립하고, 모든 산림행정력을 동원하여 추진한 결과 큰 성과를 거두게 되었다. 이 시기에는 대규모 조림사업이 시행되어 한국의 산림녹화에 있어 주춧돌이 되었다. 1972년에는 산림의 종합적이고 효율적인 개발을 촉진하기 위하여 「산림개발법」이 제정되었다.

1988년 이후에는 지속 가능한 성장과 함께 산림을 경제적 자원의 측면에서 인식하여 산업으로 육성하는 접근방법이 채택되었다. 즉, 녹화된 산림자원을 바탕으로 임업 본래의 산업으로 육성해 나가기 위하여 산지자원화 10년계획을 추진하여 안정된 산림생태계를 기반으로 산림생산력을 증대시키면서 산업으로서의 경제임업을 육성하고 있다. 1990년대 후반부터는 변화된 정책을 효율적으로 시행하기 위하여 특화된 법률을 만들기 시작하였다. 예컨대, 1997년에는 산림보호 위주의 「산림법」과 별도로 임업에 대하여 산업으로서의 경쟁력을 불어넣기 위하여 「임업진흥촉진법」을 제정하였다. 또한 2001년에는 산림의 보전과 이용의 조화라는 산림정책의 기본방향에 입각하여 산림 관련 법제와 정책의 기본이 되는 「산림기본법」을 제정하였다. 이어 2002년에는 산지의 난개발 방지와 친환경적 산지이용을 위하여 「산림법」에서 산지관리에 관한 규정을 분리하여 「산지관리법」을 제정하였다. 2005년에는 산림자원의 지속 가능한 보전 및 이용을 위하여 「산림자원의 조성 및 관리에 관한 법률」과 국유림이 지니고 있는 다양한 기능을 발휘하고 그 효율적인 경영 및 관리를 위하여 「국유림의 경영 및 관리에 관한 법률」을 제정하였고, 2009년에는 「산림자원의 조성 및 관리에 관한 법률」 중 산림보호에 관한 규정을 정리하여 「산림보호법」을 제정하였다.

1. 「산림법」과 산림관리체제의 확립

「산림법」은 산림에 관한 기본원칙을 정하여 산림의 보호 · 육성과 산림자원의 증진을 도모하기 위하여 1961년 12월 27일에 제정되었다. 이 법은 제정 이래 2006년 폐지될 때까지 한국의 산림녹화에 있어서 기본적인 법제로서 기능하였다. 이 법의 제정으로 「산림보호임시조치법」과 「조선국유삼림 미간지 및 삼림산물특별처분령」, 「국유임야법을 조선에 시행하는 데 관한 건」 등 다수의 의용법령이 정리되었다. 제정 당시에는 산림운영에 관하여 영림의 조성과 감독, 보안림과 채종림의 지정과 관리, 국유림의 관리와 경영, 산림의 보호에 관한 규정을 두었고, 관련 조직에 관하여 산림계, 산림조합, 산림조합연합회의 구성과 운영에 관한 규정을 두고 있었다.

첫째, 산림을 국유림, 공유림, 사유림으로 구분하면서, 영림에 관한 계획으로 산림기본계획과 산림경영계획을 규정하였다. 산림기본계획은 산림생산의 발전을 도모하고 산림사업의 합리화를 기하기 위하여 농림부 장관으로 하여금 작성하도록 하였다. 산림경영계획은 공유림이나 1단지 100정보 이상의 산림소유자로 하여금 작성하도록 하여 시 · 도지사의 인가를 받도록 하였다.

둘째, 산림보존을 위한 직 · 간접적 제한으로, 벌채허가, 임산연료와 목재사용의 제한 등 행정적 수단 외에도 산림에서 산물을 절취하거나 산림에 대하여 훼손 또는 방화한 자에 대하여는 징역 · 벌금 등의 강력한 형사처벌을 하도록 하였다.

셋째, 산림의 보존을 위한 제도로는 보호림구, 보안림, 채종림의 지정제도를 두었다. 보호림구는 「산림보호임시조치법」에서 유래한 것으로 지역적으로 임상을 복구하기 위하여 필요한 경우 농림부 장관으로 하여금 지정하도록 하여 임목의 벌채와 낙엽 · 수근의 채취를 제한하였다. 재해에 대비할 필요가 있거나 풍치를 보존하기 위한 경우 보안림을 지정하였고, 조림용 종자를 채취하기 위하여 채종림을 지정하였다.

넷째, 국유림은 요존국유림과 불요존국유림으로 구분되었는데, 국토보안, 산림경영 등 공익을 위하여 국유로 보존할 필요가 있는 산림은 요존국유림으로 분류되었다. 농림부 장관은 국유림의 영림계획을 작성하도록 하였고, 공익사업이나 산업시설, 목축 · 조림 · 광업 등을 위하여 필요한 때에는 국유림을 대부하거나 사용을 허가할 수 있도록 하였다.

다섯째, 산림보호 및 조림사업 등을 위한 조직으로 산림계, 산림조합 및 산림조합연합회의 구성과 운영에 관한 규정을 두었다. 산림보호 · 조림사업의 체계화를 위하여 산림계는 산림조합의, 산림조합은 산림조합연합회의 회원이 되고, 상위단체가 지도 · 감독하는 방식을 채택하였다. 영림사업을 장려하기 위하여 이들 조직에 대하여는 물품세를 제외한 내국세와 부과금을 면제하도록 하였다.

1) 조림정책의 발전

1970년 1월 1일의 개정은 식벌일체주의(植伐一切主義)의 영림계획제도로 발전시키기 위하여 벌채허가제를 신고제로 전환하여 산주(山主)에게 자율성을 부여함으로써 조림의 실효를 높이려는 것이었다. 산림기본계획에 따른 벌채는 신고로 할 수 있도록 하고, 벌채를 한 산림소유자에게는 조림의무를 부과하였으며, 이를 담보하기 위하여 일정한 조림비용을 관할 행정기관에 예치하도록 하였다. 또한 국유림과 사유림의 교환에 관한 근거를 두는 한편, 산림청장은 임산물을 재료로 이용하는 기업에 대하여 산업비림(產業備林)으로서 산림을 소유할 것을 명할 수 있도록 하였다.

1973년 2월 16일에는 국유림에 조림을 하여 그 수익을 국가와 조림자 사이에 분배하도록 하는 분수림을 설정할 수 있도록 하였다.

2) 산림경영 법제의 통합

1980년 1월 4일에는 법을 전부개정하면서 「임산물 단속에 관한 법률」과 「산림개발법」을 폐지하여 「산림법」에 통합하였다. 그리하여 산림행정체제를 정비하고, 산림소유자의 자율적인 산림개발 및 산림경영의 합리화를 기하기 위하여 입목의 벌채 · 조림 · 육림관리에 관한 규제를 완화하며, 산림자원의 증식과 산림의 공익적 기능을 증진하기 위하여 산림보호제도를 체계화하였다.

첫째, 지역실정에 맞는 산림관리를 위하여 농림부 장관이 작성하는 산림기본계획 외에 시 · 도지사가 작성하는 지역산림계획을 추가하였으며, 산림소유자 상호간에 협업으로 산림경영을 하고자 할 때에는 공동으로 영림계획을 작성하여 경영할 수 있도록 하였다.

둘째, 시장 · 군수는 조림 · 육림 · 벌채 등 산림관리에 관한 영림계획의 변경명령을 할 수 있도록 하고, 일정 기간 내에 이행하지 아니한 때에는 영림계획의 인가를 취소할 수 있도록 하였다

셋째, 산림청장은 입지적 조건을 감안하여 전국의 산림을 보전임지와 준보전임지로 구분하여 산림을 보존 또는 개발하도록 하였다. 보전임지에는 요존국유림 · 보안림 · 채종림 · 시험림 · 공원 · 문화재보호구역 · 관광지 · 사찰림 등이 포함되었다.

넷째, 시장 · 군수 또는 영림서장은 자연경관의 유지, 산화예방 등 산림보호상 입산의 통제를 할 필요가 있다고 인정될 때에는 일정한 기간을 정하여 입산통제구역을 지정할 수 있도록 하고, 입산통제구역에 입산을 하고자 할 때에는 허가를 받도록 하였다.

1990년 1월 13일에는 산지의 자원화를 내실 있게 추진하기 위하여 임업진흥촉진지역 지정제도를 신설하여 이 지역의 산림경영에 대하여는 자금과 기술을 집중적으로 지원할 수 있도록 하였다. 또한 임야투기를 억제하기 위하여 매수자는 시장 · 군수 · 구청장으로부터 임야매매증명을 발급받도록 하고, 매수한 임야를 5년 이내에 매도할 때에는 국가나 지방자치단체가 우선매수할 수

있도록 하였다.

3) 산림관리의 정밀화

1994년 12월 22일의 개정에서는 지속적인 산림경영과 종합적이고 효율적인 산림관리를 도모하기 위하여 보전임지를 그 이용목적에 따라 임업생산기반 기능의 증진을 위한 생산임지와 공익기능의 증진을 위한 공익임지로 세분함으로써 보다 효율적으로 이용할 수 있도록 하였다. 또한 산림청장은 이용상태 등으로 보아 산림으로 전환하는 것이 효율적이라고 판단되는 유휴토지에 대해서는 산림으로 전환하도록 장려하고, 그 전환에 소요되는 경비를 지원할 수 있도록 하였다.

4) 산림경영의 자율화 및 규제 완화

1997년 4월 10일에는 임산물의 생산 및 유통을 원활하게 하고 임야의 매매를 자유롭게 하기 위하여 생산확인용 검인제도 및 임야매매증명제도를 폐지하는 등 산림경영에 장애가 되는 각종 행정규제를 완화하는 한편, 매년 증가하고 대형화하는 산불을 효율적으로 예방하고 진화하기 위하여 산림청장으로 하여금 산불관리통합지침을 제정할 수 있도록 하였다.

1999년 2월 5일에는 「행정규제기본법」에 의한 규제정비계획에 따라 산림소유자의 자율적 산림경영 참여를 유도하기 위하여 영림계획을 의무적으로 작성하도록 하던 것을 산림소유자의 의사에 따라 자율적으로 작성하도록 변경하였다. 또한 산림청장이 산림자원의 조성을 위하여 입목의 벌채, 임산물의 이용 · 가공 또는 판매하는 자에 대하여 하던 조림명령제를 폐지하여 벌채자 및 목재생산업체에 대한 과도한 부담을 해소하였다.

5) 환경관리의 강화

2000년 1월 28일에는 상수원의 수질에 영향을 주는 산림을 산림청장이 보안림으로 지정할 수 있도록 하여 상수원의 수질관리를 강화하고, 산림을 다른 용도로 사용하는 경우에 납입하여야 하는 대체조림비 및 전용부담금을 효율적으로 징수하기 위하여 강제징수제도를 도입하였다.

2001년 1월 26일에는 산림에 적합한 임도를 설치하기 위하여 임도설치의 타당성 평가제도를 도입하고, 산불의 예방 및 진화업무를 효율적으로 추진하기 위하여 산불방지대책본부의 설치 등 산불의 예방 및 진화체계를 개선하였다.

2. 「사방사업법」과 산지의 보전

「사방사업법」은 돌과 모래가 흘러내리는 것을 방지하여 국토가 황폐화되는 것을 막고 보전함으로써 공공이익의 증진과 산업발전에 기여하게 할 목적으로 1962년 1월 15일 제정되었다. 이 법은 황폐지를 복구하거나 산지의 붕괴, 토석 · 나무 등의 유출 또는 모래의 날림 등을 방지하기 위하여 공작물을 설치하거나 식물을 파종 · 식재하는 사방사업의 유형과 절차를 규정하고 있다.

제정 당시에는 사방사업의 시행주체와 사방지의 지정, 손실보상 및 비용부담 등 비교적 단순한 내용이 규정되어 있었다. 사방사업을 시행하는 토지는 농림부 장관이 지정하도록 하고, 사방사업은 원칙적으로 국가가 시행하되, 지방자치단체 · 공공단체 또는 사인(私人)도 농림부 장관의 승인을 얻어 시행할 수 있도록 하였다. 사방사업의 시행비용은 시행자의 부담으로 하되 그 비용의 전부 또는 일부를 국가가 부담할 수 있도록 하였으며, 사방사업의 실시에 의하여 손실을 받은 자에 대한 보상규정을 두었다.

1968년 5월 21일의 개정에서는 사방사업을 산지사방 · 해안사방 · 야계사방(野溪砂防)으로 구분하고, 사방지 안에서는 산림청장의 허가를 받지 아니하고 벌채나 수지를 채취 · 개간 · 방목하는 것을 금지하였다. 이후 규제완화와 행정권한의 지방이양을 위한 몇 차례의 개정을 거쳐 2007년에는 사방사업을 계획적 · 체계적인 사전예방적 방식으로 전환하여 산림청장으로 하여금 5년 단위의 사방사업기본계획을 수립 · 시행하도록 하였다. 사방사업의 종류도 세분화하고 예방적 사업을 추가하였는데, 산지사방사업을 산사태예방사업, 산사태복구사업, 산지보전 · 복원사업으로, 해안사방사업을 해안방재림 조성사업, 해안침식 방지사업으로, 야계사방사업을 계류보전 · 복원사업, 사방댐 설치사업으로 각각 나누었다.

3. 「산림개발법」과 임업의 산업화

1961년의 「산림법」은 산림의 보존에 주안점을 두고 있는 반면, 1972년 12월 30일에 제정된 「산림개발법」은 산림을 자원으로 인식하고 조림, 임도개설과 임산물 생산, 농경지와 사방지 및 초지조성 대상지의 지정, 공용개발 대상지의 지정 등 산림개발을 위한 획기적인 전기를 이룬 법이었다.

이 법은 전국의 산림을 오지대의 용재림개발권(用材林開發圈), 고속도로변 등에 위치한 풍치림개발권(風致林開發圈), 산림자원의 단기수확을 위한 농용림개발권(農用林開發圈)으로 구분하여 10년마다 종합개발계획을 수립하도록 하였다. 산림청장은 산림개발을 촉진하기 위하여 산림개발지역을 지정할 수 있도록 하였는데, 산림개발지역을 지정할 때에는 조림지, 농경지, 사방지, 초지 등의 용도를 정하도록 하였다.

산림개발지역은 산림소유자가 개발하는 일반개발지역과 영림공사 또는 산림청장의 지정을 받은 자가 장기간에 걸쳐 대단지로 개발하는 특수개발지역으로 구분되었다. 일반개발지역에 있어서는 산주에게 개발의무를 지우되, 불이행시에는 산림계나 산림조합 등에게 대집행하게 하며, 대집행 후 6개월 내에 비용변상이 없을 때에는 산물분수계약(産物分收契約)이 체결되고 지상권이 설정된 것으로 보도록 하였다. 특수개발지역의 경영권자는 영림공사 또는 일정한 기준에 적합한 기술적 · 경제적 능력을 갖춘 자로서 산림청장의 지정을 받은 자로 한정하였다. 한편, 산림개발사업을 효율적이고 시범적으로 수행하게 할 목적으로 전국을 사업구역으로 하는 영림공사를 설립하고, 조림 · 육림 및 그 밖의 산림경영에 필요한 장기저리의 융자금 재원으로 쓸 산림개발기금을 조성하도록 하였다. 특히, 개발사업을 위한 산림수용에 관한 규정을 두어 위치, 면적, 개발능력으로 보아 산주 또는 대집행자에 의한 개발이 부적당한 산림을 수용할 수 있도록 하였다.

1973년 3월 5일에는 제정 당시 설립할 예정이던 영림공사를 설립하지 아니하고 동 회사의 출자금으로 1973년도 정부예산에 계상한 5억 원을 전액 산림사업에 투자하는 것이 황폐된 산림을 급속히 복구하는 데 보다 효율적이라는 정책판단에 따라 영림공사에 관한 규정을 삭제하고, 영림공사 출자금을 사방사업비로 이체하기 위한 개정이 있었다. 이 법은 1980년 「산림법」으로 흡수되었다.

제7절 해양개발

한국의 해양개발은 광복 전후를 기점으로 어업활동 중심의 수산자원 개발에서 출발하였다. 간척 · 매립에 관한 법제도가 마련된 1960년대, 해양개발의 태동기라 할 수 있는 1970년대와 연안관리 및 도서개발 법제가 마련된 1980년대를 지나 1990년대의 국제해양개발 추진기를 거쳐 오늘에 이르고 있다.

해방 이후 1950년대까지는 주로 연근해 어업활동을 중심으로 어로행정을 바로잡기 위하여 「어업에 관한 임시조치법」(1949), 「수산물검사법」(1950) 및 「수산업법」(1953) 등을 제정하였다. 1952년에는 국무원 고시로 평화선이라고 불리는 「인접 해양의 주권에 관한 대통령 선언」을 선포하여 연안자원의 지속적 보호와 합리적 개발을 위하여 한반도 주변의 바다에 일정한 경계를 선언하고 해당 수역의 모든 자원에 대한 주권행사를 표방하였다. 이 선언은 1965년 「한일어업협정」이 체결될 때까지 인접국가 일본의 뛰어난 기술력과 대규모 선대에 대응하여 연근해 수산자원 보호에 크게 기여한 것으로 평가받고 있다.

1960년대에는 「공유수면관리법」(1961)과 「공유수면매립법」(1962)이 제정되어 1970년대에 실시된 대규모 간척 · 매립사업을 지원하게 되었는데, 그 내용은 2010년 제정된 「공유수면 관리 및 매립에 관한 법률」에 반영되어 오늘날까지 간척 · 매립사업의 골격을 이루고 있다. 1963년에는 농업목적의 간척지를 보전하기 위한 「방조제관리법」이 제정되었다.

1970년대에는 원양어업체계가 구축되고, 해양개발연구소를 설립하는 등 해양개발의 기초가 마련되었다. 1973년에 제정된 「산업기지개발촉진법」에 따르면, 산업기지 개발사업에 필요한 용지를 확보하기 위하여 공유수면을 매립하는 경우에는 「공유수면매립법」에 따른 별도의 매립면허를 받지 않아도 됨으로써 1975년부터 1992년까지 국토면적이 500km^2 이상 늘어났으며, 「산업기지개발촉진법」은 명지 · 녹산, 여천공단 등의 조성을 위한 법적 기반이 되었다. 이러한 간척지 개발사업은 1960년대부터 추진된 경제개발과 식량증산에 크게 기여하는 한편, 연안의 이용방식이 바뀌는 계기가 되었다. 자원확보를 위한 법제로는 한반도 주변에 부존된 석유 및 천연가스 등 해저광물을 개발하기 위하여 1970년에 제정된 「해저광물자원개발법」이 있다.

1980년대는 해양개발의 성장 · 발전기라 할 수 있는데, 연구기반의 확충과 연구영역이 연안에서 태평양 및 남극으로까지 확대되었다. 1987년 「해양개발기본법」을 제정하여 국가적인 차원에서 해양개발을 본격적으로 추진할 수 있는 법적 근거를 마련하였다. 1986년에는 도서지역에 대하여 국가 차원의 적극적인 지원 아래 장기적인 개발을 추진하기 위하여 「도서개발촉진법」을 제정하고, 도서종합개발 10개년계획을 수립 · 시행하였다.

1990년대 이후에는 정부정책의 중심이 현안 문제 해결에서 탈피하여 미래자원과 기술의 영역으로 변모하였다. 1995년에는 「유엔해양법협약」에 따른 해양과학조사의 국내적 절차를 정하고, 국가예산으로 수행하여 얻어진 해양과학조사 자료의 공동이용체제를 마련해 해양과학기술을 진흥하기 위하여 「해양과학조사법」을 제정하였다. 또한 환경에 관한 국민적 인식이 증가하면서 해양분야에서도 「수질환경보전법」(1990)을 제정하고, 대량유류오염사고에 대비하여 「해양오염방지법」을 전부개정(1991)하였으며, 「습지보전법」(1999)과 「연안관리법」(1999)을 제정하였다. 2007년에는 생태학적 또는 자연적으로 보전가치가 높거나 이용 · 개발 가능성이 있는 무인도서와 주변 해역에 대한 관리체계를 마련하기 위하여 「무인도서의 보전 및 관리에 관한 법률」을 제정하였고, 해양에서의 수자원 개발을 위하여 「해양심층수의 개발 및 관리에 관한 법률」을 제정하였다.

1. 공유수면의 개발과 이용

1) 「공유수면관리법」

「공유수면관리법」은 공유수면의 관리 · 보전 · 이용 등에 관한 사항을 규정하여 공공위해의 예방경감과 공공복리의 증진에 기여하게 하기 위하여 「조선공유수면취체규칙」의 대체입법으로 1961년 12월 19일 제정되었다.

이 법은 공유수면에 영향을 주는 행위를 하려면 공유수면관리청의 허가를 받도록 하고, 공유수면의 이용에 대하여 각종 제한을 가하는 구조로 되어 있다. 첫째, 공유수면은 바다, 하천, 호소 그 밖에 공공용으로 이용되는 국유의 수류 또는 수면으로서 하천에 관한 법령이 적용되지 않는 곳을 말하며, 중앙관리청인 국토건설청장과 지방관리청인 서울특별시장 또는 도지사가 관리하도록 하였다. 둘째, 행위제한으로서 공유수면에서 행해지는 공작물의 신축, 개축, 준설, 굴착, 토석채취, 식물재배, 점용, 위생상 유해행위 등에 대해서는 지방관리청의 허가를 받도록 하였고, 공유수면구역 내에서 선거, 선류, 하양장, 교량,

호안, 방파제, 부두, 갑문 또는 견고한 공작물을 신축·개축하고자 할 때에는 중앙관리청의 허가를 받도록 하였다. 셋째, 공유수면에서 유독물·동물의 사체류를 버리는 행위, 시설물을 훼손하는 행위를 금지하였다. 또한 소관 지방관리청은 침몰 또는 전복한 선박이나 물건이 공유수면의 효용을 해칠 우려가 있다고 인정할 때에는 그 점유자나 소유자로 하여금 이를 제거하도록 하였다. 넷째, 공유수면의 점용 또는 사용에 대하여는 점용료나 사용료를 징수할 수 있도록 하였다.

1966년 2월 23일에는 수면이나 수류로도 볼 수 없어 종래 관례에 의하여 관리되어 오던 바닷가에 대하여도 이 법을 적용하도록 하고, 미납점용료를 강제징수할 수 있도록 하였다. 또한 공유수면 내의 무단공작물 및 허가기간이 만료되거나 점용을 폐지한 경우의 시설물은 무상으로 국유 또는 지방자치단체의 소유로 귀속시킬 수 있도록 하였다.

1999년 2월 8일에는 침식으로 인하여 수면 밑으로 잠긴 포락지를 복구하거나 개인의 소유권이 인정되는 간석지를 토지로 조성할 수 있는 근거를 마련하였고, 무허가 점·사용에 대한 변상금의 징수 근거를 마련하였다.

2007년 12월 27일에는 공유수면의 점·사용 허가에 대하여 특정인이 장기간 또는 선점식으로 사용하는 것을 방지하고, 공유수면을 체계적으로 관리하기 위하여 공유수면의 점·사용 허가기간을 제한하고, 허가받은 점·사용의 전대를 금지하였다. 또한 국가 또는 지방자치단체가 공유수면을 점·사용하는 경우에도 공공용이나 비영리 목적으로 직접 점·사용하는 경우에 한하여 협의·승인의 대상이 되도록 하는 등 민간의 점·사용에 준하는 통제를 받도록 하였다.

2) 「공유수면매립법」

「공유수면매립법」은 공유수면을 매립하여 효율적으로 이용하게 함으로써 공공의 이익을 증진하고 국민경제의 발전에 기여하게 할 목적으로 의용법령인 「조선공유수면매립령」의 대체입법으로 1962년 1월 20일 제정되었다. 이 법은 공유수면의 매립이나 간척에 적용되었는데, 수산물양식장의 축조, 조선시설의 설치, 조력이용 시설물의 축조 등에도 준용되었다.

공유수면을 매립하려고 할 때에는 국토건설청장의 면허를 얻도록 하였다. 그런데 공유수면에 대하여 권리를 가지는 자가 동의하거나, 매립으로 인한 이익이 손실보다 현저히 큰 경우, 법령에 따른 토지수용 · 사용이 필요한 사업을 위하여 필요한 경우가 아니면 면허가 불허되었다. 매립면허를 받은 자는 준공인가를 받은 날에 공공용지를 제외한 매립지의 소유권을 취득하도록 하였다.

매립면허에 따른 공사는 주무관청이 지정하는 기간 내에 완료하여야 하고, 손실보상을 하지 아니하면 공사를 착수할 수 없도록 하였다. 공사비용은 면허를 받은 자가 부담하되, 국고에서 보조할 수 있도록 하였다. 면허를 받은 자가 법령에 위반하거나 매립공사가 공익을 해할 우려가 있을 때에는 매립면허를 취소할 수 있도록 하였으며, 매립면허의 효력 소멸시 원상회복의무를 부과하였다. 한편, 무단으로 공유수면을 매립한 경우에도 주무관청이 해당 매립을 추인할 수 있도록 하였다.

(1) 매립과 토지이용의 합리화

1986년 12월 31일의 개정은 공유수면의 종합관리를 위한 공유수면매립기본계획과 투기방지를 위한 개발이익환수제도의 도입으로 요약된다. 건설부장관은 공유수면의 매립을 종합적으로 관리하기 위하여 10년을 단위로 공유수면매립기본계획을 수립하도록 하고, 매립면허는 이 계획에 적합한 범위 안에서만 허용하였다. 공유수면매립기본계획에 따른 합리적인 토지이용을 위하여 매립공사가 준공된 후 5년 이내에는 당초의 매립목적을 변경하지 못하도록 하였다. 또한 투기방지를 위하여 도시계획구역과 그 인근 지역에서의 공유수면매립은 원칙적으로 국가 · 지방자치단체 또는 정부투자기관이 하도록 하였다. 매립지 취득범위도 조정하여 공유수면 매립 면허를 받은 자는 종전의 경우 공공용지를 제외하고는 사업비에 관계없이 매립지 전부를 취득할 수 있도록 되어 있었으나, 적정 이윤이 포함된 공사비 상당분만을 취득하게 하고 잔여분은 개발이익으로 국가에서 환수하도록 하였다.

1999년 2월 8일에는 공유수면의 매립에 의한 환경파괴현상이 심각해짐에 따라 공유수면매립기본계획 수립시 환경에 미치는 영향을 심사하고, 매립으로 인한 환경 및 생태계의 변화와 그 대책을 동 계획에 포함시켰다. 또한 공유수면매립기본계획이 결정 · 고시된 매립예정지에서는 어업권 등 새로운 권리를 설정할 수 없도록 제한함으로써 불필요한 보상비의 증가를 방지할 수 있도록 하였다.

(2) 공유수면의 지속 가능한 개발과 이용

2007년 12월 27일의 개정에서는 공유수면의 지속적인 이용이 가능하도록 매립에 관한 관리를 강화하였다.

첫째, 기득권 확보를 목적으로 일단 매립기본계획에 반영시킨 후 실제로는 매립면허를 받지 아니하는 폐단을 방지하기 위하여 개별 매립예정지의 위치 · 규모 및 이용계획 등에 대한 매립예정지별 매립계획을 매립기본계획에 포함시키도록 하였다. 매립예정지별 매립계획은 5년 단위로 작성하고, 그 기간에 면허를 받지 아니한 경우에는 동 매립계획이 해제된 것으로 간주하였다.

둘째, 공공재로서의 공유수면에 대한 국가의 관리권한을 강화하고 개인에 의한 무분별한 공유수면의 매립을 제한함으로써 공유수면의 보존 및 지속적인 이용 · 개발을 도모하기 위하여 공유수면의 규모 및 매립의 주체 등에 따라 면허를 제한하도록 하였다. 즉, 10만m^2 이상의 대규모 공유수면을 매립하는 경우 해양수산부 장관으로부터 직접 면허를 받도록 하였고, 매립기본계획에 반영된 매립예정지를 분할하여 면허를 발급하지 못하도록 하였다. 또한 도시지역 · 관리지역 안의 공유수면, 지정항만 안의 공유수면 및 국가어항구역 안의 공유수면과 같은 특별한 관리가 필요한 공유수면은 원칙적으로 국가와 지방자치단체가 매립하도록 하였다.

셋째, 공유수면의 매립면허를 받은 후 이를 장기간 방치함으로써 공유수면이 효과적으로 활용되는 것을 가로막는 폐단을 시정하기 위하여 공유수면의 매립면허를 받은 날부터 1년 이내에 실시계획의 승인을 받도록 하였다.

넷째, 불법매립의 방지와 사후관리 강화를 위하여 무면허 매립자에 대하여도 원상회복의무를 부과하고, 원상회복이 불가능하여 원상회복의무가 면제되어 해당 건축물 · 시설물 등이 국가에 귀속되더라도 국가소유로 유지할 필요가 없는 경우에는 이를 매각 또는 임대할 수 있도록 하였다.

3) 「공유수면 관리 및 매립에 관한 법률」

2010년 4월 15일에는 공유수면에 관한 업무를 효율적으로 수행하기 위하여 공유수면 관리업무와 매립업무로 분리된 「공유수면관리법」과 「공유수면매립법」을 통합하여 「공유수면 관리 및 매립에 관한 법률」이 제정되었다. 이 법은 「공유수면관리법」과 「공유수면매립법」의 상당 부분을 수계하되, 규제완화와 국민의 편의 증진 차원의 조치가 있었다. 주요 변경내용을 살펴보면, 3년으로 되어 있는 공유수면 점용 · 사용기간을 시설물의 내구연한에 따라 30년 · 15년 및 5년 이하로 다양화 · 연장하였고, 「사회기반시설에 대한 민간투자법」에 따른 민자사업과 「신에너지 및 재생에너지 개발 · 이용 · 보급 촉진법」에 따른 에너지시설의 설치 · 운영 등을 공유수면 점용료 · 사용료 감면대상에 추가하였다. 또한 점용 · 사용 실시계획의 승인대상이었던 공유수면에서의 행위 대부분을 신고대상으로 변경하여 행정절차를 간소화하였다. 그리고 매립지에 대한 준공검사를 받기 전이라도 매립목적의 달성에 지장이 없는 범위에서 영구적인 시설물을 설치할 수 있도록 하였으며, 매립목적 변경 제한기간이 준공검사일로부터 20년이던 것을 10년으로 단축하였다.

2. 「해저광물자원개발법」과 자원개발

「해저광물자원개발법」은 한반도와 부속도서의 인접해역이나 한국의 권리가 미치는 대륙붕에 부존하는 석유와 천연가스 등을 개발하기 위하여 1970년 1월 1일 제정되어 오늘날까지 시행되어 오고 있다.

해저광물에 대한 광업권은 정부만 소유하도록 하였고, 민간인은 정부의 허가를 받아 해저조광권을 향유하도록 하였다. 해저조광권은 탐사권과 채취권의 2종으로 하되, 존속기간에 대하여 원칙적으로 탐사권은 10년, 채취권은 30년을 초과할 수 없도록 하였다. 해저조광권은 상공부 장관의 승인을 얻어 양도할 수 있도록 하되, 다른 권리의 목적으로 할 수 없도록 하였다.

탐사권자와 채취권자에 대해서는 정당한 이유가 없는 한 탐사권이나 채취권의 설정 또는 이전등록일로부터 6월 이내에 사업을 착수하도록 하고, 매년도의 사업계획서를 작성하여 상공부 장관에게 제출하도록 하였으며, 정당한 사유 없이 6월 이상 사업을 정지하지 못하도록 하였다. 특히, 탐사권자에게는 탐사 결과 해저광물의 부존이 확인되었거나 경제적 가치가 있는 광상을 발견하였을 때에는 상공부 장관에게 보고하도록 하였다. 또한 상공부 장관은 해저광물자원의 합리적인 개발이나 생산된 해저광물의 수급조정상 해저조광권자에 대하여 해저광물의 처분에 관하여 필요한 명령을 할 수 있도록 하였다.

1999년 2월 5일에는 해저조광권의 양도에 대한 승인제, 해저조광구 증감에 대한 허가제, 해저조광권에 관한 출원에 대한 수수료 납부제도 및 탐사권자 · 채취권자의 사업착수의무와 사업계획서 제출의무 등을 폐지함으로써 해저광물자원의 개발 절차를 간소화하였다.

2002년에는 동해가스전의 개발이 성공하여 정유부문에만 치우쳤던 석유산업의 탐사와 채굴부문에도 발전의 계기가 마련됨에 따라 동년 12월 5일 해저광물자원의 개발에 대한 활발한 투자가 이루어질 수 있도록 해저조광권제도를 정비하였다. 즉, 산업자원부 장관은 광대한 구역으로 획정되어 있는 해저광구를 2 이상으로 분할하여 해저조광권을 설정할 수 있도록 하였고, 해저조광권의 포기제도를 도입하여 제3자에 대한 새로운 해저조광권의 설정을 용이하게 하였다.

2007년 5월 17일에는 에너지자원을 확보하려는 국가 간 경쟁에 대비하고, 국내의 대륙붕 개발을 효율적이고 체계적으로 추진하기 위하여 경제적 가치가 있는 해저광물을 채취할 가능성이 높은 광구를 유망광구로 지정하여 우선적으로 자금지원을 할 수 있도록 하였다.

3. 도서개발 법제

도서개발은 1967년 영산강 및 아산-서산 지역을 시작으로 특정지역계획으로 추진되었다. 전국적 차원의 도서개발은 1972년 제1차 국토종합개발계획(1972~1981)부터라고 할 수 있는데, 육지에 가까운 섬의 연륙화, 도서 간 정기항로의 확충, 도서주민의 생활환경 개선을 주요 내용으로 하고 있었다. 1980년과 1985년에는 내무부에서 2회에 걸쳐 도서종합개발계획을 수립하기도 하였다. 국토의 균형개발과 낙후지역의 환경개선을 위하여 해상관광 및 수산양식장 확대 등을 목적으로 1981년 다도해해상국립공원이 지정되었고, 1982년 다도해특정지역이 지정되어 개발사업이 추진되었다. 1994년 「지역균형개발 및 지방중소기업 육성에 관한 법률」에 따라 개발촉진지구로서 완도 주변이 개발되기도 하였다.

1) 「도서개발촉진법」

1986년 12월 31일에는 낙후지역 개발의 일환으로 지방자치단체에 의한 단기적이고 산발적인 개발방식에서 벗어나 국가의 지원 아래 장기적인 도서개발계획을 수립 · 추진함으로써 소득증대와 생활 수준 향상을 도모하기 위하여 「도서개발촉진법」이 제정되었다.

이 법은 제주도 본도를 제외한 전 도서가 적용대상이며, 생산 · 소득 및 생활기반시설의 정비 · 확충을 통한 생활환경 개선이 필요한 도서를 개발대상도서로 지정하여 관할 시 · 도지사로 하여금 사업계획을 수립 · 시행하도록 하였다. 이 법에 따라 1988년부터 10년 단위로 도서종합개발계획이 수립되었다. 제1차 계획기간(1988~1997)에는 주민이 떠나는 섬에서 돌아오는 섬으로 만들기 위한 정주여건 개선을 위하여 상 · 하추자도 등 7개 도서에 도로, 급수, 소규모 어항시설 등을 건설한 것을 비롯하여 449개 도서에 대하여 8개 부처가 9,706억 원을 투입하여 3,106건의 사업을 완료하였다. 제2차 계획기간(1998~2007) 동안에는 410개 도서에 대하여 9,792억 원을 투자하여 담수화 시설 · 방파제 등 생산기반시설, 생활기반시설, 환경 · 복지시설 등 3,862건의 사업을 완료하였으며, 현재 시행중인 제3차 계획(2008~2017)에서는 372개 도서에 대하여 총사업비 1조 7,874억 원을 투입하여 1,100여 건의 사업을 추진하고 있다.

2) 「무인도서의 보전 및 관리에 관한 법률」

2007년 8월 3일 「무인도서의 보전 및 관리에 관한 법률」의 제정은 약 2,670여 개에 이르는 한국의 무인도서에 대한 관리체계가 「독도 등 도서지역의 생태계 보전에 관한 특별법」, 「문화재보호법」 등으로 나누어져 있어 통합적이고 체계적인 관리가 이루어지지 못하고 있다는 인식에서 출발하였다. 이 법은 생태학적 또는 자연적으로 보전가치가 높거나 이용 · 개발 가능성이 있는 무인도서 및 그 주변 해역에 대한 체계적이고 지속적인 관리체계를 마련하되, 무인도서에 대한 보전과 이용 · 개발에 따른 유형별 관리방법을 채택하여 전체 무인도서를 4가지 유형으로 구분하여 관리하는 "용도지역제"(zoning mechanism)에 기반을 두고 있다.

첫째, 해양수산부 장관은 무인도서와 그 주변 해역의 보전 및 이용 · 개발에 관한 기본정책이 포함된 무인도서종합관리계획을 10년마다 수립 · 시행하도록 하였다.

둘째, 해양영토의 확보 차원에서 영해의 폭을 측정하는 기준이 되는 영해기점 무인도서에 대해서는 특별관리계획을 수립 · 시행하되, 영해기점 무인도서의 형상이 훼손되었거나 훼손될 우려가 있는 경우를 대비한 보고 · 관리체계를 마련하였다.

셋째, 해양수산부 장관은 무인도서의 효율적인 보전 · 관리를 위하여 무인도서에 대한 종합적인 실태조사를 실시하되, 자연재해에 따른 급격한 환경변화 등의 사유가 있는 경우 수시로 실태조사를 실시하도록 하였다.

넷째, 무인도서의 생태적 특성, 보전가치 및 이용 · 개발 잠재력 등을 종합적으로 고려하여 무인도서를 절대보전무인도서 · 준보전무인도서 · 이용가능무인도서 및 개발가능무인도서 등 4가지로 구분하여 지정하고, 행위제한 및 출입제한의 수준을 달리하였다.

다섯째, 무인도서의 개발 · 이용과 관련하여, 이용가능무인도서에서는 해양레저활동, 관람목적의 탐방행위 또는 생태교육 등이 가능하도록 하고, 개발가능무인도서를 개발하려는 경우 관할 시 · 도지사의 승인을 얻도록 하였다.

제8절 국토정보화

해방과 함께 대한민국 정부가 수립되면서 농지개혁, 토지개혁, 시가지계획, 하천관리, 관개 · 수리공사 등을 추진함에 따라 새로운 국가 건설을 위하여 각종 국토정보가 필요하게 되었다. 그러나 1950년대에는 재원과 기술이 부족하여 전쟁으로 인하여 파손된 측지기준점의 복구와 정비계획을 수립하는 데 그쳤다. 1960년대부터는 공업화 정책과 경제개발계획 수립을 위하여 국토 전반에 대한 기초자료가 필요하게 되어 「국토건설종합계획법」(1963)에 국토조사의 근거 규정을 두었으며, 이에 따라 정부에서 1967년부터 『국토조사총람』을 발간하게 되었다.

1970년대는 경제성장과 지역균형발전의 동시적 추진을 위하여 「산업기지개발촉진법」(1973)을 제정하고, 건설업의 전문화 · 계열화를 위하여 「건설업법」을 개정(1975)하였다. 또한 고속도로가 속속 개통되고 철도의 전철화가 이루어졌으며, 항만개발도 추진되는 등 교통 및 물류의 원활화를 위한 기초가 마련되었다. 이 시기는 국토개발을 위한 국토공간정보의 축적기라 할 수 있는데, 1972년에 제정된 「국토이용관리법」에 기준지가조사 및 평가제도가 규정되었다.

1980년대는 디지털 국토정보의 도입기라고 할 수 있다. 사회의 디지털화 현상에 따라 "국토정보"라는 용어가 본격적으로 등장하게 되었고, 1980년대 중반에는 국토개발연구원을 중심으로 GIS시스템이 도입되었다. 1980년대 후반에는 개별 기관에서 구축되는 국토공간정보에 대한 국가적 조정이 필요하다는 인식이 증대되었다. 1994년 5월에 개최된 경제장관회의에서 "국가지리정보체계 구축방안"이 보고된 이후 국토공간정보 데이터베이스가 구축되고, 건설교통부의 토지정부활용체계 및 행정자치부의 필지중심토지정보 시스템과 같은 공공 GIS활용 시스템이 마련되었다.

2000년대에 들어서자 디지털 국가공간정보를 기반으로 각 분야에서 구축된 다양한 GIS활용 시스템의 공동활용이나 호환성 문제가 대두되었다. 이에 효과적인 공간정보화 추진과 공간정보 인프라의 통합적 구축을 위하여 「국가지리정보체계의 구축 및 활용 등에 관한 법률」(2000)이 제정되었다. 2002년에 제정된 「국토기본법」에서는 국가에서 국토계획 또는 정책의 합리적인 수립과 집행을 위하여 지형 · 지물 등의 위치 및 속성, 토지이용, 수계 등에 대한 다양한 지리정보와 도로 · 교통 · 물류 · 산업 · 수자원 · 도시 등에 대한 다양한 인문 · 사회 정보를 활용할 수 있는 국토정보체계를 구축 · 관리하여 각종 토지이용계획의 수립을 위한 기초자료로 활용될 수 있도록 하였다. 2009년에는 국가지리정보체계와 국토공간정보를 공공과 민간이 공동활용할 수 있도록 표준화하고, 이들을 연계 · 통합하여 정책에 활용하기 위하여 「국가지리정보체계의 구축 및 활용 등에 관한 법률」을 발전시킨 「국가공간정보에 관한 법률」이 제정되었다. 또한 측량, 지적 및 수로업무 분야에서 서로 다른 기준과 절차에 따라 측량 및 지도 제작 등이 이루어져 우리나라 지도의 근간을 이루는 지형도 · 지적도 및 해도가 서로 불일치하는 등 국가지리정보산업의 발전에 지장을 초래하는 문제를 해소하기 위하여 「측량법」, 「지적법」 및 「수로업무법」을 통합하여 측량의 기준과 절차를 일원화하는 「측량 · 수로조사 및 지적에 관한 법률」(2009)이 제정되었다. 2011년에는 지적공부의 등록사항과 토지의 실제 현황이 일치하지 않는 경우가 전 국토의 15%에 이르러 경계분쟁과 민원이 유발되는 등 문제가 발생하자 일제시대에 수기로 만들어진 지적을 디지털화하고 토지의 실제 현황과 일치되지 않는 지적공부의 등록사항을 바로잡기 위하여 「지적재조사에 관한 특별법」이 마련되었다. 이 법에 따라 2030년까지 지적재조사 및 디지털화 추진 프로그램이 가동될 예정이다.

제6장 교통 · 물류 법제

Chapter

6 교통 · 물류 법제

교통 · 물류는 경제활동과 국민생활을 지원하는 이동체계를 만들어 국토 개발정책에 따라 개발된 지역들을 연결하는 역할을 한다. 1960년대까지의 교통 · 물류정책의 태동기에는 「철도법」, 「도로법」 등 기본법을 제정하기 시작하였으며, 1970년대에는 이러한 법들이 본격적으로 보완 · 시행되면서 교통 · 물류의 기간시설망의 골격이 형성되었다. 1980년대는 수요 급증에 대응하여 시설의 지속적 확충과 상호 연계가 이루어지는 시기였다. 1990년대에는 전국 반나절 생활권과 지역균형개발에 따른 분산형 국토골격의 구축을 위한 간선망의 형성과 물류부문에 대한 대규모 시설투자가 이루어졌다. 2000년대에는 사회 · 경제의 다변화에 따라 국민의 삶의 질 향상이라는 기조 아래 지능형 교통체계와 공급망 관리 등 친환경 · 인간 중심 정책이 시작되었다.

우리나라의 교통 · 물류체계는 1960년대 초부터 시작된 경제개발 5개년계획에 따라 교통 · 물류부문을 포함한 사회간접자본시설의 건설에서 출발하였다. 「도로법」(1961)과 「철도법」(1961)이 제정되었고, 1967년 우리나라 최초의 경인고속도로가 착공되어 1968년 12월 개통되었으며, 1970년 7월에는 경부고속도로가 완공되었다. 1960년대 후반에는 도로정비 재원을 안정적으로 확보할 목적으로 「도로정비촉진법」(1967)과 「도로정비사업특별회계법」(1968)이 제정되었다. 한편, 「자동차운수사업법」(1961), 「시장법」(1961), 「해상운송사업법」(1963)과 「항공법」(1961) 등 교통 · 물류정책의 토대가 되는 법들이 마련되었다.

1970년대에는 현재의 교통 · 물류 기간시설망의 골격이 형성된 시기라 할 수 있다. 국도포장사업이 확대되고, 고속도로망이 지속적으로 확충되었다. 1970년대 후반에는 정책의 중심이 고속도로 건설에서 중 · 단거리 구간의 도로시설 확보로 전환되었다. 철도의 경우 1969년부터 시작된 산업선 전철화 시책이 발전되어 중앙선 전철화, 수도권 전철의 개통 등 전기철도시대를 열게 되었다.

1980년대에는 급증하는 통행수요와 화물운송수요를 흡수하기 위하여 고속도로의 확장과 추가 건설이 있었고, 1989년말 현재 일반국도의 86.3%, 지방도의 56.8%가 포장되었다. 1983년에는 국제경쟁력 강화를 위하여 1963년부터 시행되어 오던 「해상운송사업법」을 「해운업법」으로 개편하였는데, 해운산업은 전 세계로 항로가 확대되는 등 급성장을 이루었다.

1990년대에는 도로부문에서 전국 반나절 생활권을 형성하고 지역의 균형적 발전을 위하여 제3차 국토종합개발계획에 따라 고속도로를 남북 방향 7개 축과 동서 방향 9개 축으로 하는 전국 격자형 국가간선도로망체계를 수립하고, 대도시 권역에 대해서는 방사 · 순환형 간선도로망을 계획하였다. 철도부문에서도 날로 심각해지고 있는 대도시 교통 문제를 개선하기 위하여 기존의 「지하철도의 건설 및 운영에 관한 법률」을 「도시철도법」으로 확대발전시켰는데, 이에 따라 전국 6대 도시에 도시철도가 집중적으로 건설되었다. 1996년에는 「고속철도건설촉진법」을 제정하여 2000년대 고속철도시대를 여는 계기를 만들었다. 1999년에는 도로 · 철도 · 공항 · 항만 등의 교통시설의 체계적인 연계를 위하여 「교통체계효율화법」을 제정하였다. 물류부문의 경우 1991년에 기존의 「자동차정류장법」과 「창고업법」을 발전시킨 「화물유통촉진법」을 제정하여 물류표준화와 화물유통사업의 근간을 마련하였다. 1993년에는 해운환경의 자율화 · 개방화 추세에 따라 행정규제를 완화하여 해운산업의 자율경영을 유도하기 위하여 「해운업법」을 「해운법」으로 개편하였다. 1997년에는 외항운송의 국제경쟁력 강화를 위하여 우리나라에 등록된 국제선박에 대하여 외국인 선원의 승선범위 확대 및 조세감면 등의 지원을 하는 「국제선박등록법」을 제정하였다.

2000년대에는 이용자 중심의 도로망체계를 구축하고 도로운영의 효율성을 향상시키기 위하여 1997년 국가ITS기본계획에서 지능형 교통체계가 도입된 이래 주요 지방자치단체에서 ITS사업이 유행하였다. 2004년에는 경부선과 호남선을 시작으로 고속철도시대로 접어들었고, 2007년 12월에는 남북으로 분단된 철길이 이어지기도 하였다. 해상운송의 경우 중국을 중심으로 하는 국제물류 수요가 높아져 항만개발을 비롯한 물류 인프라가 정비되자 항공운송과도 연계되는 국제물류복합운송 시스템을 갖추기 시작하였다. 2007년에는 물류시설의 효율적인 확충 및 합리적인 배치 · 운영을 위하여 「유통단지개발촉진법」을 「물류시설의 개발 및 운영에 관한 법률」로 개편하였고, 2009년에는 육상 · 해상 · 항공교통의 통합연계체계를 구축하기 위하여 「교통체계효율화법」을 「국가통합교통체계효율화법」으로 개편하였다.

제 1 절 육상교통

육상교통은 도로와 철도교통으로 대표되는바, 1950년대까지의 전후복구기, 1960~1970년대의 기반시설 구축기, 1980년대의 시설확충기, 1990년대의 국가간선망 구축기 및 2000년대 이후의 첨단교통체계의 구축기로 나눌 수 있다.

해방 이후 1953년까지는 육상교통의 침체기라 할 수 있다. 미군정은 실업자 구호사업의 일환으로 일제가 건설한 신작로의 재정비사업을 펼쳤으며, 철도의 경우 1948년 12월 한국경제부흥 5개년계획에 따라 지하자원 채굴과 운반을 위한 산업철도 건설을 시작하였다. 그러나 6.25전쟁이 발발하여 이렇다 할 진전을 보지 못하였고, 전쟁기간 동안 도로 및 철도가 대부분 파괴되는 동시에 전시체제하에서 병참보급로의 역할을 하였다. 전후에는 도로 및 철도의 복구사업이 진행되었는데, 국제원조가 복구사업에 있어서 큰 재원이 되었다.

1960년대는 육상교통의 기반시설이 구축된 시기라 할 수 있는데, 1961년에는 「도로법」을 제정하여 도로의 분류와 관리에 관한 기본적인 사항을 정하도록 하였다. 1963년에는 도로에 관한 재원 확보를 위하여 통행료를 징수할 수 있도록 「유료도로법」을 제정하였다. 1960년대 후반에는 도로에 관한 재원을 확보하여 전국 도로망의 균형 있는 정비를 촉진하기 위하여 「도로정비촉진법」(1967)과 「도로정비사업특별회계법」(1968)을 제정하였다. 이 법들은 후일 「도로사업특별회계법」(1988)을 거쳐 「교통시설특별회계법」(1995)으로 연결되었다. 제1차 경제개발 5개년계획기간 동안에는 대도시 지역의 포장사업과 지역 간 도로의 선형개량사업이 추진되었다. 1967년 3월 우리나라 최초로 경인고속도로가 개통되면서 시작된 고속도로 건설은 1970년 7월 경부고속도로의 완공을 지나 오늘날 기간도로망의 기초가 되었다. 한편, 1962년에는 철도의 영업형태 및 경영과 보호에 관한 기본적인 규정을 둔 「철도법」을 제정하였는데, 경제개발기에 화물의 폭주를 소화하기 위한 산업철도 건설이 본격화되었다. 그 밖에도 1961년에는 철도소운송업에 관한 질서확립과 운송효율의 향상을 위하여 「철도소운송업법」이, 궤도사업의 능률적인 운영과 발전을 위하여 「궤도사업법」이 제정되었다.

1970년대는 고속도로를 본격적으로 건설하고, 공해 문제를 해결하기 위한 방편으로 전철화 사업이 진행되는 등 육상교통에 있어서 기간시설망의 골격이 형성되었다. 1970년에는 고속도로의 노선지정과 구조관리 등을 위하여 「고속국도법」이 제정되었고, 1971년에는 자동차정류장의 시설에 대한 관리와 정비를 촉진하여 지역별 수송망의 형성과 고속도로상의 원활한 수송을 도모하기 위하여 「자동차정류장법」이 제정되었다. 철도부문에 있어서는 1973년 건널목의 개량을 촉진하고 철도와 도로가 교차하게 되는 곳을 입체교차화하여 교통사고를 미연에 방지하고 교통소통을 원활화하기 위한 「건널목개량촉진법」이, 1979년에는 도시 및 그 근교 교통의 소통을 원활하게 하기 위한 지하철의 건설에 관한 「지하철도건설촉진법」이 제정되었다. 한편, 1977년에는 종전의 「궤도사업법」에 관광삭도와 모노레일에 관한 사항을 추가하여 「삭도 · 궤도사업법」으로 개편하였다.

1980년대는 급증하는 통행수요에 대처하기 위하여 도로시설의 지속적 확충과 각급 도로의 상호 연계성을 강화하였다. 또한 도로의 유지 · 보수를 통한 낙후지역 개발을 도모하였는데, 특히 교통망체계가 빈약하였던 남부내륙의 교통망 확충을 위하여 88올림픽고속도로가 건설되었고, 한계를 넘어선 서울–대전 구간의 교통량 분산방안으로 중부고속도로가 건설되었다. 1986년에는 도시의 교통인구 및 자가용승용차의 급증에 따라 날로 심각해지고 있는 도시교통난을 해소하고, 교통수단 및 교통편의의 효율성을 높이기 위하여 「도시교통정비촉진법」을 제정하였다. 철도부문에서는 지하철 건설을 통한 도시교통망의 확충과 기존 철도의 복선전철화사업이 추진되었다. 서울지하철 1 · 2 · 3 · 4호선이 완전 개통됨에 따라 지하철도 건설의 지원을 위한 「지하철도건설촉진법」의 운영에 관한 사항을 추가하여 「지하철도의 건설 및 운영에 관한 법률」로 개편하였다. 또한 1984년에는 국유철도의 건설 · 개량사업의 시행에 필요한 행정절차를 간소화하여 철도교통망을 확충하기 위하여 「국유철도건설촉진법」을 제정하였다.

1990년대에 들어오면서 도시의 외연적 확산과 자동차화의 급속한 진전으로 수도권 및 지방대도시 권역에 있어서 교통혼잡을 유발하게 되었다. 제3차 국토종합개발계획(1992~2001)에서 남북방향 7×동서방향 9 고속간선도로망 체계를 구축하고, 대도시 권역에 대하여 방사 · 순환형 간선도로망 구축을 계획하였다. 원활한 재정조달을 위하여 1993년에는 「도로사업특별회계법」(1988)과 「도시철도사업특별회계법」(1990)을 통합하여 「도로등교통시설특별회계법」을 제정하였으며, 1995년에는 이를 「교통시설특별회계법」으로 다시 개편하였다. 또한 1990년에는 날로 심각해지고 있는 대도시 교통 문제의 개선을 위하여 도시철도의 범위에 기존의 지하철도 외에 모노레일 등 궤도에 의한 교통수단을 포함시키고, 도시철도의 건설절차를 간소화하며, 역세권 개발사업을 할 수 있도록 「지하철도의 건설 및 운영에 관한 법률」을 「도시철도법」으로 다시 개편하였다. 한편, 1991년에는 「한국철도공사법」(1989)의 제정과 관련하여 국유철도를 공공철도로 전환하여 법의 적용대상을 확대하기 위하여 「국유철도건설촉진법」을 「공공철도건설촉진법」으로 개편하였다. 1996년에는 고속철도건설사업을 촉진하기 위하여 고속철도건설사업의 시행에 따른 각종 인 · 허가 절차를 간소화하고, 사업의 효율적인 추진과 공사의 품질확보를 위한 특례를 규정한 「고속철도건설촉진법」을 제정하였다.

2000년대 이후는 모든 교통망 수단을 망라하는 국가기간교통망을 구축하는 시기로서 친환경적 · 지능형 첨단교통체계가 구축되고, 교통정책의 패러다임도 양적 팽창 위주에서 질적 향상을 추구하는 쪽으로 전환되었다. 「교통체계효율화법」에 따라 국가기간교통망기본계획(2001~2020)을 수립하여 6,160km의 간선망 마스터플랜을 구상하고, 지역균형발전과 국가간선망 구축시 효율성에 입각한 우선순위에 따라 교통망을 확충하도록 하였다. 철도부문에 있어서도 경쟁력 강화와 공공성 확보를 꾀하게 되는데, 철도시설부문은 국가의 책임하에 한국철도시설공단에서 건설 · 관리하고, 철도운영부문은 한국철도공사에서 운영 · 관리하도록 구조개혁의 기본틀을 마련하기 위하여 2003년 「철도산업발전기본법」을 제정하였다. 또한 고속철도의 개통과 철도이용자 요구의 다변화 등 철도서비스시장의 여건 변화에 따라 철도사업을 효율적으로 관리하기 위하여 2004년에는 「철도법」을 폐지하면서 「철도사업법」을 제정하였다. 또한 고속철도와 일반철도를 함께 건설하는 한국철도시설공단의 발족에 따라 「고속철도건설촉진법」과 「공공철도건설촉진법」으로 분리 · 운영하고 있던 이원적 체계를 통합하여 철도건설사업의 효율적 추진 기반을 조성하기 위하여 「철도건설법」을 제정하였다. 한편, 철도산업구조 개혁의 추진, 고속철도의 개통 등 철도에서의 기술적 · 사회적 안전위협요소가 증가함에 따라 철도차량 · 철도시설의 안전 기준 마련과 철도종사자의 체계적인 육성 등을 통하여 위험을 방지하고, 철도사고조사위원회로 하여금 철도사고의 발생시 신속한 대응을 하도록 하는 내용의 「철도안전법」(2004)을 제정하였다.

1. 도로의 건설과 관리

1) 「도로법」

1961년 12월 27일 제정된 「도로법」은 도로의 종류와 노선의 지정, 도로의 수선 · 유지 · 공사와 시설 기준, 도로의 점용과 공용부담, 비용부담과 손실보상 등 도로의 설치와 관리에 관하여 전반적으로 규정하고 있는 기본법이다.

도로는 일반의 교통에 제공되고 있으므로 도로를 구성하는 부지나 물건에 대해서는 소유권 이전이나 저당권 설정을 제외한 사권행사를 금지하였다. 제정 당시 도로의 종류와 등급은 중요도와 관리주체에 따라 1급국도, 2급국도, 특별시도, 지방도, 시도, 군도로 구분하였다. 국가기간도로망을 이루는 도로를 국도로 하되, 그 중 중축을 이루는 것을 1급국도로 지정하였다.

도로의 보전과 관련하여서는 도로를 손궤하거나 장애물을 적치하거나 교통에 지장을 끼치는 행위 등을 금지하였으며, 도로의 효율적인 관리와 인근의 미화를 위하여 접도구역과 연도구역을 지정하여 특정한 행위를 제한하였다. 또한 관리청은 도로의 구조를 보전하고 통행의 위험을 방지하기 위하여 특히 필요하다고 인정할 때에는 차량의 운행을 제한할 수 있도록 하였다.

도로관리청은 국토건설소장 또는 도지사의 승인을 받아 교량 · 도선시설 · 지하도 또는 삭도의 이용자로부터 통행료를 징수할 수 있도록 하였다. 또한 관리청은 도로구조의 보존을 위하여 도로의 점용에 관한 공사를 시행할 수 있도록 하였고, 도로점용자는 점용기간이 만료되었거나 점용을 폐지하였을 경우에는 도로를 원상회복시키도록 하였다.

1966년 8월 3일에는 접도구역 내의 행위제한규정과 고속교통구역제를 신설하였다. 접도구역 안에서 토지의 형질변경, 공작물의 신축 · 증축, 죽목이나 토석의 채취행위 등을 하려면 관리청의 허가를 받도록 하였다. 또한 관리청은 교통의 원활과 차량의 능률적인 운행을 위하여 필요할 때에는 도로의 일정한 구간과 연접하는 구역을 고속교통구역으로 지정할 수 있도록 하였다.

1970년 8월 10일의 개정에서는 일반국도 · 고속국도 및 자동차전용도로에 관한 규정을 마련하였다. 1급국도와 2급국도를 통합하여 일반국도로 하고, 일반국도의 상위도로로 고속국도를 새로이 규정하였다. 중요 도시 · 지정 항만이나 중요 비행장 또는 관광지 등을 연락하며 고속국도와 함께 국가기간도로망을 이루는 도로를 일반국도로 정하고, 건설부 장관에게 수선 · 유지 책임을 맡겼다. 한편, 교통이 현저히 폭주하여 차량의 능률적인 운행에 지장이 있는 도로나 도로의 일정한 구간에 있어서 교통의 원활을 기하기 위하여 필요한 때에는 자동차전용도로를 지정할 수 있도록 하였다.

1995년 1월 5일의 개정에서는 도로의 구조를 보존하고 운행의 위험을 방지하기 위하여 도로관리청은 운전자가 운행제한을 위반하거나 적재량의 측정 등을 거부하는 경우에는 해당 차량의 사용정지 처분을 지방경찰청장에게 요청할 수 있도록 하였다. 또한 도로통행 제한을 위반한 자와 정당한 사유 없이 도로의 부속물을 이전하거나 손괴한 자에 대한 벌칙을 강화하였다.

1995년 12월 6일에는 지방도 가운데 중요 도시 · 공항 · 항만과 같은 주요 교통유발시설을 연결하며 국가기간도로망을 보조하는 지방도를 국가지원 지방도로 지정하여 재정지원을 함으로써 도로의 고급화를 도모하였다. 한편, 주요 지하매설물의 설치공사를 완료한 때에는 도로관리청에 준공도면을 제출하도록 하고, 주요 지하매설물이 설치된 도로의 굴착공사시 해당 지하매설물 관리자가 입회하도록 하였다.

1999년 2월 8일의 개정은 도로정비의 일원화와 입체적 도로구역제도의 도입이 특징이었다. 「도로정비촉진법」을 폐지하면서 같은 법에 포함되어 있던 도로정비계획에 관한 사항을 보완하여 「도로법」으로 흡수함으로써 도로의 체계적인 정비를 도모하였다. 또한 토지의 효율적인 이용과 도로부지 확보비용의 절감을 위하여 지상 또는 지하의 일정 범위를 입체적 도로구역으로 정할 수 있도록 하였다. 그 밖에 지정사례가 없고 기능이 접도구역과 비슷한 연도구역과 고속교통구역을 폐지하였다. 한편, 화주 또는 화물자동차 운송사업자의 강요에 의한 고질적인 과적행위를 줄이기 위하여 운전자가 그러한 위반사실을 신고하는 경우에 당해 운전자에 대하여는 벌칙을 면제할 수 있도록 하였다.

2005년 12월 30일에는 과적단속규정을 보완하였다. 운행제한을 위반한 운전자가 화주 등으로부터 과적을 지시 또는 요구받은 사실을 신고할 경우에는 형사처벌을 면하도록 한 규정이 이미 존재하고 있었다. 그러나 우월적 지위에 있는 화주 등으로부터 받을 경제적 불이익을 우려하여 실제 신고하는 사례가 미미하고 과적운행은 근절되지 않고 있는 상황이었다. 이에 경제적 약자인 운전자를 보호하고 과적행위를 근절하기 위하여 운행제한을 위반한 차량이 타인에게 임대된 상태로 운행되는 차량인 경우에는 차량의 임차인으로 하여금 적극적으로 운행제한에 위반하지 아니하도록 관리 · 감독하도록 하고, 위반시 임차인을 처벌하도록 하였다.

2010년 3월 22일에는 행정구역을 기준으로 하는 도로투자의 한계를 극복하기 위하여 도로의 지선 개념을 도입하여 국토해양부 장관은 고속국도 또는 국도의 본선과 그 인근의 도시 등을 연결하는 도로를 지선으로 지정할 수 있도록 하고, 기간도로망의 기능 유지를 위하여 도시지역의 국도 일부 구간을 지정국도로 지정할 수 있도록 하였다.

2) 「유료도로법」

「유료도로법」은 도로에 관한 재원을 확보하고 도로의 정비를 촉진하며 교통의 편리를 증진하기 위하여 통행료를 징수할 수 있는 도로의 신설 · 개축 · 유지 · 수선 등에 관하여 「도로법」에 대한 특례를 규정하기 위하여 1963년 11월 5일 제정되었다. 특정 도로를 통행하는 것이 인근의 다른 도로를 이용하는 것에 비하여 현저한 이익이 되는 경우 그러한 도로를 신설하거나 개축하여 통행료를 받을 수 있도록 하는 것이 이 법의 핵심이다.

유료도로는 건설부 장관과 지방도로관리청이 개설할 수 있으나, 지방도로관리청이 개설하는 경우에는 건설부 장관의 허가를 받도록 하였다. 또한 도로관리청이 아닌 자도 도로관리청의 동의와 건설부 장관 및 교통부 장관의 허가를 받아 스스로의 부담으로 유료도로를 개설할 수 있도록 하여 도로건설에 있어서 민간투자의 길을 열어 두었다. 통행료는 차량의 구조와 무게 등을 참작하여 차량의 종류별로 정하였다. 통행료의 금액에 대하여는 통행으로 얻게 되는 통상의 이익을 초과하지 못하도록 하였다. 통행료 수입은 공사비용의 원리금 상환 및 도로유지에만 사용하도록 하였으며, 징수하는 통행료의 총액도 이러한 비용을 초과하지 못하도록 제한하였다. 또한 도로관리청은 통행료의 금액, 징수기간, 징수방법 등을 공고하고, 공중이 보기 쉬운 장소에 표지를 설치하도록 하였다.

1970년 1월 1일에는 고속국도를 유료화하기 위하여 고속자동차도로의 정의와 지정근거규정을 신설하였고, 유료도로에 다른 도로를 연결시키고자 할 때에는 해당 도로관리청이 유료도로관리청과 협의하거나 승인을 받도록 하였다.

1980년 1월 4일의 개정은 통행료의 통합징수 근거를 마련하는 것이었다. 통행료의 노선별 징수제도를 변경하여 관리권자가 동일하고 교통상 관련을 가지는 도로들에 대해서는 통행료를 통합하여 징수할 수 있도록 하였다.

1999년 2월 5일에는 지방자치단체의 유료도로 개설에 대한 건설교통부 장관의 허가권을 폐지하여 지방자치단체가 당해 지역의 재정여건을 감안하여 자율적으로 유료도로를 개설할 수 있도록 하였다.

2001년 1월 29일의 전부개정에서는 도로관리청 중심의 법률구조를 유료도로 사업자 중심으로 재정비함으로써 유료도로의 정의와 개설요건에 있어서 변화를 가져왔다. 유료도로에 「사회간접자본시설에 대한 민간투자법」에 따라 통행료 또는 사용료를 받는 도로를 포함시키고, 지역균형발전 및 지역주민의 교통편의를 도모하기 위하여 관광을 목적으로 하는 도로, 육지와 섬 또는 섬과 섬 사이를 연결하는 도로를 유료도로로 설치할 수 있도록 하였다. 또한 2 이상의 유료도로를 하나의 유료도로로 보아 통행료 및 그 징수기간을 통합하여 산정하는 통합채산제의 적용대상을 고속국도에서 모든 종류의 도로로 확대하여 통행료 및 징수기간 산정의 합리화를 도모하였다. 한편, 부정한 방법으로 통행료를 면탈 또는 할인받은 경우 도로관리청은 그 금액의 10배의 범위 안에서 부가통행료를 징수할 수 있도록 하였다.

2004년 10월 22일에는 도로 확충을 통한 지역균형개발 및 국민의 교통편의 증진을 위하여 유료도로 개설요건에 있어서 채산성보다 공공성을 강조하는 중대한 변화를 가져왔다. 즉, 도로개설 후 예상되는 통행료 수입이 건설유지비 총액을 초과하는 채산성이 있는 경우에만 유료도로를 신설·개축하도록 하던 것을, 국가 또는 지방자치단체가 해당 도로 신설·개축의 사회·경제적 타당성이 높거나 공공교통상의 효용이 현저하게 증가한다고 인정하여 일정 비율 이상의 재정지원을 하는 경우에는 채산성이 낮은 경우에도 유료도로를 신설·개축할 수 있도록 하였다.

3) 「고속국도법」

1970년의 개정 「도로법」에서는 고속국도의 건설 및 관리에 관하여 필요한 사항을 따로 법률로 정하도록 하였고, 이에 따라 1970년 8월 10일 「고속국도법」이 제정되었다. 이 법은 고속국도에 관하여 도로법에 규정한 것 외에 노선지정, 고속국도의 구조관리 및 보전 등에 관하여 필요한 사항을 규정하고 있다.

이 법은 고속국도의 관리청을 건설부 장관으로 하되, 한국도로공사가 권한의 일부를 대행할 수 있도록 하였다. 고속국도의 노선과 구조 및 그 설비에 관한 기준은 대통령령으로 정하게 하였는데, 이에 따라 1971년 8월 31일 「고속국도 노선 지정령」이 제정되어, 서울과 부산, 인천, 순천, 원주를 잇는 고속국도가 각각 고속1호선부터 고속4호선까지로 지정되었다. 고속국도와 도로·철도 그 밖의 시설을 상호 교차시킬 경우 입체교차시설로 하는 것을 원칙으로 삼고, 접도구역의 상한선은 도로경계선으로부터 30m로 정하는 등 「도로법」에 대한 특례를 규정하였다. 또한 고속국도가 자동차 전용의 고속교통에 사용된다는 점을 고려하여 자동차 이외의 방법으로 통행하거나 출입하는 것을 금지하였다.

1973년 2월 8일에는 도로교통의 안전 확보와 도로 주변의 경관보존을 위하여 접도구역의 지정상한선을 50m로 변경하였다. 2004년 12월 31일에는 고속국도의 통행 허용범위를 자동차 외에 덤프트럭 등 「건설기계관리법」에 의한 건설기계로 확대하였다. 또한 고속국도상에서 폭설과 같은 천재지변으로 인하여 교통이 장시간 마비되는 사태를 방지하기 위하여 고속국도 관리자는 고속국도에 진입하거나 진행 중인 자동차의 통행을 일시적으로 제한할 수 있도록 하였다.

2. 자동차운수사업에 관한 법제

1) 「육운진흥법」

「육운진흥법」은 자동차운수사업의 기업화를 촉진하고 부조리를 제거하여 공익사업자로서의 사회적 책임을 다하고, 나아가 국민교통 편의증진에 기여하기 위하여 1977년 12월 31일 제정되었다. 이 법의 적용대상은 「자동차운수사업법」에 따른 자동차운송사업자, 자동차운수알선사업자 및 자동차대여사업자였다.

정부는 매년 자동차수급, 화물 및 버스노선 개설 · 확장, 자동차운수사업의 공동시설, 육운화물의 유통 및 보관시설, 자동차검사 정비 및 안전운행에 관한 사항 등에 관한 육운진흥기본계획을 수립 · 공고하도록 하였다. 그리고 이 계획에 따라 자동차구조의 개선, 노후차량의 대체, 공동시설의 확충 · 개선, 유통시설의 확충 · 개선을 하는 자동차운수사업자에 대하여 자금을 융자할 수 있도록 하였다. 교통부 장관은 자동차운수사업자에 대하여 노선개설명령을 할 수 있도록 하면서 아울러 그 손실에 대하여는 보상하도록 하였다. 또한 자동차운수사업의 경영합리화를 기하고 국민교통의 편의를 증진하기 위하여 경영구조의 개선, 종사원의 복지 · 후생 및 시설의 개선 등의 경영개선명령을 할 수 있도록 하였다. 한편, 자동차운수사업에 대하여 조세를 감면하도록 하고, 자동차운송사업조합 및 그 연합회는 교통부 장관의 인가를 받아 공제사업을 할 수 있도록 하였다.

2)「자동차운수사업법」

자동차운수사업은 국민의 일상생활과 직접적인 관련이 있고 사업자 간 경쟁이 과열될 경우 일반국민의 이동권이 제한될 가능성이 높으므로 공공성 확보 차원에서 사업경영에 상대적으로 많은 규제를 가하고 있다. 우리나라에서는 운수사업을 민간부문에서 경영할 수 있도록 하는 대신 면허와 같은 제한된 절차를 통하여 영위하게 하고 있으며, 사업자가 비록 사인이더라도 기업의 이익보다는 공공의 이익을 위해 사업을 경영하여야 함을 강조하고 있다. 운수사업이 시작된 초기에는 운송수단에 대한 수요의 탄력성이 낮고 거액의 초기투자가 필요하다는 점에서 면허 자체가 어느 정도의 독점적 경영권의 부여라고 할 수 있으므로 운수사업면허가 특허로 인식되어 왔다. 그러나 정부의 과도한 개입이 효율적인 기업경영과 자율적인 서비스 향상을 어렵게 한다는 비판이 일게 되자 일부 사업이 등록제로 전환되는 등 규제완화와 경쟁원리의 도입이 확대되는 추세이다.

자동차운송에 관한 최초의 법령은 1915년 제정되고 1918년부터 시행된「자동차취체규칙」(自動車取締規則)(조선총독부령)이다. 이 규칙은 자동차의 안전운행, 자동차구조의 허가, 자동차의 검사, 운전면허와 자동차영업에 관하여 규정한 종합법령이었는데, 자동차운송업을 하려는 자는 도지사의 허가를 받도록 하였다. 1933년 공포된「조선자동차교통사업령」및 시행규칙은 1931년 제정된 일본의「자동차교통사업법」을 우리나라에 의용하도록 하였다. 이에 따라 여객자동차운수사업, 화물자동차운수사업 및 자동차도로사업의 면허제가 실시되었다. 이 영의 시행에 따라「조선여객자동차운수사업기준규칙」등 많은 부수법령이 조선총독부령으로 제정되었다. 1948년에는 군정법령 제206호로「택시업취체령」이 제정되어 택시업을 하려면 도지사의 면허와 자동차검사를 받도록 규정하였다.

1961년 12월 30일에는 구법령인 「조선자동차교통사업령」을 대체하여 자동차운수사업에 관한 질서를 확립하고 자동차운수의 종합적인 발달을 도모하여 공공복리를 증진하기 위하여 「자동차운수사업법」이 제정되었다. 이 법에서는 자동차운수사업의 종류를 자동차운송사업 · 자동차도사업 및 자동차운송알선사업으로 구분하고, 자동차운송사업은 다시 버스여객, 전세여객, 택시여객, 합승여객, 노선화물, 구역화물 등 8종으로 세분하였다.

자동차운수사업을 경영하려면 교통부 장관으로부터 면허를 받도록 하였다. 자동차운송사업의 경우 사업계획이 교통량 기준에 맞고, 장기경영 수행에 적합하며, 공익상 필요해야 면허가 발급되었는데, 면허를 받은 사업자는 교통부 장관이 지정하는 기간 내에 운송을 개시해야 하였다. 운임과 요금, 운송약관에 대해서는 교통부 장관의 인가를 받아야 하였고, 이들을 영업소나 공중이 보기 쉬운 장소에 게시하도록 하였다. 운송은 청약을 받은 순서대로 처리하도록 하였고, 다른 자동차운송사업자와 공동운수계약협정을 하는 경우에는 교통부 장관의 인가를 얻도록 하였다. 또한 안전을 확보하기 위하여 연령, 운전경력 등에 있어서 일정한 요건을 갖춘 자에 한하여 사업용 자동차 운전에 종사하도록 하고, 전복 · 화재 그 밖의 중대한 사고를 교통부 장관에게 보고하도록 하였다.

한편, 영업질서 유지를 위하여 자동차운송사업자에 대하여 사업계획의 불이행, 부당한 운송조건의 게시나 운송의 인수거절 등 공공복리를 저해하는 행위와 과당경쟁을 금지하였다. 또한 교통부 장관은 공공복리상 필요하다고 인정할 때에는 사업계획의 변경, 노선의 연장 · 변경, 운임 · 요금 · 운송약관의 변경, 자동차와 수송시설의 개선과 변경 등의 사업개선명령을 할 수 있도록 하였다.

이 법은 자가용 자동차의 사용에 대해서도 규정하고 있는데, 자가용 자동차로서 화물운송에 사용할 자동차와 승차정원 7인 이상의 자동차를 사용하고자 하는 자는 신고하도록 하였다. 또한 자가용 자동차 사용자가 사실상 영업행위를 하는 것을 방지하기 위하여 무면허 운송사업과 무단공동사용을 금지하였다.

(1) 업종의 조정과 규제완화

1969년 8월 4일에는 자동차운수사업의 범위에 자동차대여사업을 추가하고, 자동차 운송수요의 다각적인 증가에 따라 운송수단의 원활한 공급과 운송사업의 합리적인 경영을 기하기 위하여 면허 기준 가운데 교통량 기준을 사업구역의 수송수요와 수송력 공급의 적합 여부로 변경하였으며, 해당 사업에 필요한 능력을 면허 기준으로 추가하였다.

이후 면허수수료의 징수근거 마련(1975), 위법운행차량에 대한 행정처분 일부의 과징금 변경(1981) 등의 개정이 있었다. 1986년 12월 31일에는 자동차운수사업의 자율화 기반을 조성하기 위하여 대중교통과 관련이 적은 일부 업종과 자동차운송알선사업 및 자동차대여사업을 등록제로 전환하고, 법 제정 이후 시행된 예가 없는 자동차도사업제도를 폐지하였다. 1989년 12월 30일에는 자동차운송사업의 세부종류를 대통령령으로 정하도록 하여 업종의 전문화를 도모하고, 이용자에 대한 서비스 향상을 위하여 택시운송사업 등 특정한 자동차 운전 업무에 종사하는 자는 운전종사자 자격을 취득하도록 하였다.

1994년 8월 3일에는 규제완화와 함께 국민의 이용편의를 증진하고자 하는 개정이 있었다. 첫째, 경제행정 규제완화시책의 일환으로 자동차운송사업자 중 등록업자인 사업자의 경우는 운임 및 요금을 자율적으로 결정할 수 있도록 하고, 자동차운송사업의 양도 · 양수 등에 관한 인가제의 일부를 신고제로 전환하였다. 둘째, 운송수입금의 사납금제도를 둘러싼 문제를 해소하기 위하여 대통령령이 정하는 자동차운송사업에 종사하는 운수종사자는 그가 받은 운임과 요금의 전액을 사업자에게 납부하도록 하고, 사업자는 이를 수령하도록 의무화하였다. 셋째, 법령을 위반한 자동차운수사업자로부터 징수한 과징금을 수익성이 없는 노선을 운행하는 자동차운송사업자의 결손보전에 사용할 수 있도록 하여 해당 노선을 이용하는 주민의 교통편의를 도모하였다. 넷째, 운송질서의 확립과 이용자에 대한 서비스 향상을 도모하기 위하여 승차거부 또는 부당요금의 요구와 같은 운송질서 교란행위에 대하여 사업자만을 처벌하도록 하던 것을 위반행위자인 운전자를 직접 처벌할 수 있도록 하였다. 다섯째, 화물자동차의 적재율과 운송효율을 높이기 위하여 자동차운송주선사업자에 대하여 화주가 다른 화물을 혼재하여 운송하는 것을 허용하였다.

(2) 여객부문과 화물부문의 분리

1997년에는 화물자동차운수사업을 대상으로 하는 「화물자동차운수사업법」이 제정됨에 따라 이 법을 전부개정하여 화물운수분야를 분리하고, 「육운진흥법」 및 「여객자동차터미널법」을 통합하여 「여객자동차운수사업법」으로 개편하여 오늘에 이르고 있다.

「여객자동차운수사업법」은 여객자동차운수사업을 여객자동차운송사업, 자동차대여사업, 여객자동차터미널사업으로 구분하였고, 여객자동차운송사업을 노선여객자동차운송사업 및 구역여객자동차운송사업으로 세분하였다. 그리고 여객자동차운송사업은 건설교통부 장관으로부터 면허를, 자동차대여사업은 건설교통부 장관에게 등록을, 여객자동차터미널사업은 시 · 도지사로부터 면허를 받도록 하였다. 「화물자동차운수사업법」은 화물자동차운수사업을 화물자동차운송사업과 화물자동차운송주선사업으로 구분하고, 화물자동차운수사업을 경영하려면 건설교통부 장관에게 등록하도록 하였다.

3. 「철도법」과 철도운송

「철도법」은 철도를 원활히 운영하여 공공의 복리를 증진하기 위한 것으로, 일제하의 구법령인 「경편철도와 궤도의 영업에 관한 건」(輕便鐵道와 軌道의 營業에 關한 件) 및 「철도영업법」을 폐지하고 이에 대체하는 법률로 1961년 9월 18일 제정되었다. 이 법은 철도의 설치와 운전, 여객운송과 화물운송, 철도경영자의 책임, 철도의 보호에 관한 규정으로 구성되었는데, 이러한 기본구조는

2004년 12월 31일 「철도사업법」으로 개편될 때까지 유지되었다.

첫째, 철도의 건설, 차량기구의 구조 및 운전에 관하여는 하위법령으로 정하도록 하였는데, 이에 따라 「국유철도운전규칙」 및 「국유철도건설규정」 등이 제정되었다. 둘째, 사설철도와 전용철도는 교통부 장관의 면허를 받아 경영하도록 하였다. 셋째, 철도의 운임에 대해서는 교통부 장관의 인가를 받아야 하고 운임 그 밖의 운송조건은 관계역에 게시하도록 하였다. 넷째, 철도경영자는 여객 및 화물의 운송을 거부할 수 없도록 하였다. 또한 여객운송과 관련하여 승차권의 개찰 · 교환 · 반환 · 검사, 열차 내에서의 여객의 금지행위, 부정승차시의 부가운임 징수 등에 관한 규정을 두었다. 화물운송과 관련하여서는 수하인이나 송하인을 알 수 없는 화물은 철도경영자가 공고한 후에 그 소유권을 취득할 수 있도록 하였고, 화물상환증을 분실하였을 경우에는 화물의 인도청구인이 그 권리를 증명하거나 상당한 담보를 제공한 때에 인도하도록 하였다. 다섯째, 철도경영자의 책임과 관련하여, 화물의 멸실 · 훼손 · 연착 · 불인도 등의 경우에 철도경영자가 부담하여야 할 손해배상책임을 규정하였다. 여섯째, 철도선로 인접지역에서는 토목채취 및 방목 등을 제한하였으며, 철도직원의 승낙 없이 철도용지를 통행하거나 출입할 수 없도록 하였다. 또한 철도 운행의 안전을 위하여 신호기 훼손, 열차경보기의 무단사용, 직무집행방해에 대하여 처벌하도록 하였다.

1973년 2월 16일에는 열차의 안전운행을 위하여 철도경계선으로부터 30m 내의 지역에서는 건축물의 건축, 공작물의 설치 · 개량 등을 제한하거나 그 소유자 등에 대하여 필요한 사항을 명할 수 있도록 하고, 무단출입자에 대한 처벌을 강화하였다.

1981년 12월 31일에는 철도경영자가 사업운영상 필요하다고 인정하는 경우에는 여객의 운임 및 요금을 감면할 수 있는 법적 근거를 마련하였고, 1984년에는 요금감면제도가 화물분야로 확대되었다.

1993년 12월 27일에는 운임과 안전조치에 관한 규정을 개정하였다. 철도운송에 있어 특별한 설비나 운송조치가 필요한 경우에는 할증운임을 받을 수 있도록 하고, 승차권을 구입하지 아니하고 무임승차하는 자로부터 징수하는 부가운임의 범위를 정상운임의 2배에서 30배로 대폭 인상하였다. 또한 여객에 대하여 승차 전에 승차권의 개표를 받도록 하고 도착역에서 승차권을 반환하도록 하던 것을 철도경영자가 필요한 경우 여객의 승차권 소지 여부만 확인할 수 있도록 하여 승차권의 개표와 반환에 따르는 막대한 경제적 · 사회적 비용을 절감하였다. 한편, 열차의 안전운행과 철도의 보호를 위하여 철도경계선으로부터 30m 이내에서 건축 또는 굴착공사 등을 하고자 하는 자는 교통부 장관에게 신고하도록 하고, 교통부 장관은 열차의 안전운행 및 철도보호를 위하여 필요한 조치를 명할 수 있도록 하였다. 또한 철도선로 인접지역에서의 불법건축 행위자 및 상습적으로 승차권을 전매하는 자에 대한 벌칙을 강화하였다.

4. 도시교통체계의 정비

1) 지하철 관련 법제

(1) 「지하철도건설촉진법」

「지하철도건설촉진법」은 도시와 그 근교의 원활한 교통소통을 위하여 「철도법」에 의한 지하철도의 건설을 촉진함으로써 도시교통의 발전에 기여하려는 목적으로 1979년 4월 17일 제정되었다. 이 법은 지하철도 노선의 지정, 이주대책, 건설자금의 조달, 지하철도의 건설 및 운영을 위한 기관의 설립 등을 규정하고 있다.

제정 당시에는 지하철도의 시설을 「도시계획법」에 따라 도시계획으로 결정하고, 지하철도 노선을 교통부 장관이 지정하도록 하였다. 지하철도 건설 인가를 받은 때에는 「토지수용법」에 따른 사업인정을 받은 것으로 보도록 하고, 타인 토지에의 출입, 공사장애물의 이전에 관한 협의, 지하철도 건설로 인해 이주하게 되는 자에 대한 이주대책 등에 관한 규정을 두었다.

지하철도 건설자금은 국가 · 지방자치단체의 예산, 지하철도건설채권의 발행, 외국으로부터의 차입, 정부로부터의 차입 및 보조의 방법으로 조달하도록 하였다. 원활한 자금조달을 위하여 국가 또는 지방자치단체로부터 면허 · 허가 · 인가를 받는 자, 국가 또는 지방자치단체에 등기 · 등록을 신청하는 자, 국가 · 지방자치단체 또는 정부투자기관과 건설사업의 계약을 체결하는 자에 대해서는 지하철도건설채권을 매입하도록 하였다.

지방자치단체인 지하철도 건설자는 교통부 장관의 승인을 얻어 지하철도의 건설과 운영을 법인에게 위탁할 수 있게 하고, 지방자치단체는 지하철도의 건설과 운영을 위하여 지하철도공사를 설립할 수 있도록 하였다.

(2) 「지하철도의 건설 및 운영에 관한 법률」로의 개편

1986년 5월 12일에는 서울지하철 1 · 2 · 3 · 4호선이 완전 개통됨에 따라 지하철도 건설의 지원을 위한 당시 법률에 운영의 합리화를 도모하기 위하여 필요한 사항을 포함하여 「지하철도의 건설 및 운영에 관한 법률」로 개편하였다. 지방자치단체가 지하철도를 건설하고자 할 때에는 지하철도의 건설 전에 미리 지하철도건설 · 운영기본계획을 수립하도록 하였다. 또한 지하철도 경영의 면허를 받은 자가 그 사업을 양도 · 합병 · 휴지 또는 폐지하고자 할 때에는 교통부 장관의 허가를 받도록 하였다. 지하철도채권의 발행목적을 확대하여 지하철도의 건설자금뿐만 아니라 운영자금을 조달하기 위하여서도 채권을 발행할 수 있도록 하였다. 한편, 교통부 장관은 도시교통의 원활화를 위하여 지하철도 경영자에 대하여 사업계획 · 운임 · 운행시간 등의 변경을 명할 수 있도록 하였다.

(3) 「도시철도법」으로의 개편

1990년 12월 31일에는 날로 심각해지고 있는 대도시 교통 문제의 개선을 위하여 도시철도의 범위에 기존의 지하철도 외에 모노레일 등의 궤도에 의한 교통수단을 포함시키고, 도시철도의 건설절차를 간소화하며, 재원확보 규정을 보완하여 「도시철도법」으로 개편하였다. 이때 역세권 개발사업의 근거를 마련하였는데, 도시철도 건설자로 하여금 역을 중심으로 개발사업을 시행하고, 이로 인한 수익금은 도시철도의 건설 · 운영에 필요한 재원으로 활용할 수 있도록 하였다. 한편, 도시철도 건설용지의 지하보상에 대한 법률적 근거를 명확히 하여 도시철도 건설자가 도시철도의 건설을 위하여 타인 토지의 지하부분을 사용하고자 하는 때에는 당해 토지의 이용가치 및 지하의 깊이 등을 참작하여 보상하도록 하였다.

1995년 12월 19일에는 증대하는 도시철도 건설수요에 효율적으로 대응하기 위하여 시 · 도지사로 하여금 10년 단위의 도시철도기본계획을 수립하도록 하였다. 한편, 도시철도 차량의 표준을 확보하고 부품의 호환성을 증대시키기 위하여 도시철도의 표준사양과 안전 기준을 정하고, 도시철도 차량에 대하여 성능시험을 실시하며, 도시철도 용품에 대한 품질인증제를 도입하는 등 도시철도의 안전에 관한 사항을 대폭 보완하였다.

이후 1999년 도시철도사업의 양도 · 합병, 운임에 대한 인가제의 신고제 전환 등 규제완화조치, 2003년 5월 외국에 비하여 보급률이 낮은 경형자동차의 보급을 확대하기 위하여 경형자동차에 대한 도시철도채권 구입의무 면제조치가 있었다. 또한 2003년 12월에는 도시철도공사의 재무구조 개선과 재정자립도 향상을 위하여 도시철도 건설자 이외에 도시철도 운영자인 도시철도공사도 역세권 개발사업을 할 수 있도록 하였다.

2) 「도시교통정비촉진법」

「도시교통정비촉진법」은 도시의 교통인구 및 자가용 승용차의 급증에 따라 날로 심각해지고 있는 도시교통난을 해소하고, 교통수단 및 교통편의의 효율성을 높이고 도시교통관리체계를 정비할 목적으로 1986년 12월 31일 제정되었다. 대도시의 교통인구는 증가하고 국민소득 향상에 따라 자가용 승용차의 운행도 일반화되고 있었으며, 대도시 생활권역의 확대로 대도시와 주변 도시

간의 교통수요가 급증하고 있는 반면, 교통시설의 설치는 위한 공간적 제약과 투자재원의 부족으로 한계에 다다르고 있었다. 이에 도시교통시설 및 교통수단 간 연계 및 교통체계의 효율적 관리를 위하여 「도시교통정비촉진법」을 마련하게 된 것이었다.

이 법은 상주인구 100만 이상의 도시 및 그 도시와 같은 교통생활권에 있는 지역과 상주인구 30만 이상의 도시 중 교통계획의 필요성이 있는 지역을 도시교통정비지역으로 규정하였다. 그리고 관할 시장으로 하여금 교통시설의 설치 · 정비 및 개량, 교통수단의 개발 · 공급 및 운영, 교통수단 간의 연계수송, 환승시설 및 정류소의 설치 · 관리와 교통체계 관리를 내용으로 하는 도시교통정비기본계획을 수립하도록 하였다. 또한 교통부 장관은 도시교통정비지역 내에서 대중교통의 운영개선을 위하여 필요한 경우 해당 지역을 관할하는 시장에게 지방자치단체 간의 버스노선의 신설, 버스공동배차제의 실시, 교통산업 종사원의 근로환경 개선, 대중교통 환승시설의 설치 · 운영, 대중교통수단 간 환승요금제의 실시, 택시사업구역의 확대 또는 축소 등을 명할 수 있도록 하였다. 한편, 교통영향평가제도를 도입하여 도시교통정비지역 내에서 일정 규모 이상의 사업을 하거나 시설을 설치하고자 하는 자는 교통영향평가를 받도록 하였다.

1990년 1월 13일의 개정에서는 대도시의 교통 문제를 개선하기 위하여 교통영향평가기능을 강화하고, 일정 지역에 대한 자동차의 운행제한, 교통유발부담금의 부과 등을 규정하였다. 도시교통에 영향을 주는 사업이나 시설에 대한 교통영향평가의 실효성을 확보하기 위하여 사업 또는 시설에 대한 허가 등을 하기 전에 해당 사업 또는 시설의 계획을 조정 · 보완할 수 있도록 하였다. 또한 도시교통의 소통을 원활히 하기 위하여 도시교통 정비지역을 관할하는 시장 등은 일정 지역에 대하여 자동차의 운행을 제한할 수 있도록 하였다. 한편, 도시교통 정비지역을 관할하는 시장은 도시교통 유발의 원인이 되는 시설물의 소유자 등에 대하여 교통유발부담금을 부과 · 징수할 수 있도록 하였고, 이를 재원으로 하는 지방도시교통사업특별회계를 설치할 수 있도록 하였다.

1992년 12월 8일에는 자동차의 급격한 증가와 교통생활권의 광역화로 도시교통 문제가 대도시는 물론 중소도시에까지 확산됨에 따라 도시교통 정비지역을 확대하였다. 또한 교통영향평가제도를 개선하기 위하여 이 법을 전부개정하였는데, 법의 적용대상인 도시교통 정비지역의 범위를 현행 상주인구 30만 이상의 도시에서 10만 이상의 도시로 확대하였다.

1995년 12월 29일에는 날로 심화되고 있는 도시교통 문제에 효율적으로 대처하기 위하여 도시교통 정비에 관한 계획을 기본계획 · 중기계획 및 연차별 시행계획으로 체계화하고, 도시교통 정비지역 외의 지역에 대하여도 교통영향평가를 실시할 수 있도록 하였으며, 지방자치단체로 하여금 자동차운행 제한 · 혼잡통행료 징수 등의 교통수요 관리를 자율적으로 실시할 수 있도록 하였다.

2002년 1월 26일에도 전부개정이 있었다. 이 개정에서는 상시적으로 교통혼잡이 발생하는 지역 또는 주변 지역에 심각한 교통혼잡을 유발하는 시설물에 대하여는 교통혼잡특별관리구역 또는 교통혼잡특별관리시설물로 지정하여 혼잡통행료의 부과, 조례로 상향조정된 교통유발부담금의 부과 · 징수, 부설주차장의 이용제한명령 등 복합적인 교통수요 관리조치를 시행할 수 있도록 한 것이 특징이었다.

2003년에는 배기량 800cc 미만의 경형자동차에 대하여 도심 혼잡통행료를 감면하는 개정이 있었다. 2009년에는 도시교통을 원활하게 소통시키고 대기오염을 개선하기 위하여 승용차부제의 근거규정을 신설하였으며, 국가 또는 지방자치단체가 승용차부제에 참여하는 주민 또는 사업자에 대하여 행정적 · 재정적으로 지원할 수 있도록 하였다. 2011년의 개정에서는 시장의 교통수요 관리수단 중 하나로 승용차 공동이용 지원을 추가하여 과도한 승용차 보유 및 이용 억제를 유도하고, 환경친화적 자동차의 개발 및 보급을 촉진하기 위하여 혼잡통행료 감면대상에 환경친화적 자동차를 포함시켰다.

5. 「교통체계효율화법」

「교통체계효율화법」은 교통시설투자의 효율화, 교통체계의 지능화 및 교통기술의 진흥에 관하여 규정한 교통분야의 기본법적 성격을 가지고 있다. 1990년대에는 지속적인 경제성장과 국민경제 규모의 확대로 인하여 짧은 기간에 교통수요가 급증한 데 비해 교통시설의 공급 부족은 물론 비효율적인 운영으로 인해 교통혼잡을 겪고 있었다. 그러나 교통애로를 타개하기 위한 대책은 미미하였고, 부문별로 대증적이고 단편적인 방편으로 교통시설을 확충하고 있는 실정이었다. 따라서 도로 · 철도 · 공항 · 항만 등의 교통시설이 체계적으로 연계되어 그 기능을 발휘할 수 있도록 국가기간교통시설에 대한 중 · 장기 종합계획의 체계를 마련하고, 교통시설의 이용효율을 높이기 위하여 전자 · 제어 및 통신 등의 첨단기술을 활용하는 지능형 교통체계의 구축을 지원하기 위하여 1999년 2월 8일 이 법이 제정되었다.

건설교통부 장관에게 중 · 장기 국가기간교통시설의 확충 방향과 연계수송체계 등을 내용으로 하는 20년 단위의 국가기간교통망계획과 교통시설개발사업을 효과적으로 추진하기 위한 투자의 우선순위 등을 감안하여 5년 단위의 중기교통시설투자계획을 수립하도록 함으로써 국가교통체계를 체계적으로 구축할 수 있도록 하였다. 또한 건설교통부 장관으로 하여금 지능형 교통체계의 개발 및 보급을 촉진하기 위한 기본계획을 수립하도록 하고, 교통체계 지능화 사업은 국가 · 지방자치단체 · 정부투자기관과 민간사업자 등이 시행하도록 하였다. 한편, 교통기술의 개발을 촉진하기 위하여 건설교통부 장관이 관련 기술정보를 체계적으로 관리 · 보급하도록 하는 한편, 교통기술 관련 연구기관에 대한 지원을 통하여 교통기술의 연구 · 개발이 촉진될 수 있도록 하였다.

2001년 1월 29일에는 교통조사지침의 제정, 국가교통데이터베이스의 구축, 특별교통대책의 수립 및 신교통기술의 지정제도를 신설하였다. 건설교통부 장관은 교통조사의 객관성과 통일성을 확보하기 위하여 교통조사의 방법 · 기준 등을 표준화하는 교통조사지침을 제정하고, 이에 따라 실시한 교통조사 결과를 교통데이터베이스로 구축하도록 함으로써 교통량 조사 결과의 공동활용을 촉진하도록 하였다. 또한 천재지변이나 명절맞이 등으로 국가교통관리에 중대한 차질이 발생하는 경우에 효과적으로 대응하기 위하여 교통수단의 운행통제, 대체교통로의 지정 등을 내용으로 하는 특별교통대책을 수립 · 시행하도록 하였다. 한편, 교통기술의 연구 · 개발을 촉진하기 위하여 국내에서 최초로 개발되거나 외국에서 도입하여 개량된 교통기술로서 국가교통체계에 보급 · 활용할 필요가 있는 경우에는 신교통기술로 지정할 수 있도록 하였다.

2009년에는 육상 · 해상 · 항공교통의 통합연계체계를 구축하고, 교통 및 물류의 환경변화에 적극적으로 대응하기 위하여 대규모 여객 또는 화물의 연계운송 등이 이루어지고 있는 곳을 교통물류거점으로 지정하고, 교통수단 간 원활한 연계교통 및 상업기능이 결합된 복합환승센터의 개발근거를 마련하는 내용으로 「국가통합교통체계효율화법」으로 개편되어 현재에 이르고 있다.

제2절 해상 및 항공교통

우리나라의 해상교통은 1950년대까지의 해상교통산업의 태동기, 1960~1970년대의 해상교통수단의 대형화와 컨테이너선 수용체제 정비기, 1980~1990년대의 해상교통산업의 글로벌화와 종합항만개발 시기, 2000년대 이후의 복합운송의 진전과 국제물류수송체계의 확대기로 구분할 수 있다.

1949년 10월 해운 및 조선산업의 육성에 있어서 견인차를 만들기 위하여 「대한해운공사법」과 「대한조선공사법」을 제정하였다. 이와 함께 선박의 해외방출을 막기 위하여 1950년 「선박관리법」을 제정하였는데, 이 법은 선박의 양도허가, 취항구역의 지정, 운항업자 · 조선업자 등에 대한 명령 등을 규정하여 1973년 폐지될 때까지 선박관리에 있어서 기본규범의 역할을 하였다. 1950년대까지는 전쟁으로 인하여 피해를 입은 항만시설의 복구와 국가기능 수행에 필요한 선박을 확보하는 것이 급선무였는데, 국제원조로 많은 부분을 해결하였다.

1958년 제정된 「조선장려법」에 의하여 1962년 조선장려책이 수립되자 당시로서는 대형선박인 1,500~2,600GT급 선박이 건조되기 시작되었다. 1960년에는 「선박법」을 제정하여 선박의 공시방법 · 선박국적증서에 관한 사항을 정하였으며, 1963년에는 선박운항사업의 종류와 면허, 운영 등을 규정한 「해상운송사업법」을 제정하였다.

1966년 외항해운시장에 컨테이너선이 최초로 취항하였고, 1967년에는 태평양항로에 취항하는 등 수요가 늘어나서 1970년대에 원양 컨테이너 정기항로가 마련되었다. 1967년에는 「조선장려법」을 폐지하고, 「조선공업진흥법」을 제정하여 조선공업진흥기본계획을 수립하였으며, 조선업 및 조기업의 면허제를 도입하였다. 선박운항사업과 해상운송부대사업에 대한 재정지원을 위하여 1967년 「해운진흥법」을 제정하였는데, 같은 법에는 화주의 국적선 이용의무, 해운업자에 대한 항로취항명령, 선박대체 및 개량명령 등의 제도가 규정되어 있었다. 항만개발에 있어서도 1961년 입출항 절차와 항법 등에 관한 「개항질서법」을 제정하였고, 1967년에는 항만의 지정 · 개발 · 관리 · 사용 및 재개발에 관한 사항을 정한 「항만법」을 제정함으로써 항만개발의 법적 근거가 마련되었다.

1980년대 초반에는 해운산업도 다른 산업과 마찬가지로 석유파동으로 인한 침체와 구조조정을 맞게 되었다. 1980년대 후반부터 진행된 규제완화, 자유화, 개방화의 물결이 WTO체제로 귀결되자 해상교통부문에서도 글로벌화에 대응하기 위하여 복합운송체제로 변모하기 시작하였다. 선박의 고속화 · 대형화 및 해상교통량의 증가에 대처하여 해상교통질서를 확립하고 해난을 미연에 방지하여 해상교통의 안전을 확보하기 위하여 1986년에는 「해상교통안전법」이 제정되었다.

항만개발과 관련해서는 컨테이너부두의 개발을 촉진하고, 그 관리 · 운영을 전문화하기 위하여 「한국컨테이너부두공단법」(1989)에 따라 한국컨테이너

부두공단을 설립하였다. 한편, 1991년 전부개정된 「항만법」에 따라 1992년 제1차 전국항만개발기본계획이 수립되자 이전까지의 산발적이던 항만개발이 전국적 단위로 종합화 · 체계화되었다. 1993년에는 해운환경의 자율화 · 개방화 추세에 따라 행정규제를 완화하여 해운산업의 자율경영을 유도하기 위하여 「해상운송사업법」에서 출발한 「해운업법」을 또다시 「해운법」으로 개편하여 오늘에 이르고 있다.

항공교통의 발전단계는 1988년까지의 태동 및 성장기, 2000년까지의 복수민항기, 2001년 이후의 안정성장 및 도약 준비기로 나눌 수 있다. 1960년대까지는 항공산업이 태동하기 위한 기초가 마련된 시기라 할 수 있다. 1952년에는 국제민간항공기구(ICAO)에 가입하였고, 1961년 제정된 「항공법」에서 항공기의 등록, 항행방법과 항공시설의 설치 · 관리에 관한 규정을 두었다. 1962년 정부출자의 대한항공공사가 설립되었으나, 1968년 민간에 매각됨으로써 민간항공사인 대한항공이 출범하게 되었다.

1970년대에 들어와서는 항공운송의 발전을 지원하기 위한 법제가 나타났는데, 정부에서 국제항공노선의 신규 개발과 항공인력 양성에 필요한 자금지원을 할 수 있도록 한 「항공운송사업진흥법」(1971)이 대표적이다. 1979년에는 「국제공항관리공단법」이 제정되어 공항의 정부관리운영체제가 공단관리운영체제로 변모하는 계기가 되었다. 이 법은 1990년에 「한국공항관리공단법」으로, 1991년에 「한국공항공단법」으로 개정되었으며, 2002년에는 경영의 자율성과 책임경영체제를 확보하고 민간자본을 유치하기 위하여 「한국공항공사법」으로 다시 개편되었다. 한편, 항공기 납치를 예방하기 위하여 1974년에 제정된 「항공기운항안전법」은 2002년 「항공안전 및 보안에 관한 법률」로 개편되었다.

1981년의 해외여행 자유화 확대와 1982년의 해외여행 알선업 허가제의 등록제 전환으로 말미암아 항공수요가 크게 증가하게 되자 1988년 대한항공과 아시아나항공의 복수민항체제가 시작되었다. 1991년에는 급속히 증가되고 있는 수도권 항공수요에 대비하기 위하여 「수도권신공항건설촉진법」을 제정하여 수도권 신공항 건설에 관한 기본계획의 수립, 관계 법률에 의한 각종 인 ·

허가 등에 관한 행정절차 간소화, 토지수용과 재원조달 등에 관한 사항을 규정하였다.

1. 해상교통 관련 법제

1)「선박법」

「선박법」은 선박의 소속을 명확히 하고 해상의 질서를 유지하며 국가권익과 국민경제에 기여하기 위하여 의용법령인「조선선박령」을 대체하여 1960년 2월 1일 제정되었다. 이 법에서는 한국 선박의 범위를 국·공유 선박, 대한민국 국민이 소유하는 선박 등으로 정하고, 한국 선박이 아니면 대한민국 국기를 게양할 수 없도록 하였다. 한국 선박의 소유자는 등기를 한 다음 선적항을 관리하는 해무관청에 비치한 선박원부에 등록하게 하는 등 권리·의무와 선박의 공시방법 및 선박국적증서에 관한 사항을 규정하였다.

1982년에는「1969년 선박톤수 측정에 관한 국제협약」의 발효에 맞추어 그 시행에 관한 사항을 규정하였다. 1999년에는 대한민국 법률에 의하여 설립된 상사법인은 제한 없이 대한민국 선박을 취득할 수 있도록 선박취득요건을 완화하였으며, 2007년에는 어선·준설선 등 다른 법률에서 등록·관리하고 있는 선박에 대하여는「선박법」에 의한 등록을 면제하였다. 2009년에는 국제법상 선박으로 분류되는 수면비행선박(위그선)을 기선의 일종으로 명시하여 그 실용화에 대비하였다.

2)「해운진흥법」

「해운진흥법」은 해운산업의 진흥을 통하여 해상운송의 원활을 기하고 국민경제 발전에 기여하기 위한 목적으로 1967년 2월 28일 제정되었다. 정부는 매년 다음 연도의 해운진흥종합계획을 수립 · 공고하도록 하였는데, 이 계획은 선박수급, 선질개량 및 선박의 대체, 취항명령, 국제항로에의 취항, 해운에 관한 공제사업, 해운의 국제수지 개선, 해기원의 양성 등을 내용으로 하고 있었다. 또한 정부는 해운업자에 대하여 자금의 일부를 보조하거나 융자할 수 있도록 하고, 국제운항에 종사하는 해운업자에 대하여 장려금과 국제항로의 취항으로 인하여 받은 손실을 보조할 수 있도록 하였다. 교통부 장관은 보조 또는 융자를 받은 해운업자에 대하여 특정 항로에 취항할 것을 명하거나 선박 · 항로조정 등 필요한 지시를 할 수 있도록 하였다. 한편, 선박을 이용하여 화물을 운송하고자 하는 자는 국적선을 이용하도록 하였다.

1978년 12월 5일에는 정부의 재정 · 금융지원에 의하여 건조되는 선박으로서 정부의 실수요자 선정에 의하여 국내 조선소에서 건조하는 계획조선선박을 인수하는 해운업자에 대하여 재정지원을 할 수 있도록 하였다. 또한 정부는 해운업자가 외국 정부 또는 외국 선박운항 사업자의 단체로부터 호혜평등원칙에 위배되는 불이익처분을 받은 때에는 그 국가 또는 단체의 선박에 대하여 필요한 대항조치를 할 수 있도록 하였다.

1979년 12월 28일에는 해운의 국제경쟁력을 제고하고 수출입물자의 안정적 수송체제를 확립하는 데 필요한 선복량의 확충에 따른 소요지원자금을 확보하기 위하여 해운진흥기금을 설치하였다.

1981년 2월 4일에는 외항선박운항사업의 국제경쟁력 강화를 위하여 외항선박 운항사업자 중에서 대형업체를 지정할 수 있도록 하고, 그 지정업체에 대하여는 해운업체의 대형화에 필요한 행정지원 및 해운진흥기금 등을 타 업체에 우선하여 지원할 수 있도록 하였다. 또한 해운항만청장은 지정업체의 건전한 육성과 수출입화물의 안정적 수송을 위하여 지정업체에 대하여 일정량의 선박확보, 선질개선, 주요 화물의 수송 등 해운진흥에 필요한 명령을 할 수 있도록 하였다.

1984년 8월 7일에는 국제해운환경에 효율적으로 대처하고, 해운산업의 국제경쟁력을 높이기 위하여 이 법을 전부개정하여 「해운산업육성법」으로 개편하였다. 해운항만청장은 해운산업의 건전한 육성과 발전을 위하여 해운산업 합리화계획을 수립하여 해운산업의 합리화 사업을 추진할 수 있도록 하였고, 해운산업의 국제경쟁력을 높이기 위하여 필요하다고 인정되는 경우에는 새로이 건조된 선박으로 선대구조를 개편할 것을 해운업자에게 권고할 수 있도록 하였다. 또한 해운업자와 하주는 화물의 안정적 수송과 상호 정보교환을 위하여 선 · 하주 간 협의체를 구성할 수 있도록 하였다. 이 법의 내용은 1999년 개정 「해운법」으로 흡수되었다.

3) 「해상운송사업법」

「해상운송사업법」은 해상운송의 질서를 유지하고 해상운송업체에 대한 지도 · 감독을 통하여 해상운송사업의 발전을 도모하기 위하여 1963년 12월 5일 제정되었다. 이 법은 해상운송사업을 선박운항사업과 해상운송부대사업으로 구분하고, 선박운항사업 중 여객정기항로사업과 화물정기항로사업은 항로마다, 부정기항로사업은 사업별로 면허하도록 하였는데, 면허를 받은 자는 교통부 장관이 지정하는 기간 내에 운항을 개시해야 하였다. 선박운항사업에 관하여는 수요 · 공급의 균형성, 항로에 대한 수송시설의 적응성, 운항계획의 적합성 등이 면허 기준으로 규정되었다. 교통부 장관은 공공복리상 필요하다고 인정할 때에는 선박운항 사업자에 대하여 항로의 연장 · 변경, 운임 · 요금 또는 운송약관의 변경, 시설의 개선 또는 변경, 선원의 보호에 관한 사업개선명령을 할 수 있도록 하였고, 해상운송 사고로 인하여 생기는 손해를 보상하기 위하여 보험계약을 체결할 것을 명할 수 있도록 하였다.

1972년 12월 30일에는 여객선박운항사업에 대하여 일정한 선박을 보유하게 하여 이를 기업화하도록 하고 선박의 안전한 항해를 기할 수 있도록 선박운항관리자제도를 도입하였다. 이를 위하여 여객선박운항사업면허 기준에 선박의 수와 선령에 관한 사항을 추가하였고, 여객정기항로 사업자는 한국해운조합이 선임한 선박운항 관리자로부터 안전운항에 관한 지휘감독을 받도록 하였다.

1978년 12월 5일에는 외국인이 출자한 법인에 대한 화물정기 및 부정기항로사업 면허 기준을 신설하였고, 외항선박 운항사업자 간에 운임 · 요금 등에 관한 계약 또는 공동행위를 할 수 있도록 하는 한편, 외국인 정기항로 사업자에 대한 규제방안을 마련하였다. 또한 국내항과 외국항 간 또는 외국항 간에서 정기항로사업을 하는 경우 운임 · 요금의 인가제를 신고제로 전환하였다. 한편, 외국인이 외국항과 국내항 간에서 정기항로사업을 하고자 할 때에는 운항계획 · 운임 및 요금 등을 해운항만청장에게 신고하도록 하였다. 그리고 해운항만청장은 신고내용이 정기항로사업의 건전한 발전을 저해할 우려가 있다고 인정할 때에는 그 내용의 변경 또는 조정에 관하여 필요한 조치를 할 수 있도록 하였다.

(1) 「해운업법」으로의 개편

1983년 12월 31일에는 우리나라 해운의 국제경쟁력 강화를 위하여 선박의 공동운항 등 필요한 제도적 장치를 마련하고 여객선의 안전운항 확보를 위하여 운항관리자에 대한 감독을 한국해운조합에 일원화하며 각종 규제사항을 대폭 완화하여 해운업의 자율성을 보장하기 위하여 「해운업법」으로 전면 개편하였다.

해운업의 종류를 해상여객운송사업 · 해상화물운송사업 · 해상화물운송주선업 · 해운중개업 · 해운대리점업 · 선박대여업 및 선박관리업으로 구분하고, 해상여객운송사업 및 해상화물운송사업은 면허제로, 나머지 사업들은 등록제로 운영하도록 하였다. 또한 해운항만청장은 여객운송 사업자에게 사업개선명령으로 선박의 공동운항이나 설비의 공용 또는 보험가입을 명할 수 있도록 하고, 해운업의 정지처분에 갈음하여 과징금을 부과할 수 있도록 하였다. 한편, 해상운송 · 용대선 · 해상보험 · 화물주선 및 해운중개 등 해운경영에 전문지식을 가진 해무사제도를 신설하고, 해상화물운송사업과 해상화물운송주선업에 대하여 해무사의 채용을 의무화하였다. 1988년 12월 31일에는 대외개방정책의 일환으로 해상화물운송주선업 · 해운중개업 · 해운대리점업 등에 대한 외국인 투자를 허용하고, 해상여객운송사업 및 해상화물운송사업에 대한 조건부 면허제도를 신설하는 등의 개정이 있었다.

(2) 「해운법」으로의 개편

1993년 3월 10일에는 해운환경의 자율화 · 개방화 추세에 따라 정부의 행정규제를 완화하여 해운산업의 자율경영을 유도하고, 해운분야에 있어서의 외국과의 마찰요인을 해소하기 위하여 「해운법」으로 개편되었다. 「해운법」에서는 규제완화조치로서 내항여객운송사업의 운임 및 요금을 인가제에서 신고제로 전환하고, 내항화물운송사업의 운임을 현행 인가제에서 사업자가 자율적으로 정하도록 하였다. 또한 해상여객운송 사업자 및 해상화물운송 사업자가 사업계획을 변경하는 경우 인가를 받도록 하던 것을 신고제로 전환하였다. 다만, 대량화물의 화주 또는 대량화물의 화주가 사실상 소유하거나 지배하는 법인은 원칙적으로 자가화물의 운송을 위한 해상화물운송사업을 영위할 수 없도록 하였다. 한편, 외국인에 대하여 인가를 받아 해운 관련업에 제한적으로 투자할 수 있도록 하던 것을 완전히 개방하였으며, 외국인 운송사업자가 투자한 국내 해운대리점에 대하여 해당 투자자의 거래대리뿐만 아니라 다른 운송사업자의 거래행위도 대리할 수 있도록 허용하였다. 이후 외항화물운송사업면허제의 등록제 전환(1995), 내항화물운송사업자면허제의 등록제 전환 및 외국인 화물운송 사업자의 지사설치 허가제의 신고제 전환(1999), 외항정기화물운송 사업자에 대한 국내항 간 빈 컨테이너 및 수출입 컨테이너화물 운송 허용(2002) 등의 규제완화조치가 있었다.

2006년 10월 4일에는 관광을 목적으로 하는 순항여객운송사업(巡航旅客運送事業)을 해상여객운송사업에 추가하고, 해상여객운송사업의 범위 · 기간 또는 정원 등을 한정하여 해상여객운송사업 면허를 받을 수 있도록 하였다. 또한 외국의 해상여객운송 사업자가 국내항과 외국항 간 해상여객운송사업을 하고자 하는 때에는 해양수산부 장관의 승인을 얻도록 하였다. 한편, 이용자의 편의를 위한 규정으로서 고객만족도평가제, 보조항로지정제, 휴업기간 제한, 여객선 운임 · 요금의 지원 등이 규정되었다. 해양수산부 장관은 내항여객운송사업자에 대한 고객만족도 평가를 실시할 수 있도록 하고, 그 결과에 따라 포상 및 우대조치를 실시할 수 있도록 하였으며, 고객만족도 평가 결과가 부진한 항로에 대해서는 추가로 신규 여객운송사업의 면허를 타인에게 내어주는 등의 불이익을 줄 수 있도록 하였다. 여객수요의 감소 등으로 인하여 사업채산성이 없는 항로에 대하여 선박취항명령제도로 운영하던 것을 국가보조금을 지급하는 항로로 지정하고 사업자를 선정하여 운항하게 하는 보조항로지정제도로 운영하도록 하였으며, 해양수산부 장관이 사업자의 운항실적을 평가하여 추후 사업자 선정에 반영하도록 하였다. 그리고 국가 또는 지방자치단체는 도서지역의 교통편의 증진을 위하여 여객선 운임과 요금의 일부를 지원할 수 있도록 하였다.

2. 항공교통 관련 법제

1)「항공법」

「항공법」은 「국제민간항공조약」에 따른 표준과 방식에 준거하여 항공기의 항행의 안전을 도모하기 위한 방법을 정하고, 항공운송사업의 질서를 확립하여 항공의 발달을 도모하기 위하여 1961년 3월 7일 제정되었다.

항공기는 교통부 장관에게 등록하도록 하고, 외국인이나 외국인의 지분 비율이 25%가 넘는 법인에 대해서는 국적기로서의 등록을 제한하였다. 항공기에 대해서는 감항증명을 받도록 하고, 교통부 장관에게 항공로를 지정 · 공고하고, 비행장 및 항공보안시설을 설치하도록 하였다. 이 밖에도 항공종사자의 기능증명 및 면허와 업무범위, 항공기의 운항방법, 외국 항공기의 항행, 위험발생에 대한 벌칙 등을 정하였다. 이 법에서는 항공운송사업을 정기 및 부정기의

2종으로 구분하고, 항공운송사업을 하려면 교통부 장관으로부터 면허를 받도록 하였다.

이 법은 외국인의 소유제한 완화(1969), 항공운송부대사업의 업무조정(1977), 항공운송사업에 대한 수차례의 규제완화(1984, 1987, 1991, 1999) 및 「국제민간항공조약」을 비롯한 국제 추세에 따른 항공안전 관련 규정의 조정(2001, 2003, 2005, 2007) 등을 거쳐 현재 시행되고 있다.

2) 「항공운송사업진흥법」

항공운송사업은 수익성이 낮을 뿐 아니라 특히 국제선 개발에 막대한 경비가 소요되기 때문에 정부가 지원할 수 있는 법적 근거를 마련하고 종업원의 서비스 향상을 도모함으로써 항공사업을 진흥시키기 위하여 1971년 1월 12일 「항공운송사업진흥법」이 제정되었다.

제정 당시에는 항공운송사업의 조성을 위한 재정지원, 항공기 담보의 특례, 여객취급 승무원의 자격, 항공보험의 가입의무, 민간항공단체의 육성에 관한 규정을 두었다. 정부는 항공사업자가 국제항공노선의 신규 개발, 항공기의 조종사 · 정비사 및 무선기술기사를 양성하는 경우에 필요하다고 인정할 때에는 자금의 일부를 보조하거나 융자할 수 있도록 하였고, 외화획득 또는 절약에 공이 있는 항공사업자에게 장려금을 교부할 수 있도록 하였다. 또한 서비스 향상을 위하여 여객취급 승무원의 자격을 시험이나 전형에 합격한 사람으로 제한하도록 제도화하였다. 한편, 항공사업자와 자가용 항공기를 운용하고자 하는 자의 항공보험 가입을 의무화하고, 항공사업자가 항공기를 도입하는 경우 당해 항공기의 소유권 취득에 관한 등록 전이라도 당해 항공기를 담보로 융자받을 수 있도록 특례를 두었다.

1972년 12월 30일에는 여객취급 승무원의 국가자격제도를 폐지하였다. 2002년 1월 19일에는 항공사업에 대한 재정지원제도를 확충하였는데, 정부는 항공사업자가 전쟁 · 내란 · 테러 등으로 인하여 손실을 입은 경우로서 재정적 지원이 필요하다고 인정되는 때에는 소요자금의 일부를 보조하거나 재정자금으로 융자하게 할 수 있도록 하였으며, 지방자치단체도 지역경제를 활성화하기 위한 재정지원을 할 수 있도록 하였다.

제3절 물류

경제개발기의 우리나라 물류산업은 다른 분야보다 다소 뒤처져 있었다. 그러나 1970년대까지의 물류산업 태동기, 1980~1990년대의 물류기반시설 건설기와 1990년대 중반부터 2000년대 중반까지의 물류운영의 효율적 기반 확충기를 거쳐 현재는 글로벌 물류강국 육성기를 보내고 있다.

1948년 정부수립 당시의 물류산업은 운송산업이 전부였으며, 국내 화물운송사업은 철도화물운송과 화물자동차운송으로 구분되었다. 주된 운송수단이 철도였기 때문에 교통부공고 제1호로 「국유철도화물운송규칙」이 제정되었고, 1949년에는 「국유철도화물운송규정」이 제정되었다. 1949년 3대 산업철도인 영암선(현재의 영동선) · 함백선 · 문경선의 건설이 추진되었고, 1955년에는 UN군으로부터 철도운영권을 인수받는 등 철도운영의 기반이 마련되었다.

1960년대는 철도화물운송업과 화물자동차운송업의 법제적 기초가 구축된 시기였다. 1961년에는 「철도법」을 제정하여 여객 및 화물운송을 위한 기반을 마련하였다. 또한 화물운송의 알선 · 수취, 화물의 집하와 배달, 화차하역 등의 사업에 관한 「철도소운송업법」(1961)이 제정되었다. 1954년 말 화물자동차의 대수가 전쟁 전의 2배에 달하게 되는 등 화물자동차운송의 양적 규모가 증가하면서 지입제의 성행과 군소업체들의 난립으로 운송시장이 혼탁해졌다. 이에 따라 1961년 7월에는 지입제를 금지하고 화물자동차운송업체의 대형화를 위하여 주식회사로 전환을 유도하는 「고시 제654호」를 공표하였다. 같은 해 12

월에는 「자동차운수사업법」을 제정하여 화물자동차운송사업을 노선화물자동차운송사업과 구역화물자동차운송사업으로 구분하였고, 시설 · 최저면허대수 · 자본금 등의 면허 기준을 마련하였다. 그럼에도 불구하고 별반 효과를 보이지 못하자 1965년 「고시 제1111호」를 공표하여 노선화물자동차운송사업을 직영으로 운영하도록 강제하는 대신 최저면허대수를 완화하였으며, 일정 대수 이상 보유한 차주에 대하여 분리면허를 허용하는 조치를 단행하였다. 그러나 이러한 기업화 내지 직영화 정책은 현실 여건의 불비로 실효를 거두지 못하였다. 한편, 도로에 대한 투자가 증가하고 고속도로가 확충되면서 화물자동차운송의 분담률도 증가하였는데, 제1차 경제개발 5개년계획의 시작연도인 1962년 8.5%이던 것이 1972년에는 18.3%, 1983년에는 21.5%에 이르게 되었다. 그 밖에 「시장법」(1961), 「해상운송사업법」(1963)과 「항공법」(1961) 등 물류정책의 토대가 되는 법들이 마련되었다.

1970년대는 경제성장으로 늘어난 화물수요를 철도로만 소화할 수 없어서 도로운송과 해운의 역할이 증대되는 시기였다. 컨테이너 화물의 증가에 대비하여 1972년 「국제해상컨테이너화물운송규칙」(고시 제55호)이 제정되었고, 컨테이너 화물의 철도운송이 개시되었다.

1980년부터 1990년대 중반에 이르는 시기는 물류부문의 핵심기반시설이 건설되는 시기로 볼 수 있다. 1987년 정부는 내륙화물기지 건립안을 유통근대화 방안으로 정하였으며, 1991년에는 사회간접자본투자조정위원회에서 5대 지역별로 5대 물류거점에 복합물류터미널을 건설하는 내용의 내륙화물기지 조성계획을 수립하였다. 이에 따라 컨테이너 철도화물기지, 복합물류터미널 및 내륙컨테이너기지 등 거점시설이 건설되었다.

1990년대에 들어와 중국발 환적화물이 급증하자 부가가치가 높은 환적화물을 많이 유치하고, 단순한 환적에서 나아가 공항과 항만의 배후단지에서 조립 · 가공 · 포장 등의 고부가가치 물류활동을 촉진하여 경제적 이익을 추구하는 정책들이 추진되었다. 1990년대 후반부터는 물류산업의 효율화가 추진되었다. 유통부문에 대한 투자확대 및 지원강화와 상호 종합조정을 통하여 유통구조를 개선하고 유통산업의 근대화를 촉진시키기 위하여 1980년 제정 · 시행된 「유통산업근대화촉진법」이 1995년에는 「유통산업합리화촉진법」으로, 1997년에는 「유통산업발전법」으로 발전되었다. 또한 유통시장 개방에 대비하고 유통시설용지의 원활한 공급과 유통시설의 합리적 배치를 통하여 유통산업의 경쟁력을 강화하기 위하여 「유통단지개발촉진법」(1995)이 제정되었으며, 이 법에 따라 유통단지개발종합계획이 수립되었다. 한편, 1996년에는 「화물유통촉진법」 및 「전산망 보급 확장과 이용 촉진에 관한 법률」에 근거하여 물류활동에 수반되는 정보흐름을 전산화 · 자동화하는 국가기간망사업으로서 "종합물류망기본계획"이 발표되었다. 1997년에는 화물자동차운수사업의 경영개선을 도모하기 위하여 여객 위주로 운영되고 있던 「자동차운수사업법」으로부터 화물운수분야를 분리하고 화물자동차운송사업을 면허제에서 등록제로 전환하는 내용의 「화물자동차운수사업법」을 제정하였다. 또한 여객수송분야와 「육운진흥법」 및 「여객자동차터미널법」을 통합하여 「여객자동차운수사업법」으로 개편하였다.

2000년대 중반 이후에는 물류정책이 다른 산업부문을 지원하는 기능에서 물류 자체를 중심으로 보는 정책으로 관점이 변화하게 되었다. 2008년에는 정부조직 개편에 따라 국토해양부가 출범함으로써 종전에 건설교통부와 해양수산부로 분산추진되어 오던 물류행정체계가 통합되었다. 물류부문의 양대 법률인 「물류정책기본법」(2007)과 「물류시설의 개발 및 운영에 관한 법률」(2007)이 마련되었고, 「신항만건설촉진법」과 「수도권신공항건설촉진법」의 통합이 추진되었다. 또한 육상 · 해상 · 항공교통의 통합 시너지 제고를 위하여 「교통체계효율화법」도 「국가통합교통체계효율화법」으로 전면개편되었다. 이 시기에는 "동북아 물류 중심 로드맵"(2003), "국가물류기본계획"(2006~2020), 2차에 걸쳐 수정된 "국가기간교통망계획"(2001~2020) 등 중장기적 성격의 행정계획들도 많이 수립되어 시설 위주의 정책에서 산업 위주의 정책으로 전환되었고, 물류산업의 고부가가치화와 물류정보화를 통한 유통의 질적 향상에 일조하고 있다.

1. 물류표준화와 화물유통사업의 관리

1) 「화물유통촉진법」

「화물유통촉진법」은 화물유통과 관련된 장비의 규격을 통일 · 단순화하는 물류표준화에 관한 사항과 복합운송주선업 · 화물터미널사업 및 창고업 등 화물유통사업에 관한 사항을 규정하여 화물유통체계를 개선하기 위하여 1991년 12월 14일 제정되었다. 경제발전으로 인하여 화물적체가 심화되고 물류비가 증가하여 제조업의 생산성과 수출상품의 국제경쟁력에 부정적 영향을 끼치게 되자 교통시설의 확충과 함께 소프트웨어적 측면에서 법령과 제도의 개선을 하고자 한 것이 이 법을 제정하게 된 계기였다.

첫째, 교통부 장관은 화물유통량의 추정과 화물터미널의 조성 및 정비, 물류표준화, 화물유통 전산망의 개발 · 보급 등에 관한 10년 단위의 화물유통기본계획과 연도별 시행계획을 수립 · 시행하도록 하였다. 둘째, 물류표준화는 「공업표준화법」에 따른 한국공업규격을 기준으로 하되, 교통부 장관은 화물유통과 관련되는 장비 및 외부포장의 표준화를 추진하도록 하였다. 셋째, 화물유통사업으로서 복합운송주선업 · 화물터미널사업 및 창고업을 규정하고, 사업개시요건, 사업자의 준수사항, 행정 및 재정지원 등에 관한 사항을 규정하였다. 특히, 육 · 해 · 공의 일관운송을 주선할 수 있는 복합운송주선업제도를 신설하여 「자동차정류장법」에 따른 화물자동차정류장사업 및 「창고업법」에 따른 창고업을 흡수함으로써 화물유통과 관련된 제도를 하나의 법체계로 일원화하였다.

복합운송주선업을 하려면 교통부 장관에게 등록하도록 하고, 요금을 미리 신고하며, 복합운송약관에 대해서는 인가를 받도록 하였다. 복합운송주선업자가 화물을 인수한 때에는 복합운송증권을 발행하도록 하고, 화물의 인수시부터 인도시까지 화물의 멸실 · 훼손 또는 인도 지연으로 인한 손해배상책임을 규정하였다. 교통부 장관은 복합운송주선업의 건전한 발전을 위하여 필요하다고 인정하는 경우에는 복합운송주선업자에게 사업계획의 변경, 복합운송약관의 변경 또는 다른 복합운송주선업자와의 복합운송설비의 공동사용에 관한 명령을 할 수 있도록 하였다.

화물터미널사업에 대해서는 교통부 장관의 면허를 받도록 하였고, 사업계획의 변경시에는 인가 또는 신고를 하도록 하였다. 화물터미널은 이용자에 따라 타인의 이용에 제공하기 위한 공용화물터미널과 자기사업에 쓰기 위한 전용화물터미널로 구분되었고, 기능에 따라 2종류 이상 운송수단 간 연계운송을 할 수 있는 복합화물터미널과 그 밖의 일반화물터미널로 구분하였다. 특히, 복합화물터미널사업의 면허를 받은 자는 철도소운송업의 면허 및 복합운송주선업의 등록 등을 받은 것으로 보도록 하여 화물의 연계운송을 촉진하도록 하였다. 한편, 교통부 장관은 교통여건 그 밖의 사회적 · 경제적 여건의 변화로 인하여 원활한 화물의 유통에 지장이 있다고 인정되는 경우에는 화물터미널사업자에 대하여 화물터미널의 구조 및 설비의 변경, 이용자에 대한 서비스 개선 및 이용자의 안전을 위한 조치, 한시적인 화물의 급증에 대비한 조치 등을 명할 수 있도록 하였다.

「창고업법」상 허가업종이던 창고업은 등록업종으로 전환되었다. 창고업자는 보관료, 하역료를 비롯한 요금과 창고의 위치 · 구조 · 설비의 변경 등에 대하여 교통부 장관에게 신고해야 하였다. 창고업자는 임치인의 청구에 의하여 창고증권을 발행하도록 하고, 이때 화재 및 도난에 대비한 보험에 가입하도록 의무화하였다.

2) 규제완화와 종합조정기능의 강화

1995년 12월 29일에는 규제완화조치와 함께 종합물류정보 전산망의 구축, 물류관리사제도의 도입을 위한 개정이 있었다. 먼저 규제완화의 일환으로 화물터미널사업의 면허제와 전용화물터미널 설치의 인가제를 등록제로 전환하고, 복합운송주선업 · 화물터미널사업 및 창고업의 요금신고제와 약관인가제를 폐지하였다. 또한 화물터미널공사 시행 인가에 의하여 의제되는 인 · 허가에 공유수면점용허가, 하천공사시행허가, 사도개설허가, 보전임지전용허가 등을 추가하였다. 건설교통부 장관은 물류정보의 수집 · 분석 · 가공 및 유통 등을 촉진하기 위하여 필요한 때에는 물류사업자와 그 거래처 및 물류 관련 기관 사이를 연결하는 종합물류정보 전산망을 구축할 수 있도록 하고, 이 전산망을 이용한 전자문서의 효력을 인정하였다. 한편, 물류전문인력을 양성하기 위하여 물류관리사제도를 도입하였다.

1999년 2월 5일에는 추가적인 규제개혁이 있었는데, 복합운송 주선업자의 자율적 경영을 도모하기 위하여 복합운송 주선업자의 사업계획서 제출의무, 손해배상 책임의무, 사업계획 준수의무와 사업개선명령제도를 폐지한 것과 화물터미널 사업자의 사업계획서 제출의무를 폐지한 것이 그 예이다.

2000년 1월 28일에는 국가물류기본계획의 시행과 물류정책위원회의 활동을 통하여 국가 전체적인 차원에서 물류정책의 통합조정기능을 높이기 위한 개정이 있었다. 기존의 10년 단위의 화물유통기본계획을 20년 단위의 국가물류기본계획으로 전환함으로써 장기적인 국가물류정책의 추진기반을 마련하였고, 특별시장 및 광역시장에게 10년 단위의 도시물류기본계획과 연도별 도시물류시행계획을 수립하도록 의무화함으로써 대도시 물류기능을 체계적으로 개선하도록 하였다. 한편, 「기업활동 규제완화에 관한 특별조치법」에서 일반화물터미널사업과 창고업의 등록제를 사실상 폐지함에 따라 관련 사항을 정비하였다.

2005년 1월 27일에는 "동북아물류중심추진로드맵"(2003. 8)과 "국가물류체계 개선대책"(2004. 3)의 효율적 추진을 위하여 물류사업을 종합적 · 복합적으로 영위하는 자를 지원하여 전문물류기업으로 육성하고, 거점물류시설을 확충하기 위한 개정이 있었다. 물류사업의 경쟁력을 강화하기 위하여 물류사업을 복합적 · 종합적으로 영위하는 자는 일정한 기준을 갖추어 종합물류업자로 인증을 받아 산업단지 등 물류 관련 시설에 우선입주하거나 재정지원 등을 받을 수 있도록 하였다. 또한 거점물류시설의 확충을 위하여 국가, 지방자치단체, 정부투자기관 등 공공기관이 복합화물터미널사업에 참여할 수 있도록 하였다.

3) 「물류정책기본법」으로의 개편

2007년 8월 3일에는 여러 정부기관에 분산된 물류 관련 정책기능에 대한 종합조정을 위하여 물류정책위원회의 기능을 강화하는 한편, 국제적인 물류경쟁이 심화되는 환경 아래 국내 물류기업의 해외진출 촉진 및 국제경쟁력 강화 등 국제물류의 활성화 기반을 구축하기 위하여 「물류정책기본법」으로 법을 개편하였다.

첫째, 물류의 범위를 재화의 조달에서 생산 · 전달 · 소비 및 회수 · 폐기까지의 전 과정을 포괄하고 이러한 활동에 부가되어 가치를 창출하는 가공 · 조립 · 분류 및 포장 등을 포함하는 개념으로 확대하였다. 이는 종전 법에서 물류의 범위를 화물의 운송 · 보관 · 하역에 한정하고 있어 재화의 순환 과정이 체계적으로 규율되지 못하는 문제를 해소하기 위한 것이었다.

둘째, 국가물류기본계획의 종합 · 조정기능을 강화하였는데, 이것은 여러 부처에 분산된 물류 관련 정책기능의 효율적 조정을 위하여 전 부처를 통할하는 국가물류정책의 기본방향을 구축하려는 취지였다. 건설교통부 장관 및 해양수산부 장관은 공동으로 10년 단위의 국가물류기본계획을 국가물류정책위원회의 심의를 거쳐 5년마다 수립하도록 하고, 이 계획에는 국가물류정책의 목표와 전략, 물류기능별 및 운송수단별 물류정책의 종합 · 조정, 국제물류의 촉진 · 지원에 관한 사항을 포함하도록 하였다.

셋째, 특별시 및 광역시에서 수립되는 도시물류기본계획을 지역물류기본계획으로 확대개편하여 도지사도 지역물류기본계획을 수립할 수 있도록 하였다.

넷째, 지식경제사회의 도래 및 인터넷 혁명으로 물류환경이 디지털로 변화됨에 따라 선진 물류체계 구축을 위한 규정을 두었다. 건설교통부 장관 및 해양수산부 장관은 물류기업에게 무선주파수 인식 및 첨단화물운송체계 등 물류 관련 신기술을 도입하여 적용할 것을 권장 · 지원하고, 국가에서 물류공동화 · 자동화 및 물류표준화를 촉진하기 위하여 필요한 지원을 할 수 있도록 하였다. 또한 물류기업에게 다양한 정보를 쉽게 제공할 수 있도록 건설교통부 장관으로 하여 그 국가물류 통합 데이터베이스를 구축 · 운영하도록 하였다.

다섯째, 환경보호에 대한 국민적 관심이 고조됨에 따라 환경친화적 물류체계를 구축하기 위하여 환경친화적 포장재료를 사용하거나 환경친화적인 물류장비 · 시설로 변경할 경우 행정적 · 재정적 지원을 하도록 하였다.

여섯째, 기업활동의 국제화 및 다국적화로 생산 · 유통 · 판매가 글로벌화됨에 따라 세계 물류의 중심 역할을 수행할 수 있는 국제물류의 활성화 기반을 마련하기 위하여 국제물류의 촉진 및 지원에 관한 규정을 두었다. 즉, 건설교통부 장관 및 해양수산부 장관은 국제물류협력체계의 구축, 해외물류기업의 유치, 국내 물류기업의 해외진출 등 국제물류의 촉진을 위한 시책을 마련하고, 물류기업이나 관련 단체가 물류 관련 국제기술협력 및 해외물류시장의 조사 등을 하는 경우에는 필요한 경비를 지원하도록 하였다. 또한 건설교통부 장관 및 해양수산부 장관은 물류시설에 외국인 투자기업 및 환적화물을 효과적으로 유치하기 위하여 필요한 경우에는 해당 물류시설 관리자 또는 국제물류 관련 기관 · 단체와 공동으로 투자유치활동을 수행할 수 있도록 하였다.

2. 유통구조의 개선과 유통산업의 경쟁력 강화

1) 「유통산업근대화촉진법」

「유통산업근대화촉진법」은 유통구조의 개선과 유통 관련 사업의 경영개선을 통하여 소비자 및 생산자를 보호하고 나아가서는 물가안정과 국민경제의 균형 있는 발전을 도모하기 위하여 1980년 1월 4일 제정되었다.

정부는 유통산업의 근대화를 촉진하기 위하여 농수산물 및 공산품의 도매 · 소매 · 수송 · 보관 · 포장 등과 관련되는 사업을 지원 · 육성하도록 하였다. 구체적으로는 농수산물의 출하 촉진을 위한 보관 및 저장시설사업과 상품화 촉진을 위한 규격화 및 포장개선, 유통경로의 단축, 생산자와 직거래를 촉진하는 대형 소매기구의 육성, 소매상의 협업화 및 연쇄화, 유통단지 조성사업이 포함되었다. 또한 경제기획원 장관은 유통구조의 개선을 효율적으로 추진하기 위하여 유통산업근대화기본계획을 수립하도록 하고, 이에 따라 관계 부처의 장은 연차별로 유통산업근대화시행계획을 수립 · 시행하도록 하였다. 공공단체와 유통사업자의 의무도 규정하였는데, 이들은 유통산업의 근대화 및 유통구조의 개선시책을 추진하는 데 필요한 조치를 우선적으로 강구 · 시행하도록 하였다. 한편, 유통의 효율화를 위하여 시장 · 군수로 하여금 도시계획으로 유통업무 설비가 가능한 유통단지를 지정하도록 하고, 국가 · 지방자치단체 등으로 하여금 유통단지를 조성 · 관리하도록 하였다. 또한 국가 · 지방자치단체는 유통사업자 및 유통단지 조성사업 시행자에게 유통산업 근대화에 필요한 자금을 보조하거나 융자할 수 있도록 하였다.

1995년에는 이 법의 소관이 재정경제원에서 통상산업부로 이관되고, 유통단지 개발 촉진에 관한 사항이 별도로 입법추진됨에 따라 유통단지 관련 조항이 삭제되면서 「유통산업합리화촉진법」으로 개편되었다가 1997년에 제정된 「유통산업발전법」 부칙에서 폐지되었다.

2) 유통단지 관련 법제

(1) 「유통단지개발촉진법」

「유통단지개발촉진법」은 유통시장 개방에 대비하여 유통시설용지를 원활히 공급하고 유통시설을 합리적으로 배치하여 유통산업의 경쟁력을 강화하기 위하여 유통단지의 지정, 유통단지 개발사업의 시행, 유통단지의 관리 등 유통단지의 개발 및 관리에 관한 사항을 정하는 한편, 유통단지 개발의 촉진에 필요한 제반 지원을 확대할 목적으로 1995년 12월 29일 제정되었다. 입법 당시 우리나라의 내수 및 수출입 물동량은 1983년 6억 2,400만 톤에서 1993년 21억 1,800만 톤으로 연간 3.4배 증가하였으나, 물류시설의 부족과 도로 · 항만 · 철도 등 교통시설의 미비로 기업의 물류비용은 계속 증가하는 추세였다. 이러한 문제를 해소하기 위하여 5대 도시를 중심으로 한 소비지 유통망과 산업지역을 중심으로 한 생산지 유통망을 구성하여 상호 연계함으로써 물류비용을 절감하려는 시도가 있었다. 이를 뒷받침하기 위하여 상품의 수송 · 보관 · 포장 · 하역 · 가공 · 정보처리 · 통관 · 금융 · 보험 등을 종합적으로 수행하는 대규모 유통단지 개발을 촉진하는 법제가 필요하게 되었다.

이 법은 유통시설과 그 지원시설을 집단적으로 설치하는 유통단지를 개발하는 것을 주된 내용으로 하고 있다. 유통시설은 상품의 수송 · 보관 · 포장 · 하역 · 가공 · 통관 · 판매 · 정보처리 등 직접적인 순환을 위한 화물터미널 · 창고 · 시장 · 집배송센터 등으로, 지원시설은 유통시설의 운영을 지원하기 위한 가공 · 제조 · 정보처리 · 금융 · 보험 · 의료 · 교육 · 연구 및 생활편의시설 등으로 규정하였다.

유통단지개발종합계획의 수립과 유통단지의 지정 등에 관한 사항을 심의하기 위하여 건설교통부에 유통단지심의위원회를, 시 · 도에 지방유통단지심의위원회를 두도록 하고, 건설교통부 장관으로 하여금 국토건설종합계획에 따라 유통단지개발종합계획을 수립하여 유통단지심의위원회의 심의를 거쳐 고시하도록 하였다.

유통단지는 건설교통부 장관 또는 시 · 도지사가 지정하도록 하였는데, 건설교통부 장관 또는 시 · 도지사가 유통단지를 지정하고자 할 때에는 유통단지개발계획을 수립하도록 하였다. 유통단지개발사업의 시행자는 국가, 지방자치단체, 정부투자기관, 지방공사나 그 밖의 법인 중에서 건설교통부 장관 또는 시 · 도지사가 지정하도록 하였다. 사업시행자가 유통단지 개발사업을 시행하고자 할 때에는 유통단지 지정권자로부터 실시계획 승인을 얻도록 하였으며, 개발한 토지 · 시설 등에 관한 처분계획을 수립하여 건설교통부 장관 또는 시 · 도지사의 승인을 얻도록 하였다.

국가 또는 지방자치단체는 도로 · 철도 · 항만 · 용수시설과 같은 기반시설의 설치를 우선적으로 지원하도록 하고, 전기시설 · 전기통신설비 · 가스공급시설 또는 지역난방시설은 당해 지역에 전기 · 전기통신 · 가스 또는 난방을 공급하는 자가 설치하도록 하여 역할을 분담하게 하였다.

유통단지의 관리는 원칙적으로 건설교통부 장관 또는 시 · 도지사로부터 설립인가를 받은 입주기업체협의회가 하되, 유통단지관리계획에 대하여 건설교통부 장관 또는 시 · 도지사의 승인을 얻도록 하였다.

(2) 「물류시설의 개발 및 운영에 관한 법률」로의 개편

2007년 8월 3일에는 물류시설의 효율적인 확충 및 합리적인 배치 · 운영을 위하여 「유통단지개발촉진법」을 「물류시설의 개발 및 운영에 관한 법률」로 변경하였다. 또한 「화물유통촉진법」의 화물터미널 및 창고 관련 규정을 이관하여 물류시설 관련 법체계를 일원화하며, 물류시설의 중복투자 방지 및 물류시설의 종합적인 조정기능을 강화하기 위하여 각종 물류시설에 대한 5년 단위의 물류시설개발종합계획을 수립하도록 하는 개정이 있었다.

첫째, 건설교통부 장관은 항만시설을 제외한 물류시설에 대한 계획적 공급, 지역별 · 규모별 · 연도별 배치 및 우선순위, 물류시설 간의 연계를 위한 수송망 구축 등에 관한 사항을 포함하는 5년 단위의 물류시설개발종합계획을 수립하도록 하였다. 또한 건설교통부 장관, 관계 중앙행정기관의 장 또는 시 · 도지사는 직접 물류시설을 지정 · 개발하거나 물류시설 개발사업을 위한 인 · 허가를 할 때 물류시설개발종합계획과 상충되거나 중복되지 아니하도록 제한하였다.

둘째, 필요한 인 · 허가를 하나의 절차로 통합하여 처리함으로써 신속하고 일관성 있는 물류단지를 개발하기 위하여 물류단지개발사업실시계획 승인시 의제되는 인 · 허가 등의 범위에 도시관리계획 결정 및 건축허가 등을 추가하고, 의제되는 인 · 허가 등에 관하여는 관계 법률에 따른 수수료 및 사용료를 면제하도록 하였다.

셋째, 물류단지개발특별회계를 설치하여 물류단지 개발사업에 대한 보조 또는 융자 등의 재원을 안정적으로 확보하였다.

넷째, 유통단지 안에 설치되는 가공 · 제조 시설 및 정보처리시설 등 지원시설을 이용하는 자 또는 지원시설 건설공사의 원인을 제공한 자에게 지원시설 건설비용의 전부 또는 일부를 부담시킬 수 있도록 하던 지원시설 이용자 및 원인자 부담금제도를 폐지하였다.

(3) 물류단지의 활성화 및 규제완화

2010년 2월 4일에는 항만시설을 물류시설개발종합계획 수립대상에 포함시켜 물류시설의 합리적 개발 · 배치를 도모하였다. 또한 건설공사 착수의무 및 이행강제금제도를 도입하여 물류단지 개발사업 시행자와 분양계약을 체결한 입주기업체 또는 지원기관이 일정 기간 이내에 물류단지시설 등의 건설공사에 착수하지 아니하는 경우에는 이행강제금을 부과하도록 하여 공사방치로 인하여 물류단지의 활성화가 저해되는 것을 예방하였다. 한편, 물류단지 재정비제도를 도입하여 물류단지 지정권자는 준공 또는 부분준공된 날부터 20년 이상 경과되어 물류산업구조의 변화 및 물류시설의 노후화 등으로 물류단지의 재정비가 필요한 경우에는 직접 또는 관계 중앙행정기관의 장이나 시장 · 군수 · 구청장의 요청에 따라 물류단지를 재정비하는 사업을 실시할 수 있도록 하였다.

2011년 8월 4일에는 물류단지에 입주하는 기업 등의 부담을 줄이고 기업환경을 개선하기 위하여 물류단지에 있는 시설물의 소유자 또는 토지 · 시설 등을 분양받는 자에 대하여 시설부담금을 한시적으로 면제하였다. 또한 물류창고의 효율적 관리와 물류창고업자의 건전한 육성 · 발전을 도모하기 위하여 일정 규모 이상의 물류창고업에 대한 등록제를 도입하는 한편, 서비스 향상에 기여하는 물류창고업자에 대한 우수업체 인증제를 도입하여 재정적 지원을 할 수 있도록 하였다.

3) 「유통산업발전법」

「유통산업발전법」은 유통산업에 대한 지원을 확대하여 경영여건을 개선하고, 유통산업에 대한 규제를 완화하여 경쟁력을 강화하며, 유통산업의 대다수를 차지하는 중소유통기업의 자생적인 경쟁력 강화 노력을 지원함으로써 급속한 유통환경 변화에 대처하고 지속적인 발전기반을 구축하기 위하여 「유통산업합리화촉진법」과 「도 · 소매업진흥법」의 내용을 수용하여 1997년에 4월 10일 제정되었다. 이 법은 유통산업발전계획, 대규모 점포 · 정기시장 · 시범도매센터 · 도매배송업 등 유통기구에 따른 진흥시책, 유통정보화의 촉진 및 유통전문인력의 양성, 공동집배송단지의 지정 등 유통산업 발전 기반의 조성, 체인사업 · 상점가진흥조합 · 전문상가단지 등의 중소유통기업의 구조개선시책, 유통산업의 국제화에 관하여 규정하고 있다.

첫째, 통상산업부 장관은 5년마다 관계 중앙행정기관의 소관 업무와 관련된 유통산업의 발전계획을 종합하여 유통산업의 국내외 여건 변화, 부문별 발전전망과 투자예측, 부문별 발전전략 등이 포함된 유통산업발전기본계획을 수립하도록 하고, 매년 기본계획을 추진하기 위한 시행계획을 수립 · 시행하도록 하였다.

둘째, 「도 · 소매업진흥법」하에서 허가제였던 시장 · 대형점 · 대규모 소매점 · 도매센터 등의 대규모 점포의 개설요건을 등록제로 전환하고, 대규모 점포 개설등록을 한 때에는 제조담배소매인의 지정 등을 받은 것으로 의제함으로써 대규모 점포 개설에 관련된 각종 규제를 완화하였다.

셋째, 전문유통단지의 활성화 대책으로서, 통상산업부 장관은 낙후된 도매기능을 활성화하기 위하여 일정한 종류의 상품을 전문적으로 도매하는 도매점을 시범도매센터로 지정하여 농지전용허가 등을 의제하였다. 또한 유통사업자나 제조업자가 상품의 주문처리 · 재고관리 · 수송 등의 시설을 갖춘 집배송단지를 공동으로 건립하는 경우에 이를 공동집배송단지로 지정하여 지원받을 수 있도록 하였다. 또한 중소기업청장은 중소기업인 동일 업종의 도 · 소매업자가 조합을 결성하여 계획적으로 일정 지역에 점포 및 부대시설을 집단으로 설치하는 전문상가단지를 건립하고자 하는 경우에는 자금을 지원할 수 있도록 하였다.

넷째, 통상산업부 장관은 집배송시설을 이용하여 구매한 물품을 도매하거나 위탁을 받아 상품을 다른 점포에 공급하는 도매배송업을 육성하기 위하여 도매배송업자 중 일정한 요건을 갖춘 자를 지정하고, 그 지정된 자가 점포관리의 전산화 등을 추진하는 경우에는 자금을 지원할 수 있도록 하였다.

다섯째, 통상산업부 장관에게 유통정보화를 촉진하기 위하여 유통표준 코드의 보급, 유통표준 전자문서의 보급, 판매시점 정보관리 시스템의 보급을 위한 정책을 시행하도록 하였고, 유통표준 전자문서에 대하여 서류와 동일한 효력을 부여하였다.

여섯째, 통상산업부 장관은 유통산업의 국제화를 촉진하기 위하여 유통 관련 기술 및 인력의 국제교류와 같은 국제협력사업을 지원할 수 있도록 하였으며, 국내 유통기업의 해외진출을 촉진하기 위하여 해외유통시장을 조사 · 분석하고, 유통산업전시회 및 박람회를 개최 · 알선하도록 하였다.

1999년 2월 8일에는 유통산업분야에서의 시장경쟁을 확산시키고 외국인 투자 유치를 촉진하기 위하여 백화점 등 대규모 점포 경영자에게 과도한 부담이 되고 있는 직영 비율 · 분양제한 및 시설설치의무를 폐지하고, 유통사업자 및 제조업자에 대한 유통표준 코드 · 판매시점 정보관리 시스템과 같은 유통정보화 설비 설치의 권고제도를 폐지하는 등 유통업자에게 과도한 부담을 주는 규제를 완화하였다.

2003년 7월 30일의 개정은 유통업태 및 유통방법이 다양화되는 등 유통환경이 급격히 변화됨에 따라 유통구조의 선진화를 위한 제도적 기반을 마련하기 위하여 새로운 유통업태인 무점포판매업에 대한 지원시책을 마련하여 유통산업의 경쟁력을 강화하도록 하였다. 또한 물류설비의 종류별로 표준이 되는 규격을 정하여 당해 규격에 맞는 설비에 대하여 인증을 실시하도록 하는 물류설비의 인증제도와 여러 유통사업자 또는 제조업자가 공동으로 사용하는 집배송시설의 집단적 설치와 효율적 배치를 위하여 공동집배송센터개발촉진지구지정제도를 도입하였다.

2005년 12월 23일에는 중소유통기업의 구조개선 및 경쟁력 강화를 위하여 산업자원부 장관 및 지방자치단체의 장은 소매업자 50인 또는 도매업자 10인 이상의 중소유통기업자단체가 공동으로 건립 또는 운영하는 중소유통공동도매물류센터를 행정적 · 재정적으로 지원하도록 하였다. 또한 산업자원부 장관은 물류설비의 표준화를 위하여 물류설비의 인증규격 등과 관련된 성능을 시험 · 검사하는 물류설비 성능검사기관 및 물류설비가 인증규격 등에 적합한 것임을 인증하는 물류설비 인증기관을 지정할 수 있도록 하였다.

가장 최근에 있었던 개정들은 지역유통산업의 전통과 역사를 보존하기 위한 것이었다. 2010년 11월 24일에는 전통시장이나 전통상점가의 경계로부터 500m 이내의 범위에서 해당 지방자치단체의 조례로 전통상업보존구역을 지정할 수 있도록 하고, 그 안에서는 대규모 점포의 등록을 제한하거나 조건을 붙일 수 있도록 하였다. 2011년 6월 30일에는 대규모 유통업과 중소유통업의 상생 · 균형발전을 도모하기 위하여 전통상업보존구역의 범위를 전통시장이나 전통상점가의 경계로부터 1km 이내로 확대하는 개정이 있었다.

법령 찾아보기

[ㅇ]